2008 年课题组在乌鲁布铁内淑梅老人家里

2008 年课题组在朝阳村

2010 年桦皮船文化代表人郭洪强

2010 年白银纳民间艺术团在呼玛县演出

2011年课题组在新生乡

2011年课题组在新鄂乡与当地领导在一起

2011年课题组在新鄂乡访谈莫宝凤

2011年课题组在新兴乡

2011年课题组在郭宝林家

2012 年张国兵在漠河拍摄关扣妮演示的萨满教仪式

2012 年白银纳鄂伦春老人在演示熟皮技艺

左图／2012年韩有峰先生参加古伦木沓节

下左／2013年方征探望郭洪强的母亲

下右／2013年方征与关金芳、关扣妮在漠河开往塔河的火车上

2012 年鄂伦春篝火节

2013 年方征带领学生在新生乡与吴学英乡长在一起

2008年度国家民委科研项目立项（08ZY12）
2011年度国家社会科学基金项目（11BTY019）
2011年度中央民族大学自主科研计划项目（新兴与交叉学科研究1112KYXJ05）
中央民族大学“统筹支持一流大学一流学科建设过渡性经费”支助

鄂伦春族狩猎文化的变迁与聚居区村民健康研究

A Study on the Cultural Change of Oroqen Hunting Communities and Its Physical Impacts

◎方 征 马 强 等著

中央民族大学出版社
China Minzu University Press

图书在版编目（CIP）数据

鄂伦春族狩猎文化的变迁与聚居区村民健康研究/方征，马强等著. —北京：中央民族大学出版社，2014.9

ISBN 978-7-5660-0782-7

Ⅰ. ①鄂… Ⅱ. ①方…②马… Ⅲ. ①鄂伦春族—狩猎—民族文化—研究—中国 Ⅳ. ①K282.4

中国版本图书馆 CIP 数据核字（2014）第 202509 号

鄂伦春族狩猎文化的变迁与聚居区村民健康研究

作　　者　方　征　马　强　等
责任编辑　李苏幸
封面设计　布拉格
出 版 者　中央民族大学出版社
　　　　　北京市海淀区中关村南大街 27 号　邮编：100081
　　　　　电话：68472815（发行部）传真：68932751（发行部）
　　　　　　　　68932218（总编室）　　　　68932447（办公室）
发 行 者　全国各地新华书店
印 刷 厂　北京宏伟双华印刷有限公司
开　　本　787×1092（毫米）　1/16　印张：25.5　彩页：7 页
字　　数　450 千字
版　　次　2014 年 9 月第 1 版　2014 年 9 月第 1 次印刷
书　　号　ISBN 978-7-5660-0782-7
定　　价　76.00 元

总　序

近年来中央民族大学体育学院的同行们积极致力于教学科研工作，撰写发表了大量相关的科研论文与论著，主持或参与了民族传统体育与体质等方向的课题研究，并取得了较为丰富的成果。

中央民族大学体育学院“985 工程”资助项目系列成果，总体以体育学与民族学为研究基本视角。发挥交叉学科科研方法的多缘优势，以提升相关问题研究的科学性与使用价值。

教材类书籍吸收国内外成熟的理论观点，结合中央民族大学多年来的体育教学实际，编写与我校体育教学培养方案与教学大纲相匹配的教材内容。在理论指导的基础上，提出切实可行的教学方案和评价体系，突出教材在教学过程中的规范与可操作性。

科研论著我们力求一改以往同类课题以宏观阐述为主的模式，深入到影响少数民族学生身心的具体环节，得出相关结论，最终依据论证结果设计出最佳解决方案。使民族体育研究具备严谨科学的理论依据，避免以往该类型课题论证与实践过程的粗放与随意。

教学科研成果大多运用了体育学中运动生理学和运动心理学等学科原理，通过测试、数据采集等方式，论证少数民族各群体的健康现状。将民族学人文研究模式与体育学生物性研究模式有机结合，拓宽了民族体育与民族体质研究的渠道。

在民族体育的田野挖掘调研阶段，以民族志“深描”理论为依据。在民族体育的质性研究中，将研究者的现场观察与体验真实地表达，同时把一切能够表达独特关系的情节和文化背景以及民族体育的形式与结构，深入而细致地描述出来。而民族传统体育健身功效价值的研究与应用，从感性认识逐步上升为理性的学理实证研究，为民族传统体育的应用实践提供理论依据。

常规体育项目的健身功效已经被证实，并为人们所接受。而民族体育的健身功效，现阶段多为感性介入层面，缺乏体育学学理的实证数理支撑。而少数民族体育作为他者被人们特别是被体育界所接受，需要在体育学与民族学等学科中形成共同的语言系统，从而在学科的概念上展开沟通，并按照通行的规范来展开对话。在此前提下，民族传统体育与体质的研究与应用，通过体育学科中的运动生理学和运动心理学等理论，展开实证研究产生比对数据，得出学界认可的论证结果，形成民族体育和少数民族体质健康研究的崭新模式。

希望今后体育学院的科研工作和做学问的态度，犹如鲁迅先生所说“有真义，去粉饰，少做作，勿卖弄”，质朴而深入。我们也在试图通过以“广开言路，平权交流”、“多元共生，包容互利”为主旨的读书交流和科研讲座等活动，搭建营造体育学院畅所欲言的科研氛围和政治环境。逐步引导我们的学生和老师以平民立场、专家深度、环球视野看待、讨论社会问题和学术问题，最终形成体育学院“提升人文素养，弘扬体育精神”的独特的人文气象。

中央民族大学体育学院院长　张涛

2013年9月27日

序　一

从清朝末期开始，伴随着外界对兴安岭丰富自然资源的需求，在强势文化的冲击下，在外来物质文明的吸引下，鄂伦春人成为为外界提供资源的开发工具，从而主动和被动地改变了自己的文化传统，这种不平等的文化对峙使他们陷入了矛盾和困惑之中。

作为一个人口数量不足万人的“少小民族”，鄂伦春族直至20世纪初期还保留着全民族以采集和游猎为主的生活方式。在指导变迁过程中，根据他们迁徙游猎的生活方式，其传统文化被贴上了“原始的”、“愚昧的”、“落后的”和“野蛮的”等标签，这种评价标准是对鄂伦春族价值观的误读。在“改造落后”的过程中，也使这种延续几千年的狩猎文化陡然间淡出了人们的生活。探究影响鄂伦春族社会发展的原因，是由于强势的外力作用打乱了鄂伦春人自然进化和发展的节奏，使狩猎文化失去了生存的环境，自我的发展失去了内在的动力，从而带来了一系列的不适应，动摇了发展的根基所致。

渔猎文化伴随着人类的发展走过了漫长的历史，早期的人类依靠简单的狩猎工具为了满足自我的生存需要必须依靠集体的力量进行狩猎，这种生产方式伴随着人类延续了近500万年，是一种与自然保持平衡、可持续的生存方式。初民社会由于人们认识世界的能力有限，就产生了原始崇拜，人们敬畏自然、爱护自然，祈祷神灵保佑族群的安全，不被野兽所伤害。这种朴素的万物有灵观制约了人们的行为，同时这种生存方式也符合生物进化的法则，形成了人与自然和谐共生、平衡发展的格局。随着人类社会文明的发展和认识世界能力的提高，人类不仅可以利用技术去改造自然，而且在激烈的资源争夺中助长了贪婪的欲望。农业革命、工业革命以及现代化的发展，使得人类对自然资源进行了过度的开发，从而也导致了生态、文化等一系列的危机出现，高度文明也给人类带来了高度的危机。

民族学、人类学的理论是受生物进化论的启发而逐渐形成的，由生物链的视角去探讨不同文化之间的平衡发展问题，从而对人类如何保持文化多样性共存而进行探索和研究。随着学科的发展，人们也越来越认识到不同文化形式的共生对人类的发展具有不可或缺的意义，不仅影响着弱势民族的生存与发展，而且也直接影响到人类的未来。

2005年，国务院批准实施“扶持人口较少民族发展规划”，对全国总人口在10万以下的22个民族聚居的640个行政村给予重点扶持。在这种情况下，学界也加大了对人口较少民族社会发展和文化保护的研究。鄂伦春族作为一个具有典型性和代表性的案例受到了很多专家和学者的关注，也出现了许多有价值的研究成果。方征教授及其团队从2006年就开始了关于鄂伦春的研究，难能可贵的是他们将前人的研究成果进行了系统的梳理，并与自己的研究进行了有效的对接，从而展示出一个整体的发展脉络。他们的研究涉及民族学、体育学、心理学、人口学、流行病学等领域，是一种跨学科综合性的研究。特别是运用定量研究的方法对鄂伦春族村民人口结构、疾病和死亡情况进行了统计，运用定性研究的方法对形成原因进行了解读。这种研究方式准确地展现出鄂伦春族的生存状态，也为相关部门制定帮扶措施提供了翔实可靠的依据。

人文关怀是民族学研究的价值核心之所在。方征教授及其团队在长期的田野实践中，与当地群众结下了深厚的友谊，消除了彼此之间的文化隔阂，因此他们的研究也就能真实地反映出鄂伦春族群众的诉求，得出的结论也就能被认可。他们的研究成果受到了党中央、国务院的重视，中央领导同志也进行了批示，将研究成果得到了很好的转化，也正是这种人文精神的体现。

王庆仁

2014年5月22日

序　二

脚踏实地的研究

手上的这本书，记录了人类在东北亚一隅的人口较少民族的生存状况，是一部脚踏实地的科学调查研究成果。

人类作为大自然中的一个物种，必须遵从符合自然规律的生物存活的基本需求。人类的身体经过史前时代的巨大改变，形成了世界上各种生物中独一无二的直立行走的身体活动方式；后来，工具的发明使双手掌控器械，为萌生丰富多彩的运动形式奠定了基础。人类很早就通过身体活动给自己所属的社会群体带来利益的行为，特别是渔猎时靠体力围捕猎物、冷兵器作战时，都要依靠群体的体力聚集以制胜。本书的内容，就是展现了几十年前还处于人类渔猎采集阶段的鄂伦春族，陡然从天然经济进入现代社会以后出现的生存状态变化。

人类各群体曾长期处于此消彼长的冲突压迫状态，但随着文明的进步，我们逐渐认识到，世上最宝贵的就是人，每个人都应该参与和享有社会经济、政治、文化各方面的发展。人是和平发展的中心和主体，在所有价值中人的价值高于一切，尊重人的利益和尊严，是所有价值的终极评估。然而，全球化带来的同质化对于不同文明的冲击，往往给人类文化的多样性也带来难以逆转的影响，不知不觉，我们已经浑然不觉为急速的发展付出了灭绝传统文化的代价。

对于现代化给不同群体带来负面影响的分析评估，单靠在书斋里冥思苦想是不行的，尤其是对一种弱势群体的小微文化。这要求研究者深入实地，走进现场进行深入细致的田野调查。我们不能忘却，应用领域的研究往往是借助各个学科的理论、方法、手段、公式、定律来研究我们生存环境的各种现象、问题、功能和价值，揭示现实矛盾并解决实际问题属于科学认识的应用性末端，应用领域所汇聚的相关知识主要以实用为标志，无须艰深晦涩的词语，也不过于依赖仰仗错综复杂的公式定理，最简单质朴地证明如何能够改善人类的行为，或许更符合实用境况。

近代科学以观察和实验方法为主导，掀起了人类认识客观世界的热潮。

这种注重实验和归纳的趋势深刻影响到文艺复兴以后的人文思想，使西方思想家重理性、重演绎，重视研究的逐步推导过程。这就使研究者有机会去学习如何一步一步正确走完过程，而不是投机取巧找一些现成的理论观点来装饰现实。仅仅通过阅读甚至是臆想就提出假说，把浮想联翩的过程视为"研究"的唯一途径，直接将假说贴上理论的标签。这种虚浮空洞的模式在人文社会学领域尤为突出，非常需要倡导实证过程的示范加以矫正。

科学研究要求研究者首先要选定问题确立有价值的研究对象，然后根据以前积累的材料对某种现象进行分析后提出假说，如果被反复证明是正确的，就上升为理论，融为学科知识。相对而言，自然科学的实验条件可以受严格控制，研究结果可以被重复实验所证实，可以获得比较客观和可靠的理论。而人类社会文化现象由于难于控制其错综复杂的外界条件，难以被重复检验，因此，在人文社会科学中，理论和假说的界限并不清晰，许多"理论"的科学性不能得到确认，这些假说其实是对社会文化现象的一种可能的解释，往往容易引起争议甚至被颠覆。本书的内容，在某种意义上看就是自然科学结合社会科学理论的产物。

科学研究靠单纯思辨的路径很难获得新知识。有些所谓高端洋气上档次的"研究"脱离了实证和应用，实际上使本学科成为没有实际应用内容的空壳。脚踏实地的研究，是有计划地系统搜集和分析资料，最终可靠地解决问题。收集直接的新资料，是为了作为理论创新的支撑。文献检索，本是科学研究的必要准备，但不少人却把"文献法"单列为最主要的方法，甚至不少博士论文也只是各种文献的排列组合。若干论文仅此一法，遂成遏制创新的障碍。采集最真实、最基本、最原始、最可靠的第一手资料，是科学研究的基础。有些人文社科的研究者不愿亲手采集素材，躲避解决问题的导向，往往闭门选题、凭空设计问卷、间接发收问卷、简单问题复杂化的统计分析、形成空洞结论并提出无法实施的对策建议，其目的仅仅在于寻找"短平快"的方法发表论文。有些所谓"田野调查"仅仅是到此一游的走马观光式摄影与蜻蜓点水般的"访谈"，甚至不比网上的许多旅游文章更有新意；部分研究生论文中的通篇文献综述，大多是复述并重组早已为人所知的陈旧资料，严格意义上说这并非真正的研究，尤其需要把重点放在创新性分析和解决问题的过程中。

科学研究，一般具有令人信服的实证过程，遵循现代科学最基本的原则进行推理，其理论生成具有明确的科学价值并得到社会普遍认可。从事实出发，以事实为依据，使人类科学研究形成实证性研究的基础范式。这就需要花大力气对研究对象进行观察、实验和调查以获取客观材料，这也是科学研究应该遵循的路径。真正的研究需要证明研究者付出相当工作量的过程，拒绝投机取巧、瞒天过海、蒙混过关、剽窃抄袭的必要方式就是展示其研究过程。研究的结果需要应用，必然应该实证；即便还有一些其他路径存在，但尊重实证仍然应该是科学研究的显著特征和主要路径。

在西方，科学研究的理论与方法有相当的一致性和稳定性，各学科之间的联系与方向都有公认的规范性与逻辑性。在培根的经验哲学指引下，牛顿、伽利略等大师的自然科学研究里程碑式的成果，也辉映着孔德等法国学者倡导将科学实证的精神贯彻于社会现象研究中。这些真正的科学家拒绝根据权威教条或玄思冥想来构建知识，主张从经验出发，采用可检验的规范手段，发现并归纳科学事实，推动人类进步。科学研究的程序需使实证的(empirical)（可观察的）证据与他们关于发展变化的思想联系起来。致力于用观察法获得知识（即赞同实证主义）是科学的特征（Kaufmann, 1968)。这样的有用知识，必须是可用经验来验证的。

东方民族则缺乏经验论证的传统，人们没有习惯和兴趣去完成那些相当枯燥的论证和逻辑化的理论，更缺乏能力去观察、实证、创造经得起反复检验和修正的新鲜知识。然而，在样本缺漏甚至完全没有的情况下凭空拍脑袋进行推断，很可能归纳出错误的结论。纠缠于名词术语的自我理解与生编硬造，即便刻舟求剑抑或水中捞月，仍能坐井观天自娱自乐。学界尊崇创造知识，需要坚持脚踏实地掌控自身专业，以得到经验证实的方式获得理论创新成果。

中国传统文化博大精深，但明显的软肋是科学意识的缺乏导致疏于实证。属于科学知识范围的事实，应该是可以通过某种方式被系统性观察，如果其他学者按照其确定程序进行观察，将得到同样的观察结果。国际学术界通行的研究途径，是包括如胡适等中国学者早已概括的“大胆假设，小心求证”的归纳—演绎法，即假设加论证的正路，是一种推论的合理结构，有前提，有证实，有结论的踪迹可寻，经过交流和修正而成为人类科学领域的知识。如果长期迷恋于文献综述或读书笔记的“研究”状态，仅从书本到书本的评头论足、空谈是非，遑论创造新的知识？不屑去做看似烦琐枯燥却是学术研究主体的论证工作，往往热衷于想当然地宏大叙事，喜好穿靴戴帽，倾向于按思辨的方式摆出观点，一味冥思苦想得到该问题的主观答案，却不去寻求支持观点的证据，这样的“研究”恐怕只是自慰。因此，倡导对研究问题的逻辑实证，鼓励面向实践应用，或许是一种必要的补课。

衡量一门学科是否具有科学性和现实指导意义的重要标准，首先是基础材料的真实性。如果研究所引证材料不真实或不全面，那么结论就将建立在主观臆想和猜度、假设之上。以人类学为例，早期的文化人类学家并不重视从事科学的田野工作，而是采用传教士、航海者和冒险家的记录作为素材，通过借用、转述材料进行理论假设构建框架，使得学术研究脱离现实生活真实状况，成为少数在书斋里玄想的学究们的智力游戏。因此，尽管早期人类学的理论具有极强的概括力，所引证的材料看似包罗万象，但材料来源于记录者带着以欧洲为中心的文化偏见和西方文明的优越感来观察未开化的部族，这样的视角下产生的民族志其完整性令人质疑。《古代社会》一书的作者摩尔根是亲自调查写出"世界上关于印第安人的第一部科学著作"的学者，虽然持续时间较短且要靠白人译员的帮助，使研究成果具有局限性，但毕竟是第一手资料。随着西方实证主义思潮的兴起，早年专攻数学、物理学的马林诺斯基使人类学的方法论发生巨变，他倡导的功能学派在田野调查实证方法的坚实基础上也在学界声名鹊起；而大洋彼岸获物理学和地理学博士学位的北美人类学领军人物博厄斯，也靠大量的田野工作获得理论支撑。

在科技飞速发展的今天，即使在传统意义上的书斋里，学术研究已陷入比凭空臆想更加危险的境地。这是因为，信息时代利用数字技术、网络技术，通过互联网、宽带局域网、无线通讯网以及日新月异的手机化大数据网络等提供的信息服务的传播形式，给人类提供极大方便的同时，迅速降低获得信息的成本；但同时也影响了学者的思辨和推理，也大大减少了学术腐败的机会成本，使对数字网络的反向利用迅速升级。网络上的代写代发可以提供一条龙式的服务，使知识创新的学术研究变成了搜索下载和粘贴复制，"科研成果"往往成为大众化的交易商品。虚拟世界的迅速膨胀，助长了同质化凭空臆想的惊人耦合与雷同。因此，目前很需要强调在应用研究中面向实践、面向基层、面向具体问题的实证研究模式，亲手采摘真实材料，有望获得更多有分量的成果。

手里这样沉甸甸的研究成果，是由中央民族大学里一群普通的体育教师完成的，令人十分惊喜。身体早就有了，运动也早就有了，西方文明在将其系统规范应用于实践，使体育科学化，主要依托的是生物学科；而21世纪的一批体育学者将人类学、民族学、社会学的原理和方法综合运用于一个东方少数民族的全方位研究，在自然科学与社会学科之间搭建了交叉应用的桥梁。

我国人文社会各学科的贡献和影响力有差异，但通病是各自为政，缺乏总体应用的视野，大多是在一个应用的层面展示其研究成果的价值，在理论生成中十分需要文化整体观（The Holistic Perspective of Culture）。整体观认为，所有的实体都有一个超出其各部分总和的存在状态和价值，研究人类生活的任何一方面，都要着眼于与之相联的人类生活的其他各个方面。运用整体观点，就能综合把握被分割得七零八碎的研究对象，并打破一些条块封闭的学术禁区。简而言之，就是在研究某一问题时，综合考虑内外各种因素的相互作用，用多种联系的综合作用来解释对象和行为，以宏观视野发挥各个部分的整体功能。整体论并非固定的理论框架模式，而是根据实践发展的新动向进行全面宏观分析，在新问题中创造新知识。我们最需要借鉴的是在研究中保持宽广视角，养成在宏观的历史和文化范围内来观察事物的习惯，统筹多种技术手段和学科视角达成文化综观，划定圈层、明确区位，其核心是整体各部分保持均衡和谐。

体育研究，是科学研究中向应用末端延伸的一部分。对生物界的准确观察和资料分类处理的系统方法，19 世纪末成为科学的主流。对人体培育和锻炼的可以发生在每个个体身上的生物性效果，是身体活动对人的身体自然属性所产生的功利需求和积极作用，是体育为满足人类在大自然中延续生物性存在的最基本的功能。人类依赖科学认识人体的自然现象，确认体育给人带来的生物学意义上的变化，为体育的全球化普及奠定了基础。体育的其他价值都是在这个基础上引申而出的，研究人类体育活动的各学科，显然都不能脱离这个基础。对体育的一切研究，其基本出发点和依托的基本主干都离不开对人类身体的影响，均需要以身体运动为基础，这也是体育学存在的依据。

对于手上的这本书，如果需要锦上添花，说一点小小遗憾，那就是千百年来浸润于渔猎采集自然生存环境中的鄂伦春人，猛然进入现代生活方式给他们带来的灾难性的冲击，还需要补充一些身体运动方式变化对其影响的具体论点和实证数据。对身体运动与人类社会协调发展进行诸方面研究。在研究方法上倡导交叉学科进行综合分析，脚踏实地客观验证新理论或假设，强调把人文关怀应用于实践，可以为人口较少民族的进步选择更好路径。相信在后续的研究中，方征教授等体育专业研究者能更充分发挥自己熟悉生物学科的优势，获得具有更高科学价值的理论依据。

胡小明

2013/11/15 于华南师范大学

目　录

Contents

前　言

在人类发展的近300万年的时间里，其中299万年是以采集、狩猎为主要生活方式。在这一漫长的发展过程中，由于人类人口数量很少，始终保持着单一的生产方式，对大自然的改造能力也有限，创造了敬畏自然、遵循自然规律的原始文化。这种原始的文化模式是一种与自然相和谐、可持续发展的生存方式，并没有对自然环境造成危害。而是在约1万年以前，随着农业文明的出现，人类对自然的摄取能力不断增强，人口数量也在快速增长，人类改造自然的能力越来越强，自然生态环境也开始遭到破坏。工业革命以后，人类对资源的开采进入到机械化时期，可以运用大型机械挖掘出地底深处的矿产资源，将其转化成可支配使用的财富，来满足人类日益膨胀的物质需要。在人类享受着现代文明而洋洋自得的同时，伴随着对自然资源的疯狂掠夺，自然生态系统受到严重破坏，致使森林锐减、土地荒漠、水资源危机、生物多样性失调、气候变暖、环境污染、灾害频发，人类也迎来了前所未有的、数不胜数的各种危机。高度文明的发展给人们带来了生活的舒适、交通的便捷、生命的延长和财富的增长，然而随之而来的是能源危机、环境危机、贫困危机、社会危机、就业危机、认同危机等，这使人类整体生存和发展受到威胁，生命质量的内涵也大打折扣。在现代科技日新月异发展的今天，面对能源枯竭、环境恶化的现实，我们不得不去思考，按照这样的发展速度，人类赖以生存的自然环境还能够满足人类疯狂的欲望多长时间？人类今后的生存与发展将走向何方？我们的子孙后代将怎样去面对这样一个贫瘠的世界？这些是我们每一个人需要面对和思考的问题。

人类学家对渔猎、采集生活进行了这样的评价：这是一种稳定的、令人满意、生态健全的存在，而不是荒凉、贫困、龌龊与短命的存在。许多学者通过对采集、渔猎经济的研究得出相同的结论：他们所获食物之容易，所获食物种类之多，所获营养之全，所摄蛋白质量之高，可令现代农民望尘莫及。塞林斯将这样的社会称之为“原初的丰裕社会”。① 采集、狩猎经济模

① 引自王为华：《鄂伦春族原生态文化研究》，黑龙江人民出版社2009年版，第49页。

式的突出特点在于："在经济活动中，不直接改变既成的生态环境，也不打乱原有生物相互关联的生存链，人类仅在其伴生生物的正常生息间获取生产和生活资料。"① 基于这个特点，狩猎采集经济在人类社会中存在了近三百万年，地球表面的生态环境与人类出现时几乎一样，并不会导致不可恢复的生态危机。人类社会在这一发展时期，仅止于直接利用自然状况下生长的动植物资源，其利用水平受制于这些动植物的自然增长水平，对生态系统所着生的自然资源几乎不造成冲击，对生态系统的扰动也极为有限，这种可持续、再生性的生活模式在人类社会中保持了漫长的时期。

鄂伦春族是中国最后一个全民族从事狩猎生产的民族，直至20世纪50年代初期整体民族还保持着迁徙游猎的生活方式。通过对鄂伦春族生存方式、价值体系和万物有灵传统观念的研究，我们可以反思在当前人类文明高度发展的时期，应该怎样构架人与自然和平相处的桥梁，怎样审视人类社会"进步"与"落后"的评价标准，怎样遵循自然规律去探寻人类可持续发展的生存之路。通过探寻鄂伦春族社会历史的发展历程，我们可以看到狩猎文化在发展变迁中，被强势文化吞噬和同化的原因，以及在这一过程中所引起的一系列严重后果，同时提醒人们应该怎样去对待一个弱势群体的文化发展与变迁。正像美国人类学家伍兹在研究文化变迁时所说："不幸的是，今天的大多数这种研究已经是马后炮，在计划已经付诸实行之后才去进行研究。即使这些研究给变迁推行者提供了重要的理论方针和实践方针，然而他们在将引进计划的实际社区中，仍然对该社区缺乏很好的事先研究。"② 鄂伦春族社会在发展和变迁中出现了一系列的问题，尽管是亡羊补牢，但对鄂伦春族社会的深入研究，总会对其今后的发展总结出一些经验的。

纵观鄂伦春族的社会发展史，可以说是一部惨烈悲壮的血泪史。17世纪中期以前，鄂伦春人主要生活在贝加尔湖以东，黑龙江以北，直到库页岛的广大地区。他们以父系氏族公社"穆昆制"为社会组织形式，以弓箭、扎枪、木棒、石头等为生产工具，为了满足自己的生存需要，以集体的形式猎取大型动物，"得一兽而还"，过着共同消费的几乎完全封闭的狩猎、采集生活。"棒打狍子瓢舀鱼，野鸡飞到饭锅里"，仁慈的大自然给予了鄂伦春人充足的食物，鄂伦春人生存方式遵循着自然法则，创造了灿烂的狩猎文化。由于沙皇俄国的侵入，从17世纪中期开始，鄂伦春人不得不陆续迁徙到黑龙江以南的大小兴安岭地区。清朝政府对鄂伦春人实行了严厉的"路

---

① 罗康隆：《文化适应与文化制衡》，民族出版社2007年版，第106页。

② 克莱德·M. 伍兹著，何瑞福译：《文化变迁》，河北人民出版社1989年版，第69页。

佐”制的统治，并派出“安达”向鄂伦春人征收貂皮等猎产品。随着与外族的交往，枪支、马匹、铁器、布匹等生产生活资料快速进入鄂伦春族世界，致使鄂伦春人的狩猎能力得到了很大提升，同时狩猎的目的不再仅仅是为了满足自己的需要，而主要是为了满足对外的赋税和生产生活资料的交换。在这种趋势下，鄂伦春人的狩猎对象也开始不断扩大，到了清朝末期，森林中大部分的飞禽走兽都成为他们的狩猎目标。外族的不断涌入和交往的不断深入，使自身没有免疫力的鄂伦春人开始遭受传染病的危害，同时烟、酒等的危害也对他们的健康构成了严重威胁。为了巩固边疆，清朝政府组织能征善射的鄂伦春人服兵役，这也使人口数量本来就不多的鄂伦春族几乎到了民族消亡的境地。清朝时期，由于外族的统治和欺压，鄂伦春人传统的社会组织、生产方式、经济形式等发生了根本的改变，致使延续了几千年的传统生活被逐步改变。日本帝国主义占领期间，对鄂伦春族的枪支、弹药进行了严格的管理，对猎产品进行统一的收购，将鄂伦春人编入“山林队”为其侵略扩张服务，并利用鸦片、烈酒来侵害鄂伦春人，致使鄂伦春族社会组织和健康状况受到严重损害。国民党统治时期，执政当局同样对鄂伦春族进行胁迫利用，除了经济上进行盘剥以外，还将他们编入“挺进军”，为其政治、军事服务。从南迁以后开始至新中国成立以前，鄂伦春族一直保持着传统的迁徙游猎的生活方式，统治者的管理制度“路佐”制逐渐代替了氏族组织“穆昆”制，血缘家庭组成的社会基本单位“乌力楞”也逐渐被地域组织的“乌力楞”所替代，尽管社会组织形式依然保持，但实质上鄂伦春族传统的社会体系已经土崩瓦解。伴随着外来政治势力和物质文明的涌入，鄂伦春族传统的价值观和生存观被改变，先进狩猎工具的进入致使单独狩猎出现，获取外来商品的欲望也导致了私有制的发展，贫富差距开始拉大，出租马匹和雇工也逐渐被适应。伴随着疾病与战争，鄂伦春族几次甚至到了民族消亡的境地，外来文化已经将鄂伦春族万物有灵的淳朴思想冲刷得七零八落，也正是在这一时期，鄂伦春族世世代代延续下来的社会文化体系被彻底打破，致使他们陷入了痛苦的深渊。

新中国成立以后，党和人民政府对鄂伦春族进行了极大的关怀与帮助，鄂伦春族在政治上得到了翻身，成为国家的主人，实现了民族自治。国家投入巨资为鄂伦春族建设新居，积极帮助他们发展猎业和农业生产，生活水平得到极大提高，鄂伦春族社会开始了快速的发展与变革。人民政府还派出医疗队帮助鄂伦春群众治疗传染病和地方病，使广大群众健康水平得到了大幅提升。然而，在“直接过渡”方针的指导下，根据鄂伦春族的生产生活状况，其社会形态被定义为“原始社会末期”的发展阶段，“落后”、“愚昧”、“迷信”、“野蛮”成为鄂伦春族社会传统文化的代名词，“抢救落后”、“社会改造”成为鄂伦春族社会发展的主要方向，这一结论对其传统文化和社会文明进行了否定，中伤了很多鄂伦春族群众的民族感情。1953年黑龙江地区的鄂伦春族实现了定居，1958年内蒙古地区的鄂伦春族也实现了全面定居，这种短时间内生活方式的突然改变使许多鄂伦春人出现了生活的不适应，也使他们传统的社会组织被彻底打破。定居使得鄂伦春族人口大量聚居，外族的大量涌入使得免疫力较弱的鄂伦春族传染病蔓延，在人民政府的积极救助下，才使疫情得到很快的控制，但传染病仍给鄂伦春族群众的生活和健康带来了影响。“文化大革命”期间，“山林队”、“挺进军”等历史问题被重提，许多人被牵连，甚至被打成“反革命”，文化精英阶层受到沉重打击，出现了社会动荡、生产后退、生活困难、疾病流行等现象，克服重重困难积淀下来的一些成就很快就化成了泡沫，鄂伦春族再次陷入痛苦之中。改革开放以后，开始实行承包制，许多鄂伦春族群众很快融入到改革的大潮中，过上了富裕的生活。但也有一些人语言不通、不会种地、更不懂经商，面对变幻莫测的世界茫然失措，由于不适应社会的发展，借酒浇愁就成为他们唯一的选择。为了加快社会主义建设，从20世纪50年代末期开始，国家对大小兴安岭实行了资源大开发政策，并组织了专业的林业队伍进入林区，对森林资源的过度砍伐和对野生动物的滥杀使得生态环境受到严重破坏。为了保护生态环境，全国人大常务委员会于1984年开始颁布了《森林法》，1996年，鄂伦春自治旗人民政府也颁发了“禁猎令”，经历了痛苦与挣扎，鄂伦春族群众不得不交出了心爱的猎枪。“禁猎令”的颁布，标志着狩猎活动从此退出了鄂伦春族的生活，传统的狩猎文化从此“断根”。从20世纪50年代初期至90年代末期，鄂伦春族社会经历了巨大的变革，传统文化也受到了很大的创伤，这是与当时中国社会的国情和社会大环境有着密切联系的。“一刀切”式政策的制定与执行，没有考虑到鄂伦春社会的特殊性，对于一个常年生活在相对封闭环境中、只有语言没有文字、不会种地、不懂经商、见者有份、共同消费、思想上毫无戒备心理的民族来说，在文化发展和社会适应中会茫然失措，出现一系列的问题也就不难解释了。

近些年来，人民政府开始指导鄂伦春族群众转变观念，积极扶持农副业生产，广泛种植木耳、猴头菇、茶树菇等，开发中草药、野菜、野果销售市场，开展多种经营等，使群众生活逐步安定、富裕、祥和。在党和政府的大力扶持下，相关部门开始积极扶持传统文化的发展，兴建博物馆、民族风情园，成立民间艺术团；组织传统工艺、歌舞、体育等娱乐表演活动；申报了一批国家级、省部级和地市级非物质文化遗产项目，涌现出一批民族文化精英；出版和发行了一大批研究著作、音像制品和研究报告等。特别是重建传统文化，并结合旅游等促进了第三产业的发展，为弘扬民族文化、振奋民族精神、提高群众生活的适应能力做出了重要成就。我们可以欣喜地看到，一些鄂伦春族乡村正在积极扶持民间传统文化的发展，带动了社会和谐和群众健康水平的提高，这与本民族文化精英从“文化自觉”意识出发，带领群众重建传统文化，主动进行传统与现代的适应性发展具有重要关系。充分调动群众进行传统文化的资源整合，走文化产业化发展之路是提高鄂伦春族群众健康状况、促进社会发展的有效途径。

探寻鄂伦春社会文化发展与变迁的动因，既有外界强制性的措施使其被动改变的原因，也有其自身主动适应而受制于人的因素。在这种变迁过程中，作为弱势群体的鄂伦春族经历了痛苦和磨难，从人口变迁和健康发展等方面进行研究可以直接反映出鄂伦春族在不同时期的社会发展与演变。我们课题组从 2006 年开始持续对鄂伦春族聚居区村民健康进行了研究，10 次深入 12 个鄂伦春族乡村进行社会调查，对 605 名鄂伦春族村民进行了体质健康、心理健康、社会适应性测试和调查，整理出近 40 万字的调查笔记，撰写了 4 部研究报告，拍摄了大量的影像资料、发表鄂伦春族研究论文 9 篇。研究报告《鄂伦春族村民人口结构与死亡情况调查》送报中央相关部门，并被转呈党中央、国务院，受到国家领导同志的批示。鄂伦春族村民的健康问题受到了内蒙古自治区党委和黑龙江省委的高度重视，专门组成调查组进行了调查，并制定了详细的帮扶措施，课题组的研究为相关部门做出决策提供了准确可靠的参考依据。通过调查我们发现，鄂伦春族村民在体质健康、心理健康、流行病防控、人口结构、人口寿命等方面都存在严重问题，从表面上看形成这种现象的原因是生活方式不合理、经济发展落后、卫生意识差等，而从实质上看是由于传统文化逐步消亡、对现代社会文化环境不适应，从而形成文化断代影响到他们生存与发展的根基而造成的。

课题组是从 2006 年开始进行鄂伦春族传统狩猎文化研究的。2007 年我们获得了人事部海外归国人员科研基金的支持，于当年 7 月 5 日—15 日，由方征、闫严、张延庆、崔兰英、靳海涛、谷枫等组成的调查组深入内蒙古鄂伦春自治旗朝阳村、乌鲁布铁、讷尔克气、希日特奇村和木奎 5 个猎民村，对 20 岁以上的 172 名鄂伦春族成年猎民进行了体质健康和心理健康测试，并做了生活方式问卷调查和访谈。2008 年，课题组获得国家民族事务委员会科研立项，于当年 7 月 13 日—20 日再次进入以上地区，由方征、张延庆、刘新华、马强组成的调查组对鄂伦春族猎民进行了体质健康测试和调查工作，我们增加了对鄂伦春族猎民人口、疾病、寿命、婚姻等方面的调查内容，对文化传承人进行了深入的访谈。2010 年 7 月 9 日—23 日，在中央民族大学研究生院课题的支撑下，由方征、傅莹、赵展、刘岩组成的调查组进入黑龙江省呼玛县境内的鄂伦春族山村白银纳，进行了为期 15 天的田野考察。在这期间，课题组请来桦皮船文化传承人为我们制作了桦皮船，并拍摄了制作工艺的影像片；作为演员参与了白银纳民间艺术团的演出；参加了位于呼玛河畔的篝火晚会；观察了民族风情园的民俗活动；调查了桦树皮艺术品的制作工艺；参观了民俗展览馆；考察了村民的生产生活情况，并对文化传承人等进行了深入的访谈。2011 年 7 月 11 日—8 月 2 日，在国家社科基金、中央民族大学自主课题项目的支持下，由方征、张延庆、马强、王延、那敏、乌日特、海日、赵展、李雷等一行 9 人组成的调查组驱车 8000 公里，对黑龙江省新兴、新生、新鄂、白银纳、十八站，内蒙古的乌鲁布铁、讷尔克气、多库布尔、木奎、诺敏等 10 个村的 470 位鄂伦春族村民进行了体质健康、心理健康测试，并对当地乡干部、文化代表人、卫生院医务人员、派出所警察等进行了访谈调查。2012 年 7 月 20 日—8 月 10 日，由方征、张国兵、郭建刚组成的调查组深入鄂伦春族聚居区进行调研，对前阶段的测试数据进行了抽样检验，对相关人士进行了深入访谈，跟踪白银纳民间艺术团来到漠河对民族文化的宣传和弘扬进行了调查，参加了在新生乡举行的黑龙江鄂伦春族首届“古伦木沓节”，拍摄了大量的影像资料和录音材料，并与当地进一步建立了密切的联系。2013 年 4 月 24 日—26 日，由张涛、方征代表中央民族大学体育学院深入到黑龙江省黑河市，与爱辉区签订了“中央民族大学体育教育实践创新基地”协议，并在新生乡举行了挂牌仪式。2013 年 7 月 21 日—8 月 18 日，由陈晶晶、王江鹤、郭建刚组成的调查组深入黑河市新生乡，对当地鄂伦春族村民的健康状况、文化现状等进行了调查，并参加了“庆祝黑河市鄂伦春族下山定居 60 周年”的筹备和演出活动。2013 年 7 月 9 日—21 日，方征、王延深入到鄂伦春自治旗的阿里河、诺敏镇，扎兰屯的南木乡对当地的鄂伦春族健康状况和生活情况进行了调查。并深入到鄂伦春中学、诺敏中学，与学校领导和老师建立了联系，为进一步对青少年的健康研究做好了准备。2013 年 8 月 9 日—17 日，方征、王延等深入到黑河市新生乡、呼玛县白银纳乡、塔河县十八站乡，对鄂伦春族人口、生活状况、文化保护等方面进行了调查，并与当地中小学校建立了联系，为进一步的研究打下了基础。2012 年 8 月 18 日—9 月 27 日，陈晶晶深入鄂伦春自治旗鄂伦春中学进行了青少年健康情况调查。从 2007 年 7 月至 2013 年 9 月，课题组共有 36 人次，历时 158 天的田野调查实践经历，为全面、深入、准确地掌握第一手材料打下了牢固的基础。

回顾课题组对鄂伦春族健康和社会文化的研究历程，最初是从体育学科的视野出发，对鄂伦春族的狩猎活动进行的文献综述研究。在研究过程中，我们发现鄂伦春族的体质健康情况存在很大问题，于是进入田野对村民的身体形态、功能、体能以及心理健康进行研究。随着田野工作的不断深入，我们发现只从体质、心理方面对健康进行研究是不够的，于是又增加对村民的年龄结构、性别比例、家庭结构、疾病状况、死亡情况等方面的调查，并试图从文化变迁的视角从社会制度、生产生活方式、宗教文化等方面进行解读。我们的调查范围也从内蒙古地区扩展到黑龙江地区，几乎涵盖到全部鄂伦春族聚居村落；我们认为单纯运用一门学科对鄂伦春族的健康问题进行解读是远远不够的，于是便整合了课题组成员的学科优势，综合了体育学、心理学、民族学、人类学、教育学、人口学、流行病学等多门学科的理论与方法，运用交叉学科、定量与定性相结合的方法对相关问题进行了探讨。

绪　论

第一节　研究视角及研究意义

一、研究视角

（一）文化变迁

人类社会的发展是一个对自然、社会以及自身不断认识和探索的过程，而文化的变迁是这种认识和探索的动力。在不断变迁的文化体系中，文化的失衡和平衡是一个动态的发展过程，人类就是依靠文化的调适，来适应这种变迁和发展，从而理解和解决身边的事物。采集狩猎经济类型是人类早期共同的生计方式，直至今天世界上仍有这种生计方式的“遗存”存在。罗康隆讲到：“狩猎采集经济的突出特点在于，在经济活动中，不直接改变既成的生态环境，也不打乱原有生物相互关联的生存链，人类仅在其伴生生物的正常生息间获取生产和生活资料。狩猎采集经济既是执行了三百万年，地球表面的生态环境与人类出现时几乎一样，也就是说该类型的执行不会导致不可恢复的生态危机。”① 采集狩猎文化在人类生存发展过程中具有相当长的历史，尽管这种文化是以猎取动物为基本生存手段，但是在长期的生活实践中，人们形成了敬畏自然、热爱自然、与自然和谐相处的生存法则，形成了一种古朴而持续的生命价值观。随着人类文明的发展，特别是近现代工业革命和信息技术的突飞猛进，全球化的文化变迁给世界各国、各民族甚至每个人都带来了剧烈的文化冲击和文化失调的影响。在这种特定的历史背景下，仍然保留狩猎经济文化形态的民族应该如何面对自然环境和社会环境的改变而带来的剧变，从而达到对传统文化与外来文化的结构重组、运作功能的革新，以实现适应性更替的文化适应与重构，就成为他们目前社会发展面临的

---

① 罗康隆：《文化适应与文化制衡》，民族出版社2007年版，第106页。

重要问题。

鄂伦春族是中国“最后一个全民族从事狩猎生产的民族”，直至中华人民共和国成立以前还保存着氏族“穆昆”制与清朝时期的“路佐”制并存的社会格局，在兴安岭森林中迁徙游猎是他们生存的主要方式。中华人民共和国成立以后，在政府的指导下，鄂伦春族经历了定居、转产、禁猎和社会主义现代化建设等发展历程。至今为止，在短短60年间，鄂伦春族由原本只有语言、没有文字，不会种地、不懂经商，甚至还处于物物交换的经济形式，过渡到现代信息化和商品化的社会浪潮中，所遇到的困难和挫折是难以想象的。鄂伦春族文化变迁带来的困境既有外部强势文化影响的因素，同时也有自身被动接受的缘由，鄂伦春族社会文化的发展与适应，远非一个政策或一种方法就能解决的问题，而是一个长期的、困难的和复杂的工程。“文化重构并不是一蹴而就的大改组，它是由文化适调而实现的过程。实现一项具体的文化重构，必须遵循文化调适的各种基本规则，它也是先由具体的个人按照随即的可能接触这一组外来作用，然后做出纯属个人的无序反馈。只有这一无序反馈持续一定的时间后，才会引起该种文化维系起来的众多成员的关注，才会触及该种文化的结构本身。”① 对于鄂伦春族来说，迅雷不及掩耳的文化变迁给他们社会的发展造成了严重的后果，传统文化的丢失和对外来文化的不适应对他们身心健康带来了很大影响，甚至造成了灾难性的后果。我们从鄂伦春族社会文化发展和变迁的历程入手，利用文献资料、田野调查等手段，梳理其社会文化发展和变迁的脉络，并结合相关的理论进行分析和研究，试图寻找出在外部文化冲击下造成困境的缘由和因素，为鄂伦春族在当前社会背景下如何实现文化的适应与重构、促使社会健康持续的发展做贡献。

英国著名人类学家泰勒将文化描述为：“文化，或文明，就其广泛的民族学意义来说，是包括全部的知识、信仰、艺术、道德、法律、风俗以及作为社会成员的人所掌握和接受的任何其他的才能和习惯的复合体。”② 中国民族学认为：“文化是人们在体力劳动和脑力劳动过程中所创造出来的一切财富，包括物质文化和精神文化，以及人们所具有的各种生产技能、社会经验、知识、风俗习惯等。”③ 英国结构功能主义代表人布朗指出：“文化是一个整合的系统，在一个特定共同体的生活中，每一个因素都扮演一特定的角

① 罗康隆：《文化适应与文化制衡》，民族出版社2007年版，第106页。

② 爱德华·泰勒著，连树声译：《原始文化》，广西师范大学出版社2005年版，第1页。

③ 林耀华主编：《民族学通论》，中央民族大学出版社1997年版，第384页。

色，具有一定的功能。”[①] 英国人类学家莫斯把文化视为一个整体，他认为：“我们正在处理的问题不仅仅是一组主题、制度要素和组织，也不是仅仅被分割为法律、经济、宗教以及其他部分的制度系统。我们关注的是‘总体’，系统处在它们的总体之中……只有把它们视为一个整体，我们才能看清楚它们的本质、它们的运作过程、它们实现的方方面面，才能捕捉到那美妙的一瞬间，社会以及它们的成员通过自身的情感和他们的处境来理解他人。”[②] 美国人类学家哈维兰指出：“因为文化是系统，所以，始终如一地考察文化某一方面的人类学家，发现也有必要考察文化的其他方面。就如在任何系统中，为了发挥作用，文化的各个方面必定合理地整合在一起。”[③] 人类学理论告诉我们，文化存在于人所处的自然环境和社会环境的方方面面，涉及生活的各个领域，正如徐万邦教授所讲：“文化无处不在，文化无时不有，可是当你认认真真去探索文化是什么的时候，却又说不清，道不明。”[④] 文化存在于身边的所有事物之中，有时形式上是零散的，但各种事物之间又存在着紧密的联系，是不可分割的整体。因此，我们在研究鄂伦春族文化变迁的时候，从哪里入手，又从哪几个方面论述，就成为选择研究视角的重要话题。据相关资料显示：“鄂伦春民族有着丰富多彩的民俗文化，如萨满文化、狩猎文化、桦树皮文化、服饰文化、原生态歌舞文化和饮食文化。民间文学、民间美术、民间体育等，其内容丰富，形式多样。”[⑤] 这些各具特色的文化形式随着社会的发展、生产方式的演进、生活方式的改变，以及宗教信仰和精神世界的再认识而发生变迁，而这一系列的变化又直接反映到人们的社会、家庭和婚姻生活中。鄂伦春族的社会制度在近代经历了氏族社会的“穆昆”制、清末民国时期的“路佐”制和现在的社会主义制度的变革；在生产方式方面由利用弓箭、扎枪、驯鹿等工具进行集体采集狩猎，发展到利用枪支、猎马、猎狗等工具进行小规模和个人单独的狩猎形式，再到现在的农业、林业、加工业和商业并举的生产形式；在生活方式方面由完全依靠采集和游猎的形式，发展到使用铁器、布匹、享用农业产品的定居生活，至当今逐步融入现代化的城乡生活；随着社会的发展，原始宗教已经远离了人们

---

① 拉德克里夫·布朗著，夏建中译：《社会人类学方法》，华夏出版社 2002 年版，第 37 页。

② 引自杰里·D. 穆尔著，欧阳敏、邹乔、王晶译：《人类学家的文化见解》，商务印书馆 2009 年版，第144 – 145 页。

③ 威廉·A. 哈维兰著，翟铁鹏、张钰译：《文化人类学》，上海社会科学院出版社 2006 年版，第 34 – 46 页。

④ 徐万邦、祁庆富：《中国少数民族文化通论》，中央民族大学出版社 1996 年版，第 10 页。

⑤ 呼玛县人民政府：《加快挖掘非物质文化遗产促进文化产业快速发展》，2007 年。

的生活，萨满教作为一种文化符号和历史遗存成为人们的精神象征；外族的大量涌入和人口的频繁外出促使家庭、婚姻结构发生改变，打破了原来的社会组成体系，并直接影响到鄂伦春族社会文化的变迁。我们在研究鄂伦春族文化变迁时，主要是运用民族学和人类学的理论与方法，通过文献、访谈、观察与参与观察等手段，从社会制度、生产生活方式、宗教文化和家庭婚姻结构等几个方面入手，去透视鄂伦春族整体社会文化的变迁历程。

（二）健康

社会文化的变迁给鄂伦春族带来一系列的不适应，同时也带来了很多问题，其中最突出的一个问题就体现在健康状况方面。健康是指一个人在身体、精神和社会等方面都处于良好的状态，世界卫生组织提出："健康不仅是躯体没有疾病，还要具备心理健康、社会适应良好和有道德。"现代人的健康内容包括：躯体健康、心理健康、心灵健康、社会健康、智力健康、道德健康、环境健康等。鄂伦春族长期生活在兴安岭森林中，他们适应了这里的严寒、暑热，能够有效地抵御森林中各种野兽和蚊虫的侵扰，尽管生活环境严酷，但仁慈的大自然提供给了他们足够的食物，同时也锻炼了他们的体魄。清朝中后期开始，鄂伦春族开始与外族频繁接触，并出现了个别的定居和从事农业生产的事例，在交往过程中，一方面，机体免疫力差的鄂伦春人受到了传染病的侵害；另一方面，由于受外族的欺诈，给他们的身心健康也造成了严重的影响。20 世纪 50 年代以后，鄂伦春族实现彻底的定居，外来人口的大量涌入和群居式的生活方式致使传染病再一次流行，肺结核、克山病、肝炎、风湿等疾病严重威胁人们的健康，同时传统文化的遗失和对现实生活的不适应也对他们的心理健康造成了很大影响。

对健康的认识，不同学科有不同的视角，体育学关注体质健康、教育学关注智力健康、心理学关注心理健康、医学关注流行病情况、食品学关注营养健康、生物学关注遗传因素、人口学关注预期寿命、生态学关注环境影响、经济学关注生活水平，等等。影响鄂伦春族健康的因素是一个非常复杂的社会问题，主要表现为群体的疾病暴发流行和心理健康方面受到的影响，从而导致了生计方式的不合理，而造成这些状况的原因又涉及社会文化的各个领域，既有生物性的、也有意识性的因素。因此，对于研究鄂伦春族健康来说，任何一门单独的学科都不能很好地解释这个问题，必须综合各种学科的特点，整体、合理地设计一套评价健康的研究方案，通过定量与定性研究相结合，测量与分析相结合，个案与群体相结合的研究途径去深入实地开展调查，才能够真正了解到鄂伦春族群众的状况以及影响其健康的主要原因。

我们从2006年开始对内蒙古鄂伦春自治旗鄂伦春族猎民的体质健康和心理健康进行研究，然而在进入田野后我们发现，鄂伦春族猎民健康问题远非我们想象的那么简单，单纯从体质和心理方面进行研究不能够反映出鄂伦春族猎民健康的根本问题。因此，我们从2008年开始，在田野调查中增加了流行病、地方病、遗传因素、预期寿命、人口结构、年龄结构等方面指标的调查和测试。通过调查和测试，我们运用数据的统计和分析的方式对村民的健康状况进行定量评价，然后运用民族学、人类学方法对影响健康的社会因素进行定性论证，从而形成一套比较完整的研究体系。跨学科、综合相关学科的理论与方法对鄂伦春族文化变迁与健康进行研究，并努力探讨它们之间存在的相互联系，从而试图寻找解决这些问题的可行性途径是我们研究的基本思路和研究视角。

二、研究意义

一个民族的文化是依附其所在的自然环境和社会环境，按照自身规律稳态延续而形成的一种意识体系、生存经验和行为准则。在历时性的发展过程中，文化的接触、反应、采借、融合、创新、涵化、解体、重构等是文化变迁的主要形式。当文化变迁打破了张力就会出现文化的严重不适应，而造成矛盾的冲突、秩序的混乱、甚至民族的解体等。文化调适是解决文化变迁出现问题的重要手段，罗康隆提出："文化调适即当外来作用足以改变生境性质的前提下，处于该生境中的民族文化在改变了的生境引导下，做出系统性的内部重构，使该种文化对新作用的反馈由无序到有序，从而达成与生境相适应的过程。"① 而文化的重构是文化调适的重要手段，"在族际文化制衡中一种文化受到来自一种文化的一组文化因子持续作用后，将这组作用作为外部生境的构成要素去进行加工改造，从而将其中有用的内容有机地置入固有文化之中，导致了该种文化的结构重组和运作功能的革新，这种文化的适应性更替就是文化重构"②。鄂伦春族在极短时间里被移植到一个全然不同的社会环境中，其赖以生存的数千年形成的文化传统失去土壤，形成文化断裂，这种文化张力的打破形成的一系列不适应是造成鄂伦春族出现问题的根本原因。梳理鄂伦春族文化发展与变迁的历程，研究文化变迁过程中造成文

① 罗康隆：《文化适应与文化制衡》，民族出版社2007年版，第143页。

② 同上，第178页。

化不适应的原因，探寻文化调适和文化重建的发展之路是我们研究的主要内容。

文化是灵魂、健康是希望。文化是人们的行为方式和指导行为的方式，文化断裂必然导致行为方式的混乱，使人脱离既有的社会生活轨道，无所适从，造成对健康方面的损害。我们在研究过程中，不仅要揭示狩猎文化与鄂伦春族传统社会的关系，与其身体健康的关系。更要关注到，传统向现代的转型是不可避免的，少数民族地区在这一过程中的规律和特点是什么，采取哪些措施和步骤以促进民族文化与现代文化的融合与适应。表面上看来健康是生物性的、文化是意识性的，然而对于鄂伦春族来说，它们之间存在着密切的联系，鄂伦春族传统狩猎文化的保护和发展对聚集区社区村民的健康有着很大的影响，文化变迁造成的不适应是导致鄂伦春族健康问题的主要原因。我们围绕影响健康的因素深入展开文化调查，对鄂伦春族传统狩猎文化的发展脉络、文化现存状况、社会结构、生产方式、生活方式等进行研究，是探寻鄂伦春族社会文化的变迁与现在生境相适应发展的有效方法和路径。通过分析可以提出建设性方案和设想，对提升鄂伦春民族自豪感，提高民族凝聚力，振奋民族精神，促进民族团结和社会和谐发展做贡献。这一案例的意义在于提示人们要充分注意到：少数民族地区的经济建设和社会发展有自己的特殊性，其涉及的因素之复杂，过程之困难，常常超出人们的想象。如果处理不妥，不仅由于违背了维护文化生态必需的多样性原则，影响其社会的发展，而且会直接影响到少数民族的健康，带来预想不到的后果。少数民族地区社会的现代化必须避免简单化，要加倍小心地处理传统与现代的相互关系。我们一方面要对传统文化进行挖掘和记录，另一方面我们认为文化是动态的，没有所谓的“原生态”，如果硬要找“原生态”，只有回到茹毛饮血的原始社会。文化保护也应当是动态的，有继承，有扬弃。鄂伦春人的狩猎文化也是如此，需要不断变革、创出有其原有文化精神的新形态。

我们的研究理论意义在于打破了各门学科之间的屏障，从体质健康、心理健康、流行病和地方病、死亡状况、人口结构等方面去评价鄂伦春族村民的健康情况，综合多门学科的理论和方法对鄂伦春族村民的健康进行了全面的、综合性的研究，这是一种研究模式的创新，既有科学的理论依据，又有很广泛的应用价值。我们在 2007 年和 2008 年对内蒙古地区 5 个猎民村的 172 名鄂伦春族猎民进行了体质健康、心理健康的测试，2011 年和 2012 年我们对黑龙江和内蒙古 10 个村的 470 名鄂伦春族村民再次进行了测试。同时，我们通过调查准确掌握了鄂伦春族村民的人口、疾病与死亡情况的数据。通过数据统计分析，我们准确地了解到他们的健康状况，通过横向和纵向的比较，我们了解到不同地区村民健康状况之间的差异以及健康状况的发展变化。我们的研究是将多门学科的理论和方法进行了结合，通过定量研究对鄂伦春族聚居区村民健康状况进行综合评价，然后通过田野调查深入实践去了解影响村民健康的主要因素，从而为相关部门提供策略依据，为提高鄂伦春族村民健康和弘扬民族文化做贡献。

当前，中国正在处于农村城镇化的快速变革时期，由于经济发展和生态保护的需要，许多农牧民面临的退耕还林、退牧还草等工程都涉及文化变迁问题，生活环境和生活方式等因素的不适应也会影响到人们的身心健康。鄂伦春族的情况具有典型性和代表性，通过深入的研究我们可以总结前人的经验与教训，通过反思可以探索其可持续发展之路，从而为其他民族即将面临的问题提供借鉴模式，同时也为政府“指导变迁”提供参考依据，为促进“多元一体的中华民族”的全面发展和繁荣富强做出贡献。

第二节　相关学术动态

一、清朝以前的文献

鄂伦春族只有语言没有文字，因此关于早期鄂伦春族文化的记载主要来源于古代的史志和传记。如《北史》记载鄂伦春族先民钵室韦：“人众多北室韦，不知为几部落。用桦皮盖屋，其余同北室韦。”《魏书·失韦传》记载室韦：“始遣使张焉豆伐等献其方物，迄武定末贡使相相寻。”《旧唐书》记载室韦人：“武德中献方物……自此朝贡不绝。”《元史》记载林中百姓“无市井城郭，逐水草为居，以射猎为业”。明朝宣统三年徐世昌所著的《东三省政略》记载：“鄂伦春实亦索伦之别部，其族皆散处内兴安岭山中，以捕猎为业，元时称为林木中百姓，国初谓树中人，又谓使鹿部。”[①] 清朝以前，由于鄂伦春族与外界接触交往很少，关于鄂伦春族的记载并不多见，我们从一些相关的史志和传记上看到一些关于对他们生活概况的描述，为我们研究鄂伦春族的族源和历史脉络留下了宝贵的资料。

① 引自韩有峰、白兰、关小云、唐戈著：《鄂伦春族简史》，民族出版社2008年版，第7-9页。

二、清朝至民国时期的文献

清朝时期关于鄂伦春族的记载逐渐增多，如《清圣祖实录》有“俄罗春”、“俄乐春”、“俄伦春”或“鄂伦春”的记载。何秋涛所著的《朔方备乘》记载鄂伦春人：“世于黑龙江人，不问部族，概称索伦。”万福麟监修、张伯英总纂的《黑龙江志稿》记载：“居黑龙江下游及松花江沿岸之满珲人，因与鄂伦春种族语言相似，亦有称鄂伦春者。”西清的《黑龙江外记》记载：“比拉尔……其人有姓默纳赫尔者，有姓都讷亨者，盖即俄伦春类。”《吉林通志》记载：“奇勒尔亦曰奇楞，在宁古塔东北二千余里亨滚河等处，即使鹿鄂伦春游牧处所，职贡图所谓鄂伦绰者是也。”① 清朝时期清政府开始向鄂伦春族大量征收猎产品，并对鄂伦春族实行“路佐”制的管理制度，以政府官员为主要记载者的各种呈书、奏折、文稿、志略等开始大量出现，这一时期还出现了大量用满汉两种文字记录的档案材料，由中国第一历史档案馆鄂伦春民族研究会编写的《清代鄂伦春族满汉文档案汇编》就记录了304 条呈文和目折。清朝中期以前关于鄂伦春族的记载主要是对他们的族源、族称、生活环境、生活方式等方面的描写，清朝后期至民国时期对鄂伦春族的制度、宗教、习俗、婚姻等方面就有比较详细的记载了，特别是县志的出现对后人研究鄂伦春族提供了有力的佐证。例如由民国时期库马尔路协领公署第六任协领于多三撰著的《库玛尔鄂伦春历史沿革概要》，就详细地描写了库马尔路鄂伦春族的风俗文化及大事梗概。著名俄国人类学家史禄国在 1928 年所著的《北方通古斯的社会结构》，就详细记载了鄂伦春族的民族构成、宗教、习俗、婚姻、财产、体质特征情况。在日本帝国主义统治时期，伪满政府和一些日本人留下的相关文字也为我们了解那一时期鄂伦春族的情况提供了参考，如永田珍馨所著的《满洲鄂伦春族》，就记载了当时鄂伦春族的“统治方策”等内容。伪满治安部分室编著的《鄂伦春民族的沿革》，记载了鄂伦春族从清朝康熙二十二年（1683 年）至日本帝国主义统治时期的社会状况、管理制度、交易形式以及相关大事等。这一时期的文献特点是详细记载了当时统治阶层对鄂伦春族的管理体制，描述了鄂伦春族的分布特点和人口状况，对其生产生活情况进行了详细的考察，记载了鄂伦春族与外族交往的情况，为我们研究鄂伦春族文化的变迁提供了有力的支撑。

---

① 引自韩有峰、白兰、关小云、唐戈著：《鄂伦春族简史》，民族出版社 2008 年版，第 10－11 页。

三、中华人民共和国成立后鄂伦春族文化的研究

中华人民共和国成立以后，为了摸清少数民族的社会历史状况，抢救行将消失的宝贵的历史文化资料，1953 年，全国人大民族委员会和中央民族事务委员会组织进行了全国性的民族识别调查，1956 年又开始少数民族语言、少数民族社会历史调查。在这期间，由内蒙古少数民族社会历史调查组、内蒙古历史研究所等单位对鄂伦春族社会文化进行了深入的考察，他们整理了大批历史文献，并撰写了翔实的研究报告。如 1957 年整理了于多三的《库马尔路鄂伦春历史沿革概要》、《鄂伦春族资料汇编》，1957 年编写了《鄂伦春族情况》，1959 年编写了《逊克县鄂伦春民族乡情况》，1960 年编写了《鄂伦春自治旗甘奎图克调查报告》，1961 年编写了《黑龙江省黑河专区逊克县鄂伦春民族乡补充调查材料》，1963 年编写了《鄂伦春自治旗木奎高鲁、爱辉县新生村和逊克县新鄂村补充调查报告》，1963 年编写了《鄂伦春自治旗甘奎、托扎敏努图克和黑龙江省呼玛县十八站鄂伦春族社会历史补充调查报告》等。这些宝贵的资料后来经过内蒙古自治区编辑组和中国少数民族社会历史调查资料丛刊修订编辑委员会的整理，于 2009 年由民族出版社出版。这些资料涉及鄂伦春族文化方方面面，包括对家庭人口、生产工具的数目、民间故事的讲述、猎获猎物的数量等方面，对当时的社会状况进行了详尽的描述，为后人留下了宝贵的文化财富。20 世纪 80 年代，在国家民族事务委员会调查研究、编辑出版《民族问题五种丛书》的带动下，更多的民族学家和学者关注鄂伦春族社会文化的研究，鄂伦春族狩猎文化的典型性和特殊性也吸引了社会各界的广泛关注，各种学术成果层出不穷。进入 21 世纪以来，随着国家对文化事业支持力度的增加，更多的学者涌入到研究鄂伦春族文化的行列里来，特别是涌现出一批生活在鄂伦春族地区的具有民族自觉意识的民间学者和文化人士，他们对鄂伦春族的历史和发展提供了纪实性的宝贵资料。

四、相关研究成果

（一）学术专著类

根据我们掌握的情况，从 1952 年到 2011 年，关于鄂伦春族研究的正式出版书籍有 69 本，内部发行物 3 本。研究主要集中在历史和社会方面。其中研究历史方面的书籍有 22 本；研究社会方面的书籍有 32 本；研究其他方

面的书籍有 15 本。

历史研究：鄂伦春族历史发展和各个聚居区历史状况是学者较为关注的两个方面。1963 年，由内蒙古少数民族社会历史调查组编写了《鄂伦春族简史简志合编》、1985 年由内蒙古自治区编写委员会编写了《鄂伦春族社会历史调查》、2001 年由中国第一历史档案馆、鄂伦春民族研究会编写了《清代鄂伦春满汉文档案汇编》等。还有一些学者从不同的角度记录鄂伦春族的历史发展。如林昆、何文柱在 2003 年编写了《中共鄂伦春自治旗党史大事记》、刘晓春在 2003 年编著了《鄂伦春历史的自白》等。1959 年出版的由内蒙古少数民族社会历史调查组编写的对鄂伦春民族乡情况调查，包括内蒙古的布特哈旗、托扎敏努图克以及黑龙江的瑷珲县、呼玛县十八站鄂伦春聚居区的社会历史现状调查。还有学者对某一聚居地区进行系统的调查。如 2004 年由郭建斌、韩有峰主编了《鄂伦春族——黑龙江黑河市新生村调查》等。

社会研究：包括对鄂伦春社会形态、人口和综合性等方面进行较为深入的研究。社会形态方面的研究著作有 13 本，集中在鄂伦春的社会情况、社会变迁及游猎生产等方面。如秋浦于 1978 年编著了《鄂伦春社会的发展》，郑东日于 1985 年编著了《鄂伦春族社会变迁》，吴雅芝于 2009 年编著了《最后的传说——鄂伦春族文化研究》，何群等于 2002 年编著了《狩猎民族与发展——鄂伦春族社会调查研究》，于学斌于 2003 年编著了《鄂伦春游猎生活》以及 2011 年徐长恩编著了《鄂伦春自治旗民族区域自治研究》等。在人口方面的著作有 4 本，研究鄂伦春人口的分布及现状。如国务院人口普查办公室、国家统计局人口和社会科技统计司于 2002 年编著了《全国第五次人口普查鄂伦春人口统计资料》，林盛中于 1989 年编著了《中国鄂伦春民族人口》，沈斌华等于 1989 年编著了《鄂伦春族人口概况》，林盛中于 1993 年编著了《鄂伦春民族人口新论》。综合性的研究有著作 15 本，主要对文化、生存发展及现代化等相关问题展开研究。如杨英志于 1952 年编著了《黑龙江兴安岭里的鄂伦春民族》，都永浩于 1993 年编著了《鄂伦春族游猎·定居·发展》，逯广斌、韩有峰、都永浩 1994 年编著了《鄂伦春族 40 年》，王玉 1993 年编著了《鄂伦春民族现代化研究》，何群 2006 年编著了《环境与小民族生存：鄂伦春文化的变迁》，何文柱于 2001 年编著了《鄂伦春族生存发展问题研究》等。他们主要研究现代化和文化变迁对鄂伦春的影响。还有一些学者对鄂伦春使用马匹的情况进行了研究，赵复兴于 1999 年编译了由日本学者浅川四郎等著的《兴安岭之王使马鄂伦春》。

其他方面研究：主要集中在对萨满教、民间故事、人文经济、传统语言、教育、医药及风俗等各方面的研究。萨满大多本身就是说唱文学的创造者、传播者和继承者。如关小云、王宏刚 2010 年编著了《鄂伦春族萨满文化遗存调查》，峻林等 1997 年编著了《鄂伦春民间故事集成》，刘晓春于 2010 年编著了《鄂伦春人文经济》，胡增益 2001 年编著了《鄂伦春语研究》，李瑛 1987 年编著了《鄂伦春教育史稿》，韩有峰 1991 年编著了《鄂伦春族风俗志》，何群 2011 年编著了《小民族的世界——中国兴安岭田野工作笔记》，孙保芳、刘树民 2007 年编著了《鄂伦春民族习惯用药》等。

（二）学术论文类

从 1957 年至 2011 年，有关鄂伦春的研究论文有 481 篇。对鄂伦春族进行了全面系统的研究，其中历史研究 18 篇，占 3.7%；社会研究 291 篇，占 60.4%；婚姻、丧葬及宗教研究 38 篇，占 8%；文学与艺术研究 67 篇，占 13.9%；社会经济发展研究 19 篇，占 4%；语言文字、教育及其他方面的研究 48 篇，占 10%。

历史研究：鄂伦春族的族源、发展简史等方面很多学者都做了深入的探讨。如冯君实《鄂伦春族探源》〔《吉林师大学报》（哲学社会科学版）1979 年第 2 期〕，徐芳田《鄂伦春族源流简述》（《黑龙江民族丛刊》1986 年第 4 期），赵复兴《鄂伦春族历史简述》（《内蒙古社会科学》1981 年第 1 期），乌力吉图《鄂伦春族源考略》（《内蒙古社会科学》1984 年第 5 期）等论文。还有一些学者对清朝鄂伦春某个方面情况做了描述，如刘淑珍、苏静《浅析清代鄂伦春满文户籍档案》（《满语研究》2005 年第 2 期），赵复兴《清代鄂伦春总管阿穆勒塔》（《黑龙江民族丛刊》1995 年第 4 期）等。

社会形态：鄂伦春社会形态方面研究的论文有 21 篇，对鄂伦春人的土地占用情况、社会分化、社会转型、社会性质和人口等方面进行探讨。如吕天光《鄂伦春族十七世纪后由家族公社向比邻公社的发展》（《中央民族学院学报》1975 年第 3 期），阿勇《鄂伦春人的氏族社会》（《内蒙古社会科学》1980 年第 3 期），赵复兴《十七世纪初鄂伦春人的家庭公社》〔《内蒙古师大学报》（哲学社会科学版）1984 年第 1 期〕，永昊《历史上鄂伦春地区的组织机构》（《黑龙江民族丛刊》1988 年第 3 期），查干姗登《土地占有与鄂伦春族猎民的社会分化——以鄂伦春自治旗猎民村为例》（《黑龙江民族丛刊》2010 年第 2 期），程尼娜《近现代鄂伦春社会转型中人口问题探赜》（《社会科学战线》2010 年第 1 期）等。

综合性研究：研究鄂伦春的文章大都集中在非物质文化遗产、传统文化、狩猎文化等方面。很多学者对鄂伦春非物质文化遗产进行了探讨并提出了保护和弘扬的建议。如于富业《论黑龙江省鄂伦春族国家级非物质文化遗产的保护与利用》（《黑龙江民族丛刊》2009 年第 5 期），韩淑云《鄂伦春非物质文化遗产现状及保护对策》（《理论研究》2009 年第 6 期），巩茹敏《黑龙江省鄂伦春非物质文化遗产调查与保护问题的思考》（《佳木斯大学社会科学学报》2007 年 11 月第 25 卷第 6 期）等。关于对鄂伦春传统文化的特点、现状、问题及发展状况等方面的研究，如乔栋梁《鄂伦春族的古老文化及其特点初探》（《内蒙古社会科学》1981 年第 5 期），董迎轩《鄂伦春民族传统文化中的道德因素》〔《贵州民族学院学报》（哲学社会科学版）2010 年第 5 期〕等。关于鄂伦春狩猎文化的研究论文有很多，包括对狩猎方式、习惯、风俗、特点、鄂伦春马、狩猎的方位、天文历法知识等多方面的研究。如于学斌《论鄂伦春狩猎文化的特点及其局限性》（《北方文物》1990 年第 3 期），万星《定居前鄂伦春族的方位知识》（《黑龙江民族丛刊》1996 年第 2 期），宋宝峰、王艳梅、陈胜前《鄂伦春狩猎采集生活的考古学意义》（《边疆考古研究》第 7 辑），王晓芳《鄂伦春狩猎文化研究》（《体育文化导刊》2007 年第 3 期），孙立华、刘书晨《鄂伦春马的保护与利用》（《畜牧与饲料科学》2009 年第 9 期），燕朝刚、李志永、李春霞、刘建军《鄂伦春马品种的形成与保护》（《黑龙江动物繁殖》2005 年第 1 期）等。还有对自然、贫困、生存发展、图腾文化、旅游、文化产业等各方面的研究，如吕朝凤、刘培生《论制度变迁的主要动因——基于鄂伦春族制度变迁的实证研究的思考》（《思想战线》2008 年人文科学专辑第 34 卷），王为华《鄂伦春族图腾文化：人类远古的幻想和寄托》（《黑龙江社会科学》2008 年第 2 期），孙肖《大兴安岭鄂伦春族的贫困循环问题与扶贫对策》（《大连民族学院学报》2010 年第 6 期），刘文俊《论鄂伦春族萌芽形态的宗法制度》（《广西师范学院学报》2007 年第 2 期），靳玉萍、张军、演龙《鄂伦春旗草原退化的原因及其治理对策》（《内蒙古草业》2004 年第 4 期）等。

婚姻研究：鄂伦春婚姻状况研究的论文有 6 篇，内容涉及婚姻方式、婚姻在家庭中的作用和婚俗等方面。如白兰、赵复兴《对鄂伦春族婚姻方式的民族学考证》（《内蒙古社会科学》1986 年第 4 期），赵云孟《试析解放前鄂伦春族的家庭与婚姻》（《黑龙江民族丛刊》1991 年第 1 期），龚晓犁《独特的鄂伦春族婚俗》（《中外文化交流》1997 年第 5 期）等。

生葬研究：对鄂伦春生育文化的研究有 3 篇论文，包括生育文化、习俗和满族生育习俗的比较。如刘翠兰《浅谈鄂伦春族生育文化》（《黑河学刊》2005 年第 1 期），刘翠兰《鄂伦春族妇女的生育习俗》（《健康大视野》

1995 年第 2 期)，丛培欣《满族与鄂伦春族生育习俗的成因比较》(《满族研究》2009 年第 3 期)。对丧葬文化的研究有 6 篇论文，如刘占远《鄂伦春族的陪葬仪式》(《旅游》1990 年第 8 期)，白水夫《库玛尔路鄂伦春人吊棺葬习俗初探》(《黑河学刊》1988 年第 3 期)，赵刚《从考古上看清代鄂伦春族的埋葬习俗》(《博物馆研究》2008 年第 2 期)，关小云《鄂伦春族的丧葬习俗》(《黑龙江民族丛刊》1997 年第 3 期) 等。

宗教研究：研究鄂伦春宗教和风俗方面的论文有 23 篇。宗教方面主要是宗教信仰的概述和萨满教的研究。如孟志东《鄂伦春族宗教信仰简介》(《内蒙古社会科学》1981 年第 5 期) 等。对萨满教的研究有王咏曦《鄂伦春族的萨满教》(《黑龙江民族丛刊》1991 年第 3 期)，赵光远《鄂伦春人的萨满观》(《中国社会科学院研究生院学报》1995 年第 2 期)，王丙珍《鄂伦春族萨满神话的传承与变异》(《黑龙江教育学院学报》2007 年第 4 期)，兰雪燕、王为华《记录人类童年时代心灵发展轨迹——鄂伦春萨满文化研究》(《佳木斯大学社会科学学报》2008 年第 5 期)，包清文《鄂伦春族萨满田野实地考察报告》(《内蒙古民族大学学报》2010 年第 3 期) 等。鄂伦春风俗方面的论文有 10 篇，主要是对鄂伦春的风俗习惯和禁忌进行研究。如吉登、乌苏格钦、托木《鄂伦春族风俗习惯浅谈》(《内蒙古社会科学》1981 年第 5 期)，万星《鄂伦春族的生产禁忌》(《黑龙江民族丛刊》1996 年第 3 期)，杨显国《鄂伦春族传统习俗》(《旅游》1990 年第 8 期) 等。

民族民间文学研究：民间文学方面的研究论文有 13 篇，主要对鄂伦春民间文学进行梳理。如孟淑珍《鄂伦春民间文学的汉译与整理》(《黑龙江民族丛刊》1997 年第 1 期)，刘翠兰、张林刚《从鄂伦春民间文学看其风俗信仰》(《内蒙古社会科学》1991 年第 4 期)，赵复兴《鄂伦春族文学简论》(《内蒙古社会科学》1995 年第 3 期) 等。

艺术研究：近年来对鄂伦春艺术方面的研究较多，有论文 54 篇。对鄂伦春的音乐、舞蹈以及传统的桦皮和狍皮工艺做了详细的论述。音乐舞蹈方面主要是宗教音乐、传统民歌和拟兽舞蹈的研究。如刘桂腾《鄂伦春族萨满音乐》(《乐府新声》2007 年第 4 期)，李涵雯《拟兽舞蹈初探——以鄂伦春黑熊搏斗舞为中心》(《佳木斯大学社会科学学报》2010 年第 1 期)，王昕《试论民族学视野下的鄂伦春族舞蹈》(《北京舞蹈学院学报》2001 年第 4 期) 等。鄂伦春传统工艺的研究较多，主要在桦皮和狍皮的制作工艺上，桦皮制作工艺方面的论文有哈纳斯《试论鄂伦春族桦树皮工艺》(《内蒙古社会科学》1993 年第 1 期)，孙一丹《浅谈鄂伦春桦皮雕刻艺术》

（《艺术研究》2005 年第 1 期），王海冬《鄂伦春族桦皮工艺的传承方式》（《东北史地》2008 年第 6 期），田艳《鄂伦春族桦树皮制作技艺法律保护研究》（《黑龙江民族丛刊》2010 年第 5 期），杜志东《浅谈鄂伦春族桦树皮制品的美学意蕴》（《赤峰学院学报》2010 年第 5 期）等。狍皮制作工艺的论文有哈纳斯《试论鄂伦春族的兽皮文化》（《黑龙江民族丛刊》1993 年第 2 期），李学彬、王锐《悠悠林海哨声潇潇——解读鄂伦春族诱猎乐器狍哨的发展态势》（《艺术研究》2008 年第 3 期），哈纳斯《鄂伦春族狍头皮帽的特点、功能和艺术价值》（《黑龙江民族丛刊》1999 年第 4 期）等。

社会经济发展研究：关于鄂伦春族经济发展的研究论文有 19 篇，对鄂伦春整体经济状况、猎民生活等方面进行研究。如沙晋《黑龙江省鄂伦春族经济和社会发展调查》（《黑龙江民族丛刊》2005 年第 2 期），涂利利《鄂伦春自治旗鄂伦春族猎民经济发展状况调查报告》（《内蒙古统战理论研究》2005 年第 4 期），葛长海《略论鄂伦春民族知识分子在发展市场经济中的地位和作用》（《黑河学刊》2003 年第 5 期），靳玉翠《浅议加快鄂伦春自治旗经济发展》（《理论研究》1995 年第 4 期）等。

语言文字研究：鄂伦春族语言文字研究的论文有 19 篇，对鄂伦春语言的历史、现状及发展加以论述。如徐世璇、关红英《鄂伦春语使用现状分析》（《满语研究》2001 年第 1 期），文华《鄂伦春语语言使用现状调查》（《满语研究》2007 年第 2 期），文华《鄂伦春语语言使用现状调查》（《满语研究》2007 年第 2 期）等。

教育研究：鄂伦春教育方面的研究论文有 18 篇，对鄂伦春教育状况做了翔实的论述。如李伟佳《论民国初年鄂伦春族学校教育》（《黑龙江社会科学》1997 年第 1 期），孙希广《改革与发展鄂伦春民族教育的几点做法》（《中国民族教育》1999 年第 5 期），潘树仁《黑河早期的鄂伦春民族教育》（《黑龙江史志》1999 年第 1 期），任国华《黑龙江省鄂伦春族教育的历史与现状》（《民族教育研究》2001 年第 4 期），白洁《试析民族传统游戏对当代儿童的教育价值——以鄂伦春族为例》（《黑龙江民族丛刊》2007 年第 2 期），李贵彬《清末民初黑龙江省鄂伦春民族新式教育》（《继续教育研究》2009 年第 2 期），赵兴州、赵彦、吴志玮《浅论清代鄂伦春族学校教育的类型及特点》（《黑龙江民族丛刊》2010 年第 5 期）等。

健康研究：对鄂伦春的体质和心理健康进行研究与论述。如刘世海《影响鄂伦春族身体素质的原因调查和对策》（内蒙古大学出版社 1995 年版），方征、张兰、马强、王延《鄂伦春族猎民身体形态及心理健康状况研究——关于鄂伦春族猎民村的调查报告》（《中央民族大学学报》2009 年第

4 期)，方征《生活方式的变迁对鄂伦春族猎民健康的影响》(《体育文化导刊》2007 年第 11 期)，方征、刘新华、靳海涛、马强《鄂伦春族猎民体质与心理健康现状及相关研究》(《首都体育学院学报》2009 年第 4 期) 等。

服饰研究：对鄂伦春服饰的概述。如王咏曦《鄂伦春族的服饰艺术》(《黑龙江民族丛刊》1995 年第 1 期)，白梅《浅谈鄂伦春族服饰》(《黑龙江民族丛刊》1997 年第 1 期)，丰收《地理气候环境与鄂伦春族服饰》(《黑龙江民族丛刊》2002 年第 3 期) 等。

抗日战争研究：关于鄂伦春族在抗日战争中发挥历史地位和贡献的论述。如刘德全、刘德娜、刘德莉《浅析鄂伦春族在抗日战争中的历史地位和作用》(《世纪桥》2003 年第 3 期)，刘德全《鄂伦春人民在抗日战争中的贡献》(《黑龙江史志》2003 年第 5 期)。

五、相关学术思想

俄国民族学家史禄国在 1928 年就完成了他的《北方通古斯的社会组织》一书，1984 年由内蒙古人民出版社将这部以民族志方式全面研究通古斯文化的著作进行了重新出版。史禄国运用田野调查的方法在著作中详实地记录了通古斯人的生活环境、生活方式、思想观念、氏族组织、家庭婚姻、体质特征、习俗、财产、习惯法等内容，是我们对当时鄂伦春族社会全面深入了解的重要文献。1912 年至 1917 年间，史禄国多次深入贝加尔、蒙古和满洲地区对通古斯的社会文化进行了专业的人类学考察，“由于民族单位中发生的过程性质，我将尽可能避免使用那些可能引导单位向‘劣等’和‘优等’状态变化概念的词语，因为这些词语中，包含着某种程度的主观判断因素。因此，在可能时我将不使用‘进步’、‘发展’，甚至往往招致误解的‘进化’等词。”① 由此可见，毕业于法国巴黎大学人类学学院的史禄国是以人类学家严谨、平等和不带偏见的学术态度去进行研究的。他在著作中抨击了“俄罗斯人”、“满人的小官吏”和“金矿的冒险家”对通古斯人的劳动观念、生活习俗的片面诋毁。批评了“那些天真的考察人员”和“那些只根据对通古斯人生活进行局部的观察就发表著述的人”，“他们由于思想狭窄和受自己民族志复合的束缚，难以理解其他民族。”② 史禄国的研究

---

① 史禄国著，吴有刚、赵复兴、孟克译：《拜访通古斯的社会组织》，内蒙古人民出版社 1984 年版，第 12 页。

② 同上，第 508 页。

是我们了解早期鄂伦春族社会全面、翔实和准确的文献资料。

关于鄂伦春族历史发展与社会文化变迁的研究，很多学者从不同的视角进行了阐述。秋浦、韩有峰、都永浩、赵复兴等对鄂伦春族的历史和传统文化进行了深入的研究，通过查阅大量的历史文献，深入田野实地考察，理清了鄂伦春族社会文化发展的脉络。如赵复兴在《鄂伦春族游猎文化》的前言中写道："著者从50年代起亲自对鄂伦春族进行过10余次调查，搜集到上百万字的民族学材料；其次，查阅摘抄了我国汉文文字文献资料四十余种，数十万字；第三，详细查阅了鄂伦春族唯一一部历史档案——库马尔路鄂伦春族档案，复印了几十万字的材料；第四，搜集和翻译了一批俄国人和日本人对鄂伦春族调查研究的资料和著述；第五，搜集到定居前后我国学者调查研究鄂伦春族的著作和民间故事集等20余本、论文百余篇。"① 赵复兴的《鄂伦春族研究》，是按照专题的形式"对鄂伦春族的历史、原始社会形态、古老的物质和精神文化、特殊的风俗习惯等方面进行专题研究和理论阐述，力求对鄂伦春族这一古老的社会有一个科学的认识。"② 他们的研究特点是注重对历史文献的研究，研究成果为我们了解鄂伦春族的族称、族源、早期的历史文化状况提供了翔实准确的材料。

韩有峰、白兰、关小云、唐戈等在1983年出版、2008年修订出版了《鄂伦春族简史》，韩有峰还与都永浩、刘金明等合作完成了《鄂伦春族历史、文化与发展》一书，他们不仅重视历史文献的研究，而且对中华人民共和国成立后鄂伦春族社会文化的发展状况进行了深入的研究，对鄂伦春族的身体素质和疾病状况进行了调查，他们的成果为后者对鄂伦春族社会文化的研究奠定了基石。然而，一些学者受主流文化的影响，他们用"社会形态"学说来解释鄂伦春族社会文化的变迁，认为"由于特殊的生存条件和历史环境，使整个民族长期居无定所、住无房舍的游猎生活，其社会发展极为缓慢，直到定居前夕，仍处在原始社会末期的发展阶段。"认为鄂伦春族改变"意识落后"问题是值得重视的问题："当时非正常死亡的原因几乎都同饮酒有关，但这仅仅是诱发因素，本质上是因为在鄂伦春族的意识中，残留着原始社会的思想意识，同现代社会的思想意识产生冲突，文化上出现了断层，致使部分人对生活采取自暴自弃的态度。"③ 他们没有用人类学的原

---

① 赵复兴:《鄂伦春族游猎文化》，内蒙古人民出版社1991年版，第1页。

② 赵复兴:《鄂伦春族研究》，内蒙古人民出版社1987年版，第1－2页。

③ 韩有峰、都永浩、刘金明:《鄂伦春族历史、文化与发展》，哈尔滨出版社2002年版，第86页。

理来分析外来文化和环境的改变对鄂伦春族造成的影响，而是从鄂伦春族内部去寻找出现问题的原因。

从鄂伦春族山村走出来的学者吴雅芝以自己几十年来对家乡的亲身感受撰写了《最后的传说——鄂伦春族文化研究》，从著作中可以读出她对本民族文化的深厚感情和对传统文化的深入了解。不同于其他学者，由于没有语言和文化方面的障碍，吴雅芝可以以内部人的身份运用纪实的方法对事物进行详细和准确的叙述，这是其他学者无法比拟的优势，也使得她的研究成果更加真切和宝贵。在完成了兴安岭骄子、游动的部落、神猎的足迹、人生三部曲、神秘的神灵世界和古朴的山林文化等章节的同时，吴雅芝提出："此书所以冠名《最后的传说》，就是因为自然生态环境遭到破坏以后，野生动物迅速消失，狩猎文化随之消亡，而且不可能再有寻找回来的世界，这种结果是我最不想看到的。"① 尽管作者没有深入分析鄂伦春族社会文化变迁的缘由，但是却深刻地说明了环境的改变和"禁猎"等政策的实施对鄂伦春族民族社会文化带来的巨大影响。主位与客位相结合、观察与参与观察并用，身为从鄂伦春族乡村走出来的大学教师吴雅芝正以别人无法比拟的环境优势和学术优势拼尽全力描述和记录着鄂伦春族社会过去和现在的事情，她的付出必将给后人留下最珍贵的文化遗产。

关小云长期生活在鄂伦春族地区从事民族事务管理工作，她在《大兴安岭鄂伦春》的后记中说道："曾 6 次去黑龙江省档案馆、2 次去黑河市档案馆、3 次去呼玛县档案馆、2 次去大兴安岭行署档案馆、3 次去塔河县档案馆，细心查阅所有有关鄂伦春族的历史材料、书刊、报纸，并走访了近百名人士，积累了大量的素材……我本着尊重历史，尊重事实，对历史和人民负责的态度，实事求是地写作。"② 通过自己的亲身工作经历，关小云详细记述了十八站和白银纳地区鄂伦春族的历史和变迁，特别是对中华人民共和国成立以后鄂伦春族经历的文化转型过程以及对经济、教育、卫生、艺术、体育等事业的发展进行了深入的研究。就像何群所讲："她作为塔河县公务员，却'学者般'地'泡'省档案馆，利用工作以外时间'哭着喊着'著书，并走出了现代化冲击中少数民族、弱势群体所往往难以避免的或自我封闭、妄自菲薄，或盲目自大、玩世不恭等等局限、藩篱……在她内心，有一种高度我一直难以领略。"③ 关小云的成果"历史文献资料丰富、翔实。一

① 吴雅芝：《最后的传说——鄂伦春族文化研究》，中央民族大学出版社 2006 年版，第 5 页。

② 关小云：《大兴安岭鄂伦春》，哈尔滨出版社 2003 年版，第 419 页。

③ 何群：《民族社会学和人类学应用研究》，中央民族大学出版社 2009 年版，第 3 页。

些历史资料鲜为人知，开资料开发、利用之先河，具有民族学、人类学研究的学术价值。”[①] 关小云从文化自觉的意识出发，只是想把鄂伦春族发展的历程真实地记录下来，完成她自己的心愿就心满意足了，也许连她自己都没有意识到这部著作的珍贵价值。在我们掌握的众多资料当中，关小云的研究成果是我们详细了解鄂伦春族在20世纪50年代以后社会文化发展变迁的重要材料，为我们研究鄂伦春族提供了有力的支撑。她还与王宏刚合作出版了《鄂伦春族萨满教调查》和《鄂伦春族萨满文化遗存调查》两部著作，为我们了解鄂伦春族萨满文化和心灵世界提供了重要依据。

作为民族学研究的佼佼者，何群从1990年就开始进行鄂伦春族社会文化的研究，数次深入鄂伦春族地区进行田野调查，先后出版了《狩猎民族与发展》、《环境与小民族生存》、《民族社会学和人类学应用研究》、《小民族的世界——中国兴安岭田野工作笔记》等著作。长期的田野工作、扎实的理论功底和持之以恒的研究态度，使我们领略到何群作为人类学研究者学术思想的敏锐和学术态度的执着。她摒弃了世俗的社会观念，克服重重困难，深入调查，展现了一个人类学家严谨、无畏和坚韧的学术风范。何群借助人类学的基本理论，特别是生态人类学环境与文化关系的理论对鄂伦春族所处的环境急剧变化与其生存和发展之间的关系进行了深入的研究，并通过个案研究，对小民族的生存、发展与环境之间的关系进行了理论总结。例如在总结定居和文化转型对鄂伦春族社会的影响时讲道：“资源开发、移民人口增多、国家总体发展规划等自然环境、社会环境变化的复杂因素，打破了狩猎文化与环境已往的平衡，打乱了传统狩猎文化与自然共生关系。”[②] “各级决策部门受制于文化单线进化论影响，文化演进序列被理解为：原始—落后—发展—进步。以这样的文化理念为前提，所以，外部干预‘原始’文化，促使被定义为‘落后’的文化进步，成为‘先进文化’或政府正当和不容怀疑的理由。”[③] 何群认为，鄂伦春族社会文化在变迁中存在的问题是多方面的，既有鄂伦春族内部的问题，也有政府指导变迁中的问题，自然环境和社会环境的骤变打破了长期形成的文化体系是问题的根源。她摒弃了“教化式”的研究模式，运用人类学家文化相对论的观点从文化的不同视角深描了鄂伦春族社会文化变迁的动因，不仅为我们的研究提供了翔实的文献资料，也为我们确立正确的学术思想树立了榜样。何群在研究政府对鄂伦春

① 何群：《民族社会学和人类学应用研究》，中央民族大学出版社2009年版，第257－259页。
② 同上，第304页。
③ 同上，第340页。

族文化指导变迁时说道："需要强调的是，鄂伦春族自20世纪中叶定居之后数十年的经历表明，这个民族所面对的困难，并不完全是他们不能主动适应变化着的环境，而是社会环境没有给他们主动改变自己和适应环境的足够的时间和机会，他们一直在外来文化大潮的冲击下被动地漂流。"① 何群从文化人类学的视角分析了指导变迁中"好心办坏事"而带来的问题，批评了主观主义给鄂伦春族带来的危害。我们在研究鄂伦春族文化变迁的过程中，应该从他们自身文化适应和外在文化指导变迁对他们造成的文化适应度方面考虑问题，深入的田野调查是我们正确认识鄂伦春族文化变迁的唯一渠道。

关于鄂伦春族健康的研究，很多学者从传染病、"酒害"等方面进行了研究，也有学者从体质人类学和人口寿命方面进行了论证。林盛中在《鄂伦春民族人口新论》中，对鄂伦春族人口的数量、结构、死亡、婚姻、新生儿和老年人的人口情况进行了研究。据《鄂伦春族简史》记载："新中国成立前鄂伦春族人口急剧下降的原因是多方面的，近几百年来，国内外反动统治阶级的残酷压迫和剥削，长期动荡不定的生活方式，造成其卫生条件极差，各种瘟疫、传染病不断发生。特别是长期食用外国侵略者所供应的鸦片和烈性酒，更促使其人口大批死亡。新中国成立前鄂伦春族已面临灭绝的危险。"② 刘世海在1994年发表的《影响鄂伦春族身体素质的原因调查和对策》中描述："根据调查和文献综合所得，目前鄂伦春族人前十位死因顺位及死亡专率是：1. 意外死亡专率为221.2/10万；2. 结核病死亡专率177.03/10万；3. 心脏病死亡专率为132.77/万；4. 呼吸系统疾病死亡率132.77；5. 恶性肿瘤死亡率79.60/10万；6. 消化系统疾病，死亡率60.95/10万；7. 酒精中毒死亡专率35.41/10万，8. 脑血管病死亡率26.51/10万；9. 其他传染病死亡率为17.70/10万；10. 精神病死亡专率17.70/10万，死因构成可反映居民的健康状况、特征和对寿命的影响程度及身体素质。从上述死因调查结果分析可看出鄂伦春人主要死因是可以预防和医治的。""鄂伦春族新生儿平均体重3.30千克，身高49.75厘米，均高于全国9市儿童体格发育平均值，而其他发育指标坐高、头围、臀围均不同程度地高于全国市郊县儿童体格发育的平均值。""后天因素是影响该族身体素质的主要因素。"③ 何群对乌鲁布铁、朝阳村1958年—2000年死亡情况的调查显示：

---

① 何群：《民族社会学和人类学应用研究》，中央民族大学出版社2009年版，第45页。

② 韩有峰等：《鄂伦春族简史》，民族出版社2008年版，第4页。

③ 刘世海等著：《内蒙古少数民族人口素质研究》，内蒙古大学出版社1995年版，第308－309页。

“42 年间朝阳猎民村死亡的 128 人中，非正常死亡人口占 92.19%，其中上吊、卧轨、开枪自杀、酒后冻死、淹死、因肝炎、脑溢血等与酗酒有直接关系的死亡者占 52%强；肺结核致死者占死亡总数的 24.21%。”① 据托河乡在 2008 年对木奎和希日特奇 2 个猎民村进行的调查统计显示：“2004 年死亡 1（男）人，2005 年死亡 2（1 男、1 女）人，2006 年 4（1 男、3 女）人，2007 年 2（1 女、1 男）人。2008 年 3（男）人。死亡原因：意外 3 人，因长期酗酒导致疾病死亡的 7 人，因癌症死亡 1 人，因年迈死亡 1 人。死亡年龄 10—20 岁 1 人、20—30 岁 2 人、30—40 岁 4 人、40—50 岁 2 人、50—60 岁 2 人、60 岁以上 1 人。影响健康的主要原因是饮食及作息无规律，主要导致的疾病是心脑血管病及肝癌、肺癌；地处偏远交通不便，医疗保健意识不强，有病不能及时就医。”从我们掌握的情况来看，鄂伦春族在体质健康、心理健康等方面存在着很大的问题，疾病曾给他们的健康带来巨大的危害，特别是肺结核的流行给鄂伦春族带来了灾难。很多学者对鄂伦春族的健康状况进行了记述，并对政府积极采取措施提高鄂伦春族健康水平进行了描述，但能够结合流行病学和文化人类学理论进行深入研究的成果并不多见。

从我们掌握的资料来看，尽管关于鄂伦春族社会文化的研究成果众多，而且不乏精品之作，但是仍呈现定性与定量相结合的研究较少，跨文化、跨地区的比较研究较少的特点。因此，我们将社会文化的变迁与村民健康之间存在的关联作为突破口进行研究，是对前人研究空白的填补，也是我们研究的主要特色。

第三节　文化变迁的相关理论

社会文化变迁或称文化变迁是人类学、民族学和社会学中常用的术语，不同的时期、不同的学科有着不同的解释。文化人类学所说的变迁是指技术、社会、政治、经济组织及其行为准则发生与以往不同的变化。马林诺夫斯基文化变迁的定义：“现存的社会秩序，包括它的组织、信仰和知识，以及工具和消费者的目的，或多或少发生迅速的改变的过程。”② 美国人类学家伍兹将文化变迁定义为：“一般来说，文化变迁指文化内容和形式、功能

① 何群：《环境与小民族生存》，社会科学文献出版社 2006 年版，第 477 页。

② 马林诺夫斯基著，费孝通译：《文化论》，华夏出版社 1994 年版，第 23－24 页。

与结构乃至于任何文化事项或文化特质，因内部发展或外部刺激所发生的一切改变。”① 普洛洛和贝茨也认为：“文化变迁是指技术、社会、政治、经济组织以及行为准则的改变过程。”② 路易斯·史宾德勒、乔治·史宾德勒认为：“不论是一个民族内部发展的结果，还是两个具有不同生活方式的民族之间所引起的，在一个民族生活方式上发生的任何改变，都可以称为文化变迁。”③ 潘守永在研究中国东北、内蒙古地区少数民族文化变迁时讲道：“所谓文化变迁，是指任何足以影响文化内容或文化结构的变化。文化变迁的方式又可称之为‘文化过程’，也有人认为文化过程就是文化变迁。”④ 一般来说，文化变迁是某一社会由于内在的原因或与外部文化接触而引起的，创新、传播、进化、涵化、冲突、调适、融合等是造成文化变迁的基本形式。由内部因素造成的文化变迁一般源自发现或发明，由外部引起的文化变迁一般源自采借或传播，我们应从内部和外部两个方面去讨论文化变迁的问题。美国社会学家奥格本提出了文化变迁的四个因素，即发明、积累、传播和调适，同时还强调了物质文化变迁先于并引进适应文化即精神文化的变迁。巴尼特认为创新是所有文化变迁的基础的结论，创新包括进化、发明和发现、传播或借用，是文化变迁的过程或途径。人类学是研究人类文化的学科，人类始终处于历时性发展和变迁的进程中，因此，从广义上讲，人类学的所有学派都是围绕人类的文化变迁而进行研究的。我们通过对相关几种人类学理论的运用，试图来解析鄂伦春族文化变迁的缘由。

一、文化功能论

20 世纪 20 年代初期，文化功能主义代表人物英国人类学家马林诺夫斯基提出了文化功能论。他主张，人类学的最重要工作，就是要弄清楚文化内部各要素相互之间的功能关系，文化实际上是满足人类需要的手段，文化是一种物体、态度和活动的体系；它是一个整体，其中的各个组成部分都是相互依存的。马林诺夫斯基讲道：“文化即在满足人类的需要当中，创造了新的需要。这恐怕就是文化最大的创造力与人类进步的关键。文化把人类提高

① 克莱德·M. 伍兹著，何瑞福译：《文化变迁》，河北人民出版社 1989 年版。第 2 页。

② 普洛洛、贝茨著，吴爱明等译：《文化演进与人类与人类行为》，辽宁出版社 1988 年版，第 589 页。

③ 引自石奕龙著：《应用人类学》，厦门大学出版社 1996 年版，第 90 页。

④ 潘守永：《社会文化变迁与当代民族关系——东北、内蒙古地区研究报告》，中央民族大学出版社 2009 年版，第 7 页。

于禽兽之上，并不是由于给人类以其所能有的东西，而是指示给他看其所能奋斗追求的目标。”① 这种需求的理论是马林诺夫斯基文化功能主义理论的核心内容，他把个体和社会联系起来，通过个体的需要论述了社会文化的发展与变迁。马林诺夫斯基说：“一方面使我们比较更容易明白我们所谓文化需要与相互关联着的社会事实的关系；另一方面使我们亦更可见到这种需要如何转变为个人的动机。文化需要是社区生存和文化绵续所必须满足的条件，个人的动机对于这些大题目，好像种族绵延，或文化绵续，甚至营养需要等是不相干的，不论在文明或野蛮社会中，很少人明了有这样普遍需要的存在。”② 马林诺夫斯基将个人的文化需要与社会的变迁联系起来，阐述了社会的发展是一个连续和不断发展的过程。马林诺夫斯基用“文化迫力”的概念来论述功能的理论：“不论是器物、风俗、字词、道德价值或是法律原则，主要我们深刻地了解了它们所具有的功能，自然会觉得上面所提及的‘衍生的需要’或‘衍生的文化迫力’的概念的重要性了。我们已见一种社会中的基本生物需要就是文化所由滋生、发展及绵续的条件是间接满足的，于是发生了次级的或衍生的条件。为了行文的清楚及一贯起见，我们可称它们作‘文化手段迫力’，因为它们的性质是达到其他目的的手段。”③ 马林诺夫斯基强调个体的身体需要，对人的本性的“心理需要”保持着浓厚的兴趣，人的需要包括生物需要和文化需要，为了满足需要人就必须合作，需要建立一套秩序，必须提供各种组织社会和各种活动的办法，需要建立某些制度。文化秩序的建立使社会文化成为一个整体，其中某一环节的变化会对整体产生影响。通过马林诺夫斯基的功能主义理论的运用，使我们从文化体系相互之间的整体性关联的视角去解读鄂伦春族传统文化发展与变迁的问题，注重个体或单项事物的改变对整体的影响。

二、技术决定论

从20世纪30年代起，怀特就开始奋力捍卫古典进化论摩尔根的学术地位，并坚持不懈地宣传和丰富进化理论，成为新进化论的旗手。怀特提出了文化的分类：“为了研究的方便，我们将把文化区分为三个亚系统，即技术的系统、社会的系统以及意识形态的系统。各个亚系统在作为整体的文化过

---

① 马林诺夫斯基著，费孝通译：《文化论》，华夏出版社2001年版，第99页。
② 马林诺夫斯基著，费孝通译：《文化论》，华夏出版社2001年版，第11页。
③ 马林诺夫斯基著，费孝通译：《文化论》，华夏出版社2001年版，第47页。

程所发挥的作用绝不是一样的。技术系统发挥着基本的作用。”[①] 三个亚系统之间的关系是技术系统处于基础，思想意识系统处于最上层，中间为社会系统，其中，技术系统对文化的进化起着决定的作用。因为，文化能否进步，最主要的是对能量的发现、利用和控制，这唯有通过技术才能达到。如果没有相应的技术手段，我们无法找到能量的新源泉；如果没有相应的技术手段，即使找到了能源的新形式，我们也无法利用。怀特认为技术系统是由物质的、机械的、物理的和化学的以及使用这些仪器的技术构成的，人类作为一种动物，依靠这些技术系统使自己同自然的生息之地紧密联系。怀特运用能量学说来证明技术在文化发展过程中的重要性，将文化环境或体系分为三种因素：每人每年消耗的能量数；使能量消耗并使其产生作用的技术工具的效能；由此而产生的人类所需物品及其服务的数量。假设居住地因素是一个常量，依据人头生产的人类所需物品及服务的数量以及据此做出估量的文化发展程度，是由每人消耗能量数量以及使能量产生作用的技术工具效能决定的。斯图尔德认为，整个文化体系分为核心文化系统和外围文化系统，核心文化指的是与人类生计活动有关的文化，主要是技术经济因素；除此之外的为外围文化或非核心文化。所谓生态环境对文化进化的决定作用，最集中地体现为它对人类技术开发或生产技术的进化的制约作用，以及对人们利用技术适应特殊行为方式的制约作用。

哈里斯同意怀特有关发明与革新的观点，认为基础结构决定和制约着发明的产生，文化的进化首先应以能量的拥有和增多为标准，不过他补充了生产率增加和人口增加两个特点。他提出应使用“客观的”和“主观的”两个范畴来研究社会文化现象，借用语言学的概念，强调“主位”与“客位”相结合，提高“本地人”提供信息者的地位，将他们的描述和分析作为最终的判断。哈里斯的观点是一种“技术生态”或“技术经济”决定论的观点，他认为，“人类为了生存要利用一切可能的技术条件去适应特定的生态环境，而生态环境的规律是不可改变的，它必定要限制技术变化的比率和方向。”[②] 他在坚持技术—生态原则的立场时写道：“在相似的环境中使用相似的技术，会产生相似的劳动分工和分配形式，这些又会产生相似的社会群体，这些相似的群体会运用相似的价值和信仰体系来证明和协调自己的行为。”“基础结构是文化与自然界的主要相交处，是一个边界，在这个世界的另一边，支配着人类行动的生态的、化学的和物理的强制力与旨在或减缓

---

① 莱斯利·怀特著，曹锦清等译：《文化科学》，浙江人民出版社 1988 年版，第 349 页。

② 夏建中：《文化人类学理论学派》，中国人民大学出版社 1997 年版，第 252 页。

这些强制力的主要的社会文化实践活动相互作用着。”① 哈里斯注重文化变迁过程中处于“主位”群体的感受，同时注重变迁过程中技术发展与生态之间的关系问题。

我们运用怀特、斯图尔德和哈里斯的相关理论，可以从技术的演变层面来解读鄂伦春族文化变迁中遇到的问题，通过运用和对技术决定论的批判，去解读鄂伦春族在外来文化涌入时带来的技术革命对传统文化的影响，同时给整个社会带来的影响，也给鄂伦春人的健康带来的影响。

三、一般进化与特殊进化

托马斯·哈定等认为，在生物和文化这两个领域，进化是不断朝着两个方向运动。一方面通过适应性变异导致多元发展：即从旧种类分化出新的种类。另一方面，进化产生进步：高一等的种类生成并超过低等种类。这些运动方向首先是特殊进化，其次是一般进化。从生物学的角度他们认为特殊进化是种群适应性“专化”的产物，“特殊进化是总体进化中诸如种系、适应、多样化、专门化、衍生等方面的体现。正是通过这个方面，进化才常常被等同于从同质性到异质性的运动。一般进化则是进化总体的另一面。”② 特殊进化是“遗传变异”，使得生物的适应性变得更强；一般进化是“由阶段到阶段”的进步性丛生。

文化同生物进化一样，经历了特殊进化和一般进化。塞维斯和萨林斯认为，特殊进化近似于斯图尔德的多线进化，而一般进化近似于怀特的普遍进化。一种文化是一种技术、社会结构和观念的综合构成，它经过调整而适应于其自然居住地和周围的相互竞争的其他文化。这种过程具有两个特征：“创造与保持，前者是一种结构和模式的进化，这种特定的结构和模式能使一种文化根据环境进行必要的调适；后者则为一种稳定化趋势，即保持已实现的合适的结构域模式。”③ 一种文化种系发生演变的原物质来源于周围文化的特点、那些文化自身和那些在其超机体环境中可以利用或借鉴的因素。演变的进化过程便是对摄取自然环境、协调外来文化影响这些特点的适应过程。在进化过程中，文化适应过程的因素被综合成为新的特点，这个事件我

① 哈里斯著，张海洋等译：《文化唯物主义》，华夏出版社 1989 年版，第 67 页。

② 托马斯·哈定等著，韩建军、商戈令译：《文化与进化》，浙江人民出版社 1987 年版，第 10－11 页。

③ 夏建中：《文化人类学理论学派》，中国人民大学出版社 1997 年版，第 237 页。

们称之为发明，而从外部所得的项目被合并，我们则称之为传播，有时也称之为涵化的过程。文化经过调适而适应于其居住地和周围的环境，然而在调整或适应的过程中不可避免地产生了文化专化现象，即一种排除向其他方向变化的可能阻碍向已有变化的环境作适应性反应的单方面发展。这样尽管适应是创造性的，但同时也是自我限制，特定的技术要求特定的社会适应以期被利用；反过来，既定的社会秩序也被相应的技术分布加以巩固。稳定性还有一个含义，就是说当一种文化受到外力作用不得不有所变化时，这种变化也只会达到不改变其基本结构和特征的程度与效果。“还需指出，稳定化本质上是一个过程，它由环境因素引导和驱使，它的发展速度和成功都被环境的变化的程度和特征决定着。比如说，有的时候环境在变化时如此突然和恶劣，一直不可能产生新的平衡。在这种情况下，文化的末日就到来了。”① 文化的特殊进化与环境的适应性有关，文化不仅产生了形态的适应结果，而且还产生了更高形态的结果。一个物种或文化体系在既定的进化过程中越是专化和适应，那么，根据“进化潜力法则”，这种文化走向更高等级的潜力就越小，反映出特殊进化过程与一般进化潜力是一种逆反的关系。萨林斯认为：“随着一般进化等级的提高，相关的文化对所属环境的控制力也随之而提高，因为这种文化可以分布到地球上更广阔的范围内。而特殊进化则相反，由于它对所属环境的高度适应化，也就是高度特殊化，该种文化的运作在所属环境中效率越来越高，但对其他生存环境的适应能力却随之下降，以至于离开了他原来所属的环境后，它会变得极不适应。”② 一般进化和特殊进化理论阐述了文化变迁发展的一般规律，并论述了技术和环境的改变对文化发展的重要作用，但忽略了人在文化变迁过程中的能动性，人在历时性的文化变迁过程中具有主动的文化调适能力，这种能力可以将高度“专化”的特殊文化进行资源转换，成为高度适应的文化资本。

我们运用文化一般进化与特殊进化的理论可以解读鄂伦春族在文化变迁过程中遇到的文化转型和文化适应问题。鄂伦春族狩猎文化高度“专化”使他们对突如其来的外来文化产生了很大的不适应，外来文化破坏了狩猎文化赖以生存的自然环境和社会结构，致使狩猎文化“断根”，从而带来的是鄂伦春族灾难性的后果。唤醒鄂伦春族文化自觉意识，发挥人的主观能动性并与客观环境相适应，使高度“专化”转型为高度“适应”，是鄂伦春族文

① 唐纳德·L. 哈迪斯蒂著，郭凡、邹和译：《生态人类学》，文物出版社 2002 年版，第 46－47 页。

② 引自罗康隆：《文化适应与文化制衡》，民族出版社 2007 年版，第 21－22 页。

化振兴的可借鉴模式。

四、文化调适、适应与重构

任何一个民族文化都是一个系统的社会规范体系，都处于高度有序的状况。文化在其正常延续的状态下，属于有序体系的稳定延续。当正在延续的文化受到外来作用时，该种文化在无法将其暂时纳入已有的体系时，就会呈现一种暂时的失范状态，暂时的失范状况是一种局部性的无序。文化的作用就是要应对因外来作用的刺激而导致的局部无序状态，此过程即是文化的调适过程。对于一种特定的文化环境而言，当外来作用的影响力施加于特定文化体系时，会造成一段持续时间的无序反馈，致使文化进行耗散重组，这是一个不稳定的、需要磨合的过程。美国社会学家奥格本认为，“社会的变迁主要源于文化的变迁，正是文化的变迁才带动了社会的进化；文化调适是文化变迁的一个重要因素，发展本身就是一个调适的过程；调适则指文化的一个部分发生变迁时，其他部分的相应变化。他特别强调文化调适对文化变迁的作用，认为文化是各个部分的高度整合，任何一个部分的改变都会带动其他部分的改变，各个部分对已变化部分的调适带动了文化整体的进化，但调适并不是立刻发生的，而是隔一段时间后才出现，这就是文化滞后。”① 罗康隆提出：“文化调适即当外来作用足以改变生境性质的前提下，处于该生境中的民族文化在改变了的生境诱导下，做出系统性的内部结构重构，使该种文化对新作用的反馈由无序过渡到有序，从而达成与生境相适应的过程，我们称这一过程为该种文化对外来作用的调适。”② 文化调适的目标是要把局部的无序状况变为整体的有序化，以消除局部的无序状况，使外来的作用力所引发的多重因果关系重新被纳入该种文化体系之中，这种状况一旦出现，就标志着该种文化已经适应了这种外来作用，它已归于整体性的有序化。

斯图尔德认为：文化与其生态环境是不可分离的，它们之间相互影响、相互作用、互为因果。在相似的生态环境下会产生相似的文化形态及其发展线索，而相异的生态环境则造成了与之相适应的文化形态及其发展线索的差别。由于世界上多种生态环境，由此形成了多种文化形态及其进化道路。斯图尔德根据多线进化的理论提出文化生态学的理论：“文化生态学是就一个

---

① 奥格本著，王晓义、陈育国译：《社会变迁》，浙江人民出版社 1989 年版，第 194 - 201 页。

② 罗康隆：《文化适应与文化制衡》，民族出版社 2007 年版，第 143 页。

社会适应其环境的过程进行研究。它的主要问题是要确定这些适应是否引起内部的社会变迁或进化变革。但是，它还结合变革的其他过程来分析这些适应。这一方法要求对社会和社会机构之间以及它们与自然环境之间的互动进行考察。"① 文化生态学认为，文化在人类与其生态环境之间起着举足轻重的作用，人类通过文化认识到能源或资源，同时又通过文化获取，利用能源或资源。因此，他们非常强调文化与环境之间的相互作用和相互关系。文化的适应不仅包括人在利用技术开发能源与自然生境之间相适应，而且也更加关注对外来文化的适应与吸纳，从而达到文化的制衡性发展。同时，文化的适应是由于人在其中发挥着作用，是人的经验诱导了文化变迁。考虑到文化的适应过程中文化的不可中断性和文化要素的变动非均等性，罗康隆提出："文化适应是指一种文化在面对生存环境的变化时，或出于提高对自然资源利用效益的需要，为了该种文化所属成员已经积累的技术的提高，并通过实际运行以新陈代谢的方式淘汰、改造或新增某些文化要素，进一步或逐步地进行文化要素及其结构的重组和整合，形成一种更具生存能力和稳定延续能力的新型文化。"② 通过文化的调适，使重组的文化形成有序状态，适应外部生境和内部发展的需要，达到平衡稳定的状态。

文化的重组与更新是在与其互动的异文化的作用下诱导出来的，文化重构不是一蹴而就的大改组，它是由文化调适而实现的过程，必须经过一段时间的无序反馈，引起众多成员的关注，从而触及该种文化的结构本身。罗康隆提出："文化重构是指在族际文化制衡中一种文化受到来自一种文化的异族文化因子持续作用后，将这组作用作为外部生境的构成要素去进行加工改造，从而将其中有用的内容有机地置入固有文化之中，导致了该种文化的结构重组和运作功能的革新，这种文化的适应性更替就是文化重构。"③ 文化重构是文化接触、文化调适、文化适应而达到稳定的过程，是一个对外来文化进行加工改造，甚至创造的加工而真正被吸收下来稳定地进入该种文化体系的过程。文化重构是一种有目的性的文化结构改组工程，是有选择地对外来文化进行吸收、利用和基因重组，从而达到文化整体与外部生境形成相互依存的适应状态，以利于民族的适应性发展。

鄂伦春族传统文化在外来文化的强势冲击下造成了文化失衡，从而带来了一系列的问题。通过运用文化调适、适应与重构的理论对鄂伦春社会变迁

① 斯图尔德著，潘艳等译：《文化生态学》，南方文物出版社 2007 年版，第 107 页。

② 罗康隆：《文化适应与文化制衡》，民族出版社 2007 年版，第 161 页。

③ 同上，第 178 页。

中遇到的问题进行解读，可以了解到造成文化失衡的原因以及如何进行适应和重构，从而达到文化的平衡，为鄂伦春社会发展做贡献。

五、文化资本与社会资本

布迪厄认为资本是积累的劳动，当这种劳动在私人性，即排他的基础上被行动者或行动者小团体占有时，这种劳动就使得他们能够以具体化的或活的劳动的形式占有社会资源。他认为："资本是一种铭写在客体或主体结构中的力量，它也是一条强调社会世界的内在规律性的原则，正是这一点使得社会游戏（大部分社会游戏，包括竞技游戏）超越了简单的碰运气游戏，而碰运气游戏每时每刻都会提供创造奇迹的可能性。"① 他认为资本不同于撞大运，是靠长期的积累而形成了一种资源优势。布迪厄认为资本可以表现为三种形式："经济资本、文化资本和社会资本。经济资本可以立即并且直接转换成金钱，它是以财产权的形式被制度化的。文化资本在某些条件下可以转换成经济资本，它是以教育资格的形式被制度化的。社会资本是以社会义务（联系）所组成的，这种资本在一定条件下也可以转换成经济资本，它是以某种高贵头衔的形式被制度化的。"② 他认为文化资本可以以三种形式存在：具体的状态，以精神和身体的持久"惰性"的形式；客观的状态，以文化商品的形式；体质的状态，以一种客观化的形式，这种形式赋予文化资本一种完全是原始性的财产，而文化资本正是受到了这笔财产的庇护。社会资本是实际的或潜在的资源的集合体，那些资源是同对某些持久性的网络的占有密不可分的，这一网络是大家共同熟悉的、得到公认的，而且是一种体制化关系的网络。这一网络是同某个团体的会员制相联系的，它从集体性拥有的资本的角度为每个会员提供支持，提供为他们赢得声望的"凭证"，而对于声望可以有各种各样的理解。经济资本可以直接获得商品或服务，而文化资本和社会资本必须通过关系的转化才能获得体现。个人或团体可以利用赋予的文化资本或社会资本实现价值的转换，可以利用自身的地位获得团体的认可而成为团体的代言人，从而获得更大的社会资本，同时利用这种社会资本对文化资本进行投资和打造，实现经济资本的转换。资本的不同类型的可转换性，是构成某些策略的基础，这些策略的目的在于通过转换来保证资本的再生产。

---

① 布迪厄著，包亚明译：《文化资本与社会炼金术》，上海人民出版社 1997 年版，第 189 页。

② 同上，第 192 页。

尽管鄂伦春族传统狩猎文化正在呈“碎片化”，一系列的不适应也带来了很多的问题，但是这种高度特殊的社会文化现象却具有典型性和稀有性，其悠久的历史和独特的魅力使人口数量不足万人的鄂伦春族成为大兴安岭的名片吸引了社会广泛的关注。据相关资料显示，鄂伦春族有狩猎、萨满、饮食、服饰、歌舞、桦皮、文学、美术、体育等 9 种文化形式，这些文化形式是鄂伦春族经过历史的积淀而形成的一种具体化的表现方式，尽管这些具有符号特征的文化形式已经失去了它在传统社会中担负的社会功能，而是经过与主流文化的整合以一种新兴的形式得到了再现，但是它以一种承载着一个民族精神的文化资本而展现在世人面前，并在新的社会环境中焕发出不可替代的光彩。具有文化自觉意识的鄂伦春族文化精英在文化变迁与整合过程中逐步觉醒，他们不仅得到了鄂伦春族社会内部的认可，从而成为鄂伦春族文化的代言人，而且得到了主流社会的承认，在社会大环境中具有了话语权，也就是说鄂伦春族长期积淀的文化资本通过文化转换使文化精英获得了很高的社会资本。在政府的大力支持下，文化精英利用自身的社会资本将文化资本进一步进行资本转换，以经济资本的形式使文化资本得到了价值体现。通过资本的转换，经过重构的鄂伦春族传统文化得到了进一步的巩固，唤醒了鄂伦春族的民族认同感和自豪感，提高了他们的经济生活水平，促进了整个社会的和谐与共赢。在这种文化转换的过程中，主流社会的意识起到了主导作用，例如，过去被认为是糟粕的、迷信的萨满教，今天成为展现历史文化遗存的“国宝”；过去认为是“落后的”生产方式，今天成为文化的宝贵财富。鄂伦春族文化资本、社会资本和经济资本的转换也正是在这种大环境中才能得以实现，主流社会也正是期望通过文化的建设达到社会各方的和谐与共赢。资本的转换和价值的体现必须受社会大环境的制约，在适时的大背景环境下，鄂伦春社会的繁荣、经济的振兴、民族的兴旺才能得以实现。

在当今社会中，第三产业已经成为各国经济发展的重要支撑，文化产业的发展得到了社会各方面的重视，其强劲的发展势头可以带动整个社会的繁荣与昌盛。近些年来，在政府的大力支持下，在市、旗、乡兴建了一批鄂伦春文化博物馆、对历史遗存的文物进行了广泛的搜集和整理、树立了一批非物质文化遗产传承人、通过文艺团体和民间机构打造了一批文化展演节目、对传统的工艺技艺进行了有效的挖掘和保护，通过对狩猎文化的包装与加工，使这种文化逐步走入产业化发展的道路并展现出旺盛的生命力。

六、文化自觉理论

“文化自觉只是指生活在一定文化中的人对其文化有‘自知之明’，明白它的来历，形成过程，所具的特色和它发展的趋向，不带任何‘文化回归’的意思。不是要‘复旧’，同时也不主张‘全盘西化’或‘全盘他化’。自知之明是为了加强对文化转型的自主能力，取得决定适应新环境、新时代时文化选择的自主地位。文化自觉是一个艰苦的过程，只有在认识自己的文化、理解所接触到的多种文化的基础上，才有条件在这个正在形成中的多元文化的世界里确立自己的位置，然后经过自主的适应，和其他文化一起，取长补短，共同建立一个有共同认可的基本秩序和一套各种文化都能和平共处、各抒所长、联手发展的共处守则。”① 费孝通先生将文化自觉历程概括为：“各美其美、美人之美、美美与共、天下大同。”“各美其美”就是不同文化中的不同人群对自己传统的欣赏。这是处于分散、孤立状态中的人群所必然具有的文化心理状态。“美人之美”就是要求合作共存时必须具备的对不同文化的相互态度。“美美与共”就是在“天下大同”的世界里，不同人群在人文价值上取得共识以促使不同的人文类型和平共处和发展。总而言之，这一文化价值的动态观念就是力图创造一个跨文化界限的研讨，让不同文化在对话、沟通中取长补短，达到我们的老话“和而不同”的世界文化一体。② 通过对费孝通先生文化自觉理论的解读，我们认为应该正确对待和理解鄂伦春族传统的狩猎文化，在文化变迁和文化融合的发展过程中，通过教育群众了解自己灿烂的狩猎文化，从而树立民族自信心和自豪感，激发出主动适应变迁的动力。鄂伦春传统文化正在迅速的消失，通过整合与重建，将传统文化融入整体文化的发展之中，在保留自己传统的基础上以求得适应性的发展是当前面临的重要任务。

民族学和人类学文化变迁的理论是指导我们研究鄂伦春族文化变迁与聚居区村民健康关系的理论基础。我们通过对相关理论的阅读和理解，可以帮助我们对鄂伦春族社会文化的发展与适应进行深入的解读，从而为探寻一条鄂伦春族狩猎文化可行的、持续性的发展道路提供理论依据。

①② 费孝通：《论文化与文化自觉》，群言出版社2007年版，第190页。

第四节　研究方法

一、文献资料法

通过多年的积累，我们比较齐全地搜集到了关于鄂伦春族文化研究的相关文献和资料，其中包括古代文献、档案材料、史志、文件、著作、论文、影像片等，如收集到专业著作 69 部、学术论文 481 篇、影像片 8 部等。通过将这些资料按照体系进行归类和整理，使我们对鄂伦春族传统文化的发展脉络有了深入的了解，能够通过历时性的发展历程来看待文化的变迁。由于鄂伦春族社会文化的典型性和复杂性，关注鄂伦春族的专家和学者很多，通过对相关文献资料的整理和研究，使我们更加了解了前人研究的内容和方向，也使自己能够比较全面和深入地看待问题，在研究中更加突出自己的特色和优势，同时也为深入调查和研究做好了知识贮备。

我们在调查中，密切与当地政府机关的联系，收集到多个旗、县、乡的政府报告、汇报材料、项目申请书、非物质文化传承人推荐书等，这为我们了解当地情况提供了依据。同时，我们深入 10 个乡的卫生院、派出所，对 10 个村的村民户籍、人口状况、婚姻结构、枪支管理、出生死亡状况等资料进行了查询，通过统计和分析为我们掌握相关情况提供了有力的依据。

二、专家咨询法

我们的研究是在许多专家和老师的指导和帮助下完成的，通过专家咨询使我们不断修正和完善调查研究方案，从而取得了良好的效果。我们曾多次召开课题开题报告会、咨询会等对研究方案进行论证，并向相关专家进行请教，如中央民族大学王庆仁教授、杨圣敏教授、滕星教授、王建民教授、张海洋教授、余梓东教授、祁惠君教授、常永才教授等；北京体育大学任海教授；华南师范大学胡小明教授；云南师范大学饶远教授；南开大学贾晓波教授等。通过专家咨询，我们正是在他们无私的指导与帮助下，才能合理地制定研究方案，顺利地完成研究任务。

三、观察与参与观察

在调研期间，我们深入鄂伦春族群众家中，与村民同吃同住以参与者的身份了解他们的生产、生活情况；深入田间林区，了解他们种植木耳、猴头菇、采集中药材和农业生产情况。我们参观了鄂伦春族民族文化展览馆、民族风情园、桦皮制品加工厂、狩猎文化展演活动等，通过观察不仅了解到群众生产生活情况，而且对社会、家庭、亲属关系以及相关文化进行了深入的了解。我们还作为演员参加了鄂伦春族节庆日的篝火晚会、民间艺术团的对外演出等，同桦皮船文化传承人郭洪强一起制作了桦皮船，体验桦皮船漂流等。在近 8 年的研究工作中，我们同当地建立了密切的联系，并同社会各界人士建立了深厚的友谊，我们的工作也直接参与到他们的文化发展和社会变迁的轨道中。通过观察和参与观察的研究，使我们从主位与客位不同的视角对鄂伦春族传统文化进行了体验，从而有了更加深刻的理解。

四、访谈法

访谈是我们在研究过程中运用的基本方法。在长期的研究中，我们对大批的鄂伦春族群众进行了访谈。通过访谈我们了解到鄂伦春族群众的生活、生产和思想状况，并得到了真实的第一手材料，为我们深入解读鄂伦春族文化变迁和适应打下了基础。我们还对大量文化代表人进行了访谈，如鄂伦春族萨满关扣妮；服饰、剪纸、民歌文化代表人关金芳；狩猎文化代表人托新、郭宝林、白色柱；桦皮画文化代表人莫鸿苇、关桃芳；“摩苏昆”传承人莫宝凤、莫桂珍、魏美英；熟皮工艺传承人德淑兰、莫代荣；桦皮工艺制作人孟淑卿，等等。我们还访谈了多位边防派出所、卫生院的警官和大夫，对猎枪的管理和村民的健康状况进行了了解。使我们感到非常痛心的是与我们建立了深厚友谊的老猎人托新和年轻的文化传承人郭洪强、葛志斌因疾病和车祸相继离世，不仅给我们的研究带来了无法弥补的损失，同时也是鄂伦春族最宝贵文化财富的消失。

五、量表测量法

2007 年和 2011 年，我们运用 SCL—90 心理量表对研究对象进行心理健康抽样测试，通过测试了解鄂伦春族群众心理健康状况。

六、仪器测试法

2007 年和 2011 年，我们用体质健康测试仪器先后对 172 名和 470 名鄂伦春族群众进行了身体形态、机能、体能等指标的测试。身体形态指标包括身高、体重、胸围、腰围、皮褶厚度等；身体机能包括血压、脉搏、肺活量等；体能包括握力等。通过测试我们了解到他们的各项身体指标情况，通过对测试指标与全国农民的指标进行比较，可以分析出鄂伦春族村民体质健康状况与全国水平的差异；通过对鄂伦春村民健康指标横向和纵向的比较研究，可以分析出不同地区之间村民健康状况的差异以及同一地区不同时间的村民体质健康状况。

七、数理统计法

我们将量表测试的指标、仪器测试的数据进行统计分析，可以清晰地了解到鄂伦春族村民体质健康、心理健康方面的情况，为定性分析打下了基础。同时，我们将在文献研究和田野调查中整理的人口数量、年龄结构、疾病和死亡情况等数据进行了统计和分析，从而可以清晰地看到不同时期、同一地区不同民族之间存在的差异。

八、比较研究法

我们将鄂伦春族村民体质健康指标进行了统计，通过与全国农民指标的比较，可以找出差距与不同。通过将鄂伦春族村民人口结构、年龄结构、疾病情况、死亡年龄、死亡原因等数据进行统计，并与全国指标、同一乡村非鄂伦春族指标进行对比，可以发现鄂伦春族在健康方面存在的差距。

九、影像记录法

我们在调查过程中，携带了摄像机、照相机、录音笔、笔记本电脑等办公工具，对相关内容进行了详细的记录。通过后期加工、制作和整理，我们掌握了大量的文字、图片和录像资料。我们还制作了纪录片，为鄂伦春族文化的保护与传承做出了贡献。

课题的研究涉及体育学、人类学、心理学、流行病学、人口学、教育学、统计学等多门学科的理论和方法，这种跨学科的综合性研究是我们的研究特色。同时，我们将定性研究与定量研究相结合，实证研究与逻辑分析相补充，社区调查与个案访谈相联系，文字论述与图像记录相映衬，准确的学科定位和合理的研究方法是我们完成课题任务的基本保障。

参考文献

1. 罗康隆：《文化适应与文化制衡》，民族出版社，2007 年版。

2. 爱德华·泰勒著，连树声译：《原始文化》，广西师范大学出版社，2005 年版。

3. 林耀华主编：《民族学通论》，中央民族大学出版社，1997 年版。

4. 拉德克里夫·布朗著，夏建中译：《社会人类学方法》，华夏出版社，2002 年版。

5. 杰里·D. 穆尔著，欧阳敏、邹乔、王晶译：《人类学家的文化见解》，商务印书馆，2009 年版。

6. 威廉·A. 哈维兰著，翟铁鹏、张钰译：《文化人类学》，上海社会科学院出版社，2006 年版。

7. 徐万邦、祁庆富：《中国少数民族文化通论》，中央民族大学出版社，1996 年版。

8. 呼玛县人民政府：《加快挖掘非物质文化遗产促进文化产业快速发展》，2007 年。

9. 韩有峰、白兰、关小云、唐戈著：《鄂伦春族简史》，民族出版社，2008 年版。

10. 史禄国著，吴有刚、赵复兴、孟克译：《北方通古斯的社会组织》，内蒙古人民出版社，1984 年版。

11. 赵复兴：《鄂伦春族游猎文化》，内蒙古人民出版社，1991 年版。

12. 赵复兴：《鄂伦春族研究》，内蒙古人民出版社，1987 年版。

13. 韩有峰、都永浩、刘金明：《鄂伦春族历史、文化与发展》，哈尔滨出版社，2002 年版。

14. 吴雅芝：《最后的传说——鄂伦春族文化研究》，中央民族大学出版社，2006 年版。

15. 关小云：《大兴安岭鄂伦春》，哈尔滨出版社，2003 年版。

16. 何群：《民族社会学和人类学应用研究》，中央民族大学出版社，2009 年版。

17. 韩有峰等：《鄂伦春族简史》，民族出版社，2008 年版。

18. 刘世海等：《内蒙古少数民族人口素质研究》，内蒙古大学出版社，1995 年版。

19. 马林诺夫斯基著，费孝通译：《文化论》，华夏出版社，1994 年版。

20. 克莱德·M. 伍兹著，何瑞福译：《文化变迁》，河北人民出版社，1989 年版。

21. 普洛洛、贝茨著，吴爱明等译：《文化演进与人类与人类行为》，辽宁出版社，1988 年版。

22. 石奕龙：《应用人类学》，厦门大学出版社，1996 年版。

23. 潘守永：《社会文化变迁与当代民族关系——东北、内蒙古地区研究报告》，中央民族大学出版社，2009 年版。

24. 莱斯利·怀特著，曹锦清等译：《文化科学》，浙江人民出版社，1988 年版。

25. 夏建中:《文化人类学理论学派》，中国人民大学出版社，1997 年版。

26. 哈里斯著，张海洋等译:《文化唯物主义》，华夏出版社，1989 年版。

27. 托马斯·哈定等著，韩建军、商戈令译:《文化与进化》，浙江人民出版社，1987 年版。

28. 唐纳德·L. 哈迪斯蒂著，郭凡、邹和译:《生态人类学》，文物出版社，2002 年版。

29. 奥格本著，王晓义、陈育国译:《社会变迁》，浙江人民出版社，1989 年版。

30. 斯图尔德著，潘艳等译:《文化生态学》，南方文物出版社，2007 年版。

31. 布迪厄著，包亚明译:《文化资本与社会炼金术》，上海人民出版社，1997 年版。

第一章　鄂伦春族概况

第一节　族　称

鄂伦春这一名称有两种含义："山岭的意思，即住在山上的人。驯鹿的意思，即使用驯鹿的人。"① 这两种说法说明鄂伦春人生活在山岭中，并使用过驯鹿，驯鹿喜欢吃藓苔，而藓苔只能在山林中生长，因此这是一个曾经居住在山上并驯养驯鹿的民族。鄂伦春族沿河迁徙游猎，每一个支系都具有自己相对稳定的生活领域，对外他们称自己是鄂伦春，而在内部他们是按照居住河流的名称来互相称呼的。如称别人为"毕拉尔千"、"呼玛尔千"、"甘千"、"多布库尔千"等，"千"是人的意思，即某河流流域的人。自称则是说："比毕拉尔贝业"、"比呼玛尔千贝业"，意思是"我是比拉尔的人"、"我是呼玛尔的人"。据资料显示："据老人们讲，鄂伦春人和索伦、通古斯、雅库特原来就是一个族，因为他们过去移动过的时间和地点和鄂伦春差不多，家具用的样式和叫的名称也差不多，在清朝时并挨片住过。"② 我们于 2011 年 7 月深入鄂伦春族地区调查时，许多老人讲道：我们把自己叫作鄂伦春，使鹿鄂温克族称自己才是鄂伦春，称我们是"特格"，他们说在河边住下来的叫特格，饲养驯鹿在山上游猎的才叫鄂伦春。

鄂伦春这一名称，据说元、明时期就已经出现。在兴安岭地区，自古就生活着一些古族，据资料显示："元朝称活动在这一带的人们为'林中百姓'，明朝称为'可木地野人'，清初称为'树中人'。当然这都是一些泛称，但是，鄂伦春人包括在其中是确定无疑的。"③ 据《清太祖实录》的记

---

① 全国人民代表大会民族委员会办公室编：《鄂伦春族情况——鄂伦春族调查材料之一》，1957 年 2 月，第 6 页。

② 同上，第 7 页。

③《中国少数民族社会历史调查资料丛刊》修订编辑委员会内蒙古自治区编辑组：《鄂伦春族社会历史调查（一）》，民族出版社 2009 年版，第 7 页。

载，“是在崇德五年3月己丑（1640年4月28日）以‘俄尔吞’出现的。以后在康熙年间的上谕和奏折中将其称为‘鄂罗春’、‘俄乐春’、‘俄伦春’，均为同音异写，最后固定写为鄂伦春。”[①] 清代文献往往把鄂伦春与达斡尔、鄂温克等民族统称为“索伦部”、“打牲部”和“使鹿部”。所谓“索伦部”是清末对于分布在黑龙江中上游一带的鄂伦春、达斡尔和鄂温克等民族的总称，所以鄂伦春族也包括在索伦部之中。“打牲部”主要是对专事狩猎或边征战边狩猎的鄂伦春和鄂温克族的称呼。“使鹿部”主要是指鄂温克和部分使用驯鹿的鄂伦春人。清代文献中所称的鄂伦春并没有完全包括散布在各地的鄂伦春族，“他们往往把实际属于鄂伦春族的‘玛涅克尔’、‘毕拉尔’、‘满珲’、‘奇勒尔’等与鄂伦春并称。其实他们不过是生活在不同地区的鄂伦春族的不同称呼。”[②] 如据《黑龙江志稿》记载：“更有居鄂伦春东邻，即黑龙江上游至精吉里江一带之玛涅克尔人，居黑龙江下游及松花江沿岸之满珲人，因与鄂伦春种族语言相似，亦有称鄂伦春族者。”[③] 由于鄂伦春族迁徙游猎的生活方式，致使遍布兴安岭森林，相关材料很难将他们进行详细的记载，出现不同称呼的情况也在所难免。另外还有一种解释认为，“鄂伦春”是满语，是“归顺”的意思，有的鄂伦春人说：“鄂伦春名称是清朝的官员给起的，意思是鄂伦春人已归顺清朝了”，“鄂伦春”是“奥伦千”变音而来，但这种说法不可靠。据资料记载：“达斡尔族称鄂伦春为‘洪库儒’。洪库儒是‘山林里的人’或‘野人’的意思，有贬义。中华人民共和国成立以后已不这样称呼了。汉族称鄂伦春族为栖林、麒麟和索利。栖林、麒麟均为贬义，有‘野人’的意思，鄂伦春族人对这两种称呼有反感，中华人民共和国成立后已不再这样称呼。索利可能是由古代索离族而来的。”[④] 我们在访谈鄂伦春77岁的“穆素坤”国家级非物质文化传承人莫宝凤时她说：“栖林就是野人、野兽的意思，骂人的话，以前汉族人就那么叫我们，后来改好了。”

清代虽然出现了“鄂伦春”这一族称，但是并没有把分散在各地所有的鄂伦春族都包括在这一名称之内，他们只把居住在黑龙江上游额尔古纳河流域的居民称为“鄂伦春”，而把实属鄂伦春族一些氏族和部落称为他称，或与鄂伦春并称。这些名称其实是不同地区或不同姓氏的鄂伦春族的不同称

---

① 赵复兴：《鄂伦春族研究》，内蒙古人民出版社1987版，第1页。

② 《鄂伦春族简史》编写组：《鄂伦春族简史》，民族出版社2008年版，第11页。

③ 万福麟监修，张伯英总纂：《黑龙江志稿》，黑龙江人民出版社1992年版，第513页。

④ 赵复兴：《鄂伦春族研究》，内蒙古人民出版社1987版，第7页。

呼罢了。对鄂伦春族的称呼如此之多，主要是鄂伦春族居住分散，分布地域又极其广阔等原因。因此，直到20世纪50年代中华人民共和国成立以后，“鄂伦春”才成为鄂伦春族汉文的规范名称。

采集游猎类型是人类经济生活中最古老的类型，可以说是一切经济类型的先驱，它几乎伴随人类度过了人类历史95%以上的时间。生活在大小兴安岭的中国古代民族几乎都以这种经济方式生存，他们在长期的生产生活实践中不断融合，也不断分化，创造了灿烂的历史文化。鄂伦春族也是在这种大背景下经过迁徙和发展逐渐形成了自己的族体。

第二节　族　源

鄂伦春族是我国东北地区古老民族的后裔，有着悠久的历史。自古以来生活在黑龙江流域的古代民族经过无数次兴衰更迭、频繁迁徙，逐步形成了现在的格局。据历史记载，生活于黑龙江流域的古代民族很多，有活动于西部的东胡、鲜卑、室韦、契丹、蒙古等；有活动于中部的索离、夫余等；有活动于东部的肃慎、挹娄、勿吉、靺鞨、女真等。鄂伦春族源于哪个族系，又与其他族系有什么样的联系，这是目前关于鄂伦春族传统文化研究的专家和学者争论非常激烈的问题。鄂伦春族只有语言没有文字，迁徙游猎是其主要的生活方式，因此，对鄂伦春族进行传统文化研究可考证的“文化遗迹”很少。从体质人类学、考古学、语言学和民族学领域对一个民族的文化进行探讨是全面和准确的。通过查阅大量文献，对前人的研究进行梳理，综述其文化脉络，无疑对这种文化的挖掘和弘扬具有积极的意义。

一、鄂伦春族来源的传说

关于鄂伦春族的起源，有神仙化身成猴子与老妈妈繁衍后代的传说，有“恩都利”神泥塑说，还有“五兄弟”的传说等。这些传说从不同的侧面反映了鄂伦春族依生于自然、崇拜自然、敬畏自然、热爱自然的淳朴情感，也反映了他们以狩猎为基本生存手段的远古生活。兴安岭森林丰厚的自然资源养育了鄂伦春族，他们也在长期的生产生活实践中创造了灿烂的狩猎文化。然而，随着外族的大量涌入和自然环境的改变，鄂伦春族狩猎文化逐步失去了生存的环境，致使这一文化走向了消亡的边缘。

鄂伦春人最早的传说，是关于人类来源的故事。“传说当时的人是和动物区别不大的，全身是毛，只有两条腿，没有膝盖，和野兽同样奔跑在荒野里。当时他们还居住在洞穴中，不但不知用火，而且没有衣服。他们靠吃蘑菇过生活，也吸吮着从桦树皮中流出的甜汁。据说这全身是毛的人，就是最初的鄂伦春人。而从全身是毛和动物区别不大的猿人变成了真人，据说是有了盐。有了盐才慢慢开始生长膝盖骨，并脱落了全身的毛，变成了后来这个模样的鄂伦春人。"① 这个传说说明鄂伦春族在形成和发展的进程中，在生物性和文化性两个方面的适应与演进，才使得这一族群得到了发展，同时也经历了漫长的道路和艰苦的斗争。

关于鄂伦春族是从哪里来的，他们有许多美好的传说。

第一种传说是：远古时世界上没有人类，只有两条腿的、像人一样但没有膝盖骨、全身毛茸茸的、奔走如飞的动物。他们靠吃野兽肉来维持生活。所有动物都是雄性，只有一位是雌性，大家都称她为妈妈。白天雄性都到密林中猎取野兽，只有老妈妈留在山洞中看管食物。忽然有一天一只雄性猴子来到山洞里，老妈妈和雄性猴子产生好感，于是开始同居，日久天长就生下一对白胖的娃娃，一男一女，鄂伦春族就是由这一男一女兄妹二人繁衍起来的。那个猴子是神仙的化身，是特意来创造鄂伦春族的。这个传说反映了鄂伦春族人同动物依存和谐相处的生存方式，以及他们同许多民族一样曾经经历了母系社会的历史阶段。

第二个传说是：人是由"恩都利"神用泥做的，"恩都利"神在做人时，头一次把肉和泥拌到一起，做出人来后，人就能呼吸了，但不能走路，于是在肉和泥里加了一些骨头，这才使得人既能呼吸、又能走路。以后慢慢地学习捕猎、使用弓箭、学会用火、逐渐繁殖，有了语言，就变成了一个民族。

第三个传说是：鄂伦春族是由五兄弟发展而来的。传说很早以前，有个"五国"时期，五个国中有个小国，这个小国内有一家五兄弟，兄弟四个都很勤劳，唯独老五是个懒汉，整天不干活。有一年夏天，他们的父亲一气之下把老五赶出了家门，老五只好携带着妻子进山里流浪，靠吃野果为生，可是到了冬天夫妻二人没有办法了。正在他们走投无路时，出现了一个老人，后来得知这个老人就是山神。老人帮助他们制造弓箭、教他们射箭、打野兽，又教他们用狍筋做弓弦，老人教他们用狍皮做衣服和被子，用狍爪做"其哈密"、用狍头做"灭塔哈"，教他们熟皮子……老五因此过上了衣食不愁的生活。过了一个时期下雪了，天更冷了，由于穿得多，拉弓箭都不方

① 秋浦：《鄂伦春社会的发展》，上海人民出版社 1978 年版，第 5－6 页。

便，这时老人又教他们捕貂，捕到貂后通过达斡尔人献给皇帝，皇帝知道是老五打的貂后，赏给他许多银子，老五的生活越来越好。他的四个哥哥因此来学打猎。这兄弟五人就是最初的鄂伦春人。[①]

通过这些传说我们可以看出，在鄂伦春族的意识形态中，本民族的来源与狩猎活动有着密切的关系，是狩猎养育了鄂伦春族人，鄂伦春族在狩猎过程中创造了灿烂的文化。

二、室韦说

室韦并不是单一的民族，在当时它是泛指分布在勿吉以北的所有民族。据史书记载，室韦分为南室韦、北室韦、钵室韦、深末恒室韦、大室韦五部，他们之间“不相总一”，包含着若干不同的民族。据 1983 年出版的《鄂伦春族简史》介绍：“从我国古代史籍的记载中看，与鄂伦春族有比较直接关系的古老民族，大概是南北朝时期活动于黑龙江流域的‘室韦’人。”[②] 2008 年出版的《鄂伦春族简史》说“钵室韦可能与鄂伦春族有着某种渊源关系。”[③] 韩有峰先生在 1991 年出版的《鄂伦春族风俗志》提出：“鄂伦春族源于钵室韦人的说法有一定的道理。”[④] 都永浩提出：“比照有文献记载的鄂伦春人活动的区域，我们认为鄂伦春人主要来源于钵室韦人和北室韦人。”[⑤] 于学斌提出：“鄂伦春族源于北朝的钵室韦人只是说它的主源主流是钵室韦人，鄂伦春族在形成和发展过程中吸收了许多东北其他民族的血液，逐步发展为今天的鄂伦春族。”[⑥] 据鄂伦春族博物馆的介绍说：鄂伦春族是我国东北古老民族的遗裔，可能源于南北朝时期室韦族的钵室韦和大室韦部落，经唐辽金元明历朝发展，至清代被编入布特哈八旗，成为祖国东北边疆的重要民族之一。

鄂伦春族族源的“室韦说”主要是从民族学关于习俗方面的认同进行研究的。《北史》记钵室韦“人众多北室韦，不知为几部落。用桦皮盖屋，其余同北室韦”。[⑦] 从文中可以看出，北室韦的居住形式是“居土穴”，而钵

---

① 于学斌：《鄂伦春狩猎生活》，黑龙江美术出版社 2003 年版，第 4 页。

② 《鄂伦春族简史》编写组：《鄂伦春族简史》，内蒙古人民出版社 1983 年版，第 8 页。

③ 《鄂伦春族简史》修订本编写组：《鄂伦春族简史》，民族出版社 2008 年版，第 7 页。

④ 韩有峰：《鄂伦春族风俗志》，中央民族学院出版社 1991 年版，第 2 页。

⑤ 都永浩：《鄂伦春族游猎定居发展》，中央民族大学出版社 1993 年版，第 2 页。

⑥ 于学斌《鄂伦春族游猎生活》，黑龙江美术出版社 2003 年版。

⑦ 《北史・室韦传》，中华书局 1974 年出版，第 3130 页，

室韦“用桦皮盖屋”，其他的生活方式也相同。现代的鄂伦春族居住的“椶罗子”与“用桦皮盖屋”的居住方式相符，因此得出了鄂伦春族源于钵室韦的说法。在经济生活方面，钵室韦“饶獐鹿，射猎为务，食肉衣皮，凿冰没水而网取鱼鳖”，“捕貂为业”。[①] 他们认为这种经济生活方式与现代的鄂伦春族的生产方式相同，从而认为鄂伦春族源于“钵室韦”。在交通工具方面，钵室韦人“骑木而行”，这与现代鄂伦春族在冰天雪地中常用的一种滑雪板作为交通工具的特征相符。在婚庆习俗方面，钵室韦人有“男先就女舍”的婚俗，即订立婚约的一对男女可以先在女方居住一段时间过夫妻生活。丧葬制度采用风葬，“父母死，尸则置于树林之上”。这些习俗和制度在新中国成立初期的鄂伦春族中都有不同程度的存在和保留，而且史书中记载的钵室韦人居住的区域同鄂伦春族早期分布地吻合。在语言方面，钵室韦把他们的氏族首领称为“莫何弗”，而鄂伦春人把氏族称为“穆昆”，氏族长称为“穆昆达”，这种称呼在满—通古斯语族各族中基本上是一致的，“莫何弗”可能就是“穆昆”的对音。[②] “根据文化的比较、根据经济生活的特点，鄂伦春族与钵室韦人都比较吻合，许多方面都是一致和相似的，鄂伦春族来源于钵室韦人是比较可信的。”[③]

1980 年 7 月，在位于鄂伦春自治旗政府所在地阿里河镇西北 9 公里处，考古学家发现了鲜卑祖先长期居住的旧墟石室“嘎仙洞”。此洞长 90 多米，宽 20 多米，高 20 多米。“1980 年 7 月 30 日，在嘎仙洞内发现了北魏太平真君四年（公元 443 年）的石刻祝文。这是北魏太武皇帝拓跋焘派大臣李敞来这里祭祖时，刻在洞内石壁上的祝文，其内容与古代历史文献《魏书》上记载的基本一致。”[④] 鄂伦春族也有关于“嘎仙洞”的传说：“嘎仙洞在嘎仙山的半山腰，是鄂伦春人世代狩猎生息的地方。后来被从外兴安岭来的一群吃人的‘蟒猊’霸占，柯阿汗赶走了蟒猊，夺回了嘎仙洞，人们尊称柯阿汗为‘柯阿汗仙’，后来被叫成了嘎仙，嘎仙洞由此得名。从中我们可以看出，考古学的发现和鄂伦春的民间传说都为鄂伦春族源于室韦提供了有力的证据。”[⑤]

然而，有人通过进一步的研究提出：“从语言方面看，鄂伦春族语属通古斯—满语族，与肃慎系的靺鞨族语相通，而不同于蒙古语族的室韦语言；

① 《鄂伦春族简史》修订本编写组：《鄂伦春族简史》，民族出版社 2008 年版，第 8 页。

② 冯君实：《鄂伦春族探源》，载《吉林师范大学学报》，1979 年第 2 期。

③ 于学斌：《鄂伦春狩猎生活》，黑龙江美术出版社 2003 年版，第 6 页。

④ 鄂伦春自治旗史志编纂委员会：《鄂伦春自治旗志》，内蒙古人民出版社 2001 年版，第 419 页。

⑤ 王为华：《鄂伦春族原生态文化研究》，黑龙江人民出版社 2009 年 6 月，第 32 页。

从经济类型和风俗习惯方面看，鄂伦春的狩猎活动和许多习俗虽然与室韦相似，但是这种经济类型和风俗习惯是北方诸多民族所共有的；从地缘关系方面看，鄂伦春族的居住地是曾有室韦族活动，但并非单一民族。因此鄂伦春族的族源不应是室韦或其他民族。”① 从目前来看，关于鄂伦春族源于室韦族的说法，得到了《民族问题五种丛书》的认可，但是尚有一些疑虑需要进一步的解释、考证和探讨。

三、肃慎说

林翰根据中国古代北方民族的语言文化、族源族属、经济类型、风俗习惯和活动区域，从大体上将中国古代北方民族划分为五个或三个系统（族系）。“从广义包括匈奴系统、突厥系统、东胡系统、肃慎系统和西域各族。若从狭义来分，包括匈奴、突厥和东胡三个系统各族。”② 据此我们可以看出，按照广义的分法鄂伦春族族源应该属于东胡系统或者肃慎系统；而按照狭义的分法鄂伦春族族源应该属于东胡系统。张碧波和董国尧综合中国古史古文献、民族学以及考古学资料，将北方民族归纳为肃慎、夫馀、东胡、匈奴、突厥和氐羌等系统，其中明确地将现在的满族、赫哲族、鄂温克族和鄂伦春族划分在肃慎体系中，而将室韦等族划分在东胡体系中。③ 因此，从史学方面来讲，将鄂伦春族族源划归于肃慎说是行得通的。

从语言学方面来讲，肃慎系统的各族其语言多属阿尔泰语系满—通古斯语族。东胡体系的各族其语言主要属阿尔泰语系蒙古族，其中室韦语言分属阿尔泰语系的三个不同语族。刘以焕认为：“满—通古斯语言属黏着语型，通过对满语、鄂伦春语、赫哲语、鄂温克语、锡伯语等对‘心’、‘手’、‘眼’、‘耳’、‘坐’、‘听’、‘知道’、‘怕’等字发音相同或相近，以及其语法结构的共同性，认为这些语言同属满—通古斯语族。”④ 1954 年中国学者罗常培也将索伦语和鄂伦春语划入中国境内的满—通古斯语族诸语言分类的范畴。韩有峰在 2001 年，对现存鄂伦春族语言与属肃慎体系的满族、赫哲族的语言的基本词汇、语法结构，以及满—通古斯语族北语支的共同属性

---

① 韩有峰、都永浩、刘金明：《鄂伦春族历史、文化与发展》，哈尔滨出版社 2003 年 7 月，第 6 页。

② 林翰：《中国古代北方民族通论》，内蒙古人民出版社 2007 年版，第 3 页。

③ 张碧波、董国尧：《中国古代北方民族文化史》，黑龙江人民出版社 2001 年版，第 14－15 页。

④ 刘以焕：《中国古代北方民族文化史》，黑龙江人民出版社 2001 年，第 797－798 页。

进行了比较研究和论证。韩有峰提出："从语言学方面来分析，鄂伦春族属肃慎系，是通古斯语族的肃慎及其以后的挹娄、勿吉、靺鞨、女真等民族一脉相承下来，直到形成满、赫哲、鄂温克和鄂伦春等民族。有的学者说，鄂伦春族源自室韦族，从语言学方面分析，是不相符的。因为据《魏书·室韦传》等文献记载：'室韦语与库莫奚、契丹、豆莫娄国同。'这说明室韦语不属通古斯语族，而属蒙古语族。所以鄂伦春族的先人不应是室韦族，而应是肃慎族。"①

语言能够"最深刻地反映该民族的特征，是维系民族内部关系的纽带，也是人们区分不同民族时最先使用的标志"。"民族学家要通过现代语言中保留的古代语言的遗迹来探讨古代文化史上的未知因素，要通过语言间的相互关系来确定某些民族的接近程度，要通过语言的分布、扩散及相互借贷的过程来推论历史上民族的迁徙、接触和文化交往情况"。② "语言是一个民族的重要特征，是构成民族差别的一个重要因素，不同的民族大多使用不同的语言，不同的语言又从多方面反映着不同民族的特点"。③ 由于语言在语音和语词及语义上的差异，使语言本身在外在物质形式还是在意义内容上都具有独特的价值，语言是民族的标识，越是在民族形成之初越是如此。语言虽然是民族认同的重要依据，但是从语言的使用情况来看，一个民族使用两个或两个以上语言和多个民族共同使用一种语言的情况并非没有。而且作为一个迁徙游猎的民族，在错综复杂的历史进程当中，是否在语言方面受到他族的影响也没有充分的证据。因此，仅从语言学一个方面去判定鄂伦春族族源肃慎说仍不够充分。

四、通古斯说

"通古斯"一词常被语言学领域引用，演化成了一个语族的概念。而高凯军将"通古斯"作为一个族系的概念进行了引用："通古斯的概念是建立在语族、种族、大体相同的生活区域和经济生活方式以及共同的原始宗教信仰和强烈的民族认同感的基础之上的，它所指的是从肃慎到满洲的相沿发展的民族系统，可简称为'族系'"。④ 他将先秦时期的肃慎，汉晋时期的挹

① 韩有峰、都永浩、刘金明：《鄂伦春族历史、文化与发展》，哈尔滨出版社2003年版，第3页。

② 林耀华：《民族学通论》，中央民族学院出版社1990年版，第71页。

③ 向云驹：《人类口头和非物质遗产》，宁夏人民出版社2004年版，第89页。

④ 高凯军：《通古斯族系的兴起》，中华书局2006年版，第16页。

娄，南北朝时期的勿吉，隋唐时期的靺鞨、辽宋时期的女真，明末及其以后的满、鄂温克、鄂伦春、赫哲等不同历史时期的部落集团或民族统称为“通古斯”族系。

目前通古斯满语民族主要包括：“我国有满、鄂温克、鄂伦春、赫哲等族。苏联境内有埃文基、埃文尼、那乃、涅基达尔、奥罗克、奥罗奇、乌德盖、乌尔奇等族。”① 关于鄂伦春族语言属通古斯语系已经被广大专家和学者证实，在学术上得到了共识。近年来，随着人类学和考古学的进展，学者们又发现了通古斯语族和通古斯族群的一致性，通古斯又被引入了体质人类学的领域。从纵向比较而言，各历史时期通古斯语族的人们在体质上具有一致性。苏联学者通过对阿穆尔省特罗伊茨墓地发掘出的60件古代靺鞨人头骨资料与东亚、北亚地区的人类学资料比较，揭示了这些头骨与黑龙江沿岸通古斯满人头骨在外形上的相似性。② 从横向而言，通古斯语族的人们具有自己鲜明的体质特点，“满族和赫哲族体质特征最为接近，其种族类型均由东亚和北亚蒙古人种因素构成，很可能是因为长期以来与属于东亚蒙古人种的汉人、朝鲜人、锡伯人等血缘交流的结果。至于现代鄂温克和鄂伦春族，应归属北亚蒙古人种，其体质特征有独特之处，与我国北方地区的其他许多民族有明显差别，很可能是古代通古斯人后裔的代表。”③ 从体质特征上来看，鄂伦春人具有通古斯族系的特征也得到了解释。在精神生活方面，据俄罗斯和我国学者的民族学调查，现代满—通古斯语诸族，包括满、鄂温克、赫哲、锡伯、鄂伦春以及俄罗斯境内的埃文基（即鄂温克）、那乃（即赫哲）等，这些民族都信奉萨满教。我们通过研究也发现，鄂伦春族萨满举行宗教活动的一些法器与满族的法器具有很大的相似性，如服饰上的铜铃等。因此鄂伦春族通古斯说在精神生活方面也是可以说得通的。

满—通古斯作为阿尔泰语系的一个语族已经被学术界认同，但是，作为一个族系进行研究还需进一步的探讨。

五、综合说

目前学术界关于鄂伦春族的族源研究除了肃慎说、北室韦说、通古斯说

---

① 力提甫·托乎提：《阿尔泰语言学导论》，陕西教育出版社2002年版，第211－282页。

② E. N. 杰列维扬科著，林树山、姚凤译：《黑龙江沿岸的部落》，吉林文史出版社1987年版，第10页。

③ 朱泓：《体质人类学》，高等教育出版社2004年版，第355页。

等之外，还有人认为源于传说中的玄夷人（即倭人），[①] 源于丁零族，[②] 源于鲜卑遗裔[③]等。“那么鄂伦春族究竟属于那个族系呢？直到目前为止，学者们根据自己所研究的成果，各抒己见，莫衷一是。”[④] 我们从掌握的资料来看，关于鄂伦春族族源的说法主要是集中在室韦说和肃慎说之间的纷争，有学者根据两种不同争议提出了综合的说法和见解。吴雅芝提出：“室韦的语言包括蒙古和通古斯两个语族，这样看来鄂伦春溯源‘女真’说和‘室韦’说就应该统一起来了。”[⑤] 王为华在搜集整理资料的过程中发现，虽然同属鄂伦春族，但由于居住地域的不同，而导致了对本民族起源的分歧。“居住在内蒙古地区的鄂伦春族（包括本民族的研究者）大多数坚持鄂伦春族起源于室韦，而居住在黑龙江的鄂伦春族则大多坚持本民族起源于肃慎。”“我们可以大胆地想象，在历次的民族迁徙中，室韦的一部分和肃慎的一部分走到一起，经过长期的共同生活，使原本的语言和风俗习惯等方面就很相近的两个民族的人们组成了后来的鄂伦春族的先人”。[⑥]

鄂伦春族是一个以迁徙游猎为主要生活方式的民族，世世代代生活在大小兴安岭的茫茫林海中。对于历史上的鄂伦春族而言，他与其相邻的其他民族在历史上必然存在着相互间的交往，在这个过程中，彼此的语言、风俗习惯和心理品质等方面相互融合，产生相似之处也是不可避免的。这也是我们在研究中发现的鄂伦春族的先人既与室韦有着相似的风俗人情，又与肃慎有着紧密的联系。关于鄂伦春族族源的探讨，各种说法都有自己的理由，但也都有使人质疑之处。随着考古学和现代科学技术的发展，相信鄂伦春族族源的问题将会得到一个准确的答案。

第三节　鄂伦春人的生活环境

人类学将生态环境分为自然环境和社会环境，环境的改变对文化的发展起着至关重要的影响。鄂伦春族狩猎文化的起源、发展与变迁都与不同时代

① 傅郎云：《东北民族史略》，吉林人民出版社 1983 年版。

② 徐殿玖：《鄂伦春族族源初探》，载《学术交流》，1989 年第 2 期。

③ 马连军：《鲜卑后裔今在何方》，载《鄂伦春民族文化研讨会论文集》，2008 年。

④ 韩有峰、都永浩、刘金明：《鄂伦春历史、文化与发展》，哈尔滨出版社 2003 版，第 1 页。

⑤ 吴雅芝：《最后的传说——鄂伦春族传统文化研究》，中央民族大学出版社 2006 年版，第 10 页。

⑥ 王为华：《鄂伦春族原生态文化研究》，黑龙江人民出版社 2009 年版，第 32 页。

环境的改变具有密切的关联，通过环境的研究，我们也可以了解到不同时期鄂伦春族社会的发展状况。

一、自然环境

鄂伦春族主要生活在兴安岭地区。这一地区 4—5 月为春季，6—8 月为夏季，9—10 月为秋季，11 月份至翌年 3 月份为冬季。春季特别是初春，因仍受冬季季风的影响，冷暖空气变化比较剧烈，气温较低，季平均气温日差较大，日照渐长，降雪较多，盛行西北风，物燥，乃至仲春逐渐回暖而稳定。晚霜到 5 月末止，夏季受东南季风的影响，太阳辐射增强，气温温和，以 7 月份气温最高，降雨适中。秋季则受西伯利亚冷空气频繁的影响，日照渐短，气温下降明显，昼夜温差大，降雨集中，常出现连阴天气。早霜 9 月上旬出现。10 月上旬常是雨雪交加天气，10 月下旬河流封冻，冬雪覆盖期开始至次年 4 月末，5 月初开河。冬季气候严寒而干燥，1 至 2 月份气温常在 -40°C 左右，年积雪期长达 150 天左右，结冻期平均 7 个月左右。年降水量 450 毫米左右，无霜期 80 至 100 天，作物生长有效积温 1600°C 至 1900°C，由此构成了春季气温较低，夏季炎热短暂，秋季昼夜温差大，冬季严寒漫长的特征。小兴安岭地区气候比大兴安岭地区相对要温和。

（一）17 世纪中叶以前的自然环境

17 世纪中叶以前，鄂伦春族主要分布在贝加尔湖以东，黑龙江以北，直到库页岛的广大地区。石勒喀河、黑龙江、精奇里江（结雅河）、牛满河（布里亚河）、恒滚河（阿姆贡河）流域以及库页岛上，都是他们游猎和居住的地方。《朔方备乘》对鄂伦春族在精奇里江活动的记载：“黑龙江以北，精奇里江以南，皆其射猎之地，其众夹精奇里江以居。”① 《东北边防既要》记载：“恒滚、牛满等及静溪里（精奇里）江口，俱合流于黑龙江，环江左右，均系我属俄乐春、奇勒尔（鄂伦春族一部分）、毕喇尔（鄂伦春族一部分）等民人。”② 马克在《黑龙江旅行记》中记载：“西起石勒喀河，东达涅威尔河的黑龙江北岸，主要是鄂伦春人活动的地区。”“从涅威尔河以下沿黑龙江直到呼玛尔河口是玛涅克尔人（鄂伦春族的一个氏族）活动的地方。”“沿黑龙江而下到精奇里江和满河是毕拉尔人（鄂伦春族的一部分）

① 引自赵复兴：《鄂伦春族狩猎文化》，内蒙古人民出版社 1991 年版，第 9 页。

② 赵复兴：《鄂伦春族狩猎文化》，内蒙古人民出版社 1991 年版，第 9 页。

活动的地区。”“毕拉尔人之称，一说是因其活动与精奇里江支流毕拉尔河一带而得名。”[①]《吉林通志》记载：“奇勒尔，亦曰奇楞，在宁古塔东北二千余里，亨滚（恒滚）河等处即使鹿鄂伦春游牧处所，职贡图所谓鄂伦绰号是也。”“自乌苏里江口濒混同江南岸，东至海滨就界……”[②] 均为鄂伦春族游猎生息的地方。

由于这些地区自然生态环境保持较好，变化不大，因此我们从史禄国在20世纪20年代对这一地区的自然景观的描述中可以了解到当时的生态状况：“覆盖着森林的低矮山脉，两岸之间是小河和溪流，它们形成了河谷。有些河岸上长满了灌木和通常是花束以及落叶松和树丛。河流与山峦之间是平地和沼泽。在这些沼泽里，稍微结实些的土地上，有一片片的灌木和树林形成的小绿洲。攀登这些丘陵式的山脉通常非常困难，不能快行，因为有巨大的腐朽倒木，还有分崩离析的山岩和长满绿苔的有水的溪谷，山坡上也覆盖着倒木、苔藓和地衣。而动物的分布依地区特征而定。对当地居民生活有意义的动物，最重要的是马鹿、犴、驯鹿、狍子、麝、野猪、狐、灰鼠和紫貂。马鹿除了皮和肉以外，它的角是珍贵的药材。这种动物最喜爱的地方是有良好牧场和盐碱土壤的小河畔。犴并不像马鹿那么多，它多见于在覆盖着灌木和富于盐碱土壤的大河河谷中。狍子是最普通的动物。除岩石山中以外，到处可见。狍子给通古斯人提供做衣服和斜仁柱覆盖物等各种用途的皮张，它的肉通古斯人也喜爱吃。野猪大都生活在覆盖着灌木的大河河谷，但也栖息在森林中。狐狸和灰鼠很多，尤其是灰鼠最多，它们到处可见。熊和狼、野兔到处可见。狼喜欢草原，熊喜欢森林。而通古斯人的生活中捕鱼并不是一项重要的生产事业。鸟类在通古斯人的生活中不起重要作用。可见到树鸟、天鹅、雁和各种鸭类……”[③] 从史禄国的描述中我们可以看出，鄂伦春族曾经生活的地方地广人稀，动植物资源丰富，自然环境没有受到人类的干扰。

（二）17世纪中叶以后至20世纪50年代初期的自然环境

17世纪中叶开始，由于沙皇俄国对中国黑龙江流域广大地区的侵略，鄂伦春族开始了南迁至黑龙江南岸大小兴安岭地区的历程。鄂伦春族生活在这个地区的地貌为：“大兴安岭纵贯南北，小兴安岭沿黑龙江斜向东南。大小兴安岭无数条银链般的山溪，汇成了许多气势磅礴的河流以及清澈如镜的

① 马克：《黑龙江游记》，商务印书馆1977年版，第103－159页。

② 赵复兴：《鄂伦春族狩猎文化》，内蒙古人民出版社1991年版，第10页。

③ 史禄国著：《北方通古斯的社会组织》，内蒙古人民出版社1984年版，第21－28页。

湖泊。碧绿的高山和翻滚的树海，瑰丽如画，独具风姿。”① 地理环境形貌，可以提炼为：两岭、两江、一山，即大兴安岭、小兴安岭和黑龙江、嫩江的交叉纵向排列，伊勒呼里山在两岭之间的横向逶迤，构成鄂伦春族所居地域的基本框架。即：西起大兴安岭西麓的海拉尔河、根河、激流河，流汇于额尔古纳河，黑龙江及其上源额尔古纳河环抱于北，嫩江蜿蜒向南，流入松辽平原。大兴安岭由东北向西南斜贯于现黑龙江省和内蒙古自治区境内，平均宽约230公里，海拔1000—1400米。西麓多为波状丘陵地形，东坡陡峻，河流湍急，多布库尔河、甘河、奎勒河、诺敏河、绰尔河发源于此，从西向东流入嫩江。这些河流构成许多峡谷，在峡谷之间有很多大小不等的盆地。东为小兴安岭，小兴安岭自伊勒呼里山脉向东南延伸，直抵松花江畔，海拔600—1000米之间，大部分是300—500米的丘陵或洪积台地。呼玛河、宽河、法别拉河、逊河等大小支流由西向东注入黑龙江。小兴安岭南段的汤旺河、梧桐河由西向东流汇松花江。南迁后，鄂伦春族近几百年就在这方圆几十万平方公里河流纵横、地势蜿蜒的山岭地区进行游猎生活。

史禄国将大兴安岭和小兴安岭地区分别称为满洲的西部与东部，他在著作中对20世纪20年代的大小兴安岭地区进行了这样的描述：“大兴安岭，南北长约1400公里，高度在海拔800—1700米之间。与后贝加尔地区比较，虽然在激流河及根河、甘河、嫩江、呼玛河、阿尔吉河和盘古河的诸河源有苔藓，但满洲缺少野生驯鹿。在海拉尔河上游、根河、得尔布尔河、哈乌尔河、部分莫尔道嘎河和嫩江上游、甘河、多布库尔河、诺敏河和雅鲁河的南部出现了羚羊，羚羊在草原上很多。犴只在激流河、根河、甘河、嫩江、呼玛河、阿尔巴吉河、盘古河和伊勒呼里山以南才有。大兴安岭以东和伊勒呼里山以南有虎和豹。这些野兽也可以在呼玛河与根河见到。熊在大兴安岭到处可见。紫貂大都栖息在满洲台地的最高部分。呼玛河下游以野猪和狍子多而闻名……在满洲的东部位于嫩江、黑龙江、乌苏里江和松花江以南的地方自成一个地区。这一部分地区，植物繁茂，出现新的灌木和树林。野生动物也不同，没有犴和野生驯鹿；麝很稀少，野猪和狍子很多。虎豹很多；獾和狢非常多；灰鼠和紫貂的皮毛不是最好的；猞狸和狐狸很普遍。然而这些动物还不能满足营养的需要。渔业在经济活动中起重要作用。”② 我们从史禄国的描述中可以看到，尽管到了民国时期，枪支、马匹等狩猎工具已经普遍

① 国家民委民族问题五种丛书编辑委员会《中国少数民族》编写组：《中国少数民族》人民出版社1981年版，第110页。

② 史禄国著：《北方通古斯的社会组织》，内蒙古人民出版社1984年版，第34－35页。

运用，外界对野生动物的需求刺激了鄂伦春族捕获猎物的数量大量增加，但是大小兴安岭依然保存着较好的自然环境。

日本学者叶秋隆在1935年8—9月对活动在诺敏河流域到绰尔河上游，西至根河上游到海拉尔上游，即现在定居生活在托扎敏乡的鄂伦春族进行了实地调查。他写道："属于北方通古斯的鄂伦春族人目前仍生活在发源于大小兴安岭之河川上游的山林中。即北边有以黑龙江上游为中心的库玛尔路鄂伦春、在瑷珲东南小兴安岭山脚住有毕拉尔路鄂伦春、在嫩江支流甘河流域住有阿里多布库尔路鄂伦春、横跨大兴安岭东西两段住着兴安鄂伦春。他们居住的环境富饶丰美。大自然恩赐给鄂伦春人的丰富多样的动植物资源中，桦树和鹿对他们来说特别重要。桦树在兴安岭到处可见，其中白桦居多。它的绿叶白干和谐地结合在一起，构成了典型的山岳风景，桦树是鄂伦春人取之不尽的资源。"① 我们从叶秋隆的描写中可以看到当时鄂伦春族的分布格局以及自然环境的状况。

20世纪50年代以前，大小兴安岭的生态环境曾遭受过三次严重的破坏。据资料记载："1858年5月，不平等的中俄《瑷珲条约》签订以后，沙俄侵略者割占了中国黑龙江左侧160余万平方公里的土地，均为原始森林。同时，还霸占了黑龙江的航行权。期间，沙俄在黑龙江上试航蒸汽轮船成功，其军、民船只均使用黑龙江右岸木材为原料，黑龙江右岸大批原始森林遭受第一次大面积砍伐。民国期间沙俄在黑龙江右岸盗采黄金，吸引10万国内外采金者到黑河。他们盖房开矿，取暖烧饭，致使当地原始森林遭受第二次破坏。据1917年统计，仅漠河县年流送到黑河的樟子松原木7300余根，因烧柴而砍伐木材'每年足月十二万株'。东北沦陷时期，据资料显示，日本侵略者大肆对树木进行掠夺性砍伐，不仅在黑河设立伪黑河营林署，而且还设了专门采伐公司和许多民间采伐团，实行包采政策。1939年，还取消了自由买卖，采伐由东蒙公司、盘古河采伐公司、亲和木材公司和大北公司4家独揽，每年砍伐原始森林40至60万立方米。这是黑龙江右岸原始森林第三次大破坏。"②

尽管在这一时期大小兴安岭的自然环境遭到了破坏，但仍然保持着较好的生态体系。"大小兴安岭的自然资源十分丰富。原始大森林遮天蔽日，素有林海之称，在茂密的森林中，到处有落叶松、红松、桦、柞、杨等耐寒树种，还生长着许多名贵草药和各种菌类。茂密的森林植被为野生动物提供了

---

① 引自何群：《环境与小民族生存》，社会科学文献出版社2006年版，第127页。

② 王兆明等：《新生鄂伦春族乡志》，黑龙江人民出版社2003年版，第266页。

极好的栖息环境，不仅有野鸡、榛鸡、天鹅、大雁、野鸭、鹤、鹞鹰、猫头鹰这样的飞禽，还有马鹿、驼鹿、孢子、獐子、灰鼠、野兔等这样的食草动物，更有黑熊、棕熊、东北虎、野猪、狼等各种猛兽。纵横交错的河流，蕴藏着极为丰富的淡水鱼类，有著名的大马哈鱼和鳇鱼，还有鲤鱼、鲫鱼、哲罗、细鳞、鳌花、鲶鱼、花翅、柳根等。仁慈的大自然，以其丰富的物产为鄂伦春族人提供了唾手可得的衣食之物，任凭外界的世界怎样变化，鄂伦春族人始终能够按照自己古老的生活方式悠然生活，以至于在20世纪50年代走出深山定居以后，政府为帮助其发展生产所提供的奶牛和种子竟没有人愿意要。”① 由此可见，尽管至20世纪50年代鄂伦春族的定居、文化转型已经初见成效，但他们仍然以狩猎为主要的生活方式，仁慈的大自然也仍然能以其博大和无私满足鄂伦春族的需要。在这一时期，兴安岭生态环境只是在局部和边缘地带受到了破坏，但并没有对整个森林的生态体系造成根本性的伤害。

（三）20世纪50年代以后的自然环境

20世纪50年代以后，政府为了国家建设的需要实行了对大兴安岭进行资源开发的政策。据资料显示：“1950年6月至10月，东北林务总局会同有关部门，对大兴安岭地区进行了首次森林调查。于1954年至1958年，中央林业部的森林调查大队近3000人又深入大兴安岭进行了森林调查和航空摄影调查，编制了开发建设方案和总体规划。”② 据《内蒙古大兴安岭林管局历史沿革》载：“1952年2月28日，中央召开全国第一次林业工作会议，决定开发大兴安岭林区。内蒙古自治区政府责成林务总局负责大兴安岭林区的全面行政事业工作开发林区，支援新中国建设。”从1955年开始，政府派出大批林业干部、工人和技术人员深入大小兴安岭原始森林，开始了大规模的林业资源开发。林业资源的开发，大兴安岭的自然生态环境必然遭到破坏，动植物资源严重枯竭。孟玉宪讲道：“大兴安岭自然生态环境破坏比较严重，森林覆盖面积率由原来1955年的74.3%下降到1999年的46.8%，优势树种兴安岭落叶松大量减产。”③ 孟松林讲道：“据考察大兴安岭南次生林区边缘后退了50公里。仅以鄂伦春自治旗内的六个林业局为例，1959—

① 吴雅芝：《最后的传说——鄂伦春族文化研究》，中央民族大学出版社2006年版，第4页。

② 关小云：《大兴安岭鄂伦春》，哈尔滨出版社2003年版，第72页。

③ 孟玉宏：《浅析如何正确处理好鄂伦春旗经济发展与环境保护的关系》，载《鄂伦春研究》，2002年。

1999 年 40 年来，累计销售成品木材 7000 多万立方米，消耗森林储积 1.19 亿立方米。而 40 年来，六个林业局累计造林面积 602.6 万亩。”① 刘晓春谈到生态环境恶化的原因时说：“一是开发大兴安岭以来，只注重经济的发展速度，对生态环境的保护没有引起人们的普遍重视；二是人口发展较快，对环境的压力与日俱增，以鄂伦春旗为例，全旗总面积 59880 平方公里，2006 年总人口为 30 万人，鄂伦春族 2050 人，仅占总人口的 0.68%；三是产业结构不合理，以消耗自然资源为主的第一产业比重过大；四是环境保护投入不足，缺少足够的资金来改造落后设备和引进生产工艺；五是非法淘金者日益增多。”② 原始森林的大量消失，大大减弱了大兴安岭森林涵养水分和调节径流的功能，因此引发了多次洪水。1998 年嫩江流域特大洪水就是大兴安岭生态破坏的恶果。呼伦贝尔草原和大兴安岭是不可分割的生态系统，互相依存，森林减少了，草原沙化现象也就会由此加剧。由于森林资源的破坏和人们对野生动物的滥杀，许多原来到处可见的动物已经在此灭绝，一些存活率很高的大型野生动物也很难见到了。“原始森林消失的直接后果，就是原始森林生存的珍贵物种大量减少至濒临灭绝。曾经栖息的国家一、二类保护动物驼鹿、熊、马鹿几近绝迹，就连繁殖能力极强的狍子也很少见。另外，对水湿地的盲目改造、利用，导致森林生态失衡。从 1971 年至 1998 年，自治旗境内森工企业 20 多年来的水湿地开发利用，据不完全统计，共改造水湿地 100 万亩。由于天然林的采伐和人工林树种单一，森林的自然防疫功能减退。森林病虫害呈上升趋势，病虫害的种类由 1989 年的 8 种上升到 2000 年的 20 种。”③ 大兴安岭河谷宽阔，是我国最大的森林沼泽分布区。森林沼泽是积水地段以湿性植物和沼泽植物为主所组成的森林植物群落。森林沼泽生物物种丰富，具有多种生态功能。湿地被称为“大地的肺”，不仅具有保持水土、蓄积洪水、调节河川径流的作用，而且还影响着大气的组成，吸收二氧化碳、释放氧气、保持空气和土壤湿润、改善气候条件和治理环境污染的作用。由于人们过度的砍伐、不合理的开荒，导致大兴安岭森林蓄积量大幅下降，涵养水源、保持水土、调节气候等生态功能严重退化，无雨干旱、遇雨成灾，失去了森林遮拦的洪水肆无忌惮地任意冲毁农田。“棒打狍子瓢舀鱼，野鸡飞到饭锅里”的昔日景象已经一去不复返了。1998 年，为了解决兴安岭生态问题，国家实施了天然林保护工程，至此大规模的毁林开荒才

---

① 孟松林：《对保护大兴安岭生态环境的几点认识》，载《鄂伦春研究》，2001 年。

② 刘晓春：《鄂伦春乡村笔记》，中国社会出版社 2007 年版，第 8 页。

③ 何群：《环境与小民族生存》，社会科学文献出版社 2006 年版，第 351 页。

被制止。

2011 年 7 月，课题组一行 9 人驱车从黑河市沿公路横穿大小兴安岭，对这一地区的生态状况有了亲身的体会。一路上我们看到，在靠近城镇的地方，平坦的地方基本上都已经变成了农田；一些河滩也变成了采沙场，黑龙江中俄两岸的生态环境成为明显的对比；我们看到的森林都是次生林，根本就看不到原始森林；桦树林中的小树几乎都被扒去了树皮……我们在访谈鄂伦春族狩猎文化国家级非物质文化传承人郭宝林时，他讲道：“以前林子里的桦树有的是，大的桦皮树直径都在 1 米以上，做桦皮船的材料随处可见。现在连直溜点的小树都找不到，我的桦皮船只能做成‘铁皮船’了。”近年来，在政府的大力扶持下，植树造林工作有了很大的成效，在一些远离城镇的地方依然可以看到密林参天的景象，我们在调查的途中也见到了猫头鹰、野鸡、狍子等野生动物。当地群众也告诉我们：随着禁猎、护林政策的实施，动植物资源也越来越丰富了，原来看不到的熊现在也偶尔会遇到，狍子、野猪越来越多了，犴、狼、马鹿、貂等都有了。自然生态环境的平衡是大自然通过自然进化在漫长的历程中逐步形成的，一旦受到破坏就很难恢复。但是，我们坚信，随着人们对人与自然关系的反思，也随着社会对自然环境的重视，大兴安岭生态环境会日益得到好转。

二、社会环境

（一）17 世纪中叶以前的社会环境

早期的鄂伦春族经历了血缘家庭、母系氏族公社、父系氏族公社和父系家族公社等阶段。鄂伦春族在早期的发展历程中，随着石器制作技术水平的提高，采集渔猎经济有了长足的进步，人群的规模扩大了，劳动工具也不断发展和进化着。为了生存的需要，他们发明了弓箭，并对驯鹿进行饲养，这极大地提高了狩猎水平，从而有力地推动了狩猎生产向更高水平的演进，改变了以妇女采集为主要经济来源的生活方式。随着狩猎水平的提高，经济方式的转变，也改变了人们的饮食方式，特别是冬季无法采集野菜、野果时，男人为氏族提供了充足的肉食，这就决定了男子在社会经济中处于更重要的地位，而男女在经济生活中地位的变化，必然同旧的母权制氏族制度发生矛盾。鄂伦春族经济由采集为主狩猎为辅转变到以狩猎为主采集为辅的过程，推动了母权制向父权制的转变，“穆昆”这种鄂伦春族的父系氏族公社就逐步形成了。

至 17 世纪中叶南迁以前，鄂伦春人主要居住在黑龙江以北的广大地区，当时已经处于父系氏族“穆昆”制，“乌力楞”是穆昆制的基本社会单位。“穆昆”制是鄂伦春族父系氏族公社的基本形式，“穆昆至少在17世纪清朝统治之前还存在着比较完整的形态，根据鄂伦春族人的解释，穆昆含有‘在兄弟内部’的意思，或指‘同姓人’之意。这两个意思是不矛盾的，指的都是同一父系血统的人们的共同体。”① 乌力楞是由若干血缘家庭关系组成的生产和消费单位，其成员主要以集体狩猎为主要生产方式，采集和捕鱼为辅助性生产活动。在这一时期，鄂伦春人的狩猎工具主要是弓箭、扎枪、驯鹿和猎犬等，箭头和扎枪头是石制或骨制的。驯鹿是乘骑驮载的工具，猎犬可以帮助猎人狩猎，它们是当时鄂伦春人重要的生产工具。鄂伦春人依靠广阔森林中丰富的动植物资源，过着游猎生活。这一时期，鄂伦春人的生活几乎与外界隔绝，仁慈的大自然给他们提供了取之不尽的食物，他们过着自给自足的生活。乌力楞内部各家庭的地位是平等和互助的，没有阶级和地位的差别，当一个乌力楞过于庞大时，也可以出现分化，几个单个的家庭也可以组成新的乌力楞，他们的社会组织是与狩猎生活相适应的。乌力楞用集体的力量以猎获大型动物为主要食物，猎物的分配采用均分制，孤寡者会受到同样的待遇。他们的社会组织相对独立，不同的乌力楞在相对固定的区域内活动，即使相遇也会非常的友好。他们定期召开穆昆大会，由氏族长“穆昆达”组织会议的召开，其主要目的是交流经验、增进联系、促进氏族的发展等。这一时期鄂伦春族人口较少，社会稳定，没有受到外界的影响和干扰，尽管条件非常艰苦，但他们依靠自己的智慧和力量创造了灿烂的传统狩猎文化。

（二）17世纪中叶至20世纪50年代以前的社会环境

17世纪40年代，沙皇俄国开始占领黑龙江流域广大地区。据《朔方备乘》记载：“顺治年间，俄罗斯所属之罗刹，始吞并尼布楚地，又东窃居雅克萨，筑城以居。”他们“剽劫人口，抢掳村庄、攘夺貂皮，肆恶多端。”② 沙皇俄国对鄂伦春等民族进行了残酷的掠夺和骚扰，鄂伦春人也不断地同他们进行斗争，后来就不得不迁徙到黑龙江南岸大小兴安岭森林中。据资料显示：“老人们讲，鄂伦春人和索伦、通古斯、雅库特原来就是一个族。雅库特、鄂伦春、索伦这三种称呼，标志着一个民族的移动方向。雅库特在原地，在山岭上；鄂伦春的含义是山岭，但已移到山下；而索伦则干脆从山上

① 韩有锋、白兰、关小云、唐戈等：《鄂伦春族简史》，民族出版社2008年版，第22页。

② 引自赵复兴：《鄂伦春族狩猎文化》，内蒙古人民出版社1991年版，第10页。

下去，离得更远了。”[①] 2011 年 7 月，我们在黑龙江省逊克县新鄂村访谈鄂伦春族“穆素昆”国家级非物质文化传承人 77 岁的莫宝凤老人时，她给我们讲道：“听老人说，以前鄂伦春人住在黑龙江北岸，现在是俄罗斯的地盘了，后来跟他们干仗，打输了就往南边跑。往南边跑的时候涨大水，就骑着马分头跑。先过河的人就在地上插个棍上面绑上草做路标，后来刮大风，把路标刮倒了，到处都是。后来的人就看着路标走，结果走散了，就形成了现在的鄂伦春人、赫哲人、鄂温克人还有日本人（指日本境内的一个迁徙支系）。现在还有没过江仍留在俄罗斯那边的叫作埃文克人，我们的语言还能通。”通过史料和莫宝凤老人谈到的情况可以看出，现在的一些鄂伦春族与一些其他民族曾经生活在黑龙江北岸从事游猎生活，他们之间有着悠久的历史渊源，由于迁徙的自然环境的不同，形成现在的分布格局。迁徙后，鄂伦春族沿河而居分布到兴安岭森林的五个地区，迁到呼玛尔河及其附近地区的鄂伦春人自称库玛尔千；迁到逊河、沾河、乌云河和嘉荫河及其附近的鄂伦春人自称毕拉尔千；迁到阿里河及其附近的鄂伦春人自称阿里千；迁徙到多布库尔河及其附近的鄂伦春人自称多布库尔千；迁徙到托河及其附近地区的鄂伦春人自称托千。后来清政府对鄂伦春族地区实行“路佐”制，根据鄂伦春人居住的情况将他们分成五路十六佐。时至今日，尽管鄂伦春族地区社会制度、经济文化、人口结构等方面出现了巨大的变动，并且早已实现了定居，但这种聚居区分布的格局并没有出现很大的改变。

清朝政府入主北京以后，历代皇帝对东北地区作为满族“龙兴之地”和国家东北门户，都十分重视对其疆域的管理。清初至清末，迫于社会形势变化的需要，清朝政府对东北人口和资源的管理经历了从自由放垦到封禁、再到开禁放垦等几个时期。顺治元年（1644 年）到康熙七年（1668 年）是东北“自由放垦”时期，清朝鼓励汉族人出关垦殖土地。其原因是清军入关，统一战争的进行，土荒丁亡，财尽民穷，招民垦种以补军粮和赋税收入成为当务之急。康熙七年（1668 年），清朝颁布了“封禁令”，禁止汉人进入东北垦耕。但是当时对东北的禁封并不严密，东北的人口和农田仍在增加。咸丰七年（1850 年后），沙俄入侵东北地区，民众奋力抗击，局势危急，“封禁令”已难以贯彻执行，更多的汉人涌入这一地区。尽管不断有移民的涌入，但是总的来看，当时的东北地区仍然处于荒凉状态，尤其是靠近鄂伦春人聚居的黑龙江流域等边远地区，依然是数百里无人烟的状况。康熙

① 全国人民代表大会民族委员会办公室编：《鄂伦春族情况》（鄂伦春族调查材料之一），1957 年 2 月，第 7 页。

二十二年（1683年），清政府任命萨布素为黑龙江将军，把吉林西北之地归黑龙江将军管辖。萨布素向清朝皇帝求情，将从黑龙江北岸迁徙过来活动于这一地区的鄂伦春人进行了收编，将鄂伦春人纳入了布特哈八旗，即所谓“打牲部落”。清政府收复鄂伦春族后，采取“路佐”制度进行管理，鄂伦春人从此背负了为清朝政府进行军事战争和贡奉貂皮的任务。鄂伦春人在这种社会环境下，一方面接受了外来文明的影响，生产生活状况发生了很大的改变；另一方面外来文化打破了鄂伦春族传统的社会环境，致使鄂伦春族饱受欺压。这一时期，清朝政府对鄂伦春族采取的政策引起了鄂伦春族传统狩猎社会组织和生活环境的巨大改变，而在此之前，狩猎社会一直是依照自古形成的自在规则在运转。鄂伦春族在清朝政府统治期间，同周围各民族交往日益密切，枪支、马匹、铁器、布匹等生产生活资料逐步输入，取代了原来的弓箭、扎枪、驯鹿等生产工具，并出现了私有制、贫富分化现象。以血缘家庭组成的狩猎组织“乌力楞”逐步被临时性狩猎组织“安嘎”所代替，处于核心文化层面的狩猎工具和狩猎组织出现了巨大的改变。在分配上，虽然还基本上保持集体生产、平均分配的方法，但已开始出现由猎户单独出猎，主要猎品归个人所有的现象。在猎业经济上，除猎取所需要生活必要的猎物以外，还专门打貂皮，向朝廷进贡，以此来获得清朝赏赐的布匹、银两等。“安达”在征收貂皮的过程中，对鄂伦春族进行残酷的敲诈勒索，曾不断激起鄂伦春人的反抗。“安达”和私商用外来的一些生产、生活用品，换走了鄂伦春人各种贵重皮张、鹿茸、熊胆、麝香等药材，从此自给自足的狩猎经济开始向商品经济发展。鄂伦春族狩猎的目的也就发生了相应的改变，猎产品的一小部分是为了自己的生活，而更大的部分是为了用于商品的交换。“对外交换的出现，打破了长久以来社会环境相对单一的局面，文化传播、借用的功能，自然而然地松动了狩猎文化的传统结构。”① 鄂伦春人以骁勇善射所著称，并为清朝政府所重视。清朝统治时期，曾调鄂伦春人参加战斗几十次，几达二十余省。鄂伦春人在参加这些战斗中，对清朝的统一和巩固，对反对沙皇俄国的侵略起到了一定的作用，同时也付出了巨大的牺牲，使人口较少的鄂伦春人几乎面临民族消亡的窘境。

光绪三十年（1904年），日俄战争爆发，中国东北地区成为日俄侵略者的角逐之地。为保卫领土主权，清朝政府不得不取消对东北地区的“封禁令”，宣布出放全部土地，招民放垦。清末黑龙江地区的放垦和移民开发采取的主要措施包括：垦务局移民，私人或团体组织移民，组织工人集体移

① 何群：《环境与小民族生存》，社会科学文献出版社2006年版，第132页。

民，军队屯垦，边哨移民，自由移民等。清政府为了鼓励黑龙江移民开垦，颁布了一系列奖励办法，据资料显示："招垦人招得有犁移民50人者，给奖金100元，并以荒地2方按半价卖给他；招得移民100人者，给招垦人以住宅。移民自招移民10人者，任以户长；自招移民300名以上者，除允许购买之垦地数外，再按半价卖给土地4方等。1911年，黑龙江有居民187739户，206万人，垦地306万垧，生产粮食185454.36公斤，有余粮50026.08公斤作为商品粮投放国内外市场。此外，还有烟草、大麻、靛蓝、甜菜等经济作物外销各地。"① 清朝末期"封禁令"的解除使得汉族人口大规模涌入兴安岭地区，农业、手工业等新兴行业的出现促进了鄂伦春族传统技术和生活方式的改变，同时外族对自然资源的开发利用使得鄂伦春族狩猎空间被限制，构成对传统狩猎文化的严重冲击。

1883年，有人在漠河地区发现了金矿，随即吸引了俄国人、日本人和韩国人等大批国外势力前来盗采。在这种情况下，清朝政府派李金镛开发保护漠河金矿，调派"库玛尔路协领派佐领台吉善带领鄂伦春马兵20名为前引，由墨尔根轻骑简从，穿林越谷，牵用马驮，经由山谷辟路直达漠河，首创嫩漠山路道站。"② 在荒无人烟、极度艰苦、没有任何交通工具和交通设备的情况下，鄂伦春族人用他们勤劳的双手，辛勤的汗水，不怕流血牺牲，以大无畏的精神，维护了国家利益，为漠河金矿的创立、嫩漠山路的开通铺平了道路。1894年，为了开发黄金资源和对抗沙俄侵略，清朝政府决定在原来的基础上重新开发嫩江至漠河的山路，在这条900公里的崎岖山道间，平均30公里设一个驿站，一共设了30个站，"每个驿站有站长、站丁数目不等，配备的牛、马、车辆等数目也多少不均，驿站内设有站房，供来往人食宿。"③ 在这个过程中，鄂伦春人担任向导和保护勘探人员安全的任务，"库玛尔路协领徐希谦命令刚通佐领，带领鄂伦春兵数十名，为张宣中将做向导，协助嫩漠路工作的进行。"④ "黄金之路"的开通和30个驿站的设立，增进了鄂伦春人与外界的交流，促进了外界文明向鄂伦春族的传播，提高了鄂伦春族的经济发展，同时也为鄂伦春族社会文化的发展与变迁创造了条件。

北洋军阀时期，北洋政府对鄂伦春族出台了试图以农业取代狩猎的措

① 何群：《环境与小民族生存》，社会科学文献出版社2006年版，第139页。
② 王兆明主编：《新生鄂伦春族乡志》，哈尔滨出版社2003年版，第16页。
③ 关小云：《大兴安岭鄂伦春》，哈尔滨出版社2003年版，第7页。
④ 关小云：《大兴安岭鄂伦春》，哈尔滨出版社2003年版，第6页。

施，即“弃猎归农”政策。其实施对象主要是聚居在黑龙江境内的鄂伦春人，这也就是现在一般所说的黑龙江地区鄂伦春人尝试农业生产的历史要早于内蒙古地区的鄂伦春人的原因。然而，由于种种原因所致，农耕型经济在鄂伦春族地区并没有得到广泛的推广，但是这种尝试加强了鄂伦春族与外界的交往，对文化变迁和社会适应带来了一定的影响。

由于鄂伦春族人分布较广，不同地区、不同流域的鄂伦春人社会环境的变迁过程也不一样。据资料显示：“中国少数民族社会历史调查组 1956 年在黑龙江省逊克县新鄂村调查时，据老人回忆，他们的祖先被清朝统一后，首先接触的是达斡尔族和满族‘谙达’。19 世纪中叶开始与达斡尔族、满族通婚。过去在黑龙江北居住的一部分鄂伦春人很早就和俄国人接触。1900 年以后，俄国人及毛皮商已开始渡江到这边打猎或和鄂伦春人做交易，鄂伦春人有时也渡江和俄国人进行交易。鄂伦春人和汉人的接触，首先是江北六十四屯的汉人，约在 1856 年前，鄂伦春族地方已出现汉族商人，约在清末有汉族农民在这里耕种土地。”① 从民国四年开始一些汉人开始在小兴安岭南麓开设了大批私人经营的木营，当时鄂伦春人就用猎产品同木营工人交换粮食。随之出现了汉族猎民和毛皮商人，不久又出现了更多的行商、坐商，个别商人兼营种植鸦片，并同鄂伦春人交换猎产品。“贡貂”是指在清朝时期被编入八旗的鄂伦春人、达斡尔人通过“谙达”向清朝政府贡奉貂皮，从而再换取粮食、食盐、铁器、马匹、子弹等生活必需品的方式。在这个过程中，鄂伦春人饱受欺凌，许多人被杀被打，外来不法商人利用烈酒和大烟对鄂伦春族进行欺压和蒙蔽，随意掠抢鄂伦春人的马匹和猎物，而且抢走鄂伦春妇女作为他们纵欲的工具。1923 年 7 月 13 日，呼玛河一带的鄂伦春人终因对奸商的强烈不满爆发了著名的“刚通事件”。“刚通事件”是近代鄂伦春族历史上一次较大规模的反抗外族压迫的斗争，“涉及整个库玛尔路地区，有 300 多人参加，历时 8 个月之久。给封建统治者及其支持下的奸商以沉重的打击，也反映了鄂伦春人勇敢机智和淳朴单纯的优良品质。”②

1931 年“九一八”事变后，日本帝国主义的魔爪伸进鄂伦春族地区。对于熟悉兴安岭地区的鄂伦春族，侵略者采取了特殊的统治政策。他们公开宣布对鄂伦春族“暂时利用，最后消灭”的反动政策，不让鄂伦春族经济和文化发展，要保持其原始的生活状态，禁止与其他民族来往，不准鄂伦春族人从事农业生产。为了对抗抗日联军，日寇把鄂伦春人编成“山林队”，

---

① 何群：《环境与小民族生存》，社会科学文献出版社 2006 年版，第 145 页。

② 关小云：《大兴安岭鄂伦春》，哈尔滨出版社 2003 年版，第 28 页。

猎产品要卖给“满洲畜产株式会社”，粮食和布匹等由它来供给，实行残酷的剥削。鄂伦春人民不甘受日本侵略者的蹂躏，积极投身于反抗日本侵略者的斗争中，为夺取抗日战争的最后胜利做出了积极的贡献。

（三）20世纪50年代以后的社会环境

1945年，中国东北地区解放，1953年和1958年，在人民政府的大力扶持下，黑龙江地区和内蒙古地区的鄂伦春族分别实现了定居，结束了漂泊迁徙的游猎生活。依据鄂伦春族生活的流域，政府投入巨资为他们建造了定居点，“1953年，黑龙江省的鄂伦春族全部实现定居，全省共建有9个定居点，建土木结构房屋313栋。内蒙古境内的鄂伦春人口1958年全部实现定居，共形成7个定居村。”① 从20世纪50年代开始，随着外族人口的大量涌入，对鄂伦春族社会文化造成了很大影响，鄂伦春族人与外族通婚，生产生活方式得到了巨大的改变，社会环境也发生了翻天覆地的变化。当前，鄂伦春族主要聚居在黑龙江的嘉荫县、逊克县、瑷珲区、呼玛县、塔河县，内蒙古鄂伦春自治旗等地区的新生、新鄂、新兴、胜利、白银纳、十八站、古里、讷尔克气、乌鲁布铁、多布库尔、托扎敏、诺敏、南木等乡镇的13个村落中，村落常住人口约2500人。定居和文化转型使鄂伦春族社会发生了巨大的变化，延传几千年的狩猎文化逐渐退出了历史的舞台，农耕型文化和多种经营经济模式成为主导。“1958年至1965年，正值国家第二、第三个五年计划时期，全国掀起社会主义革命和建设高潮。国家基于大规模经济建设，建立林业发展基地的需要，实行大兴安岭林区全面开发。10万林业、铁路建设大军开进林区，在沉睡千百万年的原始森林中，建起了大批林场、铁路车站和工人住宅。与此同时，国家以工业化为目标的现代化建设总体发展战略和部署，在鄂伦春族地区得到全面扩散。而在这种强劲的主流趋势推动中，鄂伦春人传统生存环境发生急剧变化，狩猎文化被大刀阔斧地施以改造，狩猎群体的前景问题，日益沦为非主流话语。”② 1996年，鄂伦春自治旗政府颁布了“禁猎令”，对鄂伦春族全面收缴猎枪，彻底结束了鄂伦春族延续几千年的狩猎生活。在这个历史发展阶段，鄂伦春族被定义为“原始社会末期”社会发展状态，向社会主义社会“直接过渡”成为“抢救落后”的重要工作。然而，随着国家对大兴安岭森林资源大开发政策的实施，外来人员大量涌入，一系列政策的实施，鄂伦春族社会环境发生了巨大的变化，

---

① 何群：《环境与小民族生存》，社会科学文献出版社2006年版，第282页。

② 何群：《环境与小民族生存》，社会科学文献出版社2006年版，第313页。

同时也给鄂伦春族社会和文化的发展带来了巨大的影响。据2000年全国人口普查的统计，中国境内鄂伦春族人口为8196人，大约有1/4的人口生活在聚居村中，其他人口主要散居在内蒙古和黑龙江地区的城镇中，形成了大杂居、小聚居的分布格局。据相关资料对鄂伦春自治旗人口的统计，从1952年至1990年，外来人口大量涌入，鄂伦春族人口比例从99.5%下降到0.6%，由此也可以看出外来人口的大量涌入对鄂伦春族社会环境必定会带来巨大的影响。

我们纵观这个时期中国面临的国情和国际形势可以看出，中华人民共和国成立初期经历了“抗美援朝”的年轻的新中国在当时急切地渴望得到经济的发展和民族的振兴，然而随着中苏关系的恶化、战争阴云的密布和面临着严峻的国际形势，兴安岭森林的生态问题和鄂伦春族社会适应性发展问题自然也就远离了主流话题。在“人民公社化运动”、“大跃进”和“文化大革命”等政治运动中，鄂伦春族社会和经济发展政策的实施与全国同步，采取“一刀切”模式，忽视了鄂伦春族的历史背景，违背了自然生态的平衡发展规律和鄂伦春族社会发展的适应性规律而造成了一系列的严峻后果也就不足为奇了。“文化大革命”时期，鄂伦春族已经经过定论的历史问题又被重新揪出，大批鄂伦春族干部和群众被批斗、关押和抄家，造成了一大批冤、假、错案，致使广大鄂伦春族群众对党的民族政策产生了质疑，并对他们的身心健康造成了无法弥补的危害。“十年动乱”大伤了鄂伦春族的元气，使得刚刚建立起来的新秩序被彻底击垮，更为严重的是极大地伤害了鄂伦春族的民族自信与自尊，许多人自甘堕落，酗酒成风，也造成了案件频发、社会混乱的严峻局势。在当前形势下，中国共产党和人民政府积极扶持鄂伦春族社会的发展，在政治、经济、教育和文化等各领域得到了长足的发展，特别是传统文化的重建与振兴极大地振奋了鄂伦春族的民族精神，促进了文化适应与民族融合，同时也展现出英勇的鄂伦春族人民不畏艰难、勇往直前的优秀品质。

第四节　小　结

一、鄂伦春族是中国东北地区古老民族的后裔

古代时期，生活在黑龙江流域、兴安岭森林的古族有东胡、鲜卑、室韦、契丹、蒙古、索离、夫余、肃慎、挹娄、勿吉、靺鞨、女真等，无疑他

们是中国东北各民族的祖先。相似的生活环境使他们的文化形态趋于一致性，狩猎这种人类延续几百万年的生存手段也必然是他们的共同选择。人类学文化传播论认为："人类文化的类似性可以用文化传播的概念来解释，即认为每一种文化现象都是在某个地点一次产生的，一旦产生后，便开始向各个地方传播。"① 传播学派还提出了文化圈的概念，格雷布纳认为："整个人类文化史只是几个文化圈在地球上移动的历史，是他们彼此之间机械结合的历史。依据此说，不管相邻的民族还是远隔重洋的民族，只要发现类似的文化特质，就可以断定是文化传播和借用的结果，因而也都可以划归某一个文化圈。"② 尽管传播学派的理论因只注重事物表面的现象，依靠自己主观的臆想去总结人类文化发展的过程而广受后来者的质疑，但它给我们带来的思考是中国东北各古族之间在漫长的历史发展过程中有没有文化之间的采借？有没有交融与融合？我们在探讨鄂伦春族族源时是否应考虑到语言、生活方式、习俗、宗教信仰等相互传播和相互采借的影响？博厄斯提出了"文化区"的概念，认为相似的生活环境会产生相似的文化特质。生活在兴安岭森林的北方古族，共同的生活环境创造出类似的文化习俗也是不足为奇的。

关于鄂伦春族族体的形成，都永浩讲道："清代以前，鄂伦春人还处于比较完整的父系民族制阶段，氏族意识占据主导地位，不可能形成广泛统一的人们共同体意识。鄂伦春人统一的自我意识是在清代开始逐步形成的。"③ 鄂伦春族族体的形成也是一个不断融合、分化与发展的过程，生活在兴安岭森林中这些古老民族在发展变迁中经历了怎样的历程是需要我们结合历史学、考古学、语言学、人类学和民族学等多门学科的理论与方法去探讨的问题。但鄂伦春族是中国东北地区古老民族的后裔是毋庸置疑的。

二、独特的自然环境创造了灿烂的狩猎文化

文化与环境之间的关系问题是文化生态学长期关注的问题，环境被用于解释文化的起源和变化至少有三种不同的观点：环境决定论、环境可能论和生态学的观点与方法。环境决定论认为："物质环境在人类事物中发挥着'原动力'的作用。人格、道德、政治和政体、宗教、物质文化、生物所有

① 宋蜀华、白振声著：《民族学理论与方法》，中央民族大学出版社 1998 年版，第 25 页。

② 同上，第 26 页。

③ 都永浩：《鄂伦春族游猎定居发展》，中央民族大学出版社 1993 年版，第 186 页。

这些以及更多方面均时常可以用环境决定论来解释。”① 原始兴安岭森林以其宽仁和博大给了鄂伦春人享之不尽的物产，“棒打狍子瓢舀鱼，野鸡飞到饭锅里”就是昔日鄂伦春人生活的写照。在这样的自然环境中，采集游猎式的生活方式成为鄂伦春人的必然选择，同时他们也创造了与自然环境高度适应的森林文化。纵观鄂伦春族的社会组织、经济结构、意识形态和生活习俗等，均显示出与自然环境相适应的一致性。2012 年 7 月，我们在黑龙江漠河“北极村”对白银纳民间歌舞团的演出进行了 7 天的考察，鄂伦春族文化代表性传承人关金芳告诉我们：“鄂伦春族狩猎文化与他们生存的环境密切相关，在鄂伦春族语言中描述狍子的词汇从母狍子怀孕到年龄的大小、甚至到狍崽每个月的大小都有专用的名词。”从鄂伦春族的词汇中可以看出，他们的文化与狩猎活动密切相连，并形成了高度特殊的专化发展，这是由他们的生活环境所决定的。鄂伦春族为了生存和发展选择狩猎作为其传统文化的核心内容是自然法则的必然，他们为了适应自然环境也形成了尊重自然、爱护自然的生存法则，尽管他们是以猎取野生动物为主要生存手段，但他们从不滥杀无辜，“怀孕的母鹿不打、正在交配的动物不打、幼小的动物不打”，“得一兽而还”等淳朴的天人合一的生存理念始终贯彻在他们的生活中。广袤的兴安岭森林养育了鄂伦春人，鄂伦春人为了适应自然环境创造了灿烂的狩猎文化。

三、外来文化的冲击导致了鄂伦春人生存环境的改变

17 世纪初，沙皇俄国开始侵入黑龙江以北的通古斯人聚居的地区。据史禄国的描述：“俄国人于 1606 或 1607 年出现在通古斯地域的西境，在 17 世纪前半期到达后贝加尔北方，由于俄国人的压迫，雅库特人也从原居住地，即现今的雅库茨克地区迁出，占领了以前属于通古斯人的某些地域。因此，通古斯人必须寻找新的地域。另外俄国人的入侵，在黑龙江河谷直接引起了某些重大的变化。”② 作为通古斯人的一个分支，鄂伦春人也就是从这个时期开始了向黑龙江以北地区的大迁徙，这种迁徙一直延续到 20 世纪初期。“西来的俄罗斯人和南来的汉人已经碰头了。而北方来的雅库特人，也已经同汉人的迁移波相接触。因此，北方通古斯的迁移，几乎完全停止，或

---

① 唐纳德·L. 哈迪斯蒂著，郭凡、邹和译：《生态人类学》，文物出版社 2002 年版，第 1 页。

② 史禄国著，吴有刚、赵复兴、孟克译：《北方通古斯的社会组织》，内蒙古人民出版社 1985 年版，第 248 页。

至少也是局限在俄罗斯人和汉人不大容易进入的地方，这些地方的不容易进入，也阻碍了通古斯人的运动。因此，北方通古斯人的迁移可以认为是已经结束了。”① 从17世纪初至20世纪初期，在近300年的历史中，鄂伦春人由于民族压迫不得不迁徙游离，放弃自己的生活地域，改变自己的生活方式。纵观鄂伦春族社会的历史发展，始终是处于俄、汉、满、蒙古等民族的夹缝中生存的状况，始终是被动的、被改造的、被迫的被动式格式，主流社会对其传统文化形成了强烈的冲击，鄂伦春族内部的文化体系很容易就被外来文明和势力所打破，造成文化的遗失和失衡，从而形成了一系列的社会问题。

清朝中期以前，兴安岭地区基本上处于一种封闭状态，在长期的历史发展中，鄂伦春人按照自己的进化与发展方式进行生存，他们敬畏自然、爱护自然，形成了与自然环境和谐共处的生存理念和生活方式。鄂伦春人用弓箭、扎枪等简单的狩猎工具在这片辽阔的林海生活了几千年，他们的狩猎活动完全是为了满足自己的需要，并没有对生态环境造成破坏。清朝中后期，随着中外各种势力对兴安岭森林资源贪婪式的涌入开发，鄂伦春人生活的自然环境遭到了很大破坏，同时枪支、铁器、马匹等生产生活工具的涌入提高了鄂伦春人的狩猎水平，也提高了他们的生活质量，但他们对猎产品的使用从自我消费向换取生产生活商品化的转变。也就是在这种条件下，鄂伦春族所处的自然环境和社会环境发生了改变。

凯·米尔顿分析了非工业社会中猎人与工业社会中商业性捕猎者对其猎物物种的不同态度：“前者无处不体现他们对猎物的敬意，而后者，即那些商业捕鱼和猎鲸者的行为往往对其猎杀的物种构成巨大的威胁，使其濒临灭绝的境地。非工业社会中的民族能够与自然和谐共处，而工业社会的进程则是与自然违背的。”② 清朝时期的淘金热、貂皮市场的火爆以及后来的各种政治运动和对森利资源的大开发等，一系列外部文明的涌入打开了鄂伦春族相对封闭的大门。外部势力的强势进入破坏了鄂伦春人赖以生存的生态环境，改变了他们社会内部的结构平衡，使鄂伦春族传统文化遗失和社会失衡，并带来了一系列严重的后果。纵观鄂伦春族因自然环境和社会环境的改变而导致的一系列问题，是因为鄂伦春族人长期生活在一个相对封闭的环境

① 史禄国著，吴有刚、赵复兴、孟克译：《北方通古斯的社会组织》，内蒙古人民出版社1985年版，第255页。

② 凯·米尔顿著，袁同凯、周建新译：《环境决定论与文化理论》，民族出版社2007年版，第39页。

中，对森林狩猎型文化形成高度“专化”性适应，一旦受到外来文化的侵扰，就会变得很不适应，受制于人，并且根本没有抵抗之力，造成文化的断裂和民族处于危亡之中。鄂伦春族历史上曾经出现的疾病流行、毒害酒害横行、人口大量死亡、身体素质严重下降、心理健康严重受损的情况就说明了这个问题。

参考文献

1. 全国人民代表大会民族委员会办公室编：《鄂伦春族情况——鄂伦春族调查材料之一》，1957 年 2 月。

2.《中国少数民族社会历史调查资料丛刊》修订编辑委员会内蒙古自治区编辑组：《鄂伦春族社会历史调查（一）》，民族出版社，2009 年版。

3. 赵复兴：《鄂伦春族研究》，内蒙古人民出版社，1987 版。

4.《鄂伦春族简史》编写组：《鄂伦春族简史》，民族出版社，2008 年版。

5. 万福麟监修，张伯英总纂：《黑龙江志稿》，黑龙江人民出版社，1992 年版。

6. 秋浦：《鄂伦春社会的发展》，上海人民出版社，1978 年版。

7. 于学斌：《鄂伦春狩猎生活》，黑龙江美术出版社，2003 年版。

8.《鄂伦春族简史》编写组：《鄂伦春族简史》，内蒙古人民出版社，1983 年版。

9. 韩有峰：《鄂伦春族风俗志》，中央民族学院出版社，1991 年版。

10. 都永浩：《鄂伦春族游猎定居发展》，中央民族大学出版社，1993 年版。

11.《北史·室韦传》，中华书局，1974 年版。

12. 冯君实：《鄂伦春族探源》，《吉林师范大学学报》，1979 年第 2 期。

13. 鄂伦春自治旗史志编纂委员会：《鄂伦春自治旗志》，内蒙古人民出版社，2001 年版。

14. 王为华：《鄂伦春族原生态文化研究》，黑龙江人民出版社，2009 年版。

15. 韩有峰、都永浩、刘金明：《鄂伦春族历史、文化与发展》，哈尔滨出版社，2003 年版。

16. 林幹：《中国古代北方民族通论》，内蒙古人民出版社，2007 年版。

17. 张碧波、董国尧：《中国古代北方民族文化史》，黑龙江人民出版社，2001 年版。

18. 刘以焕：《中国古代北方民族文化史》，黑龙江人民出版社，2001 年版。

19. 林耀华：《民族学通论》，中央民族学院出版社，1990 年版。

20. 向云驹：《人类口头和非物质遗产》，宁夏人民出版社，2004 年版。

21. 高凯军：《通古斯族系的兴起》，中华书局，2006 年版。

22. 力提甫·托乎提：《阿尔泰语言学导论》，陕西教育出版社，2002 年版。

23. E. N. 杰列维扬科著，林树山、姚凤译：《黑龙江沿岸的部落》，吉林文史出版社，1987 年版。

24. 朱泓：《体质人类学》，高等教育出版社，2004 年版。

25. 傅郎云：《东北民族史略》，吉林人民出版社，1983 年版。

26. 徐殿玖：《鄂伦春族族源初探》，《学术交流》，1989 年第 2 期。

27. 马连军：《鲜卑后裔今在何方》，《鄂伦春民族文化研讨会论文集》，2008 年。

28. 吴雅芝：《最后的传说——鄂伦春族传统文化研究》，中央民族大学出版社，2006 年版。

29. 赵复兴：《鄂伦春族狩猎文化》，内蒙古人民出版社，1991 年版。

30. 马克：《黑龙江游记》，商务印书馆，1977 年版。

31. 史禄国：《北方通古斯的社会组织》，内蒙古人民出版社，1984 年版。

32. 国家民委民族问题五种丛书编辑委员会《中国少数民族》编写组：《中国少数民族》，人民出版社，1981 年版。

33. 何群：《环境与小民族生存》，社会科学文献出版社，2006 年版。

34. 王兆明等：《新生鄂伦春族乡志》，黑龙江人民出版社，2003 年版。

35. 凯·米尔顿著，袁同凯、周建新译：《环境决定论与文化理论》，民族出版社，2007 年版。

36. 关小云：《大兴安岭鄂伦春》，哈尔滨出版社，2003 年版。

37. 孟玉宏：《浅析如何正确处理好鄂伦春旗经济发展与环境保护的关系，载《鄂伦春研究》，2002 年。

38. 孟松林：《对保护大兴安岭生态环境的几点认识》，载《鄂伦春研究》，2001 年。

39. 刘晓春：《鄂伦春乡村笔记》，中国社会出版社，2007 年版。

40. 唐纳德·L. 哈迪斯蒂著，郭凡、邹和译：《生态人类学》，文物出版社，2002 年版。

41. 王兆明主编：《新生鄂伦春族乡志》，哈尔滨出版社，2003 年版。

42. 宋蜀华、白振声：《民族学理论与方法》，中央民族大学出版社，1998 年版。

第二章　社会制度的变迁

第一节　“穆昆”制

早期的鄂伦春族经历了血缘家庭、母系氏族公社、父系氏族公社和父系家族公社等阶段。“穆昆”制是鄂伦春族父系氏族公社的基本形式，“穆昆至少在17世纪清朝统治之前还存在着比较完整的形态，根据鄂伦春族人的解释，穆昆含有‘在兄弟内部’的意思，或指‘同姓人’之意。这两个意思是不矛盾的，指的都是同一父系血统的人们的共同体。”① 清朝以后，随着鄂伦春族与外界交往的增加，“穆昆”制逐步被瓦解，但是其基本形式在许多地区一直保留到20世纪50年代初期。在人类社会的发展过程中，每一民族都以一定的族群形式存在。每一个族群的形成都同一定的社会发展阶段相适应，是一定时期生产力水平、经济基础等的反映。17世纪以前，鄂伦春族还处于父系氏族公社阶段，在氏族内部，还存在着若干个生产、消费组织，这种组织是以地域关系建立起来的，社会性质是以地域关系建立起来的地域村社。鄂伦春族古老的氏族社会其组织形式有多种，一是以地域为基础的村社“乌力楞”，二是作为古老的氏族制度“穆昆”制，三是自清朝以后形成的“路佐”制，四是临时组成的狩猎组织“安嘎”。这几种性质不同的社会组织盘根错节地交织在一起，对鄂伦春族的生产生活发生着影响。

一、“穆昆”制的形成

摩尔根认为：“由于氏族内部禁止互婚，其成员才得免于血亲通婚的弊害，从而促进种族活力的增长。氏族的出现基于三个主要的概念，即：亲属的团结；完全以女性为本位的氏系；以及氏族内部之禁止通婚。当氏族观念

① 韩有锋、白兰、关小云、唐戈等：《鄂伦春族简史》，民族出版社2008年版，第22页。

日益发展时，很自然地就会出现成双配对的氏族，因为男性的子女既摈斥于本氏族之外，而对于下一代的子女又同样地需要加以组织。只有同时出现两个氏族才能充分达到这个目的；这样，一个氏族的男子和女子才能同另一个氏族的女子和男子通婚；而子女们则各随其母亲而分属于这两个氏族。氏族既以团结亲属为其原则，所以它对于每一个成员所尽的保护之责，是现有的任何其他力量都办不到的。"① 马克思和恩格斯通过分析摩尔根的文化进化理论提出："在实行杂交的原始时期，没有家庭，往后才能一次发展出血缘家庭、普纳路亚家庭、对偶家庭、一夫一妻制家庭。"② 普纳路亚家庭是指随着社会生产的发展和人口的繁殖，原来那种孤立的血缘家庭已经日益不适应需要，同时人们从长期的实践中发现血族间的婚姻不利于种群的繁衍，于是在血缘家庭内部，婚姻的禁忌日益增加，最后完全排除了兄弟姊妹之间的婚姻关系，而转化为不同血族团体之间的族外婚姻。恩格斯认为："没有血缘亲属关系的氏族之间的婚姻，生育出在体质上和智力上都更强健的人种；两个正在进步的部落混合在一起了，新生代的颅骨和脑髓便自然地扩大到综合了两个部落的才能的程度。"③ 中国民族学认为："原始社会是原始共产主义社会的简称，为人类历史上第一种社会形态。我们认为，它包括原始群、前氏族公社和先后以母系制、父系制为特点的原始公社诸阶段，而农村公社和家长制则是原始社会向阶级社会过渡的中间阶段。"④ 林耀华先生提出："前氏族公社向母系氏族公社的转变，意味着集团内群婚（血缘婚）向集团外婚即氏族外群婚的转变。所谓自然选择原则的积极作用，是指没有血亲关系的群体成员之间的联姻，创造出在体质上和智力上更强健的人种。"⑤ 通过分析我们可以看出，随着人类社会的发展，族外婚制是自然选择的必然，这种制度克服了近亲婚配的弊害，同时这种婚姻制度促进了各集团之间的联系，增大了彼此间的经济交往，通过缔结婚姻关系，实现了集团之间自然而又密切的联系，同时族外婚制也是导致母系氏族公社发展的重要原因。母系氏族公社时期，社会以女性为主，因此也称为母权制氏族时期。随着生产力水平的发展，男子在生产和社会中逐步占领了主导地位，成为谋取生活资料的主力，掌握了家庭的经济大权，妇女一旦降到从属地位，就创造了由母系氏族向父系氏族过渡的经济前提。

---

① 摩尔根著、杨东莼等译：《古代社会》，商务印书馆 1981 年版，第 53 – 54 页。
② 引自林耀华：《民族学通论》，中央民族大学出版社 1997 年 12 月版，第 111 页。
③ 恩格斯：《家庭、私有制和国家的起源》，人民出版社 1972 年版，第 11 页。
④ 林耀华：《民族学通论》，中央民族大学出版社 1997 年 12 月版，第 223 页。
⑤ 同上，第 314 页。

鄂伦春族实行严格的氏族外婚制，史禄国在研究通古斯民族的婚姻和氏族时提出："氏族构成的基础在于婚姻的调整，通古斯对这样单位的名目是毫不忧虑的留意其继续下去，但满足不了婚姻调整的实际必要时，则常常发现新的解决办法，就是说他们将氏族分成两个外婚单位，并各个仍形成为氏族。所以我认为新氏族的形成是间接基于氏族互相间的压力。从通古斯见地来研究，氏族人口增多，与外婚单位间解决不了成员的婚姻时，解决办法只有一个，就是将民族分成两个外婚单位。"① 通古斯人为了婚姻的合法化，将氏族分化，形成了彼此间可以通婚的氏族。赵复兴调查到："鄂伦春老人们说，他们从很早以前就同'穆昆'不婚，实行氏族外婚制，这一传统制度，直到今天还保留着。鄂伦春人认为，既然是同一个'穆昆'的人，过去必定是有血缘关系的，一家人互相通婚是不好的。鄂伦春人的氏族外婚制执行得非常严格，从来没有人敢轻易破坏这一制度。莫双来老人说，如果有这种事情发生，那么这两个青年也会被穆昆达打死。"② 鄂伦春族在氏族分化过程中也体现了族外婚制的严格戒律，"莫福海（61 岁）听自他老人说，马卡依尔和麻拉库尔两个氏族原来是胞兄弟关系。在早因玛卡依尔氏族人口逐年增加，感到和别的氏族在婚姻关系上发生不均衡，因而兄弟间认定从玛卡依尔氏族分出一部分叫作玛卡依尔新氏族。当分姓时曾杀牲祭过天，并邀请所有本氏族及部落的代表来共同会宴了一场。这是表示天神保佑和让其他各氏族的人们知道分开姓氏后可以互相通婚了。又据孟丁下布老人说，他小时候听老人们讲，玛卡依尔与玛拉库尔两个氏族原来是一家人，后来因婚姻问题不易解决，才分开了姓氏，开始互相通婚。但同姓间仍不能通婚。"③ 这说明，鄂伦春族为了实行族外婚制，不得不采取氏族分化的方法解决同姓不能通婚的戒律。赵复兴通过研究鄂伦春族谚语、婚姻、宗教、经济生活提出："鄂伦春人在原始社会早期，曾经经历过母系氏族公社阶段，妇女在社会中占主导地位，是毫无疑问的。"④ 在鄂伦春族的婚姻制度中，在某些地区还残存着青年男女婚前在女方家同居的风俗。资料显示："据分析，鄂伦春人的白依尔氏族和柯尔特依氏族的'依尔'，就是'妇女'或'女人们'的意思。这一称呼的保留，绝不是偶然的，它反映了早期氏族的祖先是女性。在毕拉尔路鄂伦春人中有这样的谚语：骟马没有圈，男人没有家。男人

① 史禄国：《北方通古斯的社会构成》，1928 年编印，第 40 页。

② 赵复兴等：《鄂伦春族社会历史调查》，民族出版社 2009 年版，第 81 页。

③ 内蒙古少数民族社会历史调查组：《逊克县鄂伦春民族乡情况》，1959 年编，第 116 页。

④ 赵复兴：《鄂伦春族研究》，内蒙古出版社 1987 年版，第 30 页。

为什么没有家呢？在母系氏族社会时期，不论是实行群婚还是对偶婚，都是男人到女方氏族中来，因此，直到20世纪初，男人称‘家’不是说‘这是我的家’，而是说：‘这是我妻子的家。’这种对‘家’的特殊叫法是母系氏族真实生动的写照。直到现在，鄂伦春妇女称自己娘家为‘阿娇儒’，即‘根子’的意思。同时，他们还把‘阿娇儒’奉为祖先加以供奉。”[①] 这个遗迹说明，原来鄂伦春人的世系是以母系计算的，因此，才把祖根看作是母亲的氏族，并把它作为祖先来供奉。在鄂伦春人的婚姻中，男子求婚被许诺后，照例要举行“认亲”仪式，由媒人及其母亲陪同，携带礼物到女方家认亲。要给女方所有长辈磕头，但不给岳父母磕头。如果男女已到成年，当天就可以在女方家同居。在个别情况下，新郎可以在女方家住到生下第一个孩子。婚后，新郎还要同新娘一起回岳父家住一段时间，在这期间，新郎要帮助岳父母干活，猎获物全部交给岳父母家。这种习俗表明，鄂伦春族曾经盛行过“出嫁”到女家的族外婚制，女方在婚姻关系中占主动地位。韩有锋等在《鄂伦春族简史》中，通过对古代文献的研究和对现实生活中36对夫妻婚姻的调查，提出鄂伦春族具有由母系氏族公社过渡到父系氏族公社的历史过程。认为鄂伦春族的“认亲”仪式、妻姊妹婚和夫兄弟婚遗俗、舅父权、母系神“阿娇儒”等均为母系氏族遗留下来的“文化残存”。他们提出，随着狩猎技术的提高，鄂伦春族的经济生活由女性采集为主、男子狩猎为辅的类型，逐步过渡到男子狩猎为主、女子采集为辅的类型。这一转变正是鄂伦春族由母权制社会向父权制社会转变的原因。他们又通过男子的抢亲、彩礼等习俗，论述了鄂伦春族由母系氏族公社向父系氏族公社的转变。[②]

鄂伦春族从母权制向父权制的转变，又是与“从妻居”到“从夫居”制度的转变相一致的。鄂伦春族在新中国成立以前，还保留着抢夺新娘的婚姻遗俗，这是因为在开始向从夫方居住制发展的过程中，女方不愿意破坏传统的妻方居制度，因而形成了男方到女方家抢夺新娘的风俗，这种抢夺婚姻在母系制度下是完全不必要的，只有在父权制的经济基础上才有可能发生。还有一种抢婚是由于“女子结婚后男人死了，如有男孩不能改嫁，如是女孩可以改嫁，但把女孩要留在男方家里。男人死了，女子有了男孩而本人很

① 内蒙古少数民族社会历史调查组：《鄂伦春自治旗木奎高鲁补充调查报告（鄂伦春族调查材料之九）》，1963年，第124－125页。

② 韩有锋、白兰、关小云、唐戈等：《鄂伦春族简史》，民族出版社2008年版，第17－21页。

年轻时，女方父母要想把她改嫁，在无法取得女方公婆同意时，则需实行抢婚。”① 另外，在婚姻缔结上出现了从母权制向父权制过渡的形式表现在女方向男方索取“彩礼”方面，实现夫方居住，意味着男子从女方得到一个劳动力，却使对方失去一个劳动力，因此要用“彩礼”进行补偿。新中国成立前，鄂伦春族在缔结婚姻关系时，过“彩礼”是一件十分重要的大事，男方的父母或媒人要带着酒到女方家去商定过“彩礼”的日期和数量。由女方父母提出“彩礼”的数字，一般是两三匹至十几匹马，一两头猪，一两桶酒。“彩礼”一时备办不齐，可分几次送，在最后一次送彩礼时，双方才能商定结婚日期。“彩礼”要经过女方的父母和亲属过目，认为满意时才收下，如果不满意，还可以通过媒人要求更换。我们从鄂伦春族传统的婚姻风俗中也可以看出鄂伦春族由母系氏族向父系氏族“穆昆”转换的过程。

鄂伦春族在早期的发展历程中，随着石器制作技术水平的提高，采集渔猎经济有了长足的进步，人群的规模扩大了，劳动工具也不断发展和进化着。为了生存的需要，他们发明了弓箭，并对驯鹿进行饲养，这极大地提高了狩猎水平，从而有力地推动了狩猎生产向更高水平的演进，改变了以妇女采集为主要经济来源的生活方式。随着狩猎水平的提高，经济方式的转变，也改变了人们的饮食方式，特别是冬季无法采集野菜、野果时，男人为氏族提供了充足的肉食，这就决定了男子在社会经济中处于更重要的地位，而男女在经济生活中地位的变化，必然同旧的母权制氏族制度发生矛盾。鄂伦春族经济由采集为主狩猎为辅转变到以狩猎为主采集为辅的过程，推动了母权制向父权制的转变，“穆昆”这种鄂伦春族的父系氏族公社就逐步形成了。

二、“穆昆”的社会组织

穆昆是一个父系氏族制度延传下来具有血缘关系的氏族组织。这种父系氏族公社贯穿着民主的、平等的精神。氏族成员除了按照氏族的道德和习惯法生活以外，没有严格的权利和义务。《新唐书》关于室韦人社会情形写道：“其国无君长，惟大酋，皆号‘莫贺咄’，摄管其部而附于突厥。小或千户，大数千户，滨散川谷，逐水草而处，不税敛。每弋猎即相啸聚，事毕去，不相臣制。”② 由此说明当初以狩猎为主要生活手段的室韦人的氏族组

① 全国人民代表大会民族委员会办公室：《鄂伦春族情况——鄂伦春族调查材料之一》，1957年2月，第60页。

② 引自韩有锋、白兰、关小云、唐戈等：《鄂伦春族简史》，民族出版社2008年版，第26页。

织是相当松散的。鄂伦春族的社会组织情况与之相似，氏族内部只是在狩猎季节结伙行猎，之后就离散了。其实穆昆并不是鄂伦春族社会的细胞，即它不是一个基本的生产和消费单位。它的基本经济单位是穆昆之下的各个“乌力楞”。

直至新中国成立初期，鄂伦春族仍然保持“穆昆”这种非常浓厚的父系氏族社会的残余，以父系血统为中心维系着浓厚的血缘纽带联系。鄂伦春族共有10余个氏族，他们主要分布在四个区域：分布在黑龙江呼玛河流域的库玛尔路，逊河、毕拉尔河、佳荫河流域的毕拉尔路，诺敏河流域的托河路和多布库尔河流域的阿里、多布库尔路。每一路都是由具有血缘关系的古老的氏族的支系所组成，形成了不同的姓氏和支系。每一个姓氏都是由四部分人组成，即同一男性祖先所生的子女，从外氏娶来的妻子，收养的养子和合并的其他氏族的成员。每个氏族都有一个选举产生的氏族长“穆昆达”，“穆昆”的最高权力机关是氏族大会，氏族内的一切重大问题均由氏族大会讨论决定。氏族大会讨论的内容一般包括：选举和罢免氏族长“穆昆达”，宣读和讲解族谱，讨论氏族的划分和合并，教育和处罚违反习惯法的成员，讨论重大的外事处理方案等内容。氏族大会召开的时间根据会议的主题而定，一般是每10年召开一次选举“穆昆达”的会议，每3年召开一次氏族大会续族谱。每一次氏族大会都是一次盛大的集会，鄂伦春族将其视为自己的传统节日，期间要举行赛马、摔跤、射箭等比赛，也唱歌、跳舞、尽情娱乐。其中最为隆重的是“奥米那楞”祭祖仪式。据《鄂伦春族调查材料》记载，“穆昆达的主要职责是：负责管理本氏族的族谱，在穆昆大会上报告穆昆内出生、死亡的人数和年月日。督促氏族成员遵守氏族习惯法。主持氏族内的婚丧仪式。调节与处理氏族内部纠纷，如打架斗殴、婚姻纠纷等。召集穆昆大会。对外代表本氏族，如各氏族之间发生争议时，代表本氏族出席穆昆达联席会议商定解决办法。”① 据相关材料记载：“在老人们的记忆里，穆昆达是掌管行政事务的人。穆昆达仍由群众推选，然后由协领公署批准。何、阿两姓只选一名穆昆达，当选穆昆达的条件是：为人公正，打猎技术好；有办事能力。穆昆达的任期一般是终身职务，如不能称职时可随时撤换。穆昆会议每年召开一次，何阿两姓的成年男子都参加，女子不参加。穆昆会议讨论的主要问题是：生产方面的问题如去打鹿茸到何处去，以及处理男女关系等问题，如有人拐骗了女人，大家则讨论如何处理，涉及人命案的问题时，则上报到协领公署处理。有人误杀了人，不是谋杀，通常在内部处

---

① 引自韩有锋、白兰、关小云、唐戈等：《鄂伦春族简史》，民族出版社2008年版，第25页。

理了事。上报时也要说明当时的情况，并请求减轻对他的处分。据老人们说，穆昆会议大约在四十多年前就没有了。”① 氏族成员间发生纠纷时，氏族就要作为一个司法机关进行干涉，要裁决的事项有：“在狩猎时，氏族成员间发生的纠纷；同一氏族成员之间有时发生关于继承权的纠纷；长辈因为晚辈不服从而不满；晚辈对长辈不满；氏族成员违反各种习俗；丈夫或妻子品行不端；氏族成员使家庭单位或氏族单位的利益受到连累或影响的各种情况。”②

“穆昆”之下是同一祖先繁衍的“乌力楞”，“乌力楞”是同一父系所传的几代子孙。每一个“乌力楞”都要选举产生一个首领“搭坦达”负责执行氏族的习惯法。“乌力楞”是鄂伦春族最基本的地域性游猎组织，也称之为“村社”。在清朝末期，鄂伦春族族体形成，其迁徙活动频繁，“乌力楞”这种地域性社会组织得以形成。“乌力楞”在鄂伦春族语中是“子孙们”的意思，本来是指同一父系所传的几代子孙们，是“穆昆”之下最基本的经济单位，是同一姓氏、同一血缘所传承下来的几代子孙的共同体，每一个“乌力楞”就是一个父系家族。但是随着社会的发展，“乌力楞”已经摆脱了血缘纽带的束缚，成为以地域关系建立起来的村社组织。每个“乌力楞”是由若干个不同姓氏的家庭组成的，这些家庭往往是由有婚姻关系的“亲家”、血缘关系的亲兄弟家庭、能够合作的朋友家庭组成的。“乌力楞”一般占有一方河流，按照河的流域进行命名。“乌力楞”没有最高的权力机构，只有临时的自发性狩猎组织“安嘎”。每个“乌力楞”可以组成几个“安嘎”，每个狩猎小组一般由4—5人或6—7人组成，多为亲戚或合得来的朋友。“安嘎”的领导者是“塔坦达”，“塔坦达”的选举并没有严格的程序，其过程具有随意性，在出猎前，由一人提名，众人同意即可当选。“塔坦达”一般年龄和辈分较大，有丰富的狩猎经验，待人公正，有较强的领导能力，德高望重。在选举“塔坦达”的同时，还要选举一位副手，协助他管理“安嘎”的生产活动，这位副手称为“乌纠鲁达”，当选的条件与“塔坦搭”相仿。在每个“安嘎”中，还有一位类似于“厨师”的“吐阿钦”，年纪一般不大，狩猎技术较差。“安嘎”成员的地位都是平等的，“塔坦达”同样参加生产劳动，狩猎产品是由“塔坦达”平均分配的。“安嘎”

① 内蒙古少数民族社会历史调查组、中国科学院内蒙古分院历史研究所：《鄂伦春自治旗甘奎努图克调查报告》，1960年12月，第5页。

② 史禄国著，吴有刚、赵复兴、孟克译：《北方通古斯的社会组织》，内蒙古人民出版社1985年版，第320页。

的所有活动都体现了民主原则，“塔坦达”用习惯法原则约束“安嘎”成员的行为，而不是靠个人权威。地域性的“乌力楞”社会组织没有自己特定的公社首领，也没有若干首领组成的公社管理机构，公社的管理是在传统的习惯法原则和民主协商的基础上完成的，当然，长者和智者是这个管理机构的中心。据资料显示：“过去鄂伦春人过着不定居的生活，他们在同一地域中共同居住的几个‘仙人柱’称作‘乌力楞’。一个‘乌力楞’居住三、四户到六、七户不等，也有十来户的。各个乌力楞并不固定，为了寻找新的猎场，有时整个‘乌力楞’一同移动，有时几户搬出来，加入别的‘乌力楞’，或组成新的‘乌力楞’。现在居住在白银纳的鄂伦春人，原来居住在倭勒河合布拉格汉。两地各有两个比较固定的‘乌力楞’，都有统一特点，即夏、秋季较分散游猎，而到冬季就集合在一起过冬。”① 穆昆制是鄂伦春族在长期的迁徙游猎过程中形成的适应其生产生活方式的社会组织形式，乌力楞则是这种制度下最基本的社会团体。

三、“穆昆”制度的演变

鄂伦春族的“穆昆”制是一种古老的从父系血缘关系演化来的氏族社会组织，这种制度直至20世纪中期在某些鄂伦春族地区还保留着它的残存。作为“穆昆”制度下的基本生活单位“乌力楞”，在清朝统治以前，基本上还是一个血缘组织，即由同一父系祖先的人们所组成，一个“乌力楞”就是一个父系家族。其实，一个“乌力楞”就是一个生产单位，也是一个消费单位。到了清朝统治以后，“乌力楞”发生了巨大的变化。“这个变化是从乌力楞内部一夫一妻制的个体家庭逐步成长并变为社会基本经济单位开始的。早年存在于乌力楞中的一夫一妻制家庭逐渐取得独立的地位，最初变为一个消费单位，之后又变成生产单位。它逐渐摆脱了氏族血缘的束缚，而成为瓦解氏族组织的离心力量。氏族制度就是从这个地方被打开缺口的。”②

在一夫一妻制的家庭中，男子居于统治地位，这种家庭虽然还包含有许多父系氏族的残余，但成为鄂伦春族最为稳定的社会组织的基本单元。在这个时期，狩猎生产就是由若干个这样的个体家庭结成“安嘎”集体进行，捕获的猎物也是按照这些家庭为单位进行平均分配的。这种家庭已经成为基

---

① 内蒙古少数民族社会历史调查组：《黑龙江呼玛县十八站鄂伦春族民族乡情况——鄂伦春族调查材料之四》，1959年编，第11页。

② 韩有锋、白兰、关小云、唐戈等：《鄂伦春族简史》，民族出版社2008年版，第61页。

本的生产单位和消费单位，逐渐成为鄂伦春族社会的基本核心了。这个时期的“乌力楞”就是由若干个这样的家庭所组成，最初这些个体家庭之间还保持着比较浓厚的血缘关系的残余，因为这些家庭都是从一个父系家庭分化出来的，相互之间有着同一血缘的关系。随着生产水平的提高和私有制的发展，这些个体家庭又逐渐摆脱了血缘纽带的束缚，可以离开原来的“乌力楞”，游动到别的地方去加入另一个“乌力楞”，于是，一些“乌力楞”中便往往包含从其他氏族“乌力楞”迁来的个体家庭。随着这种迁徙愈来愈自由，乌力楞也经常处于不断分化和不断重新组合之中。于是，“乌力楞”就由原来的血缘组织转变为一种地域性组织了。随着“乌力楞”的性质从家庭公社向农村公社的转变，鄂伦春族的氏族制度也就失去了基础而开始瓦解，而清朝对鄂伦春族实行的“路佐”制行政管理制度，加速了氏族组织的衰亡过程。“清朝在鄂伦春族地区实行的路、佐制有力地促成了氏族制的瓦解，为鄂伦春民族体的形成创造了条件。因为氏族制的瓦解是民族体形成的前提条件和基础。”[①] 清朝时期，鄂伦春族被实行“路佐”制统治，但其氏族制度“穆昆”制仍然存在，并在相当长的时间内起到主导作用，直至新中国成立后才走出鄂伦春族社会。

第二节　“路佐”制

金、元时期，鄂伦春人包括在“林中百姓”之中。到了明朝，鄂伦春人包括黑龙江以北的“北野山人”的范围内，1409 年明朝在黑龙江、乌苏里江流域建立了奴儿干都司，“北野山人”归其管辖。“路佐”制是清朝时期，根据内蒙古地区的旗盟制在鄂伦春族地区实施的管理制度，这种行政机构并不打乱鄂伦春族原有的氏族部落组织，而是利用其氏族部落组织，实行“路佐”制与“穆昆”制度并行的统治方法。这种管理制度是清朝统治者为了加强对鄂伦春族的管理，将其编入八旗，分旗设佐的一种管理方式。

清朝政府在鄂伦春族地区实行的“路佐”制一直持续到新中国成立前夕。尽管八旗制度在清代末期即告消亡，但其管理方法一直被后来的军阀政府和日伪政府所沿用，期间只是每路所设的佐稍有变化、路的行政归属关系有所变化而已。这种行政区域划分方式，基本上是按照鄂伦春族的地域分布特点并结合了鄂伦春族内部的组织形式建立起来的。因此，“路佐”制虽然

① 都永浩：《鄂伦春族游猎定居与发展》，中央民族学院出版社 1993 年版，第 17 页。

对鄂伦春传统的氏族组织具有很大破坏作用，但并没有被彻底的毁灭。由于鄂伦春族特殊的生活环境和生计方式，直至新中国成立初期，鄂伦春族还一直保存着这种古老的氏族社会组织的“残存”，没有发生彻底性的转变。

一、清朝时期的“路佐”制

17 世纪 40 年代，沙皇俄国开始侵略我国黑龙江流域广大地区，“顺治初年，俄罗斯所属之罗刹，始吞并尼布楚地。又东窃居雅克萨，筑城以居，索伦、呼达尔皆被其侵掠，他们剽劫人口，抢掳村庄，攘夺貂皮，肆恶多端，对鄂伦春人民的生活时有骚扰，迫使鄂伦春族同侵略者进行了坚决斗争。以后被迫逐渐迁移到黑龙江南岸。1691 年（康熙三十年）清朝政府将鄂伦春、毕拉尔等编入八旗，归布特哈总管衙门管辖。”① 清朝政府为了加强对鄂伦春族的管辖，在布特哈总管衙门之下，将鄂伦春族按照不同流域分设五路八佐，后来又增至十六佐。一个路就是原来的一个地域集团。每个佐都包括两个氏族，大约 50 户至 100 户左右。于多三是民国时期库马尔路协领公署第六任协领，他在 1937 年编著的《库玛尔鄂伦春历史沿革概要》中写道：“维库玛尔各路鄂伦春族众原为兴安岭山阳土著之人，世居山中，性质愚悍，久惯游牧，专心打牲为业，骑马使枪，成为特技，古时食肉衣皮，向不知布、米为何物。其后于黑龙江沿岸山谷之中，并嫩江江西北多布库尔河一带行止以时，到处搭盖窝堡，依水草而居。原无管辖，自清康熙二十二年，黑龙江设旗制以后，归布特哈总管衙门管理，在呼玛河附近者为库马尔路三佐，阿力河为阿力路，多布河为多布库尔路，此二路一佐，托河为托路，毕拉尔河为毕拉尔路两佐，此为五路之始也，其前四路属西布哈特，后一路属东布哈特，各归各处经营，该族自此习读满洲清文，并晓布、米之用。”② 鄂伦春族长期生活在封闭自守的环境中，在与外部势力的冲突中，经过不断迁徙，最后在清朝政府的强大的势力下，于清朝初期被清政府的“路佐”所统治。

清政府在鄂伦春地区的“路佐”制经历了两次变革。据资料记载：“康熙二十二年（1683 年），根据黑龙江将军萨布素的奏请，乃收抚了鄂伦春人为其统治，编入布特哈八旗。其组织是这样的：布特哈总管衙门下属西布特哈、东布特哈，西布特哈下属库玛尔路（三佐）、阿力路（一佐）、多布库

---

① 赵复兴：《鄂伦春族研究》，内蒙古人民出版社 1987 年版，第 11 页。

② 内蒙东北少数民族调查组：《库玛尔路鄂伦春历史沿革概要》，1957 年编印，第 1 页。

尔路（一佐）、托河路（一佐），东布特哈下属毕拉尔路（二佐）。布特哈总管衙门统治鄂伦春人二百年来，一直到光绪八年（1882 年）才废止。同年在五路中心的龙镇县第四站北方十八里之地点，建立安城，设立兴安城总管衙门。其组织是这样的：兴安城总管衙门下属库马尔路（三佐）、阿力路（一佐）、多布库尔路（一佐）、托河路（一佐）、毕拉尔路（二佐）。光绪十九年（1893 年），依据克唐阿将军的奏请，清朝废除了兴安城总管衙门，将鄂伦春人分属黑龙江、墨尔根、呼伦贝尔三城副都统管辖。其下设立库马尔路：包括镶黄旗（一头佐宏户图屯、一二佐宽河屯）、正白旗（一头佐三岔河、一二佐法格拉屯），镶白旗（一头佐卞纳河、一二佐哈尔通屯），正蓝旗（一头佐倭尔根河、一二佐额勒和河）；毕拉尔路：正黄旗（一头佐普鲁河口、一二佐多布滨河），正红旗（一头佐乌底河、一二佐都鲁宾河）；阿力、多布尔路：镶黄旗（一头佐阿力河、一二佐多布库尔河）；托河路：镶蓝旗（一头佐毕拉尔河、一二头佐珠尔干河）。"① 据资料显示："在布特哈特总管衙门统治的二百年间，'鄂伦春牲丁，向归谙达管束，受制甚苦'，'所捕貂皮辄为谙达诸人以微物易去，肆意欺凌，不啻奴畜'。因此，1882 年（光绪八年）撤销布特哈特总管衙门，改兴安城总管衙门，专管鄂伦春族，仍为五路七佐。在兴安城总衙门存在的十几年里，清统治者认为，对鄂伦春的统治没有取得什么效果，又于 1894 年（光绪二十年）撤销兴安城总管衙门，将五路七佐改为四路八旗十六佐。"② 清朝政府对鄂伦春族统治的变革主要是因为鄂伦春人受不法商人"安达"等的欺诈行为而引起的。据伪满治安部分室编印的资料对两次制度改革的原因记载到："原来处于总管衙门和鄂伦春族中间，专门从事征收贡貂传达朝命的安达（满洲人及达斡尔、索伦人），不断从中榨取赏与鄂伦春族贡貂的布银，对待鄂伦春族似如对奴蓄之专横，因而愤恨安达之念逐年增长，唯恐双方发生事端，当时由库马尔路骁骑校烈钦泰，向将军文绪呈报实情，从而进行制度的改革。"③ 第二次改革的原因为："光绪十年穆克德布任兴安城副总管时由于大兴土木和将鄂伦春族官都迁至大平，因而大大削弱了总管衙门的作用，引起鄂族的反感，从而在光绪十八年由库玛尔路骁骑校烈钦泰发起反对活动，后来才废止有十余年历史的兴安城，而设置了协领制度。"④

① 全国人民代表大会民族委员会办公室：《鄂伦春族情况（鄂伦春调查材料之一）》，1957 年编印，第 2－4 页。

② 赵复兴：《鄂伦春族研究》，内蒙古人民出版社 1987 年版，第 12 页。

③ 伪满治安部分室编：《鄂伦春民族的沿革》，第 74 页。

④ 同上，第 75 页。

在清朝统治期间，长期存在着“穆昆制”与“路佐”制并存的现象。穆昆制首领“穆昆达”与“路佐”制首领佐领的性质是完全不同的，穆昆达是由氏族成员民主推选的，而佐领则是由官方任命的。佐领管辖本佐内两个氏族的成员，穆昆达则管辖两个佐中的本氏族成员。从行政系统来说，佐领的地位在穆昆达之上，他可以管辖本佐的穆昆达，从氏族组织系统来看，穆昆达却又高于佐领，他有权教训本氏族中当佐领的人。据资料显示，十八站地区的佐领是从选拔到任命的：“魏图力老人（76 岁）听他父亲说，早先的佐领是在‘乌洛库’的集会上选拔的，沿河各‘乌力楞’为单位，由‘穆昆达’商议派遣精于骑射的人前往。会场设一靶场，连中五箭者当选。最后往齐齐哈尔上报，由‘省长’接见当选者，亲授其佐领职务（但孟姑古善老人说‘乌洛库’上没有这种活动，只是交换）。后来便不再经过选拔，而由上级直接任命。孟寿禄说，当佐领的条件不一定是年纪大、有威望的老人，而是根据办事能力来决定，要在群众中能起作用的。此外上级还根据他是否能为上级办事，是否愿意服从命令等条件而任命。佐领很少是世袭的，库马尔路只有孟姓、魏姓是世袭的。”① 通过对资料的分析可以看出，清朝对佐领的任命经历了由选举的方法到委任的形式，这种方式使佐领逐渐与群众脱离而成为清朝政府的管理工具，走向鄂伦春人的对立面，并对鄂伦春人进行剥削。资料显示：“据说十八站佐领伦古善，每年登记户口和马匹，冬天登记时，每户要交一张灰鼠皮，夏天登记时，每户要交一元钱，作为‘纸笔费’。打大马哈鱼季节，规定每户插鱼一百条就要向佐领交五条。每年除夕，当差的人要给佐领的铜印磕头，并向佐领送一、二张灰鼠皮。”② 佐领逐渐凌驾于鄂伦春人之上，同时还利用手中的权势对鄂伦春人进行剥削，从而促进了阶级矛盾的产生和加剧。

“路佐”制显然是凌驾于鄂伦春族社会之上的国家政权机构，是贯彻执行清朝统治者意志的工具。清政府对于鄂伦春人征收贡赋、训练兵丁、摊派徭役都是通过这套行政系统来贯彻执行的。佐领作为政府官员，每年领到 50 两白银。初期佐领并不脱离劳动，也没有什么特权。然而，到了清朝末期，佐领依仗权势剥削群众的行为在有些地区开始出现了。这种“路佐”制虽然表面上并没有打乱鄂伦春族原有的氏族制度，但是，它作为一种地域行政组织，作为一种凌驾于氏族社会之上的国家机器，加速了古老的氏族制度的瓦解。最初，穆昆达与佐领的职权是有所区别的，佐领只是执行清朝的

①② 内蒙古少数民族社会历史调查组：《黑龙江呼玛县十八站鄂伦春民族乡情况（鄂伦春族调查材料之四）》，1959 年编印，第 26 页。

命令，掌握行政、司法权力，穆昆达继续以氏族长的身份按照氏族习惯法管理氏族成员。但是，两者的权利是有交叉的，司法权过去是由氏族大会和穆昆达掌握和执行的，现在佐领也掌握了司法权，虽然他在处理案件时还要征求并尊重穆昆达的意见，但是，随着时间的推移，佐领的权利逐步扩大，最后取而代之，一切民事纠纷均上报协领公署处理。这样一来，穆昆达的司法权实际上就被佐领剥夺了。随着“路佐”制的发展，穆昆达的作用和性质也开始发生变化。最先穆昆达是纯粹以氏族首领的身份处理本氏族事物。但是，后来在穆昆达的职权中加进了若干行政官员的内容，他也经常传达官方的命令、通知，也需要向上级官员报告本氏族的人员、马匹和狩猎生产情况。有的穆昆达被推选出来以后，要上报协领衙门批准。甚至有的穆昆达是由官方任命的，但他不像佐领一样可以领到薪俸。这样，他就在一定程度上兼有氏族长与行政官员的双重身份，以致有些鄂伦春人对穆昆达与佐领难以区别。一个穆昆的成员往往分散在不同的佐内，给穆昆达行使职权带来种种不便，致使穆昆达的作用日益减退。

据资料显示：“在清朝统治以前，鄂伦春人氏族内部的事物皆由穆昆达管辖，在穆昆达之上别无其他更高的组织。自清朝统治以来，把一套佐领制强加在鄂伦春人原有氏族社会组织之上，进行统治鄂伦春人，因此，穆昆达的职权逐渐被佐领代替。”① 据资料对呼玛县十八站、白银纳等地区的记载：“清朝初期，归巴特哈总管衙门统治。光绪八年（1882 年）至光绪十九年（1893 年）归兴安岭城总管衙门管辖，光绪十九年废止兴安岭衙门后，便由黑龙江城副都统（驻爱辉）管辖，设立库马尔路协领公署。协领公署设协领一员，制御各佐。据‘库马尔路鄂伦春历史沿革概要’（于多三撰）记载第一任试用协领为巴彦扎鲁，第二任试用协领寿廉，第三任试用协领全德，第四任实缺协领郭恒玉，第五任协领徐希廉，第六任协领即于多三。呼玛县的鄂伦春人是属于库马尔路正蓝旗三个佐（原两个佐，后曾一个佐）管辖，各佐设佐领一名，骁骑校一名，委官领催二名，领催二名，每头佐披甲 59 名，每二佐披甲 58 名。清朝时协领年支俸银 130 两，笔贴式一员年支俸银 36 两，并年支进山脚费一千吊，佐领年支俸银 52 两 5 钱，骁骑校年支俸银 30 两，委官领催年支俸银 24 两，披甲年支俸银 12 两。”② 随着社会的发展，佐领的产生有任命制和世袭制，官员的提拔也制定了严格的方法和制度。据

① 韩有锋、白兰、关小云、唐戈等：《鄂伦春族简史》，民族出版社 2008 年版，第 40 页。

② 内蒙古少数民族社会历史调查组：《黑龙江呼玛县十八站鄂伦春民族乡情况（鄂伦春族调查材料之四）》，1959 年编印，第 25 页。

逊克县的调查材料显示："当时各级官员出缺时由下一级官员选补，如佐领的补缺（除世袭佐领外）由骁骑校（哈万）一级的官员经过在都统衙门比赛射箭后，才能由获得冠军者来选补，骁骑以下的补缺不经射箭比赛可以选补，骁骑的空缺由四个领催（宝斯库）中的叫阿拉哈万级的领催来选补，催领的缺口由披甲中提升一名，叫作阿拉保斯库。任命权限，佐领和骁骑校由协领提名，由上一级衙门任命，领催由佐领提名协领任命。罢免权同上。各级官员除犯错误被撤职外，一般不准无故退职，当到老死为止，死后对其家属发给五年空饷。"①

清朝时期，由于鄂伦春人被编入布特哈旗制，清朝就屡次利用他们同敌人作战。史书中有这样的记载："康熙二十四年（1685 年），清朝曾驱使鄂伦春兵五百六十五名参加雅克萨城战役，与帝俄交战。同治元年（1862 年），吉林马贼纠合挖金矿之匪四出猖獗，将军富明阿奏调鄂伦春兵五百一战而平定之。"② 由此可见，清朝的"路佐"制度不仅是一个严格的管理体系，而且，清政府投入大量资金打造了庞大的管理结构，其人员众多、级别分明、责任明确。通过分析我们也不难看出，这种集政治、军事、经济为一体的管理体制是清朝政府对鄂伦春人进行统治的强大的国家机器，也必定会对鄂伦春族的氏族组织带来巨大的冲击。都永浩先生通过对清朝路、佐制度的研究提出了在清朝末期鄂伦春族族体形成的观点："作为强大的外力作用，路、佐制从清朝初期冲击了鄂伦春氏族社会，至清末最终导致了鄂伦春民族族体的初步形成，鄂伦春民族体的形成有以下几个标志：一是全民族的地域关系逐渐取代了血缘关系；氏族组织被国家职能组织所代替。鄂伦春民族体形成的最主要标志是统一的民族自我意识的形成。"③ 无疑，清朝政府的"路佐"制将散居游猎的各个直系进行了归类和强化，对鄂伦春民族意识的形成具有推动作用。

二、北洋军阀、民国时期的"路佐"制

1911 年辛亥革命推翻了清朝的统治，结束了中国延续几千年的封建制度，鄂伦春族所在的大小兴安岭地区被北洋军阀所占据。北洋军阀政府沿袭

---

① 内蒙古少数民族社会历史调查组：《逊克县鄂伦春民族乡情况（鄂伦春调查材料之三）》，1959 年编印，第 8 页。

② 全国人民代表大会民族委员会办公室：《鄂伦春族情况（鄂伦春调查材料之一）》，1957 年编印，第 2 页。

③ 都永浩：《鄂伦春族游猎·定居·发展》，中央民族学院出版社 1993 年版，第 20－21 页。

了清朝政府对鄂伦春族的统治政策，尽管这一时期黑龙江已设县制，但对鄂伦春族的统治机构仍然采用清朝时期的四路八旗十六佐的旧制。这一时期的鄂伦春族地区路、佐组织与旗、县制度并存，但不受旗、县的领导，鄂伦春人不论到哪个县界去游猎，都是归所属路、佐的领导。“当时，鄂伦春族的隶属关系是这样的，黑龙江省旗务处管辖库马尔路、毕拉尔路和阿里—多普库尔路，呼伦贝尔副都统管辖托河路。各路设有协领公署，各佐设有佐领，具体管理鄂伦春族事务。”① 据资料显示：“到了民国时期，在民国初年（1912 年）时，把管理鄂伦春人的组织机构的隶属关系又改为：黑龙江省督办公署：库马尔路（八佐）、毕拉尔路（四佐）、阿力多布库尔路（二佐）；海拉尔蒙古衙门：托河路（二佐）。民国时期，对于在军事上利用鄂伦春人仍极重视。”②

民国时期，与“路佐”制、“穆昆”制并存的还有从清朝时期沿袭下来的兵制。八旗兵制至民国时期虽已松弛，但并未废除。“为了保疆安边，民国十三年（1923 年）将鄂伦春族青壮年编为‘保卫团’，民国十四年（1934）又改为‘山林游击队’、‘栖林游击队’，后再改为‘保卫团’。这些半军事组织的军官仍由佐领、领催兼任，官兵除集中训练时间外，仍回自己所属乌力楞从事狩猎生产。”③ 北洋军阀和民国时期，统治者对鄂伦春族的路佐制统治与鄂伦春族地方性乌力楞社会组织并存，基本延续了清朝末期的管理方法。为了利用鄂伦春人为其服务，统治者利用“路佐”制的管理体系，对鄂伦春族实行了强制性的定居和垦田务农政策，尽管这些措施没有得到全面的实施，但对鄂伦春族社会发展具有很大影响。

三、伪满洲国时期的“路佐”制

日本帝国主义占领中国的东北地区以后，继续沿用“路佐”制来统治鄂伦春族，但暗中却由日本特务机关实行管制。据资料显示：“在伪黑河省方面，表面上仍保留着库玛尔路协领公署和毕拉尔协领公署，但实际上则由黑河特务机关来控制，由特务机关委托的副县长（日本人）直接指导。”④

---

① 韩有锋、白兰、关小云、唐戈等：《鄂伦春族简史》，民族出版社 2008 年版，第 68 页。

② 全国人民代表大会民族委员会办公室：《鄂伦春族情况（鄂伦春调查材料之一）》，1957 年编印，第 5 页。

③ 都永浩：《鄂伦春族游猎·定居·发展》，中央民族学院出版社 1993 年版，第 51 页。

④ 全国人民代表大会民族委员会办公室：《鄂伦春族情况（鄂伦春调查材料之一）》，1957 年编印，第 5 页。

他们将鄂伦春族改编成山林队，呼玛5个队、瑷珲5个队、逊克2个队。伪兴安东省方面鄂伦春人分属各旗管辖：“伪巴彦旗公署鄂伦春努图克公所多布库尔嘎查、甘河嘎查、奎勒河嘎查。伪莫力达瓦旗公署鄂伦春努图克公所努敏嘎查、格尼嘎查也组织了山林队，多布库尔河为第一队，甘河为第二队，奎勒河为第三队，其他地方不详，以上均由齐齐哈尔特务机关控制，由特务机关长委托的各旗参事官（日人）直接指导。”① 日本帝国主义妄想利用鄂伦春人的热情与淳朴为其侵略战争服务，软硬兼施对鄂伦春人实行了残酷的统治，整个伪满时期，其暴行措施超过历史上任何时期。日本特务机关对鄂伦春族人统治的指导方针是：不开展其文化，要保持其原始生活；不使其归农；当作特殊民族实行隔离；严禁鸦片；严禁白面。其实禁鸦片和白面的举措并未执行。日伪时期，日本帝国主义表面上保留了清代和民国时期的协领公署，实际上协领公署由日本特务机关控制，变成了日本侵略者对鄂伦春人政治上控制、经济上掠夺、军事上利用、文化上奴化的工具。然而，鄂伦春人民不甘受日本侵略者的蹂躏，积极投身于反抗日本侵略者的伟大斗争行列，他们经常下山捣毁铁路、炸断桥梁、袭击日寇库房、杀死日本特务。鄂伦春族群众也积极给抗日联军带路、送信、运送粮食、掩护抗联战士，帮助抗联侦察敌情，配合抗日联军攻打敌人据点，袭击日本的“义和公司”，曾击毙日本小队长、指导官等头目，使日本侵略者受到沉重打击。鄂伦春族人民粉碎了外来侵略势力的统治，表现出大无畏的英雄气概和崇高的爱国主义精神，为保卫祖国北部边疆的和平与安宁做出了巨大贡献。

四、新中国成立初期的协领公署制

新中国成立前夕，在中国共产党的领导下，人民政府决定仍然沿用协领制的体制对鄂伦春族进行行政管理。“中共黑河地委考虑到历史上协领公署是管理鄂伦春的政权组织，具有较大的权利，为了便于接近鄂伦春族人民，特别是便于鄂伦春族人民进行政权建设和发展生产，经请示省委同意，于1947年在黑河成立了黑河鄂伦春协领公署”。② 当时的协领由地委书记岳林兼任，下设呼玛县、逊克县鄂伦春协领分署，这些管理机构担负着组织、发

① 全国人民代表大会民族委员会办公室：《鄂伦春族情况（鄂伦春调查材料之一）》，1957年编印，第5页。

② 关小云：《大兴安岭鄂伦春》，哈尔滨出版社2003年版，第37页。

展鄂伦春族生产和文化教育事业的任务，并在定居过程中起到了巨大的组织和领导作用。

由中国共产党领导的鄂伦春协领公署对鄂伦春族工作的方针是："继续加强反帝爱国思想教育，进一步巩固鄂伦春民族发展生产，团结鄂伦春人民群众，提高他们的政治觉悟和管理国家的能力，大力帮助鄂伦春民族发展经济和文化卫生事业，积极培养鄂伦春族干部，逐步实施社会改革，改善人民生活。"① 协领公署设办公室，下辖三个股。秘书室工作范围和权限为：督导、检查各分署与公署各股的工作；掌握会计、文书、收发、通讯联络情况；掌握报告、会议记录、撰拟文件等工作。民教股工作范围和权限是：人事、政权、代表人物和鄂伦春族政治情况的掌握，办理加强民族团结的有关事宜；教育宣传、户籍人口和民族分布的掌握；落后风俗习惯的改革，民间纠纷的调节，社会救济和青年妇女工作；督促、检查卫生工作等。生产股工作范围和权限是：领导猎、农、副业生产；领导群众进行护林防火；协助县社办好鄂伦春地区供销社；掌握猎民枪支、弹药价格；领导群众搞好节约和改善物质生活等。总务股工作范围和权限是：对勤杂人员的管理和教育；领导勤杂人员的日常工作；领导招待所工作；负责机关的修缮工作；掌握机关内部的杂费开支和发放办公用品；负责机关内部的四防工作等。

黑河鄂伦春族协领公署的成立，一方面广泛团结了鄂伦春族上层人士和主要代表，另一方面大力培养和使用了一批鄂伦春族干部，通过举办各类文化和民族政策学习班，提高了鄂伦春族群众的政治觉悟、文化水平和工作能力。至 1958 年，在黑河专属工作的鄂伦春族干部达到了 51 人，在鄂伦春族干部的带领下，各鄂伦春族乡呈现出了安定团结、经济发展、生活改善的新局面。1956 年 6 月 30 日，黑河专员公署成立民族事务委员会，黑河鄂伦春协领公署撤销。从 1947 年成立到 1956 年撤销，协领公署在近 10 年的生涯中为鄂伦春族社会的发展做出了很大贡献。

第三节　社会主义建设

"鄂伦春族进入社会主义的标志有两点，一是政治上获得平等权利，摆脱了政治压迫；二是改革了生产关系，摆脱了经济剥削，民族成员间形成了

---

① 关小云：《大兴安岭鄂伦春》，哈尔滨出版社 2003 年版，第 37 页。

平等互助的关系。”① 然而，在这些频繁的政策和方针变革中，鄂伦春社会得到很大的发展，同时也带来了一系列的问题。

一、鄂伦春自治旗的建立

1947 年，在中国共产党和人民政府的领导下在黑河成立了“黑河鄂伦春协领公署”，负责管理位于黑龙江省境内的鄂伦春族事务。同时，对位于内蒙古境内的鄂伦春族的管理则沿用了盟旗制的管理形式。“旗盟制度是清朝政府在蒙古族地区实行的封建统治制度，是根据满族八旗制度的组织原则，在蒙古族原有的社会制度的基础之上逐步建立起来的。旗为军事、行政合一组织，既是清朝国家行政体制中蒙古族地区的军事、行政基本单位，又是清朝皇帝赐给旗内各级蒙古族封建主的世袭领地。”② 努图克相当于旗县下属的乡镇级单位，努图克下设高鲁，高鲁在鄂伦春语中是“河流”的意思，相当于农业村级单位。在内蒙古境内，人民政府对鄂伦春族实行了盟、旗、努图克、高鲁式的管理制度。

“1948 年初，中国共产党派巴彦旗旗长白斯古郎深入到猎区开展工作。7 月，白斯古郎召集甘河、古里河、多布库尔河、奎勒河流域的鄂伦春猎民，召开会议，决定成立鄂伦春努图克，驻地朝阳，隶属巴彦旗。”③ 鄂伦春努图克根据部落和河流流域的不同分别下设甘、奎勒、多布库尔和古里等 4 个高鲁。1949 年 4 月巴彦旗的建制被撤销，原巴彦旗合并于莫力达瓦旗，鄂伦春努图克归莫力达瓦旗管辖。1948 年 7 月，莫力达瓦旗为生活在毕拉河、扎温河和卧罗河一带的十几户鄂伦春族猎民成立了诺敏努图克，努图克政府设在小二沟。1947 年呼伦贝尔地方自治政府在其管辖的地方成立了鄂伦春旗，下设三个苏木，分别管理在根河、海拉尔河、诺敏河上游游猎的三个鄂伦春族部落。1948 年 1 月，呼伦贝尔地方自治政府建制被撤销，合并于内蒙古自治区，称内蒙古自治区呼伦贝尔盟。1949 年 4 月呼伦贝尔盟与纳文慕仁盟合并，称呼伦贝尔纳文慕仁盟，简称“呼纳盟”。1950 年 1 月，呼纳盟政府在牙克石成立了喜桂图旗，托扎敏地区归喜桂图旗管辖，在乌尔旗汗成立了牙林努图克，即托扎敏努图克。当时呼纳盟境内的甘奎、诺敏和托扎敏三个鄂伦春族努图克分属莫力达瓦旗和喜桂图旗管辖。此外在布特哈

① 逯广斌：《鄂伦春族四十年》，中央民族大学出版社 1994 年版，第 55 页。

② 林耀华：《民族学通论》，中央民族大学出版社 1997 年版，第 292 页。

③ 鄂伦春自治旗史志编纂委员会：《鄂伦春自治旗志》，内蒙古人民出版社 2001 年版，第 16 页。

旗境内还分布着少数鄂伦春族，1948 年初他们在阿木牛建立了努图克政府，1949 年在南木定居，称南木努图克。

鄂伦春人民根据党的民族区域自治政策，要求建立旗级政府。内蒙古自治区党委和人民政府根据他们的愿望，责成呼纳盟召集各努图克代表召开座谈会进行讨论。“1951 年 1 月 11—12 日，中共呼纳盟地委在海拉尔召开各努图克的鄂伦春代表座谈会。出席座谈会的鄂伦春族代表共 22 人，其中甘奎努图克 9 人，诺敏努图克 1 人，托扎敏努图克 8 人，南木努图克 2 人。1951 年 7 月 16—18 日呼纳盟政府在海拉尔召开了第二次鄂伦春民族代表座谈会。出席这次座谈会的鄂伦春族代表共 19 人，其中甘奎努图克 9 人，诺敏努图克 4 人，托扎敏努图克 6 人。”① 这两次会议讨论了自治旗设立的必要性，旗政府设置地点、组织机构、主要工作等，为自治旗成立工作的顺利进行奠定了基础。“会议一致通过将旗在地理上连成一片，中华人民共和国成立前被历代反动统治阶级分而治之的鄂伦春 3 个努图克合并，成立鄂伦春旗，使世世代代游猎在大兴安岭林区的鄂伦春人得以实现民族区域自治。”② 1951 年 4 月 7 日，中央人民政府政务院批准成立鄂伦春自治旗。6 月 11 日，内蒙古自治区人民政府任命鄂伦春族共产党员白斯古郎为鄂伦春旗旗长。1951 年 10 月 31 日，在旗所在地小二沟召开了鄂伦春自治旗成立大会，这是新中国第一个少数民族自治旗。中央人民政府内务部于 1952 年 5 月 31 日批准将“鄂伦春旗人民政府”改称为“鄂伦春自治旗人民政府”，归呼纳盟管辖。1958 年底，旗所在地由小二沟迁到阿里河。1969 年 8 月 1 日，鄂伦春自治旗划归黑龙江省大兴安岭地区管辖。1979 年 7 月 1 日，经中共中央、国务院批准，鄂伦春自治旗重新划归内蒙古自治区呼伦贝尔盟。

二、直接过渡

民族社会形态是马克思主义民族学研究的重要内容，这一学说认为：“社会形态是指一定历史发展阶段上以一定的生产关系为基础的社会，是经济基础和上层建筑的具体的历史的统一。资本主义生产以前诸社会形态是民族社会形态研究的核心内容，包括原始社会形态、奴隶制社会形态和封建社会形态。”③ 鄂伦春族长期生活在兴安岭森林中，以迁徙游猎为主要经济生活方式，根据这种特点，在 20 世纪 50 年代的中国少数民族社会调查中被确

①② 韩有峰、白兰、关小云、唐戈：《鄂伦春族简史》，民族出版社 2008 年版，第 164 页。

③ 林耀华：《民族学通论》，中央民族大学出版社 1997 年版，第 198 页。

定为具有“原始公社残余形态的林海雪原中的游猎经济文化类型”。

“处于资本主义以前诸社会形态的民族在一定条件下，可以超越资本主义发展阶段直接进入社会主义，这就是马克思主义社会形态学说中的‘直接过渡’理论。”① 1949 年中华人民共和国成立以后，中国共产党和人民政府对中国少数民族地区进行了社会变革。“在保持着原始公社制浓厚残余的少数民族地区，没有进行系统的民主改革，主要是帮助他们发展生产和文化事业，并在发展生产和互助合作过程中，对妨碍生产发展的旧制度和原始落后因素进行必要的改革，逐步地直接过渡到社会主义。”② 鄂伦春族在中华人民共和国成立以前依然保持着“穆昆”制和“路佐”制并存的社会制度，以血缘关系为主要成员组成的“乌力楞”仍是其社会组织的基本单位，以几位男性猎手组成的“安嘎”为单位进行集体狩猎是其生产生活的基本手段。尽管马匹、猎枪、猎狗等生产工具已供专人使用，但猎场、猎物、河流、草场等基本生产资料仍由全体共享，互相依赖、共同生活等“原始社会”的经济文化特征仍未改变。秋浦先生对当时的鄂伦春族社会生产分配关系评价到：“生产资料公有制，构成了家庭公社时期鄂伦春人生产关系的坚实基础，这是同当时的生产力性质相适应的。通过集体的劳动，使公有化的生产资料所生产的产品，在当时也必然是属公有的。按户平均分配，成了鄂伦春人在家庭公社时期的主要分配形式。”③ 都永浩讲道：“地域乌力楞内部结构有四个重要的特点：一是剥削虽已出现，但未产生阶级；二是地域乌力楞的构成及其成员的不稳定性；三是地域乌力楞与国家行政组织机构的同时并存，限制了首领集团和固定的社员大会的形成；四是虽已进入村社阶段，但父系家庭公社的痕迹仍十分浓厚。”④ 特殊的自然环境使鄂伦春族形成了与之相适应的生产方式，相应的社会组织和分配方法也就应运而生，这种经济模式始终伴随着鄂伦春族社会文化的发展，直至中华人民共和国成立初期才被彻底打破。在这种情况下，鄂伦春族传统社会文化被认为是“原始的”、“落后的”、“愚昧的”，因此，对鄂伦春族社会进行社会主义改造成为鄂伦春族社会发展的重要方向，“直接过渡”成为他们跨越式发展的理论基础。

由于历史的原因，一部分鄂伦春族人曾经参加过日本帝国主义和国民党

---

① 林耀华：《民族学通论》，中央民族大学出版社 1997 年版，第 294 页。
② 同上，第 298 页。
③ 秋浦：《鄂伦春族社会的发展》，上海人民出版社 1978 年版，第 34 页。
④ 都永浩：《鄂伦春族游猎 · 定居 · 发展》，中央民族学院出版社 1993 年版，第 38 – 19 页。

组织的反动势力，中国共产党和人民政府经过艰苦的努力，以血的代价换来了这部分鄂伦春人的新生。“从 1947 年到 1949 年的 3 年间，被蒙骗的这部分鄂伦春人全部投向了人民政府，与反动势力划清了界限，并积极参加了解放战争和社会主义建设。”① 为了使鄂伦春族顺利下山，重新回到人民的怀抱中，人民政府同鄂伦春族签署了“六条保证”和“保证书”等。其内容包括：“保证鄂伦春族的生命、财产安全；保证鄂伦春族实行自治；平等对待少数民族，不歧视鄂伦春族；给予经济上的帮助，政府指定商店与鄂伦春族交换，交换价格公平，向困难户提供粮食和生活必需品；允许鄂伦春族在指定地区狩猎，按时供给狩猎所需的武器弹药等；帮助鄂伦春族设立学校；对过去的一切既往不咎。”② 在党和人民政府的帮助下，鄂伦春族获得了政治地位上的平等、社会的稳定和经济的发展。

从 1953 年开始，中国共产党和人民政府对当时的农业、手工业和资本主义工商业进行了全面改造，1956 年“三大改造”完成，中国进入社会主义社会。在这种大背景下，鄂伦春族同汉族一样，经历了互助组、初级社、再到高级社的发展阶段，通过走合作化道路改变其旧有生产关系，完成其社会主义改造。互助组按形式分为临时互助组、季节性互助组和常年互助组，包括农业生产互助、猎业互助组。据相关资料对新鄂村的记载：“1954 年，建立了一个常年性的大互助组，进行农猎兼营。大组下面分六个生产小组，即五个猎业小组，一个农业小组，各小组是生产、分配单位设有正副小组长。参加猎业小组的都是鄂伦春族猎民，参加农业小组的是其他兄弟民族和狩猎技术较差的少数鄂伦春人。大组在根据每个人的劳动特长进行分工分业的基础上，统一调配劳力，在农忙季节抽调猎民参加农业生产。猎民和农民劳动一天都是十分，马匹使役一天记工八分。”③ 关于猎业组和农业组的关系问题，相关资料显示：“猎业互助组与农业互助组的关系非常友好，彼此经常互相帮助，猎业互助组每次打到鹿茸时将所得收入的 30% 分给农业组，兽肉和大马哈鱼农业组成员虽然没有猎业组成员分得多，但仍然可以得到一些。而农业组在秋收后也分给猎业组成员每人 30 斤小麦，10 余斤燕麦。”④ 初级社成立后，猎民们将自己的私有生产资料，如枪支、马匹及农具等作为股份统一交给合作社，由合作社统一支配和使用。而加入合作社的社员的收

① 韩有峰、都永浩、刘金明：《鄂伦春族历史》，哈尔滨出版社 2002 年版，第 80 页。

② 同上，第 81 页。

③ 内蒙古少数民族社会历史调查组：《黑龙江省逊克县鄂伦春民族乡补充调查材料》，1961 年，第 25 页。

④ 韩有峰、白兰、关小云、唐戈：《鄂伦春族简史》，民族出版社 2008 年版，第 180 页。

入则根据每个社员的劳动产品多少和入股生产资料的多寡进行分配。由初级社进入高级社主要是通过对私有的主要生产资料，如马匹、耕畜、土地、农具等以分等作价，归合作社集体所有的形式实现的。高级社下辖若干生产队，一般分猎业队和农业队，有的还有副业队。生产队下面分生产组。高级社有社主任，生产队有队长，生产组有组长。

1957 年，依据国务院《关于建立民族乡若干工作问题》中“少数民族适宜建立民族乡”的精神，党和政府在鄂伦春族聚居的地方积极创造条件，建立民族乡。“1957 年，在经过广大鄂伦春族群众的充分酝酿的前提下，又广泛征求鄂伦春族上层人士的意见。经请示黑龙江省人民政府，在鄂伦春族聚居的地区分别建立了 4 个民族乡，分别是呼玛县十八站民族乡、瑷珲县新生鄂伦春民族乡、逊克县新鄂鄂伦春民族乡和新兴鄂伦春民族乡。十八站鄂伦春民族乡成立于 1957 年 11 月，由十八站、白银纳、新立屯、下渔亮子 4 个筹备委员会合并建立。”① 组织机构的建立标志着“直接过渡”在制度建设层面取得了阶段性成果，为鄂伦春族社会文化的变迁和发展打下了基础。

1953 年黑龙江鄂伦春族全面实现了定居，定居初期人民政府并不急于改变鄂伦春族以狩猎生产为主的生产方式，而是经过几年的适应后逐步地将农业和其他经济形式渗透到鄂伦春族社会。从 1953 年到 1957 年，是鄂伦春族狩猎经济空前繁荣时期，也是多种经营全面起步的发展时期。其生产方针是“以猎业为主，以农业为辅，有计划地发展副业生产。”② 尽管这一时期鄂伦春族马匹、生产资料的集体所有制对一些鄂伦春族群众造成了心理上的伤害，但为鄂伦春族经济文化的转型打下了基础。“从 1956 年合作化运动开始至 1958 年人民公社化运动开始前的 2 年多时间，是鄂伦春族经济从狩猎经济向多种类型经济过渡的时期。应该说，在互助组和初级合作社还未发展成熟的情况下，迅速建立高级合作社，存在许多弊端，比如变按劳分配为平均分配，取消所有生产资料的私有，等等。但是对于鄂伦春族来说，这种生产组织形式与地域‘乌力楞’有一些相似之处，也易于被鄂伦春族接受，特别是高级生产合作社对生产活动可以进行严格、有效的组织领导，鄂伦春族的多种类型经济在政府的倡导下发展起来，改变了狩猎经济一统天下的局面。”③

关于当年新鄂村在进行社会社会主义改造的资料显示：“大部分鄂伦春

---

① 关小云：《大兴安岭鄂伦春》，哈尔滨出版社 2003 年版，第 55 页。

② 同上，第 116 页。

③ 逯广斌、韩有峰、都永浩：《鄂伦春族四十年》，中央民族大学出版社 1994 年版，第 47 页。

族人民，原来就有集体协作生产的习惯，私有观念比较薄弱，这些都是引导鄂伦春人走上互助合作道路的有利因素。经过三年来的互助合作，鄂伦春人原有的集体主义精神，在新经济基础上得到了进一步发扬，特别是鄂伦春族定居后在党和毛主席的正确领导下获得繁荣发展的事实，使鄂伦春族人民深深相信，党指出的合作化道路就是鄂伦春族发展繁荣大家共同富裕的道路。因此，当党提出实行高级合作化的号召以后，立即得到了鄂伦春族人民的热烈拥护。但这并不是说，新鄂村的合作化运动是一帆风顺的，没有经过任何曲折和斗争。高级合作化是改变生产资料私有制为集体所有制的重大社会变革，它势必在私有者中引起巨大的震动。土地是在互助组和初级社时期集体开垦的，农具是大家集资购买和国家发给的，枪支是由国家换发的。这些生产资料，早在互助组和初级社时期就是公共财产。在加入高级社时，作为主要生产资料仍为私人所有的，只是马匹。建立初级社以后，马匹虽已大部分入社，畜主从社里得到了适当的报酬，但马匹仍为个人所有，社里只有使用权。有些人对已入社的马匹恋恋不舍，有的人看到别的社员用自己的马做了些重活，就感到心痛，有的人不愿把自己的马交给别的社员使用，甚至有的人因闹了一点意见，干脆把马牵回去了。这回建立高级社，需将马匹作价归社，为社所有，当时这在一部分人特别是在马匹较多的人的思想中引起了顾虑，主要是怕马入社不给钱像汉族地区土改时分地主的地一样。”① “莫玉升家有马十九匹，入社十七匹，自留两匹。结果，有自留马的就近驮脚、打狍子等一天收入六七元，还能经常吃到兽肉，而把马匹全都入社的猎户，感到吃亏。有些人本来能够适当地参加劳动，但因在马匹问题上情绪不高，一年来几乎没有劳动生产。根据这种情况，和上级派来的工作组共同研究，1957年确定给五十一六十岁的老人留一匹马，供其骑用，或搞些副业。这时自留马匹增至十七匹。一些老年人有了马匹后，不只骑用，而且大搞副业生产，一年的副业收入高于壮年社员的收入。另外，为了照顾猎民肉食习惯，1957年还规定放三十天假，每次出围前猎民可为自己打二三天猎，以解决出围期间家里的肉食问题，如猎获的多，食用不了时，也可以卖，收入归自己。这一规定，被资本主义思想严重的人钻了空子，有的人春天出去一个月还不回来。这些情况，引起了其他社员的不满，影响了集体生产和合作社的巩固。”“在猎业劳动方面，在互助组和初级社时期，都订出了一些制度来，并经过实践做了反复的修改。如在常年互助组时期，新鄂村将猎手分为五

① 内蒙古少数民族社会历史调查组：《黑龙江省逊克县鄂伦春民族乡补充调查材料》，1961年，第27页。

等，一等猎手出围一天记十二分，二等猎手记十分，三等猎手记八分，四等猎手记六分，五等猎手记四分等。这种按技术分等付酬的办法，改变了鄂伦春人原有的不分狩猎技术高低，一律平均分配的习惯，使其向社会主义按劳取酬前进了一步。但是，猎获物的多少并不总是和猎人技术的高低成正比例的，有时，狩猎技术较高的猎人所猎取的东西，还少于狩猎技术较差的猎人。按猎人狩猎技术分等付酬的办法，解决不了实际在猎业生产中常常发生的上述矛盾。”① 从这些资料可以看出，当时的鄂伦春族社会主义改造是在一种强制性的政策下进行的，一些政策显然违背了一些鄂伦春人的意愿，特别是忽视了他们对马匹的那种深厚的感情，但是这一阶段的制度变革对鄂伦春族社会的政治、经济和文化的发展具有重要的促进意义。

三、“人民公社化”运动

1958 年在全国农村“人民公社化”中，各地鄂伦春族在原有农猎业高级生产合作社的基础上，纷纷成立了人民公社。1958 年，塔河县、呼玛县地区的鄂伦春族在全国“大跃进”和“人民公社化”运动的影响下，建立了人民公社，即呼玛县十八站人民公社（包括十八站、白银纳、新立屯、下渔亮子 4 个村）。1958 年 8 月 31 日，中共黑河地委召开了地、县、乡干部参加的农村工作会议，对全区建立人民公社做了具体部署。1958 年 9 月，逊克县新生乡“一心”高级社转为人民公社，即一心人民公社。人民公社初期的主要体制特征，“一是单一的公社所有制，原属高级社的生产资料、劳动力和积累全部无偿转给人民公社。二是组织军事化，当时一心人民公社成立了一个民兵连，共 60 人，其中包括妇女 20 人。三是实行工资与供给相结合的分配制度。四是生产集体化。五是取消了家庭副业。”② 1958 年末，各级政府贯彻落实中央八届六中全会精神，对人民公社体制进行调整，权力下放，实行公社、大队、生产队三级核算。从 1958 年“大跃进”到 1966 年“文化大革命”开始，“大小兴安岭林区开发建设，缩小了猎场范围，有些过去的猎场变成了林业城镇，人口猛增，野兽迁徙，兽源减少；另一方面，从 1957 年开始，国家保护稀有动物，禁止猎鹿和有计划猎犴等，减少了猎

① 内蒙古少数民族社会历史调查组：《黑龙江省逊克县鄂伦春民族乡补充调查材料》，1961 年，第 28 页。

② 韩有峰、白兰、关小云、唐戈：《鄂伦春族简史》，民族出版社 2008 年版，第 185 页。

取对象，给猎民增加生产带来了困难，特别是禁止猎鹿以后，使猎民无兽可打。”① 为了摆脱单一不稳定的狩猎经济，尽快改变被动局面，党和人民政府帮助鄂伦春族人积极创造条件，开拓新项目，制定了“以猎为主，护养业、饲养业同时并举，适当地种植粮食和饲料，积极发展工业生产，搞好护林防火工作，支援国家建设”的方针。在这一方针的指导下，这个地区的鄂伦春人开始发展养鹿业，“1959 年 3 月，伊春特区赠给黑河专属 60 只鹿。黑河专区分给十八站鄂伦春族人民公社 50 只鹿。这 50 只鹿为十八站、白银纳、疙疸干养鹿场的发展创造了有利条件。1960 年，十八站公社疙疸干村建起了养鹿场，存栏 29 只。三个养鹿场存栏 300 多只。每年出售鹿茸 2000 两，价值 25 万元。养鹿收入已经成为那个时期鄂伦春族的主要收入来源。”② 除养鹿外，他们还进行副业生产，包括驮脚、采集、渔业和手工业等。1958 年至 1960 年 3 年“大跃进”的破坏和 1959 年后连续几年的自然灾害，十八站地区农业出现了大幅度减产局面，鄂伦春族的生活一度面临困难，1961 年至 1965 年经济调整时期，鄂伦春族的农业开始稳步增长，经济平稳发展，人民生活有所改善。这个时期的鄂伦春族经济最显著的变化是养鹿业的兴起，探索出了“护、养、猎”并举的经济发展新路。

“文化大革命”开始后，在全国农村范围内实行“以农为主”、“以粮为纲”的方针，鄂伦春族地区将开垦土地当作一项政治任务。在那个年代，主流社会不顾鄂伦春族的实际情况和环境限制，实行“一刀切”的农业生产策略，将鄂伦春族群众的生产工具、猎枪等全部收缴，在不适于发展农业的大兴安岭高寒地带强制发展农业。“黑河地区是适于农、林、牧、副、渔全面发展的地方，可在那时，除了粮食生产之外，什么都不许经营。结果粮食没有打出来，不少已从事多年的副业生产也被当作‘资本主义尾巴’被割掉了，鄂伦春族地区的经济发展严重受阻。”③ 1966 年至 1976 年“文革”期间鄂伦春族经济受到严重破坏，猎枪被没收，狩猎生产中断。在 20 世纪 50 年代末期兴起的养鹿业也因管理不善而夭折，致使收入大幅度下降。一直是鄂伦春族稳定收入来源的护林员工资也被取销，鄂伦春族的生活遭受到极大的困难。“‘文革’后期，鄂伦春族的生产生活已经到了相当困难的境地。生产方面，连简单再生产也难以维持，从生产工具到机械用油和种子，完全依靠国家拨款购置。生活方面，吃粮靠返销，花钱靠救济；住房仍是

① 关小云：《大兴安岭鄂伦春》，哈尔滨出版社 2003 年版，第 120 页。

② 同上，第 121 页。

③ 逯广斌、韩有峰、都永浩：《鄂伦春族四十年》，中央民族大学出版社 1994 年版，第 66 页。

1953 年定居时建造的‘木刻楞’，因无钱维修几乎完全成了危房；衣服、被褥由于无钱购置，不少家庭已经出现白天无衣遮体不能外出劳动，夜间无被褥不能御寒的境地。”[①]“十年动乱”打乱了定居以后逐渐形成的新秩序，使本来基础就很脆弱的鄂伦春族经济受到致命的打击。因而从 1967 年起，鄂伦春族地区的经济不仅没有发展，反而急剧倒退，这种情况一直延续到 20 世纪 70 年代末期。20 世纪 80 年代初期，经过对错误路线的纠正，调整了生产方针，鄂伦春族经济才得以逐渐恢复。

“文化大革命”期间，由于受“无产阶级专政下继续革命”思潮的影响，鄂伦春族地区大搞阶级斗争扩大化，许多鄂伦春族干部和群众在残酷的斗争中受到无情的打击，以各种罪名被随意揪斗、审查、关押，制造了大量的冤、假、错案。1968 年“清理阶级队伍”时，在不断反右倾思想的影响下，把一些本来早已做过结论的历史问题又重新端了出来，深挖所谓的“日本特务”、“苏修特务”、“历史反革命”、“内人党”、“民族主义分子”等，并予以无限夸大的上纲上线，进行批判和斗争。特别是在审查“山林队”、“挺进军”、“光复军”问题时，派工作组或专案组，不惜人力和物力大搞内查外调，许多无辜的百姓都成为被审查的对象。“凡 40 岁以上的鄂伦春族男性公民，一律被打成‘日本特务’和‘历史反革命’。许多所谓‘要员’或‘罪大恶极者’被隔离审查，有的甚至被关进监狱。据了解，因有重大历史问题被隔离审查的，白银纳乡有 11 人，十八站乡 17 人，新鄂乡有 10 余人，连人口不足百人的嘉荫县胜利村，也有四五人被关押审查，身心健康受到严重摧残。新鄂乡的魏金祥因说错了一句话，被打成现行反革命，遭受关押批斗长达 3 年之久。新兴乡的莫铁柱因对其被打成右派不服上诉，结果被判处 10 年徒刑关押起来。十八站乡莫培木因汉语不熟而喊错了一句口号，结果被打成现行反革命，后因不堪折磨吊死在审讯室内。嘉荫县民委干部杜武希因交代不清其所谓的历史问题而被关押，最后‘病死’在狱中。”[②]“文化大革命”期间，不仅使许多鄂伦春族干部群众遭受迫害，就连他们的家属亲友都受到了株连，许多鄂伦春族青少年被划为“黑帮子女”、“黑五类”等，饱受社会的歧视，更与入党、入团、招工招干等无缘。在“文化大革命”中，几乎所有的鄂伦春族干部都被触及、审查，甚至被关押过，因而在 1967 年以后的几年里，几个鄂伦春族公社的党政班子中几

---

① 逯广斌、韩有峰、都永浩：《鄂伦春族四十年》，中央民族大学出版社 1994 年版，第 105 页。

② 同上，第 65 页。

乎没有鄂伦春族干部参加，就是公社的一般干部也仅剩下有限的几个。“文化大革命”中，许多干部和群众由于受到了无辜的批判和揪斗，在每个人的心灵上都留下了很深的创伤。就是未被揪斗的群众和家属在思想上也一度陷入极大的困惑。许多人因而对党的“平等团结”的民族政策产生了怀疑，甚至对新中国成立初期党制定的“既往不咎”的政策是否有效等问题产生疑虑。这些都极大地损害了中国共产党在鄂伦春族人民群众中的威信和形象。

“十年动乱”使本来就很脆弱的鄂伦春族社会遭受到了致命的打击，许多鄂伦春族人生产无着落、生活困苦不堪、疾病缠身、思想情绪十分低落，处于极度苦闷之中。少部分人失去了生活的理想和目标，甚至失去了活下去的兴趣和勇气，开始以酒消愁，使自己整日处在不清醒状态之中。由于酗酒闹事、打架斗殴，致使非正常死亡增多，影响了社会治安和民族之间的团结。

四、联产承包责任制

20 世纪 80 年代初期，在中国共产党十一届三中全会路线指引下，在全国农村打破了“三级所有，队为基础”的生产管理模式，建立和实施了以家庭联产承包为特征的多种形式的生产责任制，使被捆住手脚 30 多年的生产者获得了生产经营的自主权，真正成为农村经济发展的主人。在这种情况下，政府根据不同地区的鄂伦春族社会和经济发展制定了不同的政策，根据具体情况的不同，走多元化经济发展的道路。“进入 80 年代后，内蒙古鄂伦春自治旗的古里、甘奎、托扎敏等乡、镇以狩猎为主；黑龙江省黑河地区的新生、新鄂、新兴等乡以农业为主；大兴安岭地区的十八站、白银纳及伊春市的胜利村尚处于过渡型经济中，前者在林业部门的配合下进行清林生产，后者是以木耳段为主进行多种经营生产。”①

黑河地区的鄂伦春族在黑龙江省省委、省政府做出实行家庭联产承包制的当年，各鄂伦春族公社和生产队就将承包机制全部到了位，而且当年就出现了喜人的成果。“据调查，黑河地区新生、新鄂、新兴三个鄂伦春族公社，1983 年粮食总产量为 544.4 万斤，比 1982 年增长 14.5%，上交商品粮 33.4 万斤，比 1982 年增长 13.2%，总收入 148.3 万元，比 1982 年增长

---

① 韩有峰、都永浩、刘金明：《鄂伦春族历史》，哈尔滨出版社 2002 年版，第 123 页。

12.6%，人均收入495元，比1982年增长35.6%。”① 联产承包制的推行使鄂伦春族地区农业生产发生了深刻的变化，农村经济出现了崭新的面貌。然而，这种在全国范围内行之有效的生产方式在鄂伦春族的一些地区并非十全十美。“1980年11月，鄂伦春自治旗农猎村实行家庭联产承包责任制。猎区生产队实行大包干，每个猎手每年向生产队缴纳管理费100元，其余狩猎所得全部归自己。牲畜分给猎民管理使用，使牲畜得到繁殖者给予奖励。猎民在承包猎业的同时，发展各种经营，用塑料大棚种植蔬菜，培育黄芪、贝母等中药材，大量种植木耳。这中间，大部分猎民不愿意接受和学习其他劳动技能，靠有限的生活补贴，维持着最低生活水平。确有极少部分猎民在政府的积极扶持下，成为种地、养殖大户，生活渐渐富裕起来，成为当地出名的转产先驱和榜样，猎民社会从此发生贫富分化。”② 包产到户这种经营方式对鄂伦春族广大农户来说并非适合，对于那些有独立经营能力和能够熟练掌握农业生产技术的鄂伦春人来说的确是对发展生产、脱贫致富起到了很大作用。然而，这种“一刀切”的政策对于那些没有独立经营能力和没有掌握农业生产技术的鄂伦春来说却是一道难以逾越的门槛。新生乡就出现了这样的问题：“1985年全村38户鄂伦春族中，分得农业机械的有3户，耕种土地1665亩，2户代耕，耕种土地195亩，其余33户将承包的3127亩土地（除一部分撂荒地外）全部转让给有机械的汉、满、鄂伦春族专业户。转让条件是秋天平价供应口粮。这样92%的农户脱离了农业，又回到50年代初‘弃农归猎’的老路。这一年，鄂伦春族有62名劳力中，除21名有较稳定的职业外，其余41名处于失业状态。收入水平出现了两极分化。”③

鄂伦春自治旗的相关资料显示：“1990年，在全旗7个猎民村兴办集体农场，开荒种地，解决了猎民生产门路问题。旗政府投入332.14万元，为集体农场购买拖拉机、配套农机具；派农牧系统科技人员深入猎区举办农机、财务、种植、养殖技术培训班。到1993年，全旗已有猎民集体农场、家庭联户农场21个，开垦荒地23300亩，播种20226亩，收获粮食1654吨，猎民人均纯收入达到985元。”④ 从总的情况来看，把猎民的土地经营情况分为“大户”、“租地户”和“困难户”。“大户”指家庭农场主，耕地面积达千亩以上，“租地户”指经营的土地300亩左右，大部分出租，少部

① 逯广斌、韩有峰、都永浩：《鄂伦春族四十年》，中央民族大学出版社1994年版，第79页。

② 何群：《环境与小民族生存》，社会科学文献出版社2006年版，第333页。

③ 逯广斌、韩有峰、都永浩：《鄂伦春族四十年》，中央民族大学出版社1994年版，第80页。

④ 鄂伦春自治旗史志编纂委员会：《鄂伦春自治旗志》（1989—1999），内蒙古人民出版社2001年版，第76页。

分自留，在当地视为温饱家庭。“困难户”指只有少量土地或无土地的农户，少量土地往往出租，无土地的农户问题十分复杂。在这种情况下，土地和生产资料逐步归少数人所有，大部分鄂伦春族人靠政府补贴生活。据资料显示：“2007 年，鄂伦春族自治旗有猎民 373 户（其中与异族通婚 121 户）1103 人，鄂伦春族 854 人，耕地面积 58106，亩，出租 42186 亩，集体经营 7220 亩，490 人无耕地，57 户无住房。全旗猎民多以城镇最低生活保障和农村最低生活保障维持生活。”[①] 猎民耕地多为禁猎后开垦的坡地，由于地势较差，平时干旱，遇水而涝，水土流失严重。再加上猎民从事农业生产的技术能力低下，不能合理地使用农药和化肥，管理水不合理，因而造成粮食产量不高，种粮积极性大打折扣。我们在调查中可以清楚地看到，夫妻双方均是鄂伦春族的家庭大多没有土地，而同汉族和其他民族结婚的“团结户”家庭大多能够较好地从事农副业生产，生活水平较高。在这种情况下，鄂伦春族在联产责任承包制中逐渐走向了边缘，土地、生产资料和劳动成果变相流失，他们不得不靠政府的救济生活，很难从贫困中走出。

联产责任承包制对于刚从森林中走出来，又经历了多次政治运动的部分鄂伦春族人来说实在是一项难以适应的生产产业政策。鄂伦春自治旗旗长莫日根布库讲道：“当鄂伦春族猎民熟悉狩猎时，却让他种地；当其开始农耕时，却又恢复生态退耕还林；当其开始发展多种经营时，却因自然资源匮乏而受阻。”[②] 他又将鄂伦春族猎民的产业发展状况形容成“四不像”：“说不像商人，是因为他们没有足够的经济积累，很难在市场经济的大潮中占有一席之地；说不像工人，是因为他们没有务工的条件和足以小康生活的工资保障；说不像农民，是因为这部分猎民没有驾驭耕地和从中获利的能力，且大部分没有土地，缺乏经济发展的生产要素；说不像牧民，是因为猎民因受到林权证的制约能批到的草场和发展畜牧业的空间极小，又缺乏资金投入。”[③] 新生乡老乡长莫桂珍说：“鄂伦春人喜欢集体生活，50 年代时有人领着大伙干，各方面都取得了很大发展，后来就不行了，我们干什么事都不赶趟，让种地时不会种，会种地了不敢要，想要地了又没了。”为了提高一部分鄂伦春族群众的生活水平，改善他们的生活状况，政府采取了“输血”式的救济性的扶贫政策，然而这种政策的实施却加大了一些人的依赖心理，甚至挫

① 徐长恩：《鄂伦春自治旗民族区域自治研究》，中央民族大学出版社 2011 年版，第 48 页。

② 莫日根布库：《鄂伦春族猎民“禁猎转产”后接续型产业发展探索》，载《鄂伦春族研究》2004 年第 1 期。

③ 莫日根布库：《鄂伦春族猎民“禁猎转产”后接续型产业发展探索》，载《鄂伦春族研究》2004 年第 1 期。

伤了他们的自尊心。在制度和政策的实施中，政府强制性的“一刀切”政策与鄂伦春族特殊的社会、经济和文化状况并不和谐，尽管花费了大量的人力物力，但并没有取得良好的效果。

五、多元化产业结构的调整

1979 年 10 月，中共中央、国务院批转国家民委党组关于做好杂居、散居少数民族工作的报告中指出：“在生产方针上一定要因地制宜，注意他们的特点，发挥他们的专长，不要一般化。”在这种精神下，黑龙江省委在《关于认真贯彻中央关于西藏、新疆工作指示精神，加快我省少数民族地区经济文化建设的通知》中指出：“在制定生产方针时，要从实际出发，充分发挥优势，扬长避短，因地制宜，并尊重当地少数民族的传统习惯，宜农则农、宜林则林、宜牧则牧、宜渔则渔，宜猎则猎，一业当主，多种经营。”① 从 1982 年起，黑龙江大兴安岭地区的鄂伦春族实行以林为主，猎、农、牧、副结合，多种经营，全面发展的生产方针。绝大多数鄂伦春族群众开始从事造林、天然幼林培育和林业开采等工作；一些有狩猎经验的、收入固定的群众从事猎业生产；其余的人搞人工培育木耳、饲养业和种蔬菜、采集、烧砖等其他农副业生产工作。黑河地区的鄂伦春族由于居住在小兴安岭地带的浅山区，虽然属于高寒地区，但季节、气候、降雨量适宜农作物的生长，再加上从事农业生产具有较好的基础，因此就制定了“以农为主、农林猎副结合，多种经营”的方针。伊春市嘉荫县乌拉嘎镇胜利村的鄂伦春族居住在全国著名的金矿区和国家森林主伐区，周围没有属于他们管理和使用的资源，产业发展遇到了难题。在政府的指导下，制定了“以牧为主，农牧并举，多种经营，全面发展”的方针，引导鄂伦春族群众种植平贝、黑木耳、黑豆角，组织农户学习饲养黄牛、生猪、家禽等副业生产，试验发展畜牧生产，组织劳动力较强、狩猎技术较好的人进行采矿、狩猎等。新生乡在爱辉区和乡政府的领导下，创办了面粉加工场、野猪繁育基地等，利用当地的资源优势积极发展乡镇企业，并取得了一定的成效。然而，由于在资金、管理以及市场营销等方面的困难和不足，这些企业也大都是昙花一现，在创办不久都纷纷倒闭。

1996 年，迫于生态环境恶化的原因鄂伦春自治旗不得不采取了“禁猎”政策，这对于一些靠狩猎为重要产业形式和生活方式的鄂伦春族猎民来说无

① 逯广斌、韩有峰、都永浩：《鄂伦春族四十年》，中央民族大学出版社 1994 年版，第 86 页。

疑是一个雪上加霜的事情。为了帮助鄂伦春族群众顺利渡过难关，政府一方面从资金、物质、人才、技术等方面重点扶持猎民乡镇，支持猎民发展农、牧业生产和多种经营；另一方面设立猎民生产生活发展基金，通过补助、贴息和借贷等方式保证猎民生产所需资金。鄂伦春旗政府本着“因地制宜、因村制宜、因人制宜、因时制宜”的原则，充分尊重猎民的意见，扶持猎民发展黑木耳和滑子菇种植、肉牛肉羊生猪育肥、蔬菜种植、特色养殖、民俗旅游等项目。资料显示：“2004—2008 年，各级政府及驻鄂伦春自治旗企业向鄂伦春自治旗猎区投入生产资金 4500 万元，各类生活补贴 1600 万元。2008 年鄂伦春自治旗设立了‘猎民生产发展基金库’，呼伦贝尔市政府投入 500 万元，内蒙古大兴安岭农场管理局捐赠 200 万元。”[①] 随着政府加大对鄂伦春族猎民的扶持，“通村道路、安全饮水、卫生设施、村庄环境”成为猎民村建设的重点。“2009 年，各级政府累计投入 3894 万元（其中，国家少数民族发展专项资金投入 385 万元，扶贫基金投入 200 万元，争取上级投资 2601 万元）扶持猎民的生产和保障猎民的生活。各级政府投资 4800 多万元进行鄂伦春部落旅游项目建设。”[②] 在猎区经济发展中，猎民的生产技术技能得到提高，自我生存和发展能力得到提升。然而，从整体上看，猎民村产业结构还显单一，实施项目质量不高，大多局限于粗放型经营的种养业，发展其他产业较少，猎民掌握种养业技术和能力较低，近期内很难实现全面脱贫。

近年来，在传统文化保护和发展的大背景下，鄂伦春族文化产业得到了长足的发展。1999 年实施的《鄂伦春自治旗条例》第 47 条规定：“自治旗依法保护历史文化、民族文物，积极抢救、挖掘、搜集和整理鄂伦春民族文化遗产，开展民族文学艺术创作及研究。”2003 年 11 月 2 日，内蒙古自治区下发了《关于进一步加快文化发展的决定》，该文件明确提出建设民族文化大区的重要性和必要性、主要目标、重点任务和工作要求。2003 年，鄂伦春自治旗下发了《关于进一步加强文化建设的若干意见》的文件，强调突出地域特色和民族特色，推进民族文化大旗建设，加强文化基础设施建设，加大培养文化艺术人才的力度，建立健全领导体制和工作机制，积极发展文化产业，打造鲜卑历史文化品牌和森林生态文化品牌。根据发展需要，鄂伦春旗划分出影视作品拍摄基地、民族家庭生产生活基地、民族民俗村手工艺生产基地、历史生存探险基地、民族歌舞基地等。自治旗还重点组织好民族艺术精品的制作和生产，推出具有浓郁民族特色和地区特征的优秀剧

① 徐长恩：《鄂伦春自治旗民族区域自治研究》，中央民族大学出版社 2011 年版，第 57 页。
② 同上，第 58 页。

目，建立起科学合理的艺术人才结构，对文艺创作制定了补贴、奖励制度。对文化的调查、整理、归档和保护工作做了重点部署，不断丰富博物馆馆藏，做好文化的清理、建档、开发工作。黑龙江地区同样在这种文化大发展大繁荣的大背景下取得了可喜的成绩，鄂伦春族传统文化的挖掘与开发进入到一个新时代。我们欣喜地看到，几乎每个鄂伦春族乡都把文化产业作为一个重要的发展方向，并取得了令人满意的成就。新兴乡打造库尔滨河漂流、生态旅游；新鄂乡成立了民俗文化度假村，积极扶持民族服饰、民族工艺的发展；新生乡积极打造鄂伦春族旅游乡，并建造了宾馆、电影院、广场、工艺品部等硬件设施，打造了猎民小吃、漂流、骑马狩猎、桦树皮工艺、传统手工艺、服饰、剪纸、桦皮画等一批旅游产品；白银纳成立了民间艺术团，建造了民族展览馆、民俗园；十八站建立了民俗展览馆、民族风情园，对桦皮产品进行了开发；多布库尔打造鄂伦春文化旅游村等。在文化产业的发展与建设中，涌现出一大批鄂伦春族文化精英，如我们做过深度访谈的国家级非物质文化传承人“摩苏昆”艺术代表人莫宝凤；狩猎文化、桦皮船工艺文化代表人国家级非物质文化传承人郭宝林；国家级非物质文化传承人萨满文化代表人关扣妮；桦皮画艺术家关桃芳、莫鸿苇；白银纳民间艺术团缔造者关金芳；民间学者关小云等。也正是在他们这种“文化自觉”意识的影响下，鄂伦春族传统文化得到了保护和弘扬，不仅促进了文化产业的发展，提高了群众生活水平，同时为弘扬民族精神、促进民族发展积蓄了力量。鄂伦春族传统狩猎文化作为兴安岭森林文化的名片也越来越被外界所关注，正以其深厚的历史底蕴显示出巨大的文化产业发展潜力，并将为鄂伦春族社会的繁荣和经济的发展做出贡献。

第四节 小 结

一、“穆昆”制是鄂伦春族社会自然进化和发展的产物

受自然环境的影响，采集和狩猎成为鄂伦春人生产生活的重要方式。随着弓箭的广泛运用，使猎人在较远距离可以捕杀野兽，命中率大为提高；驯鹿和马匹的饲养，使猎人有了乘骑和驮载的工具，这样就使狩猎业迅速发展起来，成为鄂伦春人的主要经济形式。这些狩猎工具主要掌握在男子手中，男子在经济生活中占据了主导地位，促使鄂伦春族母系氏族公社向父系氏族公社的过渡和转化。17 世纪以前，鄂伦春人还保持着完整的“穆昆制”这

种父系家庭氏族的社会形式，由于鄂伦春人在此以前主要生活在黑龙江以北的地域广袤、人口稀少地区，较少受外界环境的影响，社会的发展和进化是按照自身的“需要”而不断演变的。早期的鄂伦春人在以狩猎为主要经济生活手段以后，在社会的不断发展和进化中，逐渐形成了以“乌力楞”为基本单位的“穆昆”制的社会组织形式。这种形式是鄂伦春人为了适应自然环境和社会需要而在漫长的历史进程中逐渐“完善”起来的。马林诺夫斯基在其文化功能论中提出：“文化即在满足人类的需要当中，创造了新的需要，这恐怕就是文化最大的创造力与人类进步的关键。”① 人要满足个体的需要就必须进行合作，需要建立一套秩序，必须提供各种组织社会和各种活动的办法，需要建立某些制度，文化迫力是满足和创造需要的动力。当时的鄂伦春人为了适应环境和满足自身的需要，创造了古朴纯真的生存理念，他们敬畏自然、尊重自然，形成了万物有灵、天人合一的宇宙观，创造了灿烂的狩猎文化。早期的“穆昆”制氏族公社贯穿着民主、平等的精神，氏族长主要靠氏族的习惯法来管理氏族内部的事情，在这种体制下形成了完整的经济、宗教、婚姻、习俗等文化体制。

“穆昆”制是鄂伦春人随着社会的发展形成的与自然环境高度适应的社会组织形式。在长期的演变过程中，父系氏族组织“穆昆制”逐渐代替了母系氏族的社会组织形式，推动这一转变的动力是生产力的发展。狩猎水平的不断提高、社会组织的不断完善使“穆昆”制成为一个与森林环境高度适应的文化整体，即高度的“专化”。然而，当外来文化一旦进入时，特别是外来文明的迅速涌入就会造成传统的文化体系被打破，从而出现传统文化的变迁与涵化，并形成一系列的不适应。

二、“外力”是造成鄂伦春族传统文化变迁和族体意识形成的主要因素

17 世纪中期以后，鄂伦春人逐渐从黑龙江以北地区迁徙到现在的大小兴安岭地区，清朝政府对鄂伦春人实行了“路佐”制的管理方式，但他们传统的“穆昆”制并没有消亡，呈现出“路佐”制与“穆昆”制并存的社会格局。清朝施行的“路佐”制是一个严格缜密的管理鄂伦春人的制度体系，一方面通过这种管理体系加强了清政府对鄂伦春人的管理，使他们更好地为清朝政府的经济、军事和政治服务，也使清朝的疆域安全得到巩固；另

① 马林诺夫斯基著，费孝通译：《文化论》，华夏出版社 2001 年版，第 99 页。

一方面，这种管理体制打破了鄂伦春血缘关系的纽带，促使“乌力楞”血缘组织向地域性社会组织的转变，加强了对散居和各支系的归类和强化，对鄂伦春族族体的形成创造了条件。清朝的直接统治，冲击了鄂伦春人的社会组织和结构，促使其产生了一系列社会结构和生产方式的改变，鄂伦春人与外界的联系范围空前扩大，随着生产工具发生了质的改变，特别是枪支逐渐取代了弓箭、扎枪、木棒等狩猎工具，马匹也得到了普遍使用，生产力水平得到了很大发展，从而影响到鄂伦春社会的一系列的反应，最后致使鄂伦春氏族社会的土崩瓦解。鉴于“路佐”制这种强大的管理体制，在清朝以后的北洋军阀、伪满、国民政府、甚至中华人民共和国成立初期的黑龙江地区，这种体制都得到了沿用。由于“穆昆”制与鄂伦春人迁徙游猎的生活方式具有很大的适应性，因此尽管在社会事务中起到的作用越来越小，但这种组织制度与“路佐”制始终伴行。伴随着“路佐”制的实行是外来文明的快速涌入，枪支的普遍使用改变了鄂伦春人的狩猎形式、分配方式，人们狩猎不再是只为了满足自己的需要，而是为了赋税、换取铁器、粮食、烟酒和生产生活资料等，同时也致使鄂伦春人对外来商品产生了高度依赖，其自身的发展也就始终受制于人。

三、强制性的政策对鄂伦春族社会产生了巨大影响

中华人民共和国成立以后，在“社会形态”政治纲领的引领下，鄂伦春族社会被确定为原始社会末期的社会形态，“直接过渡”、“改造落后”、“破除迷信”等成为鄂伦春社会发展的主要工作。在“定居”、“破四旧”、“人民公社化”、“文化大革命”、“生产责任承包制”、“禁猎”等政策制度和政治运动的作用下，鄂伦春族传统的文化体系和生活方式被彻底打乱。在社会大背景的影响下，“一刀切”政策的实施缺乏对鄂伦春社会文化特殊性的考虑，彻底打乱了鄂伦春社会自然演化发展的进程，同时也影响到了鄂伦春人生活的方方面面。

人民政府为了鄂伦春社会的发展投入了巨大的人力和物力，实行了免费医疗、免费教育，按时发放生活补贴，积极扶持农副业生产，不断改善生活条件等措施，然而这一系列政策的实施并没有取得理想的效果，反而增大了鄂伦春人对政府的依赖感。在这种情况下，“等”、“靠”、“要”成为一些地区鄂伦春人社会生活的重要形式，民族自尊、民族自信、民族自豪逐渐淡化，人生的价值观、思想意识形态发生了改变，从而影响到了鄂伦春族社会的发展。

参考文献

1. 全国人民代表大会民族委员会办公室：《鄂伦春族情况——鄂伦春族调查材料之一》，1957 年 2 月。

2. 韩有锋、白兰、关小云、唐戈等：《鄂伦春族简史》，民族出版社，2008 年版。

3. 摩尔根著，杨东莼等译：《古代社会》，商务印书馆，1981 年版。

4. 恩格斯：《家庭、私有制和国家的起源》，人民出版社，1972 年版。

5. 林耀华：《民族学通论》，中央民族大学出版社，1997 年 12 月版。

6. 史禄国：《北方通古斯的社会构成》，1928 年编印。

7. 赵复兴等：《鄂伦春族社会历史调查》，民族出版社，2009 年版。

8. 内蒙古少数民族社会历史调查组：《逊克县鄂伦春民族乡情况》，1959 年编。

9. 赵复兴：《鄂伦春族研究》，内蒙古出版社，1987 年版。

10. 内蒙古少数民族社会历史调查组：《鄂伦春自治旗木奎高鲁补充调查报告（鄂伦春族调查材料之九）》，1963 年。

11. 内蒙古少数民族社会历史调查组、中国科学院内蒙古分院历史研究所：《鄂伦春族自治旗甘奎务图克调查报告》，1960 年 12 月。

12. 史禄国著，吴有刚、赵复兴、孟克译：《北方通古斯的社会组织》，内蒙古人民出版社，1985 年版。

13. 内蒙古少数民族社会历史调查组：《黑龙江呼玛县十八站鄂伦春族民族乡情况——鄂伦春族调查材料之四》，1959 年编。

14. 都永浩：《鄂伦春族游猎定居发展》，中央民族学院出版社，1993 年版。

15. 内蒙东北少数民族调查组：《库玛尔路鄂伦春历史沿革概要》，1957 年编印。

16. 伪满治安部分室编：《鄂伦春民族的沿革》。

17. 关小云：《大兴安岭鄂伦春》，哈尔滨出版社，2003 年版，第 37 页。

18. 逯广斌：《鄂伦春族四十年》，中央民族大学出版社，1994 年版。

19. 鄂伦春自治旗史志编纂委员会：《鄂伦春自治旗志》，内蒙古人民出版社，2001 年版。

20. 秋浦：《鄂伦春族社会的发展》，上海人民出版社，1978 年版。

21. 韩有峰、都永浩、刘金明：《鄂伦春族历史》，哈尔滨出版社，2002 年版。

22. 内蒙古少数民族社会历史调查组：《黑龙江省逊克县鄂伦春民族乡补充调查材料》，1961 年。

23. 徐长恩：《鄂伦春自治旗民族区域自治研究》，中央民族大学出版社，2011 年版。

24. 莫日根布库：《鄂伦春族猎民“禁猎转产”后接续型产业发展探索》，载《鄂伦春族研究》，2004 年第 1 期。

25. 马林诺夫斯基著，费孝通译：《文化论》，华夏出版社，2001 年版。

第三章　生产生活方式的变迁

第一节　17 世纪以前的生产生活方式

“17 世纪以前，鄂伦春族还处于北方游猎型父系氏族制阶段，乌力楞是血缘组织。如果没有外界的影响，这样的社会生产方式还要持续几百年甚至几千年，才能逐步从游猎发展到半定居游猎，最后进入农牧业社会；氏族制才能逐渐瓦解并进入村社阶段。”① 赵复兴先生对 17 世纪初期鄂伦春人的分布情况和生活状况进行了描述：“鄂伦春人所分布的地区，北依外兴安岭，南邻黑龙江各支流，地区广袤，这里适宜饲养驯鹿，进行狩猎、捕鱼和采集，因此，他们长期在这里过着原始的自然经济生活，很少和外界接触，直到 17 世纪还处于家庭公社发展阶段。”② 17 世纪中期开始，由于沙皇俄国的欺压，鄂伦春人开始从黑龙江以北的广大地区迁徙到黑龙江以南的大小兴安岭地区。由此我们可以看出，至少在 17 世纪以前，鄂伦春族几乎与世隔绝，过着完全封闭的狩猎生活，并以自然的进化形式生息繁衍着，鄂伦春族的社会生活没有受到外界的干扰，属于“原生态”文化状况。他们这一时期主要从事的是狩猎经济，同时辅以采集、捕鱼和手工业。

一、狩猎活动

（一）狩猎工具

鄂伦春人最早使用的狩猎工具是石器、木棍和骨器。在近代，鄂伦春人在遭受到野兽猛扑时，有时也用木棍或扎枪与之搏斗，正是早期使用木器的

① 韩有峰、都永浩、刘金明：《鄂伦春族历史、文化与发展》，哈尔滨出版社 2003 年 7 月版，第 62 页。

② 赵复兴：《鄂伦春族研究》，内蒙古人民出版社 1987 年版，第 39 页。

遗存。据说早期也使用过骨器，如扎枪头、箭头就是骨制的。关于弓箭的制作相关文献是这样描述的："箭杆用桦木或'极马子'等硬质木料制作。弓背是用落叶松木制成，弓弦是用犴皮条制作。《契丹国志》中所说，'弓以皮为弦，箭削桦为杆'，就是这种类型的弓箭。"① "在枪支出现以前，鄂伦春人主要狩猎工具是弓箭，现在只有十八站的82岁老人孟姑古善还会使用地箭，用来打些小兽。地箭是用犴筋作弦，松木做弓，搭上松木杆、铁头的箭，平设地上，拉一根长线，野兽触动线，箭发出就自动射伤野兽。现在六七十岁的老人曾经听说过鄂伦春人从前是使用弓箭的。魏爱禄的父亲（今年八十多岁）说：以前鄂伦春人用弓箭、扎枪打野兽，在鄂伦春中大概十几个、二十几个人就有一、二个做弓箭的手艺人，他们用带弯的木头作弓，以鹿筋为弦，木头为箭杆，箭尾装上乌鸡羽翎，但不会做铁箭头。"② 据《西伯利东偏纪要》记载，鄂伦春人"善使木弓、桦矢。低答弓以黄瓤木为之，性直不弯，长五尺，盈握为度，弦者直亦如矢。矢以蜂桦为之，长视左手至左肩，镞长视食指，本窄末宽约四分。低答以木为之，长七尺余"③。在使用弓箭时，为防止箭杆磨手，猎人左手拇指上还戴有"奥鲁狗不吞"（扳指），它是用动物骨头制成的圆环，新中国成立初期有的老人还有戴的。关于使用弓箭的情况，相关资料显示："77岁的葛金吉先听他父亲说，很早以前鄂伦春人使用弓箭打猎，据说魏拉依尔的祖先毛考代汗就是射箭能手。72岁的吴明山也听说很早以前鄂伦春人用弓箭打狍子，并且人死了以后用弓箭作葬品。弓箭虽然早就不用了，但是，直到中华人民共和国成立前，男人死了以后还要做个弓箭来安葬，这也证明鄂伦春人过去是使用弓箭的。不过老年人都说，鄂伦春人使用弓箭，他们都是当传说听来的，他们的老人也没有使用过。"④ 这个例子说明弓箭是鄂伦春人很早以前使用的狩猎工具，在当时已经远离了人们的狩猎生活，弓箭在早期的鄂伦春人的生产生活中具有非常重要的地位，是男人必备和从不离身的生产工具，甚至去世后也要以此为陪葬品。弓箭也曾是鄂伦春族儿童的玩具，史禄国曾描述了当时的情况："男孩子还制作弓箭，以便让孩子们习惯于有用的劳动。当男孩开始使用弓箭时，成人给他们制作各种类型的箭，如响箭、木箭、尖头和钝头箭

---

① 赵复兴：《鄂伦春族研究》，内蒙古出版社1987年版，第42页。

② 内蒙古少数民族社会历史调查组：《黑龙江呼玛县十八站鄂伦春民族乡情况——鄂伦春族调查材料之四》，1959年编，第36页。

③ 引自赵复兴：《鄂伦春族研究》，内蒙古人民出版社1987年版，第69－70页。

④ 内蒙古少数民族社会历史调查组、内蒙古历史研究所：《鄂伦春自治旗木奎高鲁、瑷珲县新生村和逊克县新鄂村补充调查报告——鄂伦春调查材料之九至十一》，第5页，1963年编。

等，这样男孩就能了解各种类型的性能差别。射箭技术是教育和生活经验的基本要素之一。”① 史禄国还描写到儿童到了七八岁的年龄时，“男孩开始用弓箭猎取小鸟”②。这也说明了弓箭是鄂伦春族重要的社会遗存，在儿童教育中仍然具有重要的作用。弓箭是怎样进入鄂伦春社会的我们无从查证，但它在当时的社会价值和地位是其他生产工具不可代替的。弓箭的使用使人们可以猎捕距离较远的猎物，是鄂伦春人狩猎文化和文明发展的重要标志，也是促进鄂伦春社会从母系氏族向父系氏族过渡的主要因素。与弓箭配合使用的工具还有扎枪，扎枪的制作是“将一木杆削尖，也有的将木杆的一头按上石镞或骨镞，以刺杀野兽。在狩猎时，既带弓箭，也带扎枪。远距离就用弓箭射杀，近距离或遇受伤的熊、野猪等凶猛野兽反扑时，就用扎枪与之搏斗，最后将其刺死”③。资料显示：“据老年人传说，鄂伦春人原来住在‘哈拉木伦’（即黑龙江）以北。在那里时是使用弓箭，听说迁到南岸以后，还使用过一个时期弓箭。那时狩猎工具还有扎枪，听说过去的扎枪枪头有一尺多长。遇到野兽，远的就用弓箭射击，近的就用扎枪刺杀。遇到熊也不害怕，都是用扎枪与之搏斗。”④ 由此看来，在鄂伦春族南迁以前，男人主要从事狩猎活动，弓箭、扎枪是他们狩猎的主要工具。

猎犬也是鄂伦春人狩猎中的重要助手。在使用弓箭的时代，猎犬尤其必不可少，它能发现兽踪，跟踪野兽。由于弓箭射程近，穿透力差，因而需要猎犬帮助追捕野兽或与之搏斗。因此，一个猎手往往都有几条猎犬，作为其在深山密林中的伴侣和狩猎助手。史禄国曾描述过养狗在通古斯人各集团生活中的意义：“狗用来保护人，防止狼的袭击，还用于猎取狍子、野驯鹿，也可以跑去‘阻止’这些野兽逃走。还有一种不同种类的狗用于猎取灰鼠：狗可以找到灰鼠栖息的树。另有一种专门训练猎取紫貂的狗，这种狗很稀有。对狗并不给予特别照顾，它们能够怎样生活就怎样生活。在营地里它们起着清扫员的作用，它们舔小孩屁股，代替使用手纸。除非夏季肉吃不完的时候，通古斯人不给狗喂鲜肉。但它有权享用骨肉、皮和扔弃的肉。猎灰鼠季节是狗最高兴的时候，因为通古斯人除非饥饿，不吃灰鼠肉，而把它们喂狗。”⑤ 鄂伦春人的猎狗通常是猎人把家养的狗在狩猎实践中训练出来的，

---

①② 史禄国：《北方通古斯社会组织》，内蒙古人民出版社 1984 年版，第 449 页。

③ 引自赵复兴：《鄂伦春族研究》，内蒙古人民出版社 1987 年版，第 72 页。

④ 内蒙古少数民族社会历史调查组、内蒙古历史研究所：《鄂伦春自治旗木奎高鲁、瑷珲县新生村和逊克县新鄂村补充调查报告——鄂伦春调查材料之九至十一》，第 69 页，1963 年编。

⑤ 内蒙古少数民族社会历史调查组、内蒙古历史研究所：《鄂伦春自治旗木奎高鲁、瑷珲县新生村和逊克县新鄂村补充调查报告——鄂伦春调查材料之九至十一》，第 56 – 57 页。

并不是特殊的品种。鄂伦春人与狗有着深厚的感情，不食狗肉也是他们饮食中的禁忌。

鄂伦春族历史上曾经使用驯鹿狩猎，“鄂伦春”释义就有“使鹿人”的意思。鄂伦春人在南迁以前以驯鹿为主要的使役工具。《卜奎风土记》记载：“鄂伦春人又在索伦之北，与俄罗斯接壤，地产桦，冠履桦皮为之，无马多鹿，承载与马无异，用罢任去，招之即至。”① 这段记载说明鄂伦春人曾生活在黑龙江以北地区，以桦树皮做衣饰，驯鹿已经成为重要的载重工具，并且已经非常熟练地使用了。《黑龙江外记》记载：“亦鹿类，俄伦春役之如牛马，有事哨之则来，舐以盐则去，部人赖之不杀也，国语谓之俄伦布呼，而异城录称之为角鹿。尝见清文汇书云，四不像，牝牡皆有角。食苔则称角鹿，不为无本，土人饲以石花，即苔也。”② 这段记载说明鄂伦春人用食盐来诱训驯鹿，苔藓是驯鹿爱吃的食物。清末编成的《东三省政略》记载：“复有山中鄂伦春所使者，彼名沃利恩，俗称四不像，角有数岐象鹿，蹄分两瓣似牛，身长色灰似驴，其头则似鹿非鹿，似牛非牛，宽额而长喙，毛甚丰，能负重百余觔，鄂伦春人驯畜之，用时以木击树，闻声即来，饲以苔，用毕则纵之使去，即游山中。”③ 这段记载生动地描写了驯鹿的特征和作用，这种动物性情温驯，宽大而尖锐的蹄瓣适于在雪地上行走，攀登山林，也可以用来负重乘骑。驯鹿对于鄂伦春人的狩猎生产具有重要意义，它解决了游猎中生产、生活资料以及猎获物的驮运问题。

桦皮船和滑雪板也是鄂伦春人古老的狩猎工具。鄂伦春人的桦皮船呈柳叶形，鄂伦春语叫作“木罗贝”，《黑龙江稿志》记载：“以桦皮为之，较‘威乎’尤轻捷，载受两三人，陆行载于马上，遇水用之以渡。”④ 桦皮船是用几十根长短不同的樟松木条制成骨架，然后把桦树皮用马鬃绳缝接起来，包在骨架上，在船舷上用从头到尾长的木条将桦皮夹住，用木钉钉上。凡桦皮结合处和用木钉钉过的地方，均用松树油堵塞，使船不漏水。船桨是樟松木制作，长约一丈，两端为锹形。顺水时用船桨划行，逆水或在浅滩的地方用撑杆。桦皮船在水中划行时无声息，且速度很快，是鄂伦春人早期普遍用于捕鱼、狩猎、驮载或摆渡的工具。

鄂伦春人为了适应自然环境的需要发明了滑雪板，滑雪板是用松木制

①② 引自韩有峰、都永浩、刘金明：《鄂伦春族历史》，哈尔滨出版社 2002 年版，第 145 页。

③ 引自《鄂伦春族简史》编写组、《鄂伦春族简史》修订本编写组：《鄂伦春族简史》，民族出版社 2008 年版，第 31 页。

④ 引自赵复兴：《鄂伦春族研究》，内蒙古人民出版社 1987 年版，第 72 页。

成，长五尺、宽半尺、厚四分，前端向上弯曲，弯度较大，尾端也稍向上弯曲，但弯度较小。板的中间部位有用皮条做成的套子，用于双脚穿伸，两手持木杆，撑杆即可滑行。鄂伦春人穿滑雪板打猎行走如飞，史书中记载的“骑木而行”就是指鄂伦春族的祖先室韦人滑雪打猎时的情景。

（二）狩猎方法

长期的游猎生活，使鄂伦春猎人对各种野生动物的习性和活动规律都非常了解，什么地方可能隐藏什么动物、哪种动物什么时候可能到什么地方去等都掌握得一清二楚。“初春乍暖还寒，野兽喜欢在背风、朝阳的山坡活动；盛夏炎热而且牛虻多，许多动物都是昼伏夜出，喜欢到有水的地方去；秋季又是鹿和犴交配的季节，公鹿和公犴为招引‘情人’会不时地发出‘噢噢’的叫声；冬天，很多动物都钻进地穴或树洞躲避寒冷，进入冬眠；水獭、水鼠等则常常出入于有温泉的地方……猎神们正是对野生动物的这些生活习性和活动规律都了如指掌，才得以将各种捕猎方式用于不同的季节、不同的环境和不同的狩猎对象。”[①] 尽管对动物的习性非常了解，但早期的鄂伦春由于狩猎技术的限制，集体狩猎成为当时鄂伦春人主要的生产方式。“集体狩猎是鄂伦春人家庭公社时期的主要活动。在当时，一个猎人要远离集体是难以生活的，而且简直是一件难以想象的事情。”[②]

围猎是当时集体狩猎的主要方式。秋浦先生根据遗留的传说为我们描述了围猎时的情景：“人们把一个一个山头或一个一个草甸子围了起来，大声地哄叫着，并在四周烧起一堆一堆的熊熊大火，以驱赶野兽。被围的野兽惊恐万状，只得集中在越来越小的包围圈中，作狼奔豕突的挣扎，这时的猎人即可瞄准目标，用弓箭射击或用扎枪刺杀。”[③] 在围猎中，弓箭、扎枪、甚至木棒、石块都是当时人们狩猎的工具。

陷阱也称为“窑趟子”，就是在野兽出入的必经之路用两米多高木杆筑一道长长的屏障，其中留一缺口，缺口下挖一个两米多深的土坑，再用树枝、树叶和野草伪装起来，猎物要经过时，发现有屏障挡路，就会顺着屏障寻找可以通过的地方，通过缺口时就掉进陷阱里去了。

鄂伦春人还制作了吸引狍子的狍哨“皮卡兰”，狍哨是将两块桦树皮剪成拇指甲大小的半圆形，用狍筋缠牢打结制作而成。猎人将狍哨含在嘴里，

---

① 吴雅芝：《最后的传说——鄂伦春族文化研究》，中央民族大学出版社 2006 年版，第 46 页。

② 秋浦：《鄂伦春族社会的发展》，上海人民出版社 1978 年版，第 27 页。

③ 同上，第 26 页。

吹出的声音酷似狍崽的叫声，吸引母狍子，趁机猎杀。还有一种吸引诱猎公鹿的鹿哨，叫作“乌力安”，是将一根二尺长的牛角形松木从中间劈开，将中间掏空再对合上，用皮条捆紧。《黑龙江外记》记载：“有鹿哨者，即呼鹿也，其哨以木为之，长二尺，状如牛角，而中空。”[①] 吸吮鹿哨的声音酷似公鹿的叫声，公鹿在交尾的季节听到这种声音往往以为是其他公鹿要来强占母鹿，就会朝着猎人的方向走来，猎人趁机用弓箭和扎枪猎杀。

鄂伦春人依靠自己的聪明智慧，发明和创造出各种各样的狩猎方法，尽管他们的生活主要是靠猎杀野生动物来维系，但只是为了满足自身的生活需要，绝不滥杀无辜。他们在狩猎中“得一兽而还”、“幼小的动物不打、怀孕的母兽不打、正在交配的动物不打”，有选择地进行狩猎。千百年来他们一直维持着这种可持续生产的生计方式，并没有对生态环境造成伤害，这种尊重自然法则的生存理念正是在 17 世纪以前建立起来的。鄂伦春人在依存于自然、尊重自然、敬畏自然、万物有灵的淳朴思想体系下创造了灿烂的传统狩猎文化。

（三）狩猎组织

17 世纪以前，鄂伦春族还处于完整的“穆昆制”的社会组织形式，以血缘关系组成的父系氏族公社特征的“乌力楞”是社会生活的基本形式，狩猎生产也是以乌力楞为单位集体进行的。在春、夏、秋三个季节出猎时乌力楞全体出动，随野兽踪迹迁徙游猎。冬季出猎则主要是男猎手参加，老弱妇孺留在营地。乌力楞的管理是建立在民主原则之上的，每次出猎都要民主选举“塔坦达”、“乌纠鲁达”和“吐阿钦”。“塔坦达是狩猎生产的主要领导者和组织者，乌纠鲁达则是塔坦达的副手，吐阿钦的任务是留在宿营地负责做饭、打柴等杂物，一般由年纪轻、狩猎技术较差的人担任，如果有妇女参加，那妇女就一定是吐阿钦了。”[②] 塔坦达一般是集体中年龄最大，辈分最高、狩猎经验丰富并有威信的长者。有时也推选比较年轻的男性担任，但他一定是狩猎技术突出、领导能力强、使年长者能服从的人。塔坦达的任务是：决定出猎的猎场；分配给每个成员狩猎任务；经常研究和介绍狩猎经验，并负责分配猎物。他在处理和解决各种问题时，要同大家共同商量，听取大家的意见。塔坦达没有任何特权，除管理集体事务外，也和其他成员一样参加劳动，往往是起早贪黑，比别人更加辛苦。塔坦达实际上就是家族的

① 赵复兴：《鄂伦春族研究》，内蒙古人民出版社 1987 年版，第 73 页。

② 内蒙古少数民族社会历史调查组：《逊克县鄂伦春民族乡情况》，1959 年编，第 34 页。

首脑，是家族生产的组织者和领导者。由此我们可以看出，这个时期的鄂伦春人已经形成了一套严密的社会组织和分工体系，这种体系与他们的狩猎生活是相适应的。

在鄂伦春族生产力水平还十分低下的情况下，凭着扎枪和弓箭，单个人很难获得能够满足衣食需要的猎物，必须要有“乌力楞”全体成员的通力合作才能战胜凶猛、庞大的猎物。“乌力楞”成员在“塔坦达”的带领下，共同生产、共同消费，形成了团结协作、互相依存的生活理念。

（四）分配方式

广袤富饶的山林给鄂伦春人提供了取之不尽的猎物，“棒打狍子瓢舀鱼、野鸡飞到饭锅里”就是对当时动物资源极其丰富的真实写照。猎场的一切对鄂伦春人来说都是上天赐予的，在依靠集体才能生存、物质生活极不丰富的年代，平均分配就成了他们最基本的分配方式。“乌恰吞”是鄂伦春语平均分配的意思，鄂伦春人在猎场上即使碰到不是一个乌力楞的人，也要分出一半的猎物给对方。

共同消费是平均分配的主要形式，如果打到肥的熊、犴、野猪时，把它整个煮熟了在乌力楞全体成员中共同消费，如果乌力楞人数少，就只煮上好吃的部分（即头、脊骨、内脏等）来共同消费。相关资料为我们描绘了一个生动的场面：“老年人挨坐在一起，然后青壮年男女依次坐下来。妇女们负责把兽肉煮熟，并负责分配。她们把兽肉的各部分好坏搭配，分别盛在一个个桦皮盆里。首先要照顾老年人，把比较好的先送给他们，然后再给其余的人。三五个人共吃一盆。小孩每人也分得一块，欢乐地在大人的周围跑来跑去。人们一边享用，一边说说笑笑，有时趁此机会，商量狩猎的问题。这时如果再有点马奶酒，人们的情绪就更加活跃。”①《瑷珲县志》记载：“一家获牲，必各家同飨，互为聚食。”② 共同消费体现了鄂伦春人宽仁大度，互敬互爱的优良美德，也是形成习惯法则和道德伦理的生活基础。“共同消费的遗风，还浓厚地存在于他们对乌力楞内的鳏寡孤独的照顾上，直到新中国成立前，不论采取什么狩猎形式，猎人回到乌力楞以后都要给这些人分配

① 内蒙古少数民族社会历史调查组、内蒙古历史研究所：《鄂伦春自治旗甘奎、托扎敏努克和黑龙江省呼玛县十八站鄂伦春社会历史补充调查报告——鄂伦春族调查材料之九》，1963 年编，第 17 页。

② 吴雅芝：《最后的传说——鄂伦春族文化研究》，中央民族大学出版社 2006 年版，第 70 页。

一份，有时他们所得甚至比出猎者还要多些。”① 鄂伦春人把对鳏寡孤独者的照顾看成是天经地义应尽的义务，如果寡妇参加集体出猎，也可以同其他猎手一样分得一份，而有夫之妇则最多只能得到半份。

由于鄂伦春族封闭的生活环境、具有原始社会形态烙印的生产生活方式，使得鄂伦春族保持着古朴纯真的精神世界。勇敢、勤劳、善良的鄂伦春族人在长期的游猎生活中形成了“各尽所能，互帮互助”、“一人有获，见者有份”的生产和分配方式。“长期以来，鄂伦春人在分配和消费方面，带有明显的原始共产主义的色彩。在婚丧节日和宗教活动中，他们通常要集体餐食兽肉。生产资料和生活资料的无偿赠送，不仅盛行在有血缘关系的人们之间，即使没有血缘关系的人们之间，也存在这样的情形。”② 在长期的狩猎生活中，鄂伦春族人形成了热情豪爽、淳朴善良、光明磊落、助人为乐和疾恶如仇的优秀品质。一人有事大家帮，大家帮助大家，鄂伦春族人就是凭着这样的道德规范繁衍着自己的民族。虽然鄂伦春族并没有形成文字的法律法规来约束自己，但是与生活方式和生活环境相适应的习惯法却对人们的社会伦理和道德规范起到了严格的制约。这种高尚的价值观念支配着人们的思想和行为，在不断的发展和演进中成为鄂伦春族传统文化的核心，作为一种古朴纯真的精神财富支撑着这个民族的生存与发展。

二、采集

采集作为狩猎生产的重要补充手段与鄂伦春人的狩猎活动有着同样长的历史。采集是妇女的主要工作，老年妇女是采集的领导者和指挥者，由她率领乌力楞女性成员，有时也包括儿童进行采集。“妇女采野菜和野果时，都是带着小孩去，所以小孩从小就认得哪种是应该采的野菜或野果。他们的采集知识一代代地传授下来，积累了丰富的知识。”③ 妇女们没有固定的采集场所，也不划定采集地段。在广阔的森林、草甸和灌木丛中，分布着各种各样可供食用的植物，成为她们采集的对象。春末夏初主要是采集野菜的季节，秋季是采集野果、菌类和块根植物的季节。“采集的工具非常简陋，采集野菜、野果一般是用手摘。挖掘植物块根用的‘乌勒文’是长约一米、

---

① 《鄂伦春族简史》编写组、《鄂伦春族简史》修订本编写组：《鄂伦春族简史》，民族出版社2008年版，第34页。

② 秋浦：《鄂伦春族》，文物出版社1984年，第37页。

③ 内蒙古少数民族社会历史调查组：《逊克县鄂伦春民族乡情况》，1959年编，第43页。

一头削尖的木棒。采集小粒果类时用‘古约文’来刮。‘古约文’是用白桦树皮做的带锯齿的舌形圆桶，用有齿的一端把果粒刮入桶内。采集高大树上的果实时，往往把树砍倒以后采摘。采集来的野菜装在叫作‘乌它汉’和‘库的浅’的皮口袋里，野果装在叫作‘木灵开依’的桦皮桶里。”① 他们采集野菜数量最多的是柳蒿菜和老芹菜，其次是黄花菜和酸薹叶，采集后晒干装袋，供冬季食用，其他采集的野菜都是随采随吃，多的时候也晒干一些。稠李子和杜柿是他们采集最多的野果，稠李子也是晒干储备，保存杜柿的方法是将它埋入土中，可以经久不腐，以备食物不足时食用。鄂伦春人打不到野兽的情况是会经常出现的，这就要靠采集或鱼类帮助他们渡过难关，因此采集是人们补充食物不足时的重要食物来源。

三、捕鱼

捕鱼虽然不是鄂伦春人的主要食物来源，但仍然是一个与狩猎相结合的重要经济手段。鄂伦春人生活的黑龙江流域河流密布，鱼类资源十分丰富，他们一年四季都可以靠捕鱼来补充食物。“挡亮子”是一种古老的捕鱼方法。“春秋两季均可挡。春天鱼逆水上游，这时用编好的亮子把小河横挡上，在亮子的顶端留一个小口，在口的一边挂一柳条筐，鱼游过去即掉进筐中。秋天鱼顺水往下游，在这个季节也同样用上述方法来挡亮子。”② 这种方法是鄂伦春人通过长期的实践，利用鱼类产卵的时节进行捕鱼的。挡亮子是以乌力楞为单位集体进行的，乌力楞的男女劳动力都要参加，由塔坦达领导，大家分工合作。捕获的鱼产品也是乌力楞共同消费或平均分配。

鄂伦春人也利用垂钩、渔网、弓箭、扎枪、鱼盾和鱼叉等工具进行捕鱼。在捕鱼繁忙的季节，往往能够捕到吃不完的鱼，人们就将鱼晒成鱼干或做成鱼坯子，以备食物缺少的时候享用。

四、家庭手工业

鄂伦春人在长期的生活实践中利用自然资源制造了简单实用的生活用品，野兽皮和桦树皮是他们手工业加工的主要原材料。他们用木棒、动物骨

---

① 《鄂伦春族简史》编写组、《鄂伦春族简史》修订本编写组：《鄂伦春族简史》，民族出版社 2008 年版，第 35 页。

② 内蒙古少数民族社会历史调查组：《逊克县鄂伦春民族乡情况》，1959 年编，第 46 页。

骼制成的工具鞣制兽皮，使用数量最多的是狍皮、犴皮和鹿皮，他们用动物筋做成的线缝制成各种衣服、鞋帽和被褥等，供乌力楞成员御寒。他们利用桦树皮制作日用的家具、容器、船只、生产工具以及覆盖斜人柱的“铁克沙”等。此外，他们也制作木制品、骨制品和毛织品。木制品的种类比较多，如猎刀把、鱼叉把，交通工具如滑雪板、爬犁，生产工具如“毛丹”、“乌力安”等。骨制品有用各种兽骨加工成的箭头、斧头、骨筷、耳坠、牙签等。毛织品的主要原料是犴毛，用以编织褥子、绳索等。鄂伦春人的家庭手工业只有简单的男女分工，皮革制品、桦皮制品和毛纺织品等主要是由妇女制作。木制品、骨制品、斜人柱、桦皮船等则大多由男人制作。

第二节 17 世纪以后至“定居”以前的生产生活方式

17 世纪初期，清朝政府开始加强对鄂伦春人的统治，俄罗斯人也开始侵入他们聚居的地区，从此外来势力打破了鄂伦春人宁静的生活。史禄国描述道：“俄国人于 1606 或 1607 年出现在通古斯地域的西境，在 17 世纪前半期到达后贝加尔北方。由于俄国人的压迫，雅库特人也从原居住地，即现今的雅库茨克地区迁出，占领了以前属于通古斯人的某些地域。因此，通古斯人必须去寻找新的地域。另外俄国人的入侵，在黑龙江河谷直接引起了某些非常重大的变化。第三次迁移波就是这样发生在 17 世纪后半期。”① “俄罗斯人的入侵，引起一系列地区性的迁移和通古斯人的反抗。于是从北方正在迁来的各氏族，不能到达后贝尔加尔，因此奔向东方。”② 由于沙皇俄国“镖劫人口，抢掳村庄，攘夺貂皮，肆恶多端”，鄂伦春人不得不进行民族大迁徙。相关资料显示：“鄂伦春、鄂温克和特格在迁徙时还没有马，多是弓箭步行狩猎。鄂伦春族和鄂温克人在迁徙时已经使用驯鹿。据说，冬天驯鹿拉着爬犁，载上东西在雪地上滑行，老弱孕孺在后面跟着爬犁走，男人们走在前面。那时候的人个子大、走得快，吃得亦多，没什么统一管理他们的人。”③ 鄂伦春人在迁徙以前还没有受到外界的影响，按照自我的发展模式过着自由的生活，受沙皇俄国的欺压才不得不进行迁徙，同时外来文化也才

---

①② 史禄国：《北方通古斯社会组织》，内蒙古人民出版社 1984 年版，第 247 – 208 页。

③ 内蒙古少数民族社会历史调查组、内蒙古历史研究所：《鄂伦春自治旗甘奎、托扎敏努克和黑龙江省呼玛县十八站鄂伦春社会历史补充调查报告——鄂伦春族调查材料之十三》，1963 年编，第 1 页。

开始对鄂伦春人产生影响。为了抵抗沙皇俄国的侵略和对鄂伦春人的统治，清政府将他们编入八旗，实施“路佐”制的管理体制，并开始向鄂伦春人征纳貂皮等。从17世纪开始，枪支、铁器、布匹、粮食、酒等逐步进入鄂伦春人的经济生活中，狩猎的目的不再是单纯为了满足自我生活的需要，同时还要满足对外赋税和交换的需要。鄂伦春社会长期形成的社会体制被逐步打破，生产生活方式发生了重大的转变。

一、狩猎活动

（一）狩猎工具

枪支的传入对鄂伦春人的狩猎生活产生了革命性的改变。关于记载鄂伦春人使用猎枪的文献，《清高祖实录》在1750年清高祖给黑龙江将军傅尔丹的上谕说：“索伦等（当时的鄂伦春人包括在索伦部里）围猎，从前不用鸟枪，今闻依等不以弓箭为事，唯图利便，多习鸟枪。夫围猎用弓箭，乃从前旧规，理宜勤习。”① 这说明至少在17世纪中叶之前，鄂伦春族狩猎的主要工具仍然是弓箭，火枪取代弓箭而成为主要的狩猎工具，大体经历了从17世纪中叶到18世纪中叶的一百多年时间。关于火枪的传入，赵复兴先生的调查认为有四种途径：“其一，是清朝查边的官吏走私进来的。如《黑龙江外记》载：‘俄罗斯鸟枪，其受药筒中凹凸如梅花不圆，此与内地枪迥异。察边至墨里勒克者，购而售之俄伦春，利尝数倍。余查边者不能得’。其二，是与‘罗萨’交战过程中缴获来的。如史（《朔方备乘》）载：康熙二十二年‘鄂伦春人朱尔坚格等，于精奇里江杀五罗刹，并获其鸟枪’。其三，通过商品交换所得。如达斡尔族谙达每年收购猎获品时带来一些枪支与鄂伦春人进行物物交换。其四，鄂伦春人被编入八旗兵后，清朝发给的枪支。”② 韩有峰先生等认为枪支的传入主要有两个途径：“一是历代政府发给八旗兵丁或保卫团、山林游击队、栖林游击队队员枪支后，散落在民间的；二是通过商品交换获得的，其中包括与俄商的交换。”③ 鄂伦春人狩猎火枪代替弓箭的历史大约经历了近200年，这一过程也是弓箭与枪支并用的时期。“在很长的时间里，枪支之所以不能迅速代替弓箭，除保守思想不愿使

① 赵复兴：《鄂伦春族研究》，内蒙古人民出版社1987年版，第71页。

② 赵复兴：《鄂伦春族游猎文化》，内蒙古人民出版社1991年版，第28页。

③ 韩有峰、都永浩、刘金明：《鄂伦春族历史、文化与发展》，哈尔滨出版社2003年7月版，第147页。

用枪支外，还同交换不发达有关。另外官方阻止鄂伦春人使用枪支，主张继续使用弓箭。清朝虽然利用鄂伦春等少数民族为其打仗，但又怕他们手里掌握武器对其统治不利，这也阻碍了枪支代替弓箭的过程。”①

通过分析我们可以看出，枪支的传入也是一个文化接触和文化适应的过程，一方面，由于枪支巨大的优势使鄂伦春人逐步适应和主动引入，从而也逐步改变了传统的生产方式和组织形式，并对其社会体系形成了冲击；另一方面，由于鄂伦春人对枪支和弹药的依赖，致使其不得不受制于人，从而遭受外族的盘剥。最早出现的枪支是火枪，火枪分三种：火绳枪是最早的一种，从枪口装火药，用火绳做引线，使用起来比较笨。“据葛英尼彦老太太说，火枪需要引火捻，是由妇女和小孩用柳树皮拧成的，一年内打猎所用的火捻很多，约等于一驮子。但是火柴缺乏，火种很宝贵，使用桦树蘑保存起来，出围或迁徙时，猎人用带尖端的木棍，带上点燃的桦树蘑，插在后腰带上。”② 砸子枪是稍后在鄂伦春族地区使用的。在枪膛内安装炮子，能自动引火，显然比火捻枪方便。以上两种枪有效射程为 70—80 米。“图禄克”是火枪的一种，枪筒较粗，弹头有一定的尺度，但药量没有一定，多装发得远，少装就近些。有效射程较远。火枪所用的火药和铅都是通过和达斡尔族或者俄商交换而得来的。“别拉弹克”枪（俄式单响猎枪）是比火枪更进步的枪支。“据老人说六十年前开始使用，根据户访的材料，证明在民国初年（约五十年前）猎人普遍拥有这种生产工具。”③ “别拉弹克”枪是以铜壳铅弹代替枪膛装火药，使用方便，杀伤力较大，有效射程达 150 米。使用这种枪以后，大部分猎手都有一套铸弹头、装子弹的工具，弹壳、铜炮、火药和铅是从外面买进来的，根据自己的需要而铸造弹药。打大的野兽，弹头需要长些，多装火药；打一般的野兽，特别是皮毛兽时，为了不伤皮毛，弹头要短，药也少。据说这种枪最早是从俄国传来的，鄂伦春人用兽肉、茸角等去进行交换。1917 年后，“别拉弹克”枪和弹药原料，是由汉商卖给鄂伦春族了。”别拉弹克枪虽然比火枪方便多了，但一枪只能打一颗子弹，如果遇着野兽，一枪不命中，野兽反扑过来，猎人就有危险。因此打猎时，往往在枪架上，装一把矛头，以防野兽反扑时急需。约在 1914 年左右，从俄国输入快抢，这使鄂伦春人的狩猎生产更往前推进一步。最先出现的快抢是连珠枪，枪支穿透力大，命中率高，有效射程 200 米以上，子弹可以连发。由于

---

① 赵复兴:《鄂伦春族游猎文化》，内蒙古人民出版社 1991 年版，第 31 页。

②③ 内蒙古少数民族社会历史调查组:《黑龙江呼玛县十八站鄂伦春民族乡情况——鄂伦春族调查材料之四》，1959 年编，第 36－37 页。

枪支本身以及子弹都昂贵，而且不易买，因此当时使用的人往往限于好猎手和马匹较多的人家，并没有普及。日本帝国主义的势力控制了鄂伦春族地区以后，害怕鄂伦春人反抗，把快抢都没收了。1940 年，18—45 岁的鄂伦春人都被编为山林队，发给每个队员“一三”式或“七九”式步枪，有事进山搜索，参加战斗，平时可以用来打猎，但所用子弹完全由日本特务机关控制，每年要用旧弹壳才能换子弹 100—200 发。鄂伦春族都非常珍爱自己的猎枪，狩猎前和狩猎归来都进行精心的擦拭。擦枪用鹿、犴、野猪爪的小趾骨髓油，用这种油擦枪不凝固。为了防止猎枪被风吹雨淋，鄂伦春人还用狍腿皮或者獾子皮、野猪皮做枪套以保护猎枪，狍皮枪套俗称“淡木伦”，獾或野猪皮枪套称为“毛核格”。猎枪平时存放在安全的地方，轻易不外借。

马匹的使用是鄂伦春族狩猎发展的另一个重要标志。“近代鄂伦春马匹的来源有二：一是通过达斡尔族谙达和汉商换来的。二是曾有些鄂伦春人到草地赶过马群。”① 猎马是鄂伦春人不可缺少的狩猎工具，他们无论是进山打猎，还是运载货物，几乎都是由马来包揽交通运输，因此他们对马爱如至宝。鄂伦春马的特点是矮小精悍，习惯在山地和沼泽地奔驰，就是驮上一只四五百斤重的猎物也能奔走如飞。这种马尤其是在爬陡坡、钻密林时能够理解猎人的意图，托着主人自动绕枝躲树，寻隙钻空，猎人也从不担心挂到树枝。刘晓春在调查中听老人讲道：“鄂伦春马有着特殊的性能，饿了没草吃，猎马可以吃兽肉；渴了没有水喝可以喝兽血；冬天还可以在几尺深的雪底下扒草吃。在发现猎物时，猎人只管下马远走搜寻，猎马不跑不跳、悠闲吃草。一旦听到枪声就会朝着猎人的方向奔驰而去。不管猎人开枪时离马有多近，久经考验的猎马只是微微抖动一下，很少有受惊的时候，一切听从猎人的指挥。”② 在出猎途中，猎马比人更清楚什么地方可以走，在经过沼泽地时，只要猎马自动掉头，猎人就知道前方有深没马身的“鬼沼”，万不可进入。有时猎人在狩猎途中不慎被马掀下，猎马就会停下来等待主人重新上马。如果猎人因生病而掉下马，猎马就会背着空鞍回去报信。据相关资料显示：“定居前（1953 年以前）用粮食当饲料的很少，呼玛鄂伦春人对经常使用的猎马或瘦弱马匹，用狍肉或大马哈鱼等生肉切开来当饲料，特别是在春、冬两季。这个季节里在出远围后，打到的肉多，天气冷不能晒肉干，又不能完全往宿营地驮运，加上马匹在这时吃不上好草，就用肉来喂马。马瘦

① 赵复兴：《鄂伦春族游猎文化》，内蒙古人民出版社 1991 年版，第 38 页。

② 刘晓春、刘翠兰、刘晓军、刘红等：《鄂伦春族风情录》，四川民族出版社 1999 年版，第 147 页。

弱时，每天早晚喂两次，每次约一瓷盆到两瓷盆，据说喂上三十多斤肉，马的膘就长好了。老人说，这一带的鄂伦春人很早就有用肉喂马的习惯。”① 相关资料显示：“清朝统治鄂伦春地区以后，将他们分为使鹿和使马两部，可见当时已有一部分人使用马匹。马匹的传入，大大提高了生产力水平，它不但为驮运、迁徙带来了方便，它善于奔驰，也为追赶野兽创造了有利的条件。他们养马的方法很原始，游动到一个地区后，将马散放在草甸子上，任它自己寻找草吃。他们的马有喂盐的习惯，过几天口淡了，就会回来吃盐。由于散放，冬季雪大，马吃不饱，很瘦弱，跑不动，最容易遭狼害。夏季，蚊虫很多，马被咬得受不了，就会自动回到猎人的住地，让主人给他烧蚊烟。鄂伦春的马从不喂粮食一类的饲料，但他们冬季乘骑的马匹，要喂几十斤鹿、犴或狍肉，有的煮熟喂，有的生喂。马吃了肉就会保持一定的膘头。”② 史禄国对通古斯使用马匹的情况进行了描述：“对居住在不能饲养驯鹿地区的通古斯人来说，马的饲养具有重要意义。在以前饲养驯鹿，现在已经定居的通古斯人中，将马分为两类，即夏季用马和冬季用马。夏季用的马，不用于冬季。或者因为膘情不好，或者因为夏季在不适于养马或没有好牧草的地方狩猎而过度劳累，到秋季已疲惫不堪。保存下来用于冬猎的马匹，在夏季不使役并让它们能在夜间采食。它们在秋初已经壮实起来，能够在灌木中生活一段时光。但经过几周狩猎后，它们已经筋疲力尽，必须用干草饲养一段时间，然后才能再度短期使用。通古斯人用肉喂马。先是一点一点地，使马习惯于加盐的肉干，然后使它习惯吃生肉。靠这种食物为生的马匹养得非常强壮，可以在任何季节用于狩猎。通古斯人称，习惯吃肉食的马可以活到二十五岁，在各个方面都比喂干草的马更好，更强壮，更能够经受狩猎季节的困苦。”③ 鄂伦春人的马匹还有喂盐的习惯，马吃盐后多喝水，不致生病，而且常喂盐，马不会离家太远，容易捕捉。鄂伦春人的一个马群大约有 20—30 匹，其中一匹公马，其他的公马都是骟了以后骑用。对公马都是自己骟割，马匹到了 4 岁后，在春节将生殖器割下，用铁熨斗烫一烫伤口，再用旱烟擦一擦，伤口肿的时候，把马牵到河里洗一洗。骟马都把鼻子切开，使它在奔跑时呼吸流畅。鄂伦春人的马在家庭成员中不能乱用，都是分开专用，就是马匹少的人家，男人和女人骑的马也必须分开。马具也是分

---

① 内蒙古少数民族社会历史调查组：《黑龙江呼玛县十八站鄂伦春民族乡情况——鄂伦春族调查材料之四》，1959 年编，第 41 页。

② 内蒙古少数民族社会历史调查组：《鄂伦春族社会历史调查》，1959 年编，第 17 页。

③ 内蒙古少数民族社会历史调查组：《鄂伦春族社会历史调查》，1959 年编，第 55 页。

开用的，妇女的马具男人是绝对不用的。有的人家还有专门给神骑用的马，在马尾上拴有红黄布条，一般不骑用，用时也只许男人骑，妇女绝对不能骑。鄂伦春人无论男女老少都会骑马，骑马是他们必备的生存技能。男孩从七八岁就开始练习骑马和射箭，十岁开始进行各种赛马比赛。马是鄂伦春族出门打猎时的代步工具，马背就是鄂伦春人的栖息地，就是鄂伦春人的家。鄂伦春族在狩猎生产中离不开马，马不仅供人骑乘，而且出猎、迁移时，各种东西、神偶都由马来驮载。长期以来，鄂伦春族就是依靠一匹马、一杆枪、一只猎犬常年游猎在山冈的。

随着铁器的传入，猎刀成为鄂伦春人必备的狩猎工具，他们后来可以自己制作猎刀和刀鞘，猎刀成为鄂伦春人必备的生产生活工具。枪架也是鄂伦春人狩猎时的重要工具，他们将一根 1.5 米长的树杆劈成两半，将劈开的扁面刮平，外面刮圆，刮好的树杆成半圆形，将两个扁面对起来，在上边 40 厘米的地方钻孔，用皮条连接就制成了枪架。在枪架一侧的上端还镶有铁制的扎枪头，以便野兽反扑时与之搏斗，猎人出猎时将枪架拴在枪上一起背在背后，用时将枪架支起，将枪架在上端进行瞄准射击，这是每个猎人必备的工具。在这个时期，猎犬同样是鄂伦春人狩猎的重要伙伴，由于他们与猎马和猎狗有着深厚的感情，至今鄂伦春人还保有不食马肉和狗肉的习俗。

（二）狩猎对象

进入 17 世纪以后，鄂伦春族许多传统狩猎技术仍然得到了保留，但是枪支、马匹和铁器的进入却对他们的狩猎活动产生了巨大的影响。为了满足商品交换的需要，随着狩猎技术的提高，许多鄂伦春人以前从不猎杀的动物也成为他们猎杀的对象。枪支使用以前，鄂伦春人的狩猎对象主要是体型较大、并且比较容易猎获的动物，而枪支引入后，他们的捕猎对象就比以前广泛得多了。资料显示：“毕拉尔鄂伦春人捕打的野兽据现在知道的有：马鹿、黑熊、野猪、犴达犴、虎、狍子、狼、豺狼、猞猁、獾子、貂、水獭、獐子、灰鼠、香鼠、兔（有白兔、灰兔和黑兔）等。除各种野兽外，还有许多种飞禽，如天鹅、飞龙、大雁、野鸭、野鸡、乌鸡、树鸡、沙半鸡。”①鄂伦春人长期赖以生活的野兽主要是：狍子、鹿、犴、熊和野猪。在这几种野兽中，又以狍子为最多。兽肉不但是鄂伦春人日常生活中的主要食品，而且还是他们喂马喂犬的饲料。皮张又是他们制作服饰和其他生活用品所必需

---

① 内蒙古少数民族社会历史调查组：《逊克县鄂伦春民族乡情况——鄂伦春族调查材料之三》，1959 年编，第 27 页。

的原料。

鄂伦春人狩猎对象的改变与外界交换有着密切的联系，一个原因是统治者强迫性的征缴；另一个原因是为了获取外来的物质消费的需要。据资料显示："17 世纪中叶，清朝统治鄂伦春族以后，他们猎取的貂皮成为向皇帝献纳的贡品。在与周围其他民族发生交换以后，貂皮、水獭皮、猞猁皮和鹿茸等才成为商品。民国以来，商品的品种增多了，鹿胎、鹿鞭、鹿尾、熊胆、元皮等也被商人收购了，从伪满时开始鹿皮、鹿筋、犴皮、犴筋、鹿角、犴角等也都值钱了。"① 据史料记载："清道光十二年（1832）六月二十四日黑龙江将军富僧德奏折。为奏报布特哈处鄂伦春等牲丁交纳貂皮目事。记述道光十二年五月二十八会盟，布特哈处鄂伦春、毕拉尔等所获得貂皮 9496 张，按其丁数挑选出进贡貂皮 4074 张，其中头等貂皮 57 张，二等貂皮 165 张，包括道光元年内务府咨文将每年贡进皇太后备选的色好毛厚貂皮 30 张，计入二等貂皮内，连同秋板 18 张在内的好三等貂皮 392 张，寻常三等貂皮 3460 张；剩余貂皮 5422 张当即分还原捕获人；所贡貂皮由布特哈驿站官兵解送到京城。"② 随着外界对野生动物需求品种的增多，鄂伦春人猎获的动物的品种也随之改变，商品意识和交换意识不断增强，长期形成的狩猎传统被逐渐打破，这是导致鄂伦春人狩猎对象不断扩大化的重要原因。

外部势力的压迫和商品经济的侵入，打破了鄂伦春族那种自给自足的自然经济结构。过去，他们的生产目的仅仅是为了食肉衣皮，一切生产和生活资料都是依靠自己生产而获得。随着猎获产品开始商品化，过去对于鄂伦春人并无特别重大使用价值的猎品，如鹿茸、熊胆之类的药材和貂皮等细毛皮张，现在成了具有巨大交换价值的商品，因而鄂伦春人的生产目的除了为满足自己食肉衣皮之需外，还要为生产商品而劳动，而且商品的比重越来越大。"一年四季中的所谓鹿胎期、鹿茸期、叫鹿尾期和打皮子期的狩猎季节，就是适应这种为商品而狩猎的生产的情况才出现的。"③ 由于对外来文明的逐步适应，鄂伦春人的食物构成开始发生变化，由过去主要依靠食兽肉转变为更多地依靠食用粮食。有些地区的狩猎生产主要是为了满足谙达的需求，在夏、秋等重要狩猎季节，谙达甚至直接跟随猎人进山，随捕随收，囊

---

① 内蒙古少数民族社会历史调查组：《逊克县鄂伦春民族乡情况——鄂伦春族调查材料之三》，1959 年编，第 26 页。

② 国家民族事务委员会全国少数民族古籍整理研究室：《中国少数民族古籍总目录鄂伦春族卷》，中国大百科全书出版社 2010 年版，第 33 页。

③ 《鄂伦春族简史》编写组、《鄂伦春族简史》修订本编写组：《鄂伦春族简史》，民族出版社 2008 年版，第 60 页。

括而去。这样，鄂伦春人的经济生活就日益密切地与外界联系起来，自给自足的生活方式被彻底打破。商品货币经济的侵入，加速了鄂伦春私有制的发展。通过商品交换而传入了先进的生产工具和生产技术，大大提高了社会生产力，从而促进了生产关系的急剧变化。个体家庭迅速发展起来，逐步成为社会的基本单位和消费单位，狩猎生产中的分配制度的变化，就是因为商品货币经济的侵入而引起的，由此也引发出贫富分化的产生。随着外来人口的不断进入，猎获数量和品种的不断增加，野生动物资源逐渐减少，自然环境也开始受到影响，从而将鄂伦春人的生活带入复杂、矛盾和痛苦的境界。

（三）狩猎组织

枪支进入鄂伦春族社会以后，许多传统的狩猎方法依然沿用，但由于先进技术的引用和介入，狩猎对象的扩大化，使他们的狩猎方法更加多样化。集体狩猎在鄂伦春族社会一直得以保留，由于这是一项艰苦和危险的活动，相互之间的依靠和合作是不可缺少的。“从 17 世纪以后，以安嘎为单位集体狩猎，采取按户平均分配或按猎手平均分配的方式逐渐占据主要地位。”① 这个时期的主要生产资料，如猎场、河流、森林仍然是共有的，但是枪支、马匹等生产工具已经成为各个家庭的私有财产。根据这种制度，每到狩猎季节，一个“乌力楞”往往分成几个狩猎小组，这种狩猎小组就是“安嘎”。小的乌力楞可以组成一个安嘎，一个安嘎大约由 5—6 个猎手组成。安嘎的成员完全是由同一个乌力楞中的各个小家庭的猎手自愿组合的。这种集体狩猎大都是由老年人发起的，每当狩猎季节快到时，他就在乌力楞的一些人家串门，征询其是否愿意出猎。经过协商，安嘎成员开始商量到什么地方打猎，什么时间出发等事宜。每个安嘎也要推举一个塔坦达和乌纠鲁达来负责组织和领导。“狩猎小组每个成员所需物品自备，如马匹、子弹、猎犬以及被褥、帐篷、锅碗等，出猎较远时，一般都带着托马。饮食主要带着粮食、盐、酒、烟等。”② 到了山上，安嘎成员“有物大家使，有饭大家吃”，不分你我，在集体狩猎过程中所有的活，如砍柴、做饭、扒兽皮、晒肉干、搭帐篷、喂马等都是大家一起干，谁也不依靠谁。狩猎结束后，安嘎也就随之解散，下次出猎时，再重新组合。

---

① 《鄂伦春族简史》编写组、《鄂伦春族简史》修订本编写组：《鄂伦春族简史》，民族出版社 2008 年版，第 51 页。

② 韩有峰、都永浩、刘金明：《鄂伦春族历史、文化与发展》，哈尔滨出版社 2003 年 7 月版，第 177 页。

随着狩猎技术的提高和商品经济的发展，鄂伦春猎手单独出猎的情况也开始出现。这种情况一般有三种形式，一种是在非“红围期”，猎手各自分散打猎，在居住区附近打狍子等小动物，当天去当天回，以解决临时吃肉问题。另一种是猎手由于缺少马匹或马匹瘦弱、子弹不足，或家里有事、个人身体有病等原因，不能随同出猎，只好在附近单独狩猎。还有一种是个别猎手由于技术高，怕集体出猎吃亏，不愿与别人合作。这种人多和自己的老婆、儿子或全家一起出猎，这样打到的猎物全归自己所有。他们虽然能打到许多猎物，但大家却不赞成，认为他是自私自利的人，没有承担照顾鳏寡老人和有病、残疾人的义务，常常受到大家的冷落。鄂伦春族淳朴和宽仁的友爱精神始终贯穿到生产生活活动中。

（四）狩猎方法

鄂伦春人在长期的狩猎生活中掌握了动物的习性和活动规律，并形成了一套行之有效的狩猎技术。由于商品经济的需要，根据动物的生长情况狩猎活动被分成了几个季节。春季二、三月份为鹿胎期，猎人专打怀孕的母鹿，用鹿胎制成鹿膏，然后再同前来收购的谙达进行商品交换。夏季五、六月份为鹿茸期，这个时期的公鹿鹿茸价值最高，猎人猎取公鹿可以用鹿茸交换生活用品。秋季9月份到落雪前为鹿尾期，落雪以后为打皮子期，或叫作打肉期。这些季节统称为红围期，是打猎的黄金季节。

跟踪法：就是循着野兽的踪迹寻找并猎取的方法。不管春夏秋冬，有经验的猎人都能准确地判断出野兽的踪迹，能辨认出是什么动物、数量的多少、年龄的大小、去往什么方向、经过了多长时间等。春节是鄂伦春人打猎的“鹿胎期”，母鹿一般喜欢群居，三五成群，或者十几只在一起活动。由于食物需要量大，它们几乎整天在找食吃，早晚到河边吃柳树枝，白天到山边或山沟里吃杨树枝，吃饱了就在背风、宽阔的山坡上休息。鹿是一种视觉、听觉、嗅觉都异常灵敏的动物，因此在猎取时既要看好地形，又要找好方向，如果盲目地循迹寻找，是猎取不到的。鹿发现人后都要向密林深处跑，但进到林子后一般不再拼命逃跑，即使有人跟踪也要在林子里来回躲藏，猎人就可以慢慢跟在后面，找机会射击。如果山势较平坦，树林不是很密，也可以骑马追赶。母鹿因怀孕行动较慢，又跑不远，靠近就可以猎打。追捕公鹿更容易些，因为公鹿长有长角，不能钻入密林，只能找空隙跑，猎人可以骑马追赶。追上后还可以用绳索套住鹿脖子或角，装入木笼子内用爬犁拉回来饲养。犴的习惯和鹿差不多，也可以用跟踪法来猎取。打野猪也可以用跟踪法，猎人发现野猪的踪迹后，要看好风向，选好地形慢慢追踪寻找，看到野猪时就轻手轻脚地摸过去，寻找机会开枪射杀。秋季初雪之后，野猪膘肥体壮，行动缓慢，追踪野猪的足迹很快就能够找到野猪。找到野猪之后，由一、两个人轻装骑马追打，另安排一人骑马跟踪，被轰起来的野猪会跑得很快，跑了5—6里路就逐渐跑不动了，就开始在密林里东躲西藏，猎人趁机边射击边追赶，后面的人马上开始剥皮开膛。一次成功的追踪狩猎可以猎获十几只野猪。

猎狗围圈法：当野兽钻入密林时，由于地形、风向多变，猎人很难接近，这时就可以放出猎狗进行围猎，用这种方法可以猎取野猪、熊、犴、马鹿等大型野兽。当遇到犴时，猎人就放出猎狗，猎狗会很快找到猎物，并上前围住，在猎狗与犴对峙时开枪射击将犴击毙。用猎狗圈打野猪也是猎人常用的方法。当找到野猪时，猎人将猎狗放出，受惊的野猪群往往会聚在一起不知所措，大野猪为保护小猪崽就要迎上前来追逐猎狗，趁此机会猎狗也会一起将野猪扑到，猎人上前用猎刀或猎枪射杀。

堵截法：猎人在动物经常走动或在其必经之路上堵截而进行猎取的方法。用这种方法可以猎取各种动物，是猎手们经常用的一种狩猎方法。这种方法不仅省劲，不用漫山遍野去寻找，而且还可猎获许多动物。各种动物都有一定的活动规律，如犴、鹿、狍子等动物，夏季去盐场、水泡子或河边寻食，都是晚去早归，并有一定的行动路线，鄂伦春语把这条路线叫作“阿黑”。因此，猎人只要一早一晚在“阿黑”上堵截就可以。比较有经验的猎手，一般都采用这种方法进行狩猎。但是找到“阿黑”也不是那么容易的事情。“阿黑”在什么地方，一是根据野兽来回走的踪迹判断；二是根据地形来判断，然后找好有利地形等候。如果对“阿黑”判断正确，动物们会直接奔你而来，待其走到跟前再开枪射击。

堵洞法：这种方法主要是猎取熊时使用。熊一到冬季就进入洞穴冬眠，直到第二年春天才醒来，长达5个月之久。在这期间，熊不吃不喝，实在饿了就舔舔自己的脚掌。熊的种类有棕熊和黑熊，棕熊毛为棕褐色，重的可达五六百斤以上。黑熊比棕熊稍小，毛为黑色，胸前有一撮白毛。黑熊能爬树，所以其洞穴建在树洞上，鄂伦春语叫作“天仓”。当熊爬上大树发现有树洞时，就会把里面清理一下然后再蹲伏；如果无树洞，就用锋利的牙齿啃出一个洞。棕熊由于不会爬树，只好在地下掏洞后利用天然洞进行冬眠，鄂伦春人叫作“地仓”。每年大雪一落，吃得肥胖溜圆的熊就钻进自己早已准备好的洞仓，开始冬眠蹲伏。猎人猎熊时，首先找旧仓，也可以带猎狗到熊经常出没的密林深处寻找新仓，有经验的猎人一看到洞口的痕迹就能判断出仓内是否有熊。猎打地仓的熊时，首先指定一位枪法好的猎手架枪对准仓口，其他人往洞内扔石头、木棍或点燃的枯木等，还可以用长杆使劲往仓内捅。当熊出来后开枪猎杀，打死第一只熊后，还要试探仓内是否还有熊，如果有就接着打。天仓由于在树上，所以要比打地仓难。发现天仓内的熊后，猎人就爬到与熊仓相邻的树上，然后往仓内扔木棍等物，还可以将点燃的草捆或朽木扔进去。熊受惊后就从仓内爬出来，地上的人趁机开枪射杀。熊是极其凶猛的动物，常常给猎人带来伤害，相关材料为我们生动地描述了猎人猎熊的惊险场景："对于有经验的猎人，在熊反扑过来时，到人跟前，它就直立起来，这时猎人将扎枪戳在地上，将枪头对准熊的胸口，当它反扑过来时，扎枪头就会扎进熊的胸膛，猎人把扎枪由后向前搬动，让熊头朝下摔去后，把扎枪从熊身上拔出来，熊就会立即死去。"①

蹲碱场法：这种方法是猎人在春夏鹿茸期猎打大型动物的有效方法。碱场是天然形成的盐碱地，鹿和犴等动物都非常喜欢吃盐碱，夜间经常来舔食。猎人根据动物这种习性，在距离碱场四五十米处的下风口隐藏起来，当听到远处有动静时，就要做好准备，等看清动物后开枪射击。夜间打猎不仅要求技术好，还要有好的视力和枪法。猎人们还在夜间用手电筒照明的办法打猎，鹿、犴、狍子等许多动物有趋光性，看到灯光时会站着不动，猎人就趁机开枪射杀。另外还可以用蹲水泡子的办法打犴。夏季，犴非常喜欢吃一种水草，每天夜间都要到水泡子里来找这种水草吃。猎人趁犴把头钻进水里吃草时开枪射击，即使打不中，也听不到声音，可以及时再补一枪。当有两只犴时，可以趁一只把头埋在水里时射杀一只，然后再射杀另一只，这样可以猎获两只犴。

溜河法：兽皮船、桦皮船和木筏子是鄂伦春人顺水溜河狩猎的一种方法，他们用这种方法猎取鹿和犴。在炎热的夏季，鹿和犴都喜欢到河边喝水、吃草。有时甚至在大白天卧在河边或站在水中。猎人只要驾船或木筏子慢慢顺流而下，就能看到鹿或者犴，大兴安岭的鄂伦春人最善于用这种方法打猎。桦皮船划起来没有声响，可以距离动物很近不被动物发觉，而且猎人藏在船中不易被发现，狩猎成功率很高。但是这种方法也具有一定的危险性，如遇水深浪急时，受伤的动物剧烈挣扎，小船有时会被掀翻。

窑鹿法：即窖趟子捉鹿法，就是在鹿经常出入或饮水等的必经之路上，拦腰用两米左右的木杆筑起一道木栅栏，可短可长，短则有十几里，长则有几十里。在其间多处留出 1 米左右宽的缺口，然后在缺口处挖出 3 米多长、

① 内蒙古自治区编辑组、《中国少数民族社会历史调查资料丛刊》修订编辑委员会：《鄂伦春族社会历史调查》，民族出版社 2009 年版，第 15 页。

3 米多深的土坑来，坑上覆以草、树枝或树叶伪装起来，当鹿经过此地通过缺口时踏上窖口就掉入窖内。猎人一般两三天遛一次，每次都有很大的收获，一年能捕十几只甚至几十只活鹿。而且还能捕到犴、野猪、狍子等动物。但若掉进熊就坏了，它不但能爬出来而且还能吃掉窖内的动物。修造窨趟子的劳动量很大，需要几个人联合起来干，一般干几年才能完成。一旦修造完可用十几年甚至几十年。

猎貂：貂是东北三宝之一，哺乳类动物，以小鼠、飞龙、乌鸡为食，栖于树洞、土洞或石砬子里，昼伏夜出。貂皮是珍贵的皮张，具有很高的经济价值。清朝时为了满足皇室的需要和其他民族商人的需求，鄂伦春族的捕貂行业曾经达到高潮。捕貂一年四季均可，但主要在冬季。利用猎犬猎貂是鄂伦春人常用的方法，“捕貂以犬，非犬则不得貂。虞者往还，尝扑克减其食以饲犬，犬前驱停嗅深草间，即貂穴也。伏伺擒之，或惊窜树末，则人犬皆息，以待其下，犬惜其毛，不伤以齿，貂亦不复戕动，纳于囊徐俟其死”。网猎也是猎貂的一种有效手段，貂以土地穴或树孔为洞室，捕者先设网于穴口，然后以“草刍烧烟熏之，貂畏烟出奔，即入网中。”捕貂之网是用麻绳编织的细长网袋，口部是一个圆铁圈。也有下马尾套捕貂皮的，还可以下地箭或夹子。在貂的洞口下地箭或夹子，貂经过时即被捕住，“捕貂下箭如弩，貂动其绳则射之，百不失一。”后来由于“捕貂稀艰”，捕貂业渐废。

猎灰鼠：灰鼠又称松鼠，生活在树上，或在树上用树皮和草搭窝，或栖于树洞之中，以白蘑、松子、橡子为食。皮子可做衣服和领子，主要作为商品出售。秋冬两季是猎灰鼠的季节，猎捕的方法是，在窝或洞的后面用树枝摩擦树杆，待其受惊后爬到树上时用枪射击。鄂伦春族猎取的走兽还有黄鼠狼、狼、獾子、狐狸、獐子、豺狼、香鼠、兔子等，但这些不是主要的猎捕对象。

猎飞禽：鄂伦春族除捕捉地上的走兽外，也捕捉野鸡、野鸭、飞龙、天鹅、乌鸡、树鸡等飞禽，捕捉飞禽的工具有枪、夹子、套子、弹弓等。树鸡是鄂伦春族的主要捕猎对象，它肉鲜味美，既可以同柳蒿芽、老山芹炖着吃，也可以煮面片吃，还可以炒吃，最受鄂伦春人欢迎的食用方法是烧烤。烤鸡味美无比，将内脏摘除，撒上盐面，插在木棍上在火堆上烤，直烤到外皮焦黄、吱吱冒油为止。打树鸡有两种方法，一是用枪打，二是用马尾套。每到春秋两季，树鸡开始交配，它们选择比较隐蔽的、地势平坦的林地作为交配地点。交配时，树鸡沿着固定的圈子追逐，于是猎人就在其路线上下马尾套。因为树鸡追逐时是低着头伸直脖子往前跑，所以马尾套只能高于地面10 厘米，太高太低都不能套住。飞龙是大小兴安岭的珍禽，肉香无比，飞龙汤是鄂伦春族最喜欢吃的食物。猎人打飞龙主要采取两种方法，一是诱猎，每年阴历的四五月份是飞龙的交配期，这时的飞龙发出清脆而尖厉的声音呼唤情侣，于是猎人用嘴和手指巧妙地吹出飞龙求偶的声音，诱来飞龙。二是轰猎，每当秋冬之际落雪之前小河沟、草塘都冻结的时候，飞龙就会飞到大河的柳条筒里喝水或捡草籽吃，然后在朝阳的山根或柳树丛中晒太阳，于是猎人就来到这里轰起飞龙进行射击。

（五）狩猎中的禁忌

鄂伦春族狩猎中有许多的禁忌。由于他们相信万物有灵，所以在狩猎时，为了保证狩猎的丰收，许多事情是绝对禁止做的。鄂伦春族认为有下列情形之一者狩猎都不会顺利或打不到野兽：水洒到火里，触犯火神；出猎中吵闹、打架、拌嘴；出猎前预言能打到多少只野兽；打正在交配中的野兽；猎人进了产房；出猎时打到每一只鹿、犴、野猪时没有祭祀山神；鹿、犴、熊、野猪等大野兽开膛时心脏和舌头没有连在一起。因此打猎的时候尽量避免发生上述事情。打貂和黄鼠狼时，禁止烧长木柴，若烧长木柴，貂和黄鼠狼会就近进洞安身。鄂伦春人认为，能否有收获是山神早已安排好的，说大话会触犯神灵，会无任何收获的。打到熊以后不能说是打死的，而说是误伤的，吃熊肉时不能说是鄂伦春人在吃，而说乌鸦在吃，而且边吃边学乌鸦的叫声，吃毕还为熊举行较为隆重的葬礼。饭后，犴骨不能随便乱扔，应丢进河里，否则被狗或野兽吃了，对狩猎不利；丧偶后三年内不能吃犴肠和犴头肉，否则打不死犴。迁移时，妇女不能骑驮神像的马，认为这样会玷污了神灵。妇女也不能骑男人的马，若骑猎马，男人就打不到野兽了。用狍哨引诱后打到的狍子不能割断脖子，否则以后狍哨就引诱不来狍子了。妇女来月经或生小孩子期间不能吃野兽的头和心脏，因为这些东西是用来祭神的。妇女怀孕时不能吃獐子或熊肉，否则会流产。

二、农业生产

南迁以前，鄂伦春人主要生活在黑龙江以北的外兴安岭广大地区，由于那里人烟稀少、动植物资源充足，人们随时可以获得足以维持生计的食物来源，因此并没有农业生产的出现。南迁以后，从康熙七年（1668 年）至咸丰十一年（1861 年），清朝统治者对大小兴安岭实行了“封禁”政策。尽管鄂伦春人已经与外部有了频繁的接触，但并没有大批的移民进入这一地区，农业生产也未在这一地区开展起来。咸丰初年（1850 年）以后，中国的东北地区遭受沙皇俄国的入侵，中俄不平等条约《瑷珲条约》签署之后，俄国以移民和驻军的办法牢固地控制了黑龙江北岸、河口地区以及乌苏里江下游等地。而此时黑龙江以南的大小兴安岭地区仍然是人迹稀少、沃野千里的情况。为了抵抗沙俄对中国大片领土虎视眈眈的贪婪欲望，清朝政府不得不取消对东北地区的“封禁令”，派出重兵戍边，并鼓励汉族以及其他民族对大兴安岭进行移民和土地开垦。在这种大背景下，清朝政府对鄂伦春人也采取了“收抚”政策，使其“弃猎归农”，将他们编为八旗兵，平时务农，战时出征，以利用他们稳固边防的安全。光绪十二年（1886 年）清朝官员曹延杰在其“条陈十六事”中说道：“迁贫苦旗丁于吉江二省，按给牛具、籽种，责令垦地，或即招俄界华民与贡貂各部，授以三姓闲荒，均令成熟升科，约每年可迁数十百家。”① 这是一份较早的主张贡貂各部弃猎从农的文献记载，反映了当时的清朝政府积极号召百姓从事农耕生产的情况。光绪二十五年（1899 年），《清实录》记载的黑龙江将军恩泽在给朝廷的奏折中写道：“江省收抚鄂伦春牲丁，已届三年，现有四路先著成效，编成村落，请将该城协领等，依部议予奖。”光绪二十六年（1900 年），清政府深感“鄂伦春生计日困，俄入辄以小惠诓诱”，因此加强了收抚政策。光绪三十三年（1907 年），东三省总督徐世昌实行“收抚鄂伦春，并创办一切要政，如变通奉饷，移创学堂，垦务局各节。”宣统三年（1911 年），“喀尔通地方的鄂伦春人已经”结有庐舍，耕有地亩。”② 清朝时期，鄂伦春族在清朝政府的支持下，在外来人口的影响下，已经有一部分人开始从事农耕生产。

民国元年（1912 年），鄂伦春族库玛尔路镶黄旗佐领来忠根据鄂伦春族生活、经济的实际情况，果断上报政府请求帮助鄂伦春族建房垦荒、弃猎务农。《黑龙江通志采辑资料》显示：“秋天，来忠率领 10 户鄂伦春族在距瑷珲 35 公里西山之内坤河上游的宏户图河左岸勘基建屯，择地开荒。”“民国二年（1913 年），政府应来忠的请求立即给宏户图、依溪罕鄂伦春开荒定居人家拨去了盖房的土地、木工木料费用美洋 1000 元，并决定在此地为其拨生计地，给予 10 年后再议生科的优惠条件。”③ 在来忠的积极倡导下，鄂伦春族从事农业生产出现了积极发展的势头，许多佐领纷纷效仿来忠率领其属民择地定居开荒。“镶白旗二佐佐领保忠在喀尔通建屯开荒；正白旗二佐佐领台吉善率部在法别拉、乌兰河等处设屯为业；正白旗头佐佐领察尔吉善率

①② 引自赵复兴：《鄂伦春族狩猎文化》，内蒙古人民出版社 1991 年版，第 122 页。

③ 引自韩有峰、都永浩、刘金明：《鄂伦春族历史、文化与发展》，哈尔滨出版社 2003 年 7 月版，第 153 页。

领本佐鄂民在迈海建房开垦。一时间在鄂伦春族大地上出现了许多定居的村屯，开垦出大量田地。”① 民国三年（1914 年），阿里、多布库尔路协领坚额两次上报政府，提出拨给鄂伦春旗丁地亩、农具、耕牛，为其建筑房屋，派去精于农技的人员指导，以此吸引、鼓励鄂伦春族猎民走出山林，弃猎务农。民国四年（1915 年），政府制定了《生计地移垦章程》，“拨出 2 万垧荒段作为鄂伦春人的生计地，令其 5 年内垦齐。这些生计地主要是划给库玛尔路和毕拉尔路的鄂伦春人的，荒地在奇兴社。拨给荒地时，没有按两路人口多少具体分配，而是一路拨给 1 万垧。”② 民国四年（1915 年），黑龙江巡按使将鼓励鄂伦春族定居务农纳入其“抚鄂安边”计划中，并上报北洋大总统，得到“准如所拟办理”的批令。民国五年（1916 年），黑龙江巡按正式颁批“收拢鄂伦春办法”，将劝抚鄂伦春族弃猎定居务农制度化、系统化。在推行“弃猎归农”政策后，在库玛尔路和毕拉尔路所建二十几个村屯有的已经发展到具有一定的规模，《瑷珲县志》记载：“喀尔通屯，依山临河，地势甚佳，住家十余户。前马厩，后园圃，周院木障具全，屋内清洁，院中整齐。碾磨具有，昼夜不停。开成熟地二百余垧。粮垛满场，牛马遍山，猪羊成群。”③ 在政府的鼓励和支持下，鄂伦春族在民国时期出现过定居和从事农业生产的高潮。随着定居和农业生产的发展，鄂伦春族贫富开始出现较大差异，农业资源也集中在少数人手中。然而，仍然有许多鄂伦春族人从未进行过“弃猎归农”，由于不熟悉农耕，不适应住房，很多人始终在山林里以迁徙游猎为生，也有许多已经定居的人家又重新回到了山林。

日本帝国主义侵占东北地区以后，对鄂伦春族实行的政策是：“不开化其文化，持续其原始生活；不使其归农，当特殊民族实行隔离；构成其独立生活道路，排除其依存生活习惯。”④ 日本帝国主义挑拨鄂伦春族与汉族等其他民族的关系，对鄂伦春族实行了严厉的统治，致使他们 20 多年取得的一些农业生产的成果彻底被摧毁，重新回到山林中从事游猎生活。

鄂伦春人对农业知识知道得很少，农耕技术很低，农业生产非常粗放。资料显示：“春天把地耕了以后，把籽种漫撒在地里，再不进行什么加工，由于是漫撒地，夏天草长起来后没办法夏锄，以后就只等秋收。打场虽然也

---

① 引自韩有峰、都永浩、刘金明：《鄂伦春族历史、文化与发展》，哈尔滨出版社 2003 年 7 月版，第 154 页。

② 引自赵复兴：《鄂伦春族狩猎文化》，内蒙古人民出版社 1991 年版，第 123 页。

③ 同上，第 128 页。

④ 《鄂伦春族简史》编写组、《鄂伦春族简史》修订本编写组：《鄂伦春族简史》，民族出版社 2008 年版，第 104 页。

模仿着汉族和达斡尔族农民来做，但质量和效率也都很低。”① 在这一阶段，由于鄂伦春人的生活主要是依靠采集、狩猎来维系，农业生产是外来文化传播和学习的过程，并没有成为他们生活不可或缺的生存方式，因此外部社会环境的变化对他们从事的农业生产具有决定性的作用。

关于鄂伦春族从民国时期开始的狩猎经济向农耕经济有过短期共存的经历，韩有峰等认为：“咸丰年间以后，清政府取消对东北的封禁，大量内地移民涌入鄂伦春地区开荒种田，再加上金矿的开采，森林资源的砍伐，其结果使野生动物数量急剧减少，从而增加了狩猎生产的难度。移民在开荒务农的同时，也大量加入狩猎的队伍，使日益减少的野生动物资源与急剧增加的狩猎者的矛盾更加突出。19 世纪末叶，沙俄加紧对中国东北的侵略，黑龙江以北、外兴安岭以南大片领土的丧失，使鄂伦春族失去世代狩猎的天然场所，造成农耕与围猎全荒的局面。”② 人口的大量涌入和野生动物资源的逐渐减少，使鄂伦春族单一的狩猎经济出现了困境，在鄂伦春族有识之士的倡导下，在政府的扶持下，在外来文明的影响下，鄂伦春族出现了农业文明就成为历史的必然。由于日本帝国主义的奴役政策，外部环境被改变，鄂伦春族也就毫不犹豫地重新回到山林。

三、经济形式

清朝统治下的鄂伦春族，开始每年向朝廷贡奉貂皮等猎产品。每年的 5 月份是鄂伦春人交换活动“楚勒罕”大会的固定日期，据《黑龙江志稿》记载：“旧制布特哈所属达呼里、索伦、毕拉尔、俄伦春、摩凌阿雅发罕俄伦春官兵，岁五月于齐齐哈尔幕府输貂皮。贡有定额，不中选者得易，号约楚勒罕，译音盟会也。”③ 关于鄂伦春族向清朝进奉贡貂的历史，《黑龙江外记》载：“黑龙江省诸部归顺之初，随朝纳贡，略表臣服之义，盖无年限、数目制定。”④ “贡貂”作为一种制度被固定下来，应该是鄂伦春族隶属于布特哈衙门以后，《黑龙江述略》记载：“黑龙江土贡以貂为重，肇自天聪之年（即 1616 年至 1636 年）。1683 年（康熙二十二年），鄂伦春族隶属布特

---

① 全国人民代表大会民族委员会办公室：《鄂伦春族情况——鄂伦春族调查材料之一》，1957 年编，第 27 页。

② 韩有峰、都永浩、刘金明：《鄂伦春族历史、文化与发展》，哈尔滨出版社 2003 年 7 月版，第 158 页。

③④ 引自吴雅芝：《最后的传说——鄂伦春族文化研究》，中央民族大学出版社 2006 年版，第 111 页。

哈总管衙门后，纳贡成为定制。”[①] 据《黑龙江外记》记载：布特哈无论官兵散户，身足五尺者，岁纳貂皮一张，定制也。”[②] 选貂的办法也有较详细的记载：“将军副都统坐堂上，协领与布特哈总管，分东西席地坐，中陈貂皮，详视而去取之。甲乙既定，铃小印于皮背，封储备进。然后印掷还之皮，而皆削其一爪，如皮背无印，而四爪全者，私活也，事干例禁，人不敢买。”[③] 貂皮入选后，朝廷按等级赏赐给猎者一些银两，没有入选的貂皮，经朝廷官员盖上印章、割去一爪后才能在“楚勒罕”市场上进行交易。然而，朝廷官员尽量压低等级，将已经合格的貂皮故意掷还，背地里再以贱价逼买，不论大小，一律银两九钱。尽管当时的官吏对猎人的敲诈和剥削十分残酷，鄂伦春人不得不依靠这种唯一的途径来换取必备的生产生活物资。资料记载：“楚勒罕时，城西北穹庐遍野，男女杂遝。布特哈之所，屯也。稍东为买卖街，列肆陈货皆席棚。牛马市于日中，羊群散于原野。”“老妪坐穹庐外，撚麻绳造桦皮斗易钱自给者，不一而足。”[④] 从文献记载中我们可以看到当时的“楚勒罕”大会之盛况，而且用于交换的产品已经由单纯的猎产品扩展到手工艺品。

康熙二十二年（1683 年）的《朔方备乘卷二圣武述略》中关于谙达的记载有：“隶属于布特哈旗之官兵称为摩凌鄂伦春，散处山野仅纳貂皮者谓雅发罕鄂伦春。对雅发罕鄂伦春任命布特哈官五名来分治，而布特哈官每三年交替一次并称为谙达。谙达当每年朝贡期由壮丁一名征收貂皮一张向朝廷贡奉外，并充当下达朝令之职。”[⑤] 我们可以看出参加楚勒罕集会的只是被编为八旗充当官兵的“摩凌阿鄂伦春”，而不参加楚勒罕集会，在山野中游猎的称为“雅发罕鄂伦春”。由朝廷派出的官员“谙达”是向雅发罕鄂伦春征收貂皮和传达指令的唯一媒介。早期的谙达主要是负责征收貂皮，然后赏赐给鄂伦春族一些布匹、银两等，从某种角度上来讲，是他们给鄂伦春人带来了外来文明，提高了鄂伦春族的生产生活质量，促使了社会的发展，因此谙达是早期的鄂伦春人对这些官员的尊称。后来，谙达在进山时，还私自携带来鄂伦春人需要的金属工具及其他生产和生活资料，用以换取价值很高，数额巨大的细软皮毛，从而获得更高的经济收入。这样一来，谙达在同鄂伦春人长期的接触中，就变成了一种包买商。“谙达”鄂伦春语原意为“好朋

①② 引自赵复兴：《鄂伦春族狩猎文化》，内蒙古人民出版社 1991 年版，第 144 页。

③④ 吴雅芝：《最后的传说——鄂伦春族文化研究》，中央民族大学出版社 2006 年版，第 111 页。

⑤ 《鄂伦春族资料汇编》，第 97 页。

友”、“义兄弟”的意思，他们与鄂伦春人既存在着行政上的隶属关系，又存在着一种以物易物的交换关系，实际上是亦官亦商，是负责征收貂皮进行物资交换的中间商。据伪满治安部分室编写的资料显示：“鄂伦春族的交易是依靠猎获的毛皮、角及其他山货来进行与生活必需品的物物交换，而其交易系从中间商人谙达来做中介之劳的。”① 谙达的手下都有雇员为其充当助手，鄂伦春人也将这些人称为谙达，但为了区别，就把专职谙达称为“阿拉班谙达”。意思是官方谙达。后来阿拉班谙达被布哈特总管衙门取消，那些受雇的“谙达”就堂而皇之地独揽了猎产品的收购生意。他们在每年夏天的“鹿茸期”、秋天的“鹿尾期”和冬天的“打皮子期”进山，带来一些鄂伦春人生活必备的和从未见过的新奇之物，同鄂伦春人进行交换。官方谙达同鄂伦春人交换时从不计价，都是以“阿贴”的形式进行的。“阿贴”是马驮的意思，猎人把要交换出去的猎产品驮在马背上交给谙达，然后谙达付给猎人同样一马驮物品。民间谙达同鄂伦春人进行交换时也不计价，采用包干制的形式进行交易。每一个谙达都有几个固定的交换包揽户，谙达按期供给包揽户生产生活必需品，包揽户则把自己必备的毛皮和肉食留下外，所有猎产品全部交给谙达。然而，无论是官方谙达还是民间谙达，他们在同鄂伦春人的交换过程中，察觉到鄂伦春人只从需要出发，并不知道估算物品的实际价值，所以常以最低廉的物品换取鄂伦春人极为珍贵的猎产品。谙达同包揽户之间的关系往往是代代相沿，因此，鄂伦春人又称他们为“阿娇儒谙达”，意思是先辈延续下来的谙达。谙达口蜜腹剑，同鄂伦春人称兄道弟，当猎人遭受饥荒时，他们会“慷慨解囊”，主动借给生活必需品，但这种救助的代价是极其昂贵的，有的索要10倍乃至20倍，到期还不上要利上加利，这笔冤枉债几代人都还不清。因此，曾经出现过一个谙达控制一个猎户几代人的情况，有的猎户还被逼得走投无路、家破人亡。

随着商品货币经济的发展，清朝末期大批城镇商人开始涌向猎区，在猎区周围的城镇或村屯建起了大大小小的商号和店铺，这些商号的老板和店铺的店主，当地人称他们为“老客”。还有一些流动着的行商，被称为“跑老客”。他们同鄂伦春人交换时要先计算一下双方交付物品的价值，即实行计价交换。这种交换形式比起固定的包干制显然要灵活得多，猎人可以自由选择自己所需要的物品，可以以物易物，还可以换回通用货币，再买回自己喜欢的东西。到这个时期，谙达同猎人那种固定的“包干”式交换已经变成了计价交换，因此出现了以计价形式为主要交换形式的“斡贝谙达”。一年

---

① 《鄂伦春族资料汇编》，第97页。

当中，双方交换了什么物品，记个账目，最后结算，多退少补。但由于鄂伦春人没有文字，也不知道商品的价格，定价、记账全由对方单方面进行，猎人根本无从知道自己交换的物品是否等价。比起谙达，老客们和跑老客对鄂伦春人的欺骗和剥削更加随意，他们清楚鄂伦春人交换的目的只是为了生活需要，并不追求积蓄，而且不懂市场行情，他们就可以任意降低或抬高交换物品的价格，在收购猎产品的时候对鄂伦春人进行残酷的盘剥。开始时，老客和跑老客也同谙达一样，把自己装扮成鄂伦春人的朋友，得到信任以后，便开始实施剥削性交易。他们抓住鄂伦春人讲义气、耻于经商的心理，千方百计地与鄂伦春人拉关系、套近乎，有的与鄂伦春人结拜兄弟，娶鄂伦春女人为妻，致使鄂伦春人在交易时不好意思讨价还价。鄂伦春人到商号去同他们进行交易时，商号老板百般殷勤，为他们安排住宿、请他们吃喝陪他们进鸦片馆等，利用他们昏昏欲醉之机，迫使其以低价出售、高价购买。数张灰鼠皮换一盒火柴、一斤鹿茸换一个烟袋、一匹猎马换30斤小米是常有的事。《卜奎风土记》中记载："以貂易釜，然后肯易。"[①] 跑老客没有固定的商点，打一枪换一个地方，他们除了对鄂伦春人实施剥削性交易外，更有一些无耻之徒坑蒙拐骗、无恶不作，常有一些鄂伦春人家的女眷被拐卖的事情发生。

在长期的交换过程中，谙达、老客和跑老客都把鄂伦春人的淳朴、重义、善良当成软弱和愚昧，对鄂伦春人进行猖狂的剥削和压迫。据资料记载："呼玛县金山镇坐商老板也用赊账的办法，将一些日常用品和生产资料给鄂伦春族猎人，猎人打到猎物后送到坐商那里还债。"[②] 他们用赊账的方法来控制鄂伦春人的交易，一旦欠下了这些奸商的债，就永无宁日。据《库玛尔路鄂伦春族档案材料》记载："货上加价，并增数倍利息，捏如账本，故意早晚追讨甚急。一说无有，怒气冲冲，不独殴打，并拉马匹，将枪、马拿完后，再掠衣物以及皮张、被褥、锅斧等物，更甚强携妇女，男丁威令夫役。若指灰鼠取货，数至百张，推至第二年不还者，每张折合大洋一圆五角或者二三圆不等，按五元拉马一匹，铅丸五斤拉马一匹，枪药一斤拉马一匹，如取铜帽六百粒者，索要狐狸皮一张，犴皮一张，狍皮袄一件，仍说不足，复拉马匹。如果得鹿茸，奸商等贱价收账，如不允给，即行拉马殴

---

① 吴雅芝：《最后的传说——鄂伦春族文化研究》，中央民族大学出版社2006年版，第116页。

② 关小云、王再祥：《中国鄂伦春族》，宁夏人民出版社、黄河出版传媒集团2012年版，第278页。

打，用枪威吓。如早晨出猎时，商民盘查子弹数目，晚上旋回时，亦需要问子弹数目，尚缺一粒，即问送于何处，答以未得，即用木棒殴打，不准吃饭，又不准给粮食，是以众鄂人被逼，生活无路，四散逃避。”① 对于奸商们的种种恶劣行径，鄂伦春人非常气愤，多次向官府申诉，但由于官吏与奸商互相勾结，对于鄂伦春人的申诉不予理睬，并且变本加厉。鄂伦春人忍无可忍，曾发生过多次反抗斗争。1924 年，呼玛河流域、盘古河流域发生了杀死奸商的“刚通”暴动事件，这次事件迫使官府公开宣布：鄂伦春猎民所欠商人债务一律取消不还，并且设立专商，监督公平交易，严禁散商进山，杜绝了奸商垄断渔利的局面。

日本帝国主义侵入大小兴安岭后，对鄂伦春人实行配给制，剥削程度是空前的。他们没收了鄂伦春人的全部新式步枪，并严格控制弹药的供给。1939 年成立了“满洲畜产株式会社”，垄断了对鄂伦春人的交易。猎民所得猎产品不得私自出卖，而要全部交给满畜会社，虽然表面上也折价记账，但记账的目的只是让猎人知道自己欠多少债务，至于存钱的人很少知道自己有多少余额，事实上实行的是最低标准的配给制。“他们供应给鄂伦春人一定数量的子弹，每季发 50 粒，每粒 2 角，还要求用弹壳换；供给一些生活必需品，每月每人供应 20 斤橡子面。”② 这种苛刻的配给制对生产的发展阻碍很大，猎产品少了、枪支失效、子弹缺乏，鄂伦春人还要受到统治者的恐吓、辱骂甚至殴打，多猎到野兽、皮毛也只是白白地交给日本侵略者。

17 世纪以后，鄂伦春人逐渐迁徙到黑龙江以北地区，清朝政府加强了对他们的统治，也打破了鄂伦春人完全封闭的社会环境。在对外交往中，铁器、枪支、弹药、马匹等生产工具的涌入，促进了整个鄂伦春族社会的发展。交易促进了外来文明向鄂伦春社会的传播，改善了他们的生活条件，开阔了他们的视野。尽管鄂伦春人在这一过程中始终处于被动的、受制于人的地位，也遭受了外部势力疯狂的掠夺和残酷的剥削，但同时也打开了鄂伦春人长期封闭的自然经济大门，引导着鄂伦春族社会从自然经济朝着商品经济迈进。

---

① 引自关小云、王再祥：《中国鄂伦春族》，宁夏人民出版社、黄河出版传媒集团 2012 年版，第 279 页。

② 关小云、王再祥：《中国鄂伦春族》，宁夏人民出版社、黄河出版传媒集团 2012 年版，第 279 页。

四、生活方式

（一）饮食

对于长期以狩猎为主要生活方式的民族来说，肉食是他们营养的最基本保障，同时鱼和野菜、野果为辅助食品。随着猎产品交换的发展，食用粮食的比例逐渐增加。宽仁的大森林为鄂伦春人提供了充足的食物，使他们享用到外人无法领略的食肴。

鄂伦春人经常吃的野兽肉有狍肉、鹿肉、犴肉、野猪肉、熊肉、兔子肉等，其中以狍肉、犴肉为最多，一年四季均可以吃到，其他肉类则次之，此外各种小动物和飞禽也是他们的食物来源。鄂伦春人对兽肉的食用方法一般有10种："其一，是'达拉嘎兰'（烧肉）。切一块肉，扔在火炭上，边烧边翻过，烧得外焦里嫩即可食用。其二，是'席拉兰'（烤肉）。找一长木棍，将两头削尖，一头插肉，一头插在篝火旁的地上，烤得外面焦黄，里面还有红心即可食用。其三，是'乌罗伦'（煮肉）。主要是狍、鹿、犴的胸腔、头、蹄、内脏等，把其切成大块放在锅里煮，煮得鲜嫩可口时捞出蘸盐水吃。其四，是'阿斯根'（生吃）。生食狍肝也是鄂伦春人的一个习俗，他们认为生食肝可以明目，可以强壮身体。其五，是'库呼尔'（晒熟肉干）。把狍、鹿、犴肉切成小块，加食盐和花椒藤，用水煮，放在蒿帘上熏制，干后储备。其六，是'西鲁哈'（晒生肉干）。把狍、鹿、犴腿肉切成细条，撒盐腌渍，挂在木架上，用烟熏烤，烤成半熟后储存。其七，是'乌满'（骨髓油）。把动物腿骨煮熟或烤熟，用猎刀或斧头将骨头砸开吸食骨髓，也有生吃骨髓的，它有强壮身体之功效。其八，是炼熊油。猎到熊后，将其脂肪全部割下来炼油。炼好的油放在用野兽的尿泡做成的袋子里或桦皮篓里，可用熊油熬野菜吃。在严寒季节，猎人出猎前，喝一碗熊油，会全身发热，能抗寒、解饿。其九，'波油色'（灌血肠）。猎到野兽后，开膛时把血倒进桦皮盆内，沉淀后，用血清灌肠。其十，是'阿素'（杂菜花）。将狍肺、狍里脊、狍头肉煮熟切丝，将狍脑壳砸开用脑浆拌三丝，再加些野葱和食盐，味道鲜美，是招待贵客的佳肴。"①

兴安岭森林中河流众多，鱼类资源丰富，食用鱼类也是鄂伦春人获取营养的重要方式，同时他们食用鱼的方式非常简单。用火烤鱼是把捕捞上来的鱼插在木棍上放在火上烘烤，烤熟后将鱼鳞挂掉，开膛将内脏去掉即可食

---

①　赵复兴：《鄂伦春族狩猎文化》，内蒙古人民出版社1991年版，第163页。

用。水煮鱼是将鱼鳞刮掉，开膛后去掉内脏，煮熟后蘸盐食用。晒鱼干是把鱼去鳞开膛后将鱼切成小块，用盐水煮熟后晒干，贮备起来，食物短缺时食用。晒鱼坯子是将鱼开膛去鳞后，从脊背将鱼一劈为二撒盐腌渍，然后挂在架子上，用火熏干，储备起来，食用时用水发开再进行烹制。炖鱼是把鲜鱼或干鱼放在锅里和野菜一起炖熟后食用。熬鱼干粥是把米和鱼干放在一起熬粥食用。生吃鱼是把鱼开膛去鳞后洗净，将鱼肉从鱼骨上片下来切成丝，放些盐和醋拌着吃。

野菜野果是鄂伦春人获得维生素的重要途径，大森林为他们提供了可供采集的野菜和野果有四十余种，采集也是由妇女负责的重要工作。在采集的野菜中，以“昆毕”（柳蒿菜）和“罗参努阿”（山芹菜）最多。她们在劳动中随采随食，并把大部分的劳动成果晒干储备。晒干的野菜可以同兽肉一起煮着吃，可以用肉汤煮野菜吃，没有肉食的时候可以用野菜干充饥。山林里的野果很多，“英额格特”（稠李子）是鄂伦春人采集最多的野果，可以直接食用，也经常把新鲜的果子用开水烫一下，然后晒干，需要的时候熬粥用。“莫力格特”（山丁子）熟透了会变软，且甜度很大，鄂伦春人采集后捣碎放在桦皮篓里，烙饼时用它做陷。“喜喜格特”（榛子）和“库力格特”（松子）也是鄂伦春人经常采集的果子，家家都要储备，缺乏食物时也可以充饥。

清朝中叶以后，鄂伦春人和周边民族接触增多，商品经济的发展和猎产品的交换日益增加，粮食很快进入鄂伦春人的生活，小米、大米和白面是他们的主要粮食品种。“西露哈苏木顺”（肉粥），是把米和肉丁放在一起熬，放入盐后可以食用。“依鄂特苏木顺”是把米洗净后上锅煮，等七八成熟后将稠李子放进锅中，再煮开时稠李子爆裂，粥呈粉红色时即可食用。“干盼”（干饭）是将米煮到七八成熟后捞出来再焖，等到完全熟了即可食用。“老考太”是用小米、黄米等洗净后倒进锅里，加适量的水、盐和肉丝，煮到七八成熟后用饭勺将米捣碎，呈黏稠状，并可拉出丝，这种食法是新郎和新娘入洞房时必备的食品。“卡拉斯克”（烧面）是把和好的面团成扁圆或圆圈状，埋在热灰中烧得焦黄后即可食用。“偏拉坦”（面片）和“图胡列”（油面片）是用水和油将面和好，用面杖将和好的面擀成薄片，用手将面片撕成小片，放进锅内煮熟后再放入野葱花、食盐即可食用。“阿拉”（油炒面）是用野兽油干炒白面，炒熟后即可食用，这是猎人出猎时常备的食物。

烟和酒是在清朝末期传入鄂伦春族地区的，鄂伦春人主要吸旱烟叶，不论男女鄂伦春人都有吸烟的爱好。“民国末期，交换进一步发展，鸦片输入进来，日伪统治时期，供给他们鸦片，所以这两个时期吸鸦片的人较多，直到新中国成立初期才禁绝。"[①] 鄂伦春人有喜欢饮酒的习惯，酒主要是通过交换从外界进入的，鄂伦春人也深受烟、酒的毒害。

（二）服饰

清朝以后，鄂伦春人的服饰有皮制的和布制的两种，皮制服饰一直伴随着他们的生活，直至清朝末期布制服饰才开始逐渐进入。皮制服饰是用猎获的狍皮、犴皮等，经过熟皮后缝制而成，这种衣服不仅耐磨，而且御寒性极强，是猎人在冬季出猎时必备的御寒用品。布制服饰是鄂伦春人用猎产品通过与外界交换而获得的，他们根据生活经验和需要加工成适应生活环境和民族特征的衣物和饰品。

鄂伦春人冬季穿的皮袍叫作"苏恩"，是用冬季猎获的狍皮制作而成的，他们不分男女老少都要穿着这种袍子过冬。冬季的狍皮有很厚的绒毛，非常暖和轻便。皮袍样式很讲究，"一般为大襟，襟边、袖口等部位都镶有黑色薄皮云字边，有的还镶上猞猁皮或狐狸皮领边，既耐磨又美观。"[②] 男式皮袍较短，为了骑马打猎方便做成前后开襟；女式皮袍较长，一般都过膝，长的可达脚面，两侧开襟。纽扣是用兽骨或硬木制成，后来也有用铜扣做的。穿上皮袍后要扎上腰带，男人扎皮带，女人则多用布腰带。皮裤是用狍皮制成，皮裤外有时还穿上套裤，套裤是用夏天猎到的狍皮制成，套裤的上角缝上皮条，系在腰带上，防止裤子脱落。狍皮帽子鄂伦春语叫作"灭塔哈"，是用完整的狍头皮缝制而成，狍子的眼睛、耳朵、鼻子和角都要保留下来，这种帽子既保暖又别致，是男人们喜爱戴的帽子。妇女喜欢戴猞猁皮帽子，或戴缝上皮毛饰品、绣上花纹的毡帽。鄂伦春人的鞋主要有"奇哈密"、"奥劳其"和"温得"等，在鞋的里面还要穿上带毛的皮袜子"道团安"，这样即使在冰天雪地里行走也不会冻脚。鄂伦春人用狍皮缝制的五指手套称作"粉巴黑"，还有一种类似手闷子的手套叫作"考呼露"。五指手套往往做工精细，在套口处镶有灰鼠皮边和云字花边，手套背部也绣有各种精巧的花纹，妇女往往用手套来显示自己精湛的手工技艺。

在春秋季节鄂伦春人爱穿绒毛脱落的旧皮袍，鄂伦春语叫作"卡热么纳"，裤子也是用这样的皮子制作而成。夏季由于天气较热，鄂伦春人喜欢

---

① 赵复兴：《鄂伦春族狩猎文化》，内蒙古人民出版社 1991 年版，第 165 页。

② 韩有峰、都永浩、刘金明：《鄂伦春族历史、文化与发展》，哈尔滨出版社 2003 年 7 月版，第 217 页。

穿叫作“古拉米”的皮衣裤，是用夏季猎获的狍子皮制作而成。男人穿短上衣、女人穿长皮袍，样式与冬装相同。鞋要穿“奥老其”。男人戴用布制作成的尖顶“巴里”帽，女人则只戴一种叫作“奇哈顿”的头饰。随着与外界交往的增加，已婚妇女的头饰上增加了玻璃、纽扣、贝壳之类的缀物，老年妇女只用一条毛巾或一块布把头发扎起来，未婚姑娘的头饰则比较讲究，往往在缀满饰品的头饰上绣上各种花纹，在阳光下闪闪发光。随着布匹的涌入，鄂伦春人夏季也开始穿布制服饰，男女一般都穿长衫，还要扎上一条布腰带，并且根据年龄的不同选择不同颜色的衣服。

皮被是猎人冬季狩猎所不可缺少的御寒工具。狍皮被子是用5—6张狍皮缝成一个口袋状，睡觉时钻进去，再铺上用狍皮或熊皮做的褥子，就是在野外宿营也不觉得冷。

（三）住所

鄂伦春人长期以迁徙游猎为主要生活方式，“斜仁柱”也叫“撮罗子”是他们便于搬迁的家。“斜仁柱”是用两根带杈的桦树杆“阿杈”搭起主干，然后把6根带杈的树杆“托拉根”搭在“阿杈”上，相互咬合，使整个机构牢固。再把顶端套上用柳条制成的“乌鲁包藤”，在“乌鲁包藤”周边搭上20多根树干“斜仁”，“斜人柱”的骨架就搭好了。“斜仁柱”骨架上的覆盖物随着时代的发展不断变化。最早的覆盖物是从桦皮树剥下来未加工的桦树皮，鄂伦春人称为“塔路”，把这种桦树皮像瓦片一样叠压在“斜仁柱”的骨架上，用绳子捆牢就行了。“铁克沙”是把桦树皮经过修剪、打磨、蒸煮、晾晒后，用柔软、透亮的树皮缝制而成。鄂伦春人用兽皮做的围子叫作“额勒敦”，一个“斜仁柱”骨架需要覆盖3块“额勒敦”，两块大的，每块需要狍子皮25张；一块小的，需要狍皮10张，再用鹿、犴的筋制成的线缝制而成。布匹进入后，鄂伦春人做成“布围子”覆盖在“斜仁柱”上。“斜仁柱”顶端无论冬夏都不覆盖东西，以便通烟。“斜仁柱”朝南的一面留门，门框上夏天挂柳条穿成的门帘，冬天挂狍、鹿皮制作的门帘。

“斜仁柱”对着门的铺位叫作“玛路”，左右两侧的铺位叫作“奥路”，“玛路”和“奥路”中间是火塘，用以取暖、炊事和保存火种，火种终年从不熄灭。“玛路”是老年男人和男性客人的席位，他们认为女人不洁，严禁到这个席位上来。右侧的“奥路”是年长夫妇的席位，左侧的“奥路”是青年夫妇的席位。“斜仁柱”顶上搭有横木杆，是吊小孩的摇篮用的。一个“乌力楞”由几个“斜仁柱”组成，早期的“乌力楞”是以血缘关系组成的家庭氏族公社，后来逐步演化成地域性的村舍，往往由几个姓氏的成员组成。

“奥伦”是鄂伦春人的仓库，他们将衣物、肉干、粮食和野菜、野果等储存在里面。搭盖“奥伦”是选择自然生长的四棵对角生长方形的树木，在高出地面三米左右的地方将树砍断，利用树杈将两根树干固定，然后将细椽子并排搭在树干上，用藤条或柳条加以固定。在底座椽子边缘的两侧每隔一尺插一根细桦树条或柳树条，将其编成拱形，再将一些细树干横搭在拱形架上。篷架搭好后，将桦树皮盖在上面，用藤条加以固定，并将篷子的一头用桦树皮封死，另一头做门，仓库就搭好了。为了方便起见，还要做一个梯子，不用时把梯子放下，防止野兽进入仓库。不论是氏族内外，或者是路过的人，如果需要都可以到“奥伦”里取东西，事后如数还上即可。

五、生育习俗

定居以前，鄂伦春人迁徙游猎的生活十分艰苦，特别是冬季的严寒给产妇和婴儿的健康带来了严峻的考验。新婚夫妇如果妻子不能及时怀孕，家人就会焦急万分，往往请来萨满来举行“乌米那任”祈子仪式。举行仪式时，家人将准备好的供品摆放在“斜仁柱”内的“玛路”神位前，由萨满向“阿木轰妈妈”祈祷，请求“阿木轰妈妈”赐予孩子。

鄂伦春人由于缺乏科学的生理卫生知识，对女性的一些生理现象不理解，“认为妇女经期和分娩时不洁净，妇女月经来潮的时候，不允许铺狍皮褥子，否则导致男人枪法不准；不许吃动物的心脏和头肉，否则认为子弹会失去穿透力，因为动物的心脏和头是供神用的；不许到河里洗澡、不许跨越泉水，否则认为会触怒水神而导致下大雨和泉水干枯。孕妇不能进产房，否则认为产妇生产不顺利或没有奶水；不能走抬过死人的路，更不能看尸体，哪怕是自己的至亲死了，也不能奔丧，否则认为孩子不能成活，而且死者也会因此获罪而不能再生。产妇不能吃动物的内脏和新猎得的兽肉，否则认为男人将再打不到猎物；不能在原来居住的斜仁柱里分娩，否则认为会触犯神灵而给全家带来灾难，因为那里供奉着祖先神。”① 孕妇临产前，由其丈夫在原来住的斜仁柱前方约 50 米处搭盖一个小的斜仁柱，称为“雅塔柱”（产房）或“恩克那力柱哈汗”（有摇篮的小房子）。其内悬挂助产神“奥克楚克神”像。婴儿出生后，要与母亲在这个简陋的产房中住满一个月。

① 吴雅芝：《最后的传说——鄂伦春族文化研究》，中央民族大学出版社 2006 年版，第 121 页。

男人不能接近产妇，就连产妇的丈夫也不能进入产房，妇女分娩后，一般休息一个星期左右，在此期间，她的生活由家中其他女性照顾。若无其他女性，则产妇的丈夫把饭做好后盛在桦皮桶里，用木棍挑着递进产房，而产房内的一切事务由产妇自己处理。

孩子满月这天，要用“阿查”烟将母子周身熏一熏，表示驱魔除秽，母亲才可以抱着孩子搬回原来的住房中。然后要举行祭祀祖先神的仪式，向祖先神像敬酒献肉，感谢祖先保佑家族添口进丁，向祖先神通报孩子的名字、性别、出生时辰，并祈祷神灵保佑孩子健康成长。还要向火神祷告，让火神认识这个刚刚来到世上的孩子。亲朋好友带着酒肉以及柔软的狍皮或布匹前来祝贺。仪式结束后，要送走悬挂在产房中的助产神像，还要将“雅塔柱”立即拆除，以免魔秽蜗居其中危害家人。

鄂伦春人视生畸形儿和双胞胎为凶兆，但这两种情况都极为少见。虽然他们认为畸形儿和双胞胎不吉利，只要孩子一出生，都会悉心抚养，没有处死的。鄂伦春人反对婚外不正当男女关系，但却不歧视私生子，每一个孩子都会得到全氏族人的保护和帮助。每一个婴儿都在摇篮中长大，“恩莫克”即鄂伦春语摇篮的意思。最初的摇篮是用皮绳穿系柳树条而制成，形若帘，两端系上带子，先用兽皮将婴儿包裹好，置于帘上，两端系带相对系牢即可，后来改用桦树皮缝制成摇篮。孩子的裹被也很巧妙：“一整张狍皮，去掉四个腿，狍头处缝成帽兜，用其包裹孩子，既方便又暖和。为了防止孩子尿湿狍皮，聪明的鄂伦春妇女，就地取材，将朽木搓碎，装在布口袋里，制成独特的‘尿不湿’，柔软且吸水。”① 为了便于游动，摇篮的两端拴一根较宽的皮带，搬迁时，母亲将摇篮背在背上骑马行进，孩子饿了，就将摇篮转到胸前喂奶。摇篮的两侧还钉有皮带，用皮绳将孩子缚在里面，不论怎样颠簸，孩子都不会从摇篮中掉下来。到了宿营地，将摇篮挂在树上，大人们尽可以放心去做其他工作。

六、婚俗

鄂伦春人一直实行一夫一妻的婚姻制度，严禁在同一氏族内部或辈分不等的男女间通婚，只有在不同的氏族之间才允许通婚。如果在同氏族内部发生了男女之间的性关系，就会被认为是乱伦，会受到严厉的处罚。由于鄂伦

① 吴雅芝：《最后的传说——鄂伦春族文化研究》，中央民族大学出版社 2006 年版，第 122 页。

春人以迁徙游猎为主要生活方式，男女相互之间缺少感情交流，因此婚姻一般都由父母包办。订婚的年龄大致是："从两三岁到七八岁这段年龄中，父母给订婚的最为普遍。也有到十几岁时父母给订婚的，但为数较少。也有指腹为婚，在她们的妻子怀孕时订下婚约。如出生一男一女则成为夫妻，如果生下来的都是同性，则结成干兄弟或干姐妹。也有的一方已生下男孩或女孩，另一方怀孕，也订下婚约。"① 订婚一般是男方的父母主动进行的，也可以找一个能说会道的经常说媒的人去求婚，去的时候男方一定要带上酒。双方见面后，男方说明来意，女方父母一般不会轻易答应的，而要说些客套话。比如说自己家姑娘还小、不懂事、傻、笨等，推脱男方去找别人家的姑娘。这时求婚的人一定要把姑娘夸奖一番，并一再恳求答应这门婚事。求婚很少一次成功的，一般需要两三次，女方父母即使答应也不会直截了当地说明。如果女方一旦稍有松口，求婚者马上下跪叩头、敬酒，如果女方不同意婚事，就不会喝求婚者带来的酒，以示拒绝。求婚成功后，男方的父母或媒人过一段时间就会带着酒到女方家商量彩礼的事情，由女方提出彩礼的数字，一般是两三匹马、野猪一头、三四桶酒。彩礼如果一时不易筹备齐全，可以分两三次送去，每次女方家都要请"乌力楞"的亲朋好友喝酒，同时也招待送彩礼的人。女婿在第一次或第二次送彩礼的同时拜见岳父母。如果是指腹为婚的亲事，孩子生下来后，男方家主动到女方家商定彩礼的事。在最后一次送彩礼的时候，双方商定结婚日期。

鄂伦春人在14—17岁的年龄结婚比较普遍，18岁以上的就比较少见了。结婚的日期由双方父母商定，要选择阴历的双日和吉日。鄂伦春人非常重视结婚仪式，双方亲朋好友都要送礼品和参加婚礼，婚礼也非常热闹。接亲时，男方的兄弟姐妹及平辈的年轻人都可以陪同前往，每个人都要骑上自己最好的马，在几名长辈的带领下，簇拥着新郎浩浩荡荡直奔新娘家。与此同时，新娘家也由众兄弟姐妹骑马组成的欢迎队伍前往迎接，两队相遇、人欢马嘶，双方年轻人还要展开氏族间的赛马较量，预示着家族的兴旺与强大。新郎与新娘家如果路途较远，接亲队伍要在女方家住一宿；如不远则当日返回。接亲队伍返回时，由新娘的叔叔、婶婶或伯父、伯母等长辈和新娘的兄弟、姐妹及其他亲朋陪同相送。返亲的路程充满了欢歌笑语，也是双方各显才艺的大好时机，优美的歌声回荡在山林。当队伍快到新郎家时，欢迎的队伍便会出来迎接，双方再次展开赛马比赛，欢乐的场面蔚为壮观。仪式

---

① 内蒙古少数民族社会历史调查组：《黑龙江呼玛县十八站鄂伦春民族乡情况——鄂伦春族调查材料之四》，第211页，1959年编。

开始时，男方的父母及长辈和娘家来的长辈请到上座就座，新娘穿着自己亲手精心制作的嫁衣在新郎的陪同下走进场地。在主持人的引导下，新郎和新娘先拜天地，即面向北跪地磕三个头，再给父母及其他长辈们一一磕头。老人们受礼后都要简短地祷告几句，以示祝福，新郎和新娘要"者！者！"地一一应答。仪式后，酒宴开始，凡是来参加婚礼的亲朋好友自由组合，围着一堆篝火，席地而坐，边吃边喝。新郎和新娘要向众人敬酒，并向来宾行屈膝请安礼，长辈不还礼，平辈者要还礼。夜幕降临时，也正是歌舞娱乐的最好时机，歌声、笑声不绝于耳，直到最后大家手拉手共同围着篝火跳起"罕贝舞"，象征着鄂伦春人家庭和睦、人丁兴旺，幸福安康。

鄂伦春人的婚姻由父母包办，虽然当事人不愿意，但没有婚姻自由，退婚、离婚也是不允许的，要受到社会的谴责。即使如此，退婚、离婚的事情还是不可避免的。"如果是男方提出离婚，女方不退还彩礼，还可将带来的马匹牵走；女方提出离婚，还得退还全部彩礼，如果公认男方很不好，可以不退还彩礼，事实上女方主动提出退婚和离婚的很少，即使提出也很难实现。"① 如果当事人提出离婚，父母不同意，这样就要由佐领来调解，也就是用惩罚的办法，把双方都打一顿。结婚前一方死了，可以将彩礼退还；如果一方残疾了，不能作为退婚的理由。寡妇婚姻不能自主，仍由父母包办。年轻的寡妇有男孩，不能再嫁，如没有孩子或只有女孩，父母可以和男方的父母协商把女儿要回来，另嫁别人，寡妇再嫁索要的彩礼，一半退回原来的婆家。

七、丧葬习俗

鄂伦春人认为人的灵魂是不灭的，人死只是灵魂与肉体的分离。"他们认为，人死后灵魂继续生活在另一个世界——阴间。同时也认为，人死之后的灵魂能作用于生者，因此产生了崇拜和畏惧的心理。这样一来，活着的人就极力安排好死者的生活，以示对死者的崇敬，于是产生了对死者的各种丧葬仪式。"② 鄂伦春族的丧葬方式主要有天葬、土葬和火葬等三种。"早期主要是树葬；后来是先树葬，后土葬，即所谓二次葬；最后有的只进行土葬。

① 内蒙古少数民族社会历史调查组：《黑龙江呼玛县十八站鄂伦春民族乡情况——鄂伦春族调查材料之四》，第 212 页，1959 年编。

② 赵复兴：《鄂伦春族狩猎文化》，内蒙古人民出版社 1991 年版，第 334 页。

火葬主要是用于患急病死去的青年人和孕妇。”① 鄂伦春人认为，死后在阴世间还要生活，进行树葬和土葬是给死者提供住所，死人的住所同活人的住所是一致的。

天葬是在人死后，给他换上好衣服，没有的就不换，头朝北脚朝南放着，有人就当天抬出去，没人就放一天。在抬出去之前，要看看风水，选好葬地。“在天葬时，要把死人骑过的马也杀掉陪葬，意即让他骑马到阴间去。杀了马后将马皮扒下来，肉扒去扔掉，头和五脏连到一起，用马皮缠上放在死人脚下，天葬时把它也搭到树上去。陪葬马时还要说几句话，告诉他别再想家，也别再回来了。如杀不起马时，将死者在世所穿用的衣具驮在马上，围绕其葬地转几圈，并说几句以示陪葬马匹。在天葬时死人身边还要放碗，并把碗边敲去一块（如不敲去则对活人不利），烟袋（要铜烟锅，不要木头烟锅，要玻璃烟嘴，不要石头烟嘴），烟荷包，锅，勺。天葬后尸体从树上掉下来也不再管它，家人不能去动它。”② 天葬是鄂伦春人根据自己的生活习俗形成的一种丧葬方式，二次葬则是由于生活环境相对固定后，受游猎经济的影响而形成的一种丧葬形式。二次葬是：“猎人及其家属出外打猎，有人死在猎场，就暂时树葬在那里，待过一年半载，再把尸骨捡回来，葬在自己氏族或家族的墓地。”③ 将同一氏族或家族的死者埋在一起，他们认为这样一来，死者在阴间就又可以在一起生活了。夫妻合葬也是出于这样的考虑，夫妻一方去世后，把死者土葬，另一方去世后再埋在先者的近旁，以男左女右来安葬。

土葬是在人去世后把死者放进棺材进行土葬，“如没有棺材就掘成窖后用木头砌成方框尸体放里面。土葬时除选择风水好的地方外，并根据地形坡度来放。如选择的地点是阳坡则头朝北、脚朝南，东坡则脚朝东头朝西。禁忌正面朝日出方向，如放在东坡时稍稍挪来日出方向。如一家人埋葬在一地，则按辈分列成行。如人死后一时没有棺材，可先做天葬，待有了棺材再行土葬。”④ 鄂伦春人在土葬中夫妻合葬的习俗是：“如夫妻先后去世，要把先死者的坟墓掘开，然后，把后死者的棺材并列放到里面合葬。如果死者是男性放在左侧，女性则放在右侧，并在两口棺材中间各钻一个小孔，用一根

---

① 赵复兴：《鄂伦春族狩猎文化》，内蒙古人民出版社 1991 年版，第 334 页。

② 全国人民代表大会民族委员会办公室：《鄂伦春族情况》，1957 年编，第 86 页。

③ 赵复兴：《鄂伦春族狩猎文化》，内蒙古人民出版社 1991 年版，第 335 页。

④ 全国人民代表大会民族委员会办公室：《鄂伦春族情况》，1957 年编，第 86 页。

木管连接起来，使两口棺材间能通气，表示便于夫妻俩相互交谈联系。”①

火葬多是对得疾病死的年轻人和怀孕的妇女死后使用的葬法，怕他们死后变成鬼，所以要把他们烧掉。“烧的时候必须烧透。尤其是心口窝认为如烧不透而剩下来就闹鬼。对这样死的人有的请萨满驱鬼。”② 火葬时，“先架造柴堆，再将装有尸体的棺材放在柴堆上，然后，将柴堆点燃。操作火葬的人一般是老年人和成年人，不许小孩、妇女和青年人接近或观看，以免受到惊吓。烧完后，将其骨灰装入木盒或桦皮盒内，再深深埋于地下。”③

人死后全家都要痛哭，并要戴孝。五辈以内的亲人要带三个月孝，五辈以外的带一个月孝。平辈扎一根白布戴，戴一天。如果父母死了，儿子要穿白长衣，腰扎白布带。给长辈戴孝腰带要搭到肩后，给平辈戴孝就耷拉到前面。“长子给父母戴孝三个月不剃头，过去还有过三年不和他的妻子同床。一般是死了以后就送出去，但烧纸戴孝可以推后几个月。等买来纸和布再补。”④ 一般家人在清明的时候要给死者上一次坟。鄂伦春人去世一年时，他的儿子等亲人要给他办周年。生前的亲戚朋友得到通知后要带着祭物来祭祀。

在水边生活的鄂伦春人还有水葬的习俗，但仅限于溺水身亡。首先要把死者的帽或头巾投入水中，然后一边祷告一边将棺材慢慢推至河心，任其漂流，既然死者钟情于水，就让他随波逐流吧。水葬时，死者的子女及晚辈要跪在岸边磕头，直到棺木漂流到看不到踪影时为止。鄂伦春人的丧葬仪式中虽然还保存着像天葬等一些古老的习俗，但从其烦琐的礼仪中可以看出显然是受到了不少外来文化的影响。

八、礼仪

鄂伦春人在长期的社会生活中，形成了一套礼仪和礼节，反映着他们淳朴的情操和真挚的感情生活。他们对老人非常尊敬，在老人面前毕恭毕敬，同老人说话和蔼恭顺，呼唤老人时要使用尊称，晚辈绝对禁止直呼老人的名字。在各种场合，都要长幼有序，落座让长辈先坐，喝酒请长者开杯，吃肉让长者先动刀，起程让长者先走。在出猎中遇见长者或长辈亲友，相距很远

① 韩有峰、都永浩、刘金明：《鄂伦春族历史、文化与发展》，哈尔滨出版社 2003 年 7 月版，第 247 页。

② 全国人民代表大会民族委员会办公室：《鄂伦春族情况》，1957 年编，第 86 页。

③ 韩有峰、都永浩、刘金明：《鄂伦春族历史、文化与发展》，哈尔滨出版社 2003 年 7 月版，第 247 页。

④ 全国人民代表大会民族委员会办公室：《鄂伦春族情况》，1957 年编，第 86 页。

就要下马，牵着马迎面走去，到跟前首先给长辈请安、问好，长辈一般也要回问。当长者说上马吧，年轻人才能上马奔驰而去。“在出远猎时，出猎前要给老人请安，老人也对出猎的人说些一路平安、多打野兽的吉利话。出猎回来也要先给老人请安。如长期在外，年节回来，要给老人请安两次，一次是见面礼，一次是节日礼。对老人、长者的尊敬，还表现在有事首先同他们商量。老人在鄂伦春人中享有较高的威望。”①

鄂伦春人热情好客，不论是对本族客人还是外族客人，只要来到乌力楞，主人都会热情款待。主人先将客人让到斜仁柱里，如果是男宾，要让到玛路席上；如果是女宾，让到奥路席上。坐下后，要点烟倒茶，对远方来的贵客要用丰盛的兽肉和好酒热情款待。

第三节　定居以后的生产生活方式

一、狩猎活动

定居以后，党和人民政府积极扶持鄂伦春族社会的发展，并对猎产品采取了统购统销的办法，同时，政府实施了“护林防火、护养猎并举”的措施，使鄂伦春族群众迅速富裕起来。资料显示：“中华人民共和国成立后，鄂伦春人开始改变了‘防火寻角、烧荒引兽’的旧习。1951 年成立了 5 个护林队。每年夏冬从事狩猎生产；春秋则集中护林防火，各队划定猎场，分段包干。政府发给护林员工资，一般是月薪 10—20 元。从 1952 年起发给冬夏衣服，并给调换了新枪，1953 年定居后，各村在县护林防火委员会领导下组成村防委会，工资增至 30—40 元。”② 在中国社会大环境的影响下，鄂伦春族进行了互助组、合作化生产组织、分配制度改革，这种举措被称为鄂伦春发展史上的“黄金时代”。“鄂伦春自治旗，1951 年狩猎生产收入 3. 5 万元，到 1954 年增加到 6. 3 万元。”③ 布特哈旗鄂伦春狩猎生产收入的资料显示：“历年狩猎生产收入说明，每个劳动力的收入在 6 年中几乎增长了近

---

① 《鄂伦春族简史》编写组、《鄂伦春族简史》修订本编写组：《鄂伦春族简史》，民族出版社 2008 年版，第 160 页。

② 内蒙古自治区编辑组《中国少数民族社会历史调查资料丛刊》修订编辑委员会：《鄂伦春族社会历史调查》，民族出版社 2009 年版，第 269 页。

③ 何群：《环境与小民族生存——鄂伦春文化的变迁》，社会科学文献出版社 2006 年版，第 302 页。

6 倍。1956 年上等猎手收入为 1600 元，中等 1200 元，最差的 800 元。1957 年上等猎手年收入 1700 元，中等 1300 元，最差的 900 元。而同一社 1957 年农业队每个劳动力最高收入 400 元，中等收入 380 元，最差的 250 元，猎民的年平均收入超过农民的 3 倍左右。”① 从以上数据可以看出，鄂伦春猎民在定居初期的经济收入已经到达相当高的水平。到了 20 世纪 50 年代末期，发放了大量的枪支和弹药，但是由于狩猎数量的不断增加，野兽数量不断减少，狩猎经济出现了没落的态势。相关资料显示：“中华人民共和国成立后，党和政府为了扶助鄂伦春人的生产，改善了他们的生活，使他们有充足的狩猎生产枪支，因此，收回一些破旧失效的枪支，迅速调换新的‘七九’式‘九九’式步枪，供应充足的子弹。据黑河民委统计，至 1957 年，黑河地区共调换枪 700 余支，供应子弹 55 万余发，使鄂伦春族的生产大大提高。现在全乡共有枪 199 支，猎手有使用权，归合作社统一掌握。”② 关于十八站的情况显示：“1953 年定居以后，当年就在政府的领导下，经过宣传教育，群众自愿地组织起来，有组织有领导地集体生产，劳动力统一调配，生产统一安排。政府调换了 215 支别拉弹克枪，全部换上七九步枪，还补发 36 支，因此几年来收入逐年增长。”③ 在这一时期，党和人民政府及时采取措施帮助鄂伦春人恢复和发展生产，资料显示：“据各地不完全统计，共发放枪支 622 支。当时鄂伦春族只有两千余人，除妇女儿童外，几乎每人都有一支新枪。每年每支枪供应子弹 300 发，比中华人民共和国成立前鄂伦春人自己购买的子弹增加了几倍。”④ 新式狩猎工具的普遍使用使鄂伦春人狩猎能力大大提高，打破了人与自然之间的平衡关系，鄂伦春人不得不用更长的时间到更远的地方狩猎，猎获更多的猎物去换取不断涌入的物质产品。关于托扎敏公社猎业生产情况的资料显示：“1960 年全公社猎业收入为 45000 元；1961 年 52170 元；1962 年 78109 元。1961 年比 1960 年增长了 16%，1962 年比 1961 年增长近 41%。猎业增长的原因：一是公社坚决贯彻了护、养、猎并举的方针，在主要狩猎季节，动员广大猎民组织打猎远征队；二是国家发给新的枪支；三是灰鼠为该公社的一项重要收入，而打灰鼠

---

① 内蒙古自治区编辑组《中国少数民族社会历史调查资料丛刊》修订编辑委员会：《鄂伦春族社会历史调查》，民族出版社 2009 年版，第 201 页。

② 内蒙古少数民族社会历史调查组：《黑龙江呼玛县十八站鄂伦春民族乡情况——鄂伦春族调查材料之四》，1959 年编，第 36 页。

③ 同上，第 74 页。

④ 《鄂伦春族简史》编写组、《鄂伦春族简史》修订本编写组：《鄂伦春族简史》，民族出版社 2008 年版，第 124 页。

多系老年人，他们经验多，又加上国家规定每张灰鼠皮奖励给一尺布票，大大激发了猎民的生产积极性；四是在所有制方面由两级所有改为三级所有，推动了猎民生产积极性；最后是近一两年来，捕捉鹿的时间比过去减少了。”① 从这段描述中可以看出，在20世纪60年代初期兴安岭动物资源已经出现了危机，人们不得不组织远征队到更远的地方狩猎，狩猎对象不断扩大，尽管大型动物越来越少，但是灰鼠却成为狩猎的重要目标。社会机制和经济手段的刺激成为人们狩猎积极性的重要动机。

随着国家兴安岭森林资源大开发政策的实施，大批的林业工人和部队不断涌入这一地区。资料显示：“1964年，遵照党中央国务院和中央军委的指示，中国人民解放军铁道兵三、六、九师官兵进军会战大兴安岭。修建铁路192公里，桥梁24座，隧道14条，为开发林区，建设边疆做出了巨大贡献。政府还派入大批林业工人进行开发建设，包括后来的知识青年上山下乡，都为鄂伦春族带来了先进文化理念。”② 外来文化的快速涌入，改变了鄂伦春人传统的文化观念，也使他们陷入矛盾和自责中。正是由于枪支这种具有极强猎获能力的生产工具的普遍使用和狩猎队伍的迅速扩大，破坏了动物的自然繁殖系统，因此从伪满洲国以后，鄂伦春人的猎获量明显减少。1966年鄂伦春旗《关于几年来自治旗民族工作初步检查报告》记载：“为什么从1951年到1958年之间，狩猎生产逐年上升呢？其原因是，由于国家大力扶持，取缔了谙达的中间剥削；猎区普遍地设立了供销系统，按规定价格收购猎产品；国家帮助广大猎民更换了新的猎枪，并能及时供应子弹、弹药，生产生活资料源源不缺。那么，为什么从1959年以后猎业逐年下降呢？其原因是：很长时间内猎捕的数量越来越大；猎取的数量远远超过了自然繁殖的数量；国家对大兴安岭的大规模开发，林区人口的剧增，生产活动频繁，人为的干扰，一部分动物外迁；猎场已超过本旗境内，人力、物力都感到不足。”③ 从猎手不同时期猎获的动物数量可以看出动物资源在不断减少（表3－3－1）。由于资源开发、移民人口增多、国家总体发展规划等自然和社会环境的变化，打破了狩猎文化与环境之间的平衡，打乱了传统狩猎文化与自然的共生体系，才使鄂伦春族狩猎文化的发展走到了尽头。

---

① 内蒙古自治区编辑组《中国少数民族社会历史调查资料丛刊》修订编辑委员会：《鄂伦春族社会历史调查》，民族出版社2009年版，第163页。

② 关小云、王再祥：《中国鄂伦春族》，宁夏人民出版社、黄河出版传媒集团2012年版，第279页。

③ 引自何群：《环境与小民族生存——鄂伦春文化的变迁》，社会科学文献出版社2006年版，第304页。

表 3-3-1　十八站鄂伦春一个猎手各个时期猎获物估计数字统计表（1958 年统计）①

猎手	清末				民国				伪满				现在			
	鹿	犴	狍子	灰鼠	鹿	犴	狍子	灰鼠	鹿	犴	狍子	灰鼠	鹿	犴	狍子	灰鼠
上	20	30	80	400	30	40	100	600	10	20	60	300	10	20	60	250
中	10	15	50	250	15	25	70	350	6	12	35	200	6	12	35	180
下	4	6	20	100	5	10	30	200	1—2	5	15	100	1—3	5	10	100

“文化大革命”期间，鄂伦春族历史问题被重提，其狩猎活动也受到严重影响。“‘文化大革命’一开始，害怕鄂伦春族重新上山，以发展农业生产为借口，将猎民的生产工具，包括别拉克弹、小口径猎枪全部收缴，传统狩猎生产被迫中断。”② 从 1958 年“大跃进”到 1966 年“文化大革命”开始，在大小兴安岭大开发政策的影响下，鄂伦春族狩猎的猎场范围不断缩小，野生动物数量也在不断减少。过去的猎场变成了林业城镇，林区人口猛增，森林砍伐严重，再加上偷猎者对动物的疯狂猎杀，鄂伦春族的狩猎生活陷入了极端困苦的阶段。

党的十一届三中全会以后，曾经被审查的“山林队”、“挺进军”、“光复军”、“日本特务”、“投修叛国集团”、“历史反革命”、“土匪”、“叛国分子”的鄂伦春族干部群众都给予了平反昭雪，并重新补发了猎枪、弹药和刀具，狩猎生产重新开展起来，黑龙江省关于给鄂伦春族群众补发枪支弹药的资料显示：“1980 年，省军区为鄂伦春族猎民更换了猎枪、子弹。其中，发放了‘7.62’步枪 213 支，子弹 13.4 万发（大兴安岭地区 105 支，子弹 10 万发；黑河地区 100 支，子弹 3 万发；嘉荫县 18 支，子弹 4000 发），小口径步枪 104 支，子弹 45 万发（呼玛县 20 支，子弹 24 万发；爱辉县 15 支，子弹 5.5 万发，逊克县 35 支，子弹 12 万发；嘉荫县 10 支，子弹 3.5 万发）。”③ 然而，伴随着自然资源的进一步开发，自然环境和动物资源再次受到严重的破坏，狩猎已经不仅是鄂伦春人的生产方式，林业工人、盲流等也大量涌入。同时，随着休闲娱乐活动的流行性发展，狩猎也成为当地的一种时尚活动，甚至成为招待来宾的礼节性活动。“未禁猎前一到周末，各部

---

① 内蒙古自治区编辑组《中国少数民族社会历史调查资料丛刊》修订编辑委员会：《鄂伦春族社会历史调查》，民族出版社 2009 年版，第 209 页。

② 逯广斌、韩有峰、都永浩：《鄂伦春族四十年》，中央民族大学出版社 1994 年版，第 66 页。

③ 逯广斌、韩有峰、都永浩著：《鄂伦春族四十年》，中央民族大学出版社 1994 年版，第 108 页。

门都开车上山打猎去了，上边来人也得这样招待。”[①] 庞大的狩猎队伍使野生动物资源不断减少，甚至濒于枯竭。进入20世纪初期，鄂伦春族已经不能靠狩猎维持生活了，尽管他们经常骑马上山狩猎，但大部分情况下是劳而无获、空手而归，猎民陷入极度的贫困中。为了保护自然环境、改变猎民的生存条件，1996年1月23日，鄂伦春自治旗禁猎动员大会在旗政府大会议室召开，旗长孟松林宣读了《鄂伦春旗人民政府关于禁止猎捕野生动物的报告》，旗委书记孙震作《关于在全旗禁猎的动员报告》，从此在鄂伦春自治旗范围内实行全面的禁猎。根据鄂伦春旗的经验和做法，黑龙江地区也实行了全面的禁猎举措。猎民的猎枪由乡镇政府收回后，送交旗林业行政部门封存，其他枪支由公安部门统一收缴。“禁猎”标志着鄂伦春族延续几千年的狩猎活动被彻底改变，这无疑也给鄂伦春族带来了极大的困惑和不适应。

进入21世纪以来，随着国家对传统文化保护和开发政策的实施，在各级政府和社会力量的大力支持下，在鄂伦春族聚居区组建了“乌兰牧骑”歌舞表演团队、修建了博物馆、民族风情园、举办篝火节和“古伦木沓节”、积极开展狩猎文化产业发展，使这一古老的传统文化形式再次得到展现，并取得了很大的成效。

二、经济生活

（一）定居初期的经济生活

定居以后，党和政府为鄂伦春族制定了“以猎为主，以农为辅，有计划地发展副业生产”的经济发展方针。在政府的大力扶持下，除了猎业以外，农业和副业也得到了很大的发展，使鄂伦春族经济逐渐繁荣起来。“互助组”、“农业合作社”是鄂伦春族定居以后从事农业生产的集体所有制的基本单位，以“工分制”为“按劳分配”的基本形式。

1958年，鄂伦春自治旗提出了两年实现蔬菜自给，三年饲料和部分粮食自给的口号。“1959年全公社种下了255亩蔬菜，实现了蔬菜自给自足的要求，如朝阳生产队1959年在原有的基础上又增开了三垧地，但其中有一半开出后没有下种。1959年作物播种的情况是这样的。土豆大约两垧，产量约四千斤，白菜一垧半，产量四万五千斤，每家分得两车；萝卜五亩，产量约一万斤，每家分得五六十斤；豆角三四亩，其中还种了西瓜、黄瓜、

① 何群：《环境与小民族生存——鄂伦春文化的变迁》，社会科学文献出版社2006年版，第357页。

葱，等等，这一年蔬菜做到了自给自足。”① 1960 年，鄂伦春旗提出“以林为主，以农业为中心，全面安排工作”的生产方针，1960 年春天，甘奎人民公社克服农业生产技术不足、劳动力不足的困难，组织了由 12 名队员组成的开荒队，展开开荒种田工作。从讷尔克气、朝阳、乌鲁布铁、古里等生产队抽出 20 头耕牛，又购买 5 台双轮单铧犁、2 台播种机、7 辆大车，1960 年开出荒地 956 亩，播种田地 19 垧，收获粮食 1 万余斤。尽管鄂伦春族在定居初期对于从事农业生产还有着很大的不适应，但在人民政府的大力扶持下已经取得了初步的成效。“朝阳生产队仅在 3 年的时间里，从原来自己不能种蔬菜到蔬菜自给有余，并支援国家的建设，这种变化是一个大的跃进。定居后，充分地发挥了妇女的劳动力，投入蔬菜劳动的基本上是妇女劳动力，她们过去虽然缺乏从事农业生产的知识，但在来自农业区达斡尔农民的指导下，很快就学会了。”② 鄂伦春自治旗的鄂伦春族在定居后，在其他兄弟民族的帮助和政府的扶持下逐步适应了农业生产，逐步实现了自给自足，并在国家困难时期为社会主义建设做出了积极贡献。除了农业的发展以外，畜牧业在鄂伦春旗也有了初步的发展，养鹿、养马、奶牛、养羊、养猪等产业初具规模。另外，手工业、木耳、渔业等也逐步成为鄂伦春人经济发展的补充，形成了多种形式的经济发展格局。

黑河地区从事农业生产具有较好的地理条件和人文优势。关于新生村的文献记载到：“1953 年定居时，新生村耕地面积只有 17 垧，共产粮食、马料 19440 斤。1955 年初，耕地面积增至 52 垧，当年种小麦 30 垧，燕麦 20 垧，另 2 垧种的是青黑豆、白菜和土豆等。1956 年小麦长势很好，但因准备搬迁，劳动力去逊克开地回来较晚，小麦倒伏，收时又雨雪交加，雪把小麦盖住，直到第二年雪化后才打场，使每垧平均只收获 900 斤。1957 年耕地面积 57. 5 垧，当年种小麦 21 垧半、燕麦 27. 5 垧、糜子 8 垧、萝卜 0. 5 垧。小麦因遭灾害，平均每垧产 1116 斤，燕麦平均每垧产 1023 斤，糜子因降霜早，颗粒未收。该年耕地面积又有增加，总数达 70 垧，与 1952 年比较，增加 311. 76% 强。1957 年所有土地的耕种和收割，除去达斡尔强劳动力 1 人和 3 名 60 岁的汉族老人外，均是鄂伦春人。1958 年，又开荒地 20 多垧，使耕地面积达 95. 5 垧。这些地，大部分种的是小麦和燕麦，其次是糜子，另外还种了一些白菜、萝卜、土豆和青黑豆等。由于播种及时，地里割了两次杂草，加上风调雨顺和收割及时，这年获得丰收，共打粮食和马料 9

①② 内蒙古少数民族社会历史调查组、中国科学院内蒙古分院历史研究所：《鄂伦春自治旗甘奎努图克调查报告》，1960 年，第 56 页。

万多斤，使口粮有一半自给。该年蔬菜基本达到自给自足。1959 年，播种面积为 98 垧多。1960 年和 1961 年提出了‘以农为主，粮食达到自给自足’的口号，并为此采取了许多措施，特别是 1961 年又新开荒地 32 垧，使耕地面积高达 129 垧。但由于自然灾害等原因，1960 年只收粮食 64900 斤，平均垧产只有 654 斤；1961 年总产才 63100 斤，平均垧产更降至 489 斤。1962 年，改‘以农为主’为‘以猎为主’，猎业、农业生产队分别核算，自负盈亏。该年固定的农业队的生产资料有：马 20 匹、铁耙和犁 8 副、马拉收割机 2 台、胶轮车 3 辆、铁轮车 2 辆、割草机 2 台。农业队共有 11 个劳动力，无鄂伦春族。当年种地 67.3 垧，总产 33000 斤。”[①] 从新生乡农业生产大发展的情况来看，在定居初期鄂伦春族的农业生产逐步发展，耕地面积不断扩大，但仍属粗放型耕作，生产产出仍处于较低水平，但已经基本满足了生活需要，并为今后的经济发展打下了坚实的基础。

定居初期，在政府的大力扶持下，鄂伦春族狩猎经济出现了短暂的“黄金阶段”，随着野生动物资源的减少，这种发展模式必定会走向失败。由于过度的狩猎，兴安岭森林的野生动物资源遭到了严重的破坏，许多珍稀动物已经绝迹，以狩猎为主要经济模式的鄂伦春族受到了前所未有的挑战。为了发展经济，政府从 1958 年开始积极倡导当地鄂伦春族开展养鹿业的生产。如对托扎敏公社 1963 年的调查资料显示：“全公社 1961 年养鹿 46 只（1958 年以来捕捉的），1962 年产仔鹿 8 只，死亡 2 只，成活 6 只，现有鹿 53 只，下发给木奎和斯木科两个生产大队分别饲养。1961 年锯鹿茸 8 副。1962 年锯鹿茸 15 副，共收入 7300 元。但 1962 年养鹿支出 1.5 万元，收入不够支出。”关于白银纳和十八站 1963 年的资料显示：“1959 年 3 月，伊春特区赠给黑河专属 60 只鹿。黑河专属分给十八站鄂伦春族人民公社 50 只鹿。这 50 只鹿为十八站、白银纳、疙疸干养鹿场的发展创造了有利条件。白银纳于 1959 年创办养鹿场，到 1965 年发展到 88 只。1960 年，十八站公社疙疸干村建起了养鹿场，存栏 29 只。3 个养鹿场存栏 300 多只。每年出售鹿茸 2000 多两，价值 25 万余元。养鹿收入已成为那个时代鄂伦春族的主要收入来源。”[②] “1966 年‘文革’开始以前，全省 7 个鄂伦春族生产大队共养鹿达 500 多只，仅十八站公社的几个生产队就有 3 个养鹿场，有鹿 100 多只，因而每年都有可观的经济收入。新生公社的新生村，只养鹿一项，好

① 内蒙古自治区编辑组《中国少数民族社会历史调查资料丛刊》修订编辑委员会：《鄂伦春族社会历史调查》，民族出版社 2009 年版，第 340 页。

② 关小云：《大兴安岭鄂伦春》，哈尔滨出版社 2003 年版，第 121 页。

的年份收入曾达到过7万多元。‘文革’后期，除新生村剩余有十几只鹿的养鹿场外，其余全部被毁，鄂伦春族苦心经营多年的养鹿事业，被彻底葬送了。”① 从不同地区养鹿的情况来看，由于技术、人力、物力等因素的影响，这一产业的发展在当时来看还是很不平衡的。

尽管定居以后鄂伦春族经济生活朝着多元化方向发展，但狩猎经济仍然占主导地位。为了便于猎产品以公平、合理的价格收购，并更好地为鄂伦春族群众提供各种商品服务，供销社便应运而生。“1951年，党和政府临时组织了流动供销社，深入鄂伦春族地区进行商业活动，采取就地供应、就地收购的方法，并执行公平合理的价格政策。供销合作社成立后，不仅满足了鄂伦春族所需要的各种充足的商品，而且以公平价格收购了大量的猎产品和手工业品。”② 供销社的成立，对鄂伦春族地区经济的发展起到了很大的作用，使鄂伦春族彻底摆脱了“谙达”对他们的欺压和诈骗，猎产品的销售和生产生活资料的获得有了可靠的保障，提高了鄂伦春族群众的生活水平，促进了商品经济意识的建立，为加快与外界社会的融合与适应、促进社会的繁荣与发展做出了积极贡献。

（二）“文革”时期的经济生活

到了“文化大革命”时期，初具规模的养鹿业被迫停产。鄂伦春族聚居地区许多地方是适于农、林、牧、副、渔全面发展的地方。“文革”期间，在“以粮为纲”单一经济发展模式的影响下，鄂伦春族刚刚建立起来的商品意识被扣上“资本主义”的靶子来批判，也使初见成效的经济发展被彻底摧毁，群众又重新陷入贫困之中。

“文化大革命”期间，党的民族政策以及国家的有关法规受到严重干扰和破坏，鄂伦春族人民的合法权益得不到保障，群众利益受到严重侵害。“当时有少数国有农场、生产建设兵团、军马场、林业局及金矿局等国有企业，不顾当地鄂伦春族人民的利益，任意开采林区、草场和矿山，给鄂伦春族人民的生产生活造成了严重的困难。‘文革’期间，林业开发已延伸到大兴安岭林区腹地十八站鄂伦春族公社，由于森林的大量开发，使猎物大大减少。然而林业部门不仅没有给鄂伦春族任何经济补偿，甚至在十几万林业工人队伍中连一名鄂伦春族工人也没有安排。嘉荫县乌拉嘎金矿局，从1966

---

① 逯广斌、韩有峰、都永浩著：《鄂伦春族四十年》，中央民族大学出版社1994年版，第66页。

② 韩有峰：《黑龙江鄂伦春族》，哈尔滨出版社2003年版，第173页。

年起陆续无偿占去胜利鄂伦春族村的3000亩耕地，开办金矿和建造楼房，致使胜利村6年无农业收入。为了生计，1971年这里的鄂伦春族群众不得不搬迁到新址，重新开荒盖房建新村，严重影响了胜利村的农业及其他产业的发展。国有农场和养马场，也不顾当地群众的利益，大肆占地开荒。新兴和新鄂两个鄂伦春族公社，因被挤占、吞蚀，原来由他们管理使用的荒原草地，到1974年时已所剩无几。新兴公社被限制在东西1.5公里、南北2.5公里，新鄂公社也被圈在东西1.5公里、南北不超过10公里的狭小范围，毫无发展余地，两个鄂伦春族公社已处在既无荒原可开，又无草场放牧的困难境地。”①

“‘文化大革命’后期，鄂伦春族的生产生活已经到了相当困难的境地。生产方面，连简单再生产也难于维持，从生产工具到机械用油和种子，完全依靠国家拨款购置。生活方面，吃粮靠返销，花钱靠救济；住房仍然是1953年定居时建造的‘木刻楞’，因无钱维修几乎完全成了危房；衣服、被褥由于无钱购置，不少家庭已出现白天无衣遮体不能外出劳动，夜间无被褥不能御寒的境地。”② 在这一阶段，鄂伦春族经过艰难困苦在定居初期发展起来的经济生活被彻底打乱，一些群众不得不再次返回山林，在资源匮乏的情况下重新回到游猎经济生活中。

（三）“文革”后的经济生活

“文革”结束以后，党的民族政策逐步得到恢复，鄂伦春族经济也逐步得到发展，基本采取一业为主，多种经营的模式，共有4种经济类型：“第一种类型，如鄂伦春自治旗近几年主要利用兴安岭丰富的柞树资源，大力发展黑木耳商品生产，全旗90%的猎户都培植了木耳，典型户一年仅此一项收入即达5000余元。他们在培植木耳的同时，还种植黄芪、贝母、蔬菜，也播种一些稻田作物。第二种类型，塔河县十八站鄂伦春民族乡和呼玛县白银纳鄂伦春族民族乡，他们以林为主，为林业局清理林场，同时也从事一些农业、猎业和副业。第三种类型，如逊克县新鄂鄂伦春族民族乡的鄂伦春人，他们以农为主，农业收入1986年即已达总收入的82.4%，同时也兼营配置木耳和养貂等生产。第四种类型，如黑河市新生鄂伦春族民族乡，他们主要是搞乡镇企业，办起了小木加工厂、玛瑙加工厂、淀粉厂和面袋加工厂

---

① 逯广斌、韩有峰、都永浩著：《鄂伦春族四十年》，中央民族大学出版社1994年版，第67页。

② 同上，第105页。

等，同时还兼营农耕、养鹿、培植木耳和搞运输。”[①] 在党和人民政府的大力帮助和扶持下，鄂伦春族的经济朝着以农业为主、养殖和副业为辅的多元化方向发展，群众生活水平得到了提高。然而，由于鄂伦春人经济产业基础薄弱以及在动荡的政治运动中积累起来的一点经验也损失耗尽，各种经济产业和扶持计划并没有得到持续的发展，许多小型企业也只是昙花一现。

20 世纪 80 年代初期，在政府的积极鼓励下，一些鄂伦春人开垦了土地，促使个体农业得到了发展，一些人依靠出租土地、种植农作物提高了经济生活。然而，随着林权的丧失，定居、转产、禁猎等一系列政策的实施，鄂伦春族传统的游猎经济的基础已经受到了严重影响，中断了游猎文化自然演进的历程，也给许多鄂伦春族群众带来了苦闷，影响到了他们的经济生活。“定居 50 年的发展历程，鄂伦春人由单一的狩猎经济逐渐走向多种经营，从事农业的人口比例越来越大，农业已经成为鄂伦春族地区的主要产业，种地收入已经成为大多数鄂伦春族家庭的主要来源。但是，鄂伦春人并没有从心理上完全接受这一生存方式，而且还有相当一部分农业人口仅仅能维持温饱，根本谈不上小康。同时，鄂伦春族地区的农业生产大多仍停留在粗放型经营、广种薄收的经营方式上，抗御自然灾害的能力弱，经济效益差。”[②] 曹征海、宋照明、杜学军等在鄂伦春自治旗调研时讲道：“木奎、希日特奇两个猎民村有 80 多户猎民，有土地的仅仅 11 户，70 多户无地，也没有牛羊，只有政府给盖的房子；乌鲁布铁猎民村稍好一些，有地的占 20%；农业上最成熟的是古里乡，有地的猎民户占到了 60%，人均 200 亩至 300 亩，其他 38 户人均耕地 30 亩。大部分猎民没有地，没事做，有地的又因为不善耕种，也大都将耕地租出去。鄂伦春民族是勇敢的民族，但我们没有给他们找到发展的出路，没有找到适宜他们发展的产业，所以直到现在大多数猎民还没有什么生产资料，我们不得不从头研究这些猎民村和猎民该干什么。”[③] 鄂伦春族地区被开垦的土地主要集中在少数人手中，大部分鄂伦春人没有土地，有少量土地的人也是依靠土地出租换来一些微薄的收入，政府每月 120 元的禁猎补贴成为一些鄂伦春族群众经济生活的主要来源。人们用“四不像”来形容禁猎后生存在夹缝中的鄂伦春人：“不像商人，因为没有足够的经济积累，难以在市场大潮中立足；不像工人，因为他们没有务

---

① 舍勒巴图、赛革：《鄂伦春族的历史性巨变》，载《鄂伦春族百年实录》，中国文史出版社 2008 年版，第 435 页。

② 刘晓春：《鄂伦春人文经济》，知识产权出版社 2010 年版，第 13 页。

③ 同上，第 14 页。

工条件和工资保障；不像农民，因为他们既没有足以维持小康生活的土地也没有驾驭土地从中获利的能力；不像牧民，因为受林权证制约，可利用草场资源有限，发展牧业的空间极小。”“作为纯粹的小民族，鄂伦春族对于他们未来的生活已经不能自行掌控，生活和文化的变迁主要取决于外部社会和自然环境的变化，他们没有条件也没有能力随着变化的速度而迅速完成自身的重新调整。特别是自然环境严重遭毁完全破坏了狩猎文化赖以生存的根基，这对他们来说是最大的悲剧，因为他们丧失的是文化的精髓。”① 对外来文化的不适应以及传统生活方式的彻底改变使鄂伦春人感到迷茫和困惑，他们失去了对自我生存的掌控能力，丧失了赖以生存的文化根基和土壤，在社会的夹缝中顽强地挣扎。为了谋求生存，鄂伦春的年轻人做出的最好选择就是出去打工，因此也造成许多乡村几乎成为“空村”，留守的也只有老人和孩子。

在鄂伦春社会中，嗜酒是一个不得不说的话题。酒在他们的经济生活中占有重要地位，甚至是影响他们社会发展与民族生存的重要因素。酒是鄂伦春狩猎文化的重要组成部分，与狩猎生产、生活方式、宗教活动、社会心理、自然环境等有着密切的联系。关于鄂伦春人善饮的原因，何群讲道：“一是精神苦闷、无寄托。历史上，鄂伦春人受尽统治者、侵略者的欺压掠夺、奸商盘剥，常被当作炮灰利用，九死一生，主宰不了自己的命运。精神苦闷、压抑，往往借酒消愁或以此麻痹自己。二是与天气有关。在天寒地冻的时候，饮酒可以去湿御寒，舒筋活血，消除疲劳。三是与狩猎方式、宗教信仰有关。猎民讲究‘满音’即运气。出猎时，有人说‘满音’即运气好，那是猎民最爱听的话。猎民外出打猎喝酒时，往往把酒碗举起先敬神灵，然后自己再喝，是祈求神灵保佑、恩赐，多打野兽，猎物丰收，这时大家都敬酒喝酒。四是与生活单调贫乏有关。过去，由于鄂伦春人物质生活艰苦，生活单调贫乏。尤其是受狩猎生产方式影响，多数猎民性格封闭内向、沉默寡言。不喝酒时，不爱说话，从不惹是生非。一有酒喝，朋友聚在一起，有说有笑，联络感情，交流狩猎经验，畅谈外界所见所闻。当时，酒很难买着，是贵重的东西，用酒招待人表示情深义重和尊敬，逐渐形成了以酒待客的习俗。五是与父辈、家庭、社会环境影响有关。有的鄂伦春族孩子从小看到父辈喝酒，甚至受大人的指使去买酒。撇开生理遗传不谈，在这种家庭环境中

---

① 吴雅芝：《建国后政府政策对鄂伦春族发展进步的影响》，载《鄂伦春研究》2012 年第 1 期。

长大的人多数饮酒。”① 定居以前，酒作为珍贵的饮品，鄂伦春人只有在节日时、亲朋好友相聚时、狩猎归来等具有庆贺意义的日子里才能饮用，且少年儿童也是禁止饮酒的。饮酒虽然在他们的生活中占有重要地位，但鄂伦春人并不普遍饮酒，即使一醉方休后也可能只有在较长时间以后才能再次饮酒，酒也没有成为一个影响鄂伦春族社会发展的问题。直至20世纪70年代末期，尽管鄂伦春人已经定居，但由于居住相对闭塞，供应相对不足，鄂伦春人还是很难买到足够的酒用来饮用，这时酒也没有成为影响鄂伦春族社会发展的主要问题。进入20世纪80年代以后，随着改革开放的深入，国民经济的日益发展，充足的酒源给许多人酗酒创造了条件，甚至一些人成为酒精依赖，成为“职业喝酒的人”。“鄂伦春人饮酒成为一种社会问题，原因主要根源于社会。过量饮酒、酗酒，与社会环境剧变，以及社会环境变化引起自然环境的巨变、狩猎文化断裂、自我认同危机关系密切。从宏观来看，定居前，传统组织制度、道德规范等狩猎文化生活模式，使绝大多数鄂伦春人成为优秀猎手和贤妻良母，能够实现自己的人生价值，生命充满活力。定居后，生存环境变化，猎业经济日益危机，传统文化逐渐衰落。适应新的环境，面对新的事物，从技能、组织、心理、观念等文化各个方面，面临诸多困难。特别是留在猎民村里的人，因为一直没有真正掌握一种足以能够产生自尊、自信的生产技能，狩猎文化时期那种英雄‘莫日根’、自食其力等人性中的最高要求、自豪自尊的光环日益暗淡。而周围无论是文化，还是人口数量上异族人口的包围和压力，使他们以往的文化优势急速褪色，在各种资源争夺角逐中每每失利。”② 在鄂伦春社会中，酒作为民国后期才涌入其经济生活的新鲜事物，在他们的传统社会中缺失了对这种“麻醉剂”的抵御体系，没有对其形成约定俗成的“文化规范”，而是只注重了它的社会功能而放任自流。由于酒在鄂伦春人生活和社会功能中的独特位置，一经涌入就很快被鄂伦春人所接纳，并被赋予了很高的社会职能，在各种宗教事务、礼仪仪式和重要活动中扮演了重要角色。人们对待酒的态度往往也采取了宽容的态度，酒后失态、酒后失德也往往会被人们所谅解。在定居、转产、禁猎等一系列社会变革中，昔日的狩猎英雄被圈在猎民村内，不能适应这种日新月异的变化，“莫日根”没有了用武之地，困惑、茫然和无所事事紧紧包围着他们，他们成为社会的弃儿，成为社会边缘、为人歧视的群体，失去尊严

---

① 何群：《环境与小民族生存——鄂伦春文化的变迁》，社会科学文献出版社2006年版，第467－468页。

② 同上，第470页。

的人借酒浇愁成为一种普遍现象，自杀甚至成为一些人采取的终极手段。值得庆幸的是，今天的鄂伦春族新一代认识到了酒精的危害，不断适应新的生存环境和生活方式，已步入健康发展的轨道。

近年来，在政府的大力扶持下，鄂伦春族积极谋求经济发展之路，如种植木耳、猴头菇等农产品，兴建小型企业，发展野猪、狍子等养殖业，开发山林资源等。尤其值得肯定的是，近年来一些鄂伦春乡村积极扶持文化产业的发展，如组建民间艺术团、筹建民族风情园、大力发展民族特色商品等，取得了较好的经济效益和社会效益，为鄂伦春社会经济发展开拓了新的路径。

三、居住环境

1949 年中华人民共和国成立以后，鄂伦春族仍然在大小兴安岭从事迁徙游猎的生活。为了加强对鄂伦春族社会的改造，并纳入全国社会主义建设的总体规划中，中央政府向鄂伦春族猎民发出了实行定居的号召。政府在选择定居点时有以下几个原则：第一是交通方便，而且依山傍水，便于鄂伦春族入山狩猎和生产、生活用水。第二是有发展农业的土质条件；第三是水质好，防止地方病的发生；第四是距离汉族村屯较近，便于帮助鄂伦春族发展农业。1953 年，黑龙江省的鄂伦春族全面实现了定居，全省共建造 9 个定居点，建设土木结构房屋 313 栋。“呼玛县有 4 个定居点，包括十八站村建房 38 栋，住进 40 户 161 人；白银纳村建房 45 栋，住进 60 户 211 人；新立屯建房 42 栋，住进 40 户 170 人；下渔亮子村建房 17 栋，住进 18 户 67 人。瑷珲县有一个定居村，建房 34 栋，住进 41 户 164 人。逊克县有 3 个定居村，包括新鄂村建房 34 栋，住进 33 户 125 人；新兴村建房 15 栋，住进 18 户 75 人；老西地营子村建房 3 栋，并购买一部分旧房，住进 10 户 42 人。嘉荫县鄂伦春族已有旧的房屋，未盖新房。”① 据统计，黑龙江省 8 个定居点共建房 313 栋，800 余间。定居初期所建的房屋十分简陋，人民政府经常出资进行修缮。到了 1983 年和 1984 年，共投资 345 万元，建造砖瓦结构住房，使全部居住在农村的鄂伦春族住进了这种新式住房。2012 年，政府和社会集资，在鄂伦春族聚居的新生乡、十八站乡和白银纳乡分别修建新房，使鄂伦春族群众的居住条件得到了根本改善。

---

① 逯广斌、韩有峰、都永浩著：《鄂伦春族四十年》，中央民族大学出版社 1994 年版，第 41 页。

在鄂伦春自治旗，从1954年开始，以乌鲁布铁为试点开展了全旗的定居工作，当年在乌鲁布铁盖了18间房屋。由于缺乏经验，这些房屋的质量比较差。1956年对这些房屋重新做了修整，从而基本上达到了定居的要求。1955年秋天，政府贷款又在另一个定居点讷尔克气盖了24间房屋，其中一间房屋的造价为350元。“为了改变鄂伦春族人民原始的漂泊不定的游猎生活，促进鄂伦春族的发展，党和政府从解放初期就在鄂伦春族中宣传定居的好处，并投入大量的人力、物力，兴建定居点，到1958年鄂伦春族人民全部实现定居，住进了宽敞明亮的土木结构、砖瓦结构的房屋，居住条件得到明显改善。”① 人民政府对鄂伦春定居点居住环境进行了不断的改造，1998年8月，木奎村遭到洪水的袭击，造成房屋严重毁坏，无法居住。在政府的大力支持下，经过100天的紧张施工，木奎新村建成，共建房13栋，每户住房面积55平方米，其中一栋为村委会和敬老院，新村占地面积1万多平方米，建筑面积1520平方米，总投资100万元。1998年1月8日，托扎敏木奎24户猎民搬进刚刚建成的新村，开始了他们新的生活。2009年，在新农村建设的热潮中，政府为乌鲁布铁和讷尔克气的鄂伦春族村民修建了楼房，使猎民历史性地搬进了楼房。2012年，政府给诺敏镇、托扎敏乡的鄂伦春猎民新修和翻盖了宽敞明亮的新房。2013年新生乡、白银纳乡、十八站乡为迎接黑龙江鄂伦春族定居60周年也分别为鄂伦春族村中兴建了新村，极大地改善了群众的生活。

鄂伦春族群众在定居和搬迁过程中曾经遇到了很大的困难，许多猎民不愿下山，主要原因有：“一是怕不习惯，二是怕生病，三是怕狩猎不方便，四是怕与汉族和不来，五是怕得罪神灵。”② 在定居初期，一些鄂伦春族群众将新盖的房屋屋顶上打开一个大洞，将窗户拆掉，看不着天、不透风感觉到“憋屈”，还总怕屋顶会掉下来砸人。还有许多人在房屋外面搭上撮罗子，对新盖的房屋不适应，特别是对妇女在屋内生孩子更是有所忌讳。定居加强了政府对鄂伦春族的管理，加快了外来文化向鄂伦春社会的涌进，提高了群众的生活水平，促进了经济、文化、卫生和各项事业的发展。然而，定居也打破了鄂伦春族狩猎文化发展的自然演进秩序，致使长期形成的传统社会结构发生了根本性动摇，也必定会带来一系列不适应的后果。

进入20世纪80年代以后，许多鄂伦春人搬进了政府给他们新修的砖瓦

① 鄂伦春自治旗史志编纂委员会：《鄂伦春自治旗志》，内蒙古人民出版社2001年版，第78页。

② 《鄂伦春族简史》编写组、《鄂伦春族简史》修订本编写组：《鄂伦春族简史》，民族出版社2008年版，第174页。

房，然而许多猎民似乎对这些并不领情，在一些人的意识中，“撮罗子”是我的家，而砖瓦房是你们让我搬进去的，并不是我想要的，因此脏、乱、差成为一种普遍现象。在政府的积极倡导下，鄂伦春人开始与外族通婚，形成了大量的“团结户”。在外来人口的影响下，许多鄂伦春族家庭发生了翻天覆地的变化，居住环境和生活条件不断得到改善。进入 21 世纪以后，新一代的鄂伦春人更加适应生活环境，装修一新的房屋整洁、宽敞、明亮，现代化的家电设备一应俱全。2013 年，为了迎接黑龙江省鄂伦春族下山 60 周年，新生、白银纳、十八站分别给鄂伦春族群众建了新房，白银纳还建起了楼房，鄂伦春人逐渐适应了新的生活环境和生活方式，也逐渐与社会同步走向光辉的未来。

第四节　小　结

一、早期的鄂伦春人的生活方式与自然法则相适应

17 世纪以前，鄂伦春人较少与外界交往，按照自己自然演进的生存法则进行生活。由于人口较少、资源丰富，他们过着富足、丰裕的物质生活。他们以弓箭、扎枪为狩猎工具，“得一兽而还”，绝不滥杀无辜，狩猎的目的仅仅是为了满足自己生活的需要，并没有对自然环境造成任何的影响。他们在长期的生活实践中，利用动物骨头、皮毛、树皮等制造出各种生产工具，以狩猎、采集为主要生产方式过着共同生产、共同消费的游猎生活，创造了灿烂的狩猎文化，并形成了与自然和谐相处的生计方式。

二、对外来文明的依赖是鄂伦春人生活方式变迁的动力

鄂伦春人南迁以后，枪支、马匹、铁器、布匹、烟酒等生产生活资料不断涌入，鄂伦春人很快就接受和适应了这些外来文明，由于自身没有能力去制造和生产，逐渐对带来这些外来文明的“安达”产生了依赖感，从而饱受他人的盘剥。清朝时期的“贡貂制”以及对猎产品市场的不断开放，使鄂伦春人狩猎的目的不再是满足自己的需要，而是主动地投入市场，去换取更多的生产生活资料。枪支、马匹的涌入，也使得单独狩猎成为可能，先进的狩猎工具造成传统的狩猎组织的分化，集体生产、共同消费逐渐淡化。

在外来文化的影响下，在清朝末期和民国初期，一些鄂伦春人开始了定居，农业文明、商业交换已经颇具规模。然而随着外国列强的侵入，这种在政府积极倡导下取得的一些成果也随之烟消云散了。由于鄂伦春人缺乏对外来文化的抵御能力，鸦片、烈酒很快进入他们的生活中，统治者也通过这种手段去控制和利用他们。在外来势力的强势干扰下，鄂伦春人的传统生活方式和生存理念被冲刷得七零八落，再加上传染病的快速流行，使这个民族走向了灭绝的边缘。外来文明也促进了鄂伦春族社会的发展与进步，它提高了鄂伦春人的生活质量，同时也促进了其社会文化的发展。这种生活方式变迁的动力不仅来自于外来文化的强势冲击，而且也来自于鄂伦春族社会内部的主动适应，甚至形成一种不良循环，在外部的挤压下鄂伦春族传统的生产方式在不断改变，狩猎能力的不断增强也逐渐影响到生态环境，人与自然的关系也在不断地发生着改变。

三、强制性的政治举措彻底改变了鄂伦春人的生活秩序

鄂伦春族定居以后，延续几千年迁徙游猎的生活方式被彻底改变，鄂伦春人也开始由单纯的游猎经济逐步向农业经济转变，副业生产融入了他们的生活。随着铁、铝、塑料制品大量传入，布匹等服装面料迅速进入，桦树皮、兽皮制品等传统用品、手工艺品急剧走向衰落。为了满足对猎产品的需要，政府为鄂伦春人免费更换了枪支，提供了充足的弹药，并对猎产品实行统购统销的政策，货币的引入也改变了鄂伦春人物物交换的贸易方式。这种供需链的形成彻底改变了鄂伦春人狩猎生产的目的，森林中所有的动物几乎都成为他们的狩猎对象。定居为商品供应提供了便利，随着鄂伦春人收入的不断增高，收音机、缝纫机、钟表等高档生活用品进入他们的生活，随之而来的还有烟、酒等附属品。鄂伦春人喜爱集体生活，对饮酒有着特别的喜爱，定居也使酒这种在游猎中并不常见的饮品成为他们形影不离的伴侣，从而对鄂伦春人的生活和健康产生了巨大的影响。外部势力的强势进入，使鄂伦春族逐渐被挤压到社会的边缘，失去了生存空间和发展权利的鄂伦春人只能被动地任凭他人摆布，掌握不了自身命运的人必定会给自身的发展带来各种各样的问题。

参考文献

1. 韩有峰、都永浩、刘金明：《鄂伦春族历史、文化与发展》，哈尔滨出版社，2003 年。

2. 赵复兴:《鄂伦春族研究》，内蒙古出版社，1987年版。

3. 内蒙古少数民族社会历史调查组:《黑龙江呼玛县十八站鄂伦春民族乡情况——鄂伦春族调查材料之四》，1959年编。

4. 内蒙古少数民族社会历史调查组、内蒙古历史研究所:《鄂伦春自治旗木奎高鲁、瑷珲县新生村和逊克县新鄂村补充调查报告——鄂伦春调查材料之九至十一》，1963年编。

5. 史禄国:《北方通古斯社会组织》，内蒙古人民出版社，1984年版。

6. 《鄂伦春族简史》编写组、《鄂伦春族简史》修订本编写组:《鄂伦春族简史》，民族出版社，2008年版。

7. 吴雅芝:《最后的传说——鄂伦春族文化研究》，中央民族大学出版社，2006年版。

8. 秋浦:《鄂伦春族社会的发展》，上海人民出版社，1978年版。

9. 内蒙古少数民族社会历史调查组:《逊克县鄂伦春民族乡情况》，1959年编。

10. 秋浦:《鄂伦春族》，文物出版社，1984年版。

11. 内蒙古少数民族社会历史调查组:《逊克县鄂伦春民族乡情况》，1959年编，第43页。

12. 内蒙古少数民族社会历史调查组、内蒙古历史研究所:《鄂伦春自治旗甘奎、托扎敏努克和黑龙江省呼玛县十八站鄂伦春社会历史补充调查报告——鄂伦春族调查材料之十三》，1963年编。

13. 赵复兴:《鄂伦春族游猎文化》，内蒙古人民出版社，1991年版，第28页。

14. 鄂伦春自治旗史志编纂委员会:《鄂伦春自治旗志》，内蒙古人民出版社，2001年版。

15. 刘晓春、刘翠兰、刘晓军、刘红等:《鄂伦春族风情录》，四川民族出版社，1999年版。

16. 内蒙古少数民族社会历史调查组:《鄂伦春族社会历史调查》，1959年编。

17. 国家民族事务委员会全国少数民族古籍整理研究室:《中国少数民族古籍总目录鄂伦春族卷》，中国大百科全书出版社，2010年版。

18. 内蒙古自治区编辑组、《中国少数民族社会历史调查资料丛刊》修订编辑委员会:《鄂伦春族社会历史调查》，民族出版社，2009年版。

19. 全国人民代表大会民族委员会办公室:《鄂伦春族情况——鄂伦春族调查材料之一》，1957年编。

20. 关小云、王再祥:《中国鄂伦春族》，宁夏人民出版社、黄河出版传媒集团，2012年版。

21. 何群:《环境与小民族生存——鄂伦春文化的变迁》，社会科学文献出版社，2006年版。

22. 逯广斌、韩有峰、都永浩:《鄂伦春族四十年》，中央民族大学出版社，1994年版。

23. 关小云：《大兴安岭鄂伦春》，哈尔滨出版社，2003年版。

24. 舍勒巴图、赛革：《鄂伦春族的历史性巨变》，载《鄂伦春族百年实录》，中国文史出版社，2008年版。

25. 刘晓春：《鄂伦春人文经济》，知识产权出版社，2010年版。

第四章　宗教文化的变迁

第一节　原始宗教

氏族社会是原始社会的基本形式，以血缘关系为纽带的氏族制度就是原始社会的基本社会结构；氏族集团既是原始社会的基本单位，也是原始民族宗教活动的基本单位。“处于原始氏族社会的人从灵魂观念中发展出‘万物有灵论’，当这种‘万物有灵论’对应于社会力量时就产生了祖先崇拜；对应于自然力量时就产生了自然崇拜；原始人将自然崇拜与祖先崇拜混为一谈时，就产生了图腾崇拜；祖先崇拜由女始祖发展为男始祖崇拜，自然崇拜从灵物崇拜发展为精灵崇拜和神灵崇拜；到氏族部落联盟出现，祖先崇拜与自然崇拜再次结合，形成了等级化的天神崇拜及其他崇拜形式。”① 鄂伦春族世世代代生活在深山密林中，在其历史发展的最初阶段，由于人们对自然界的认识能力有限，不理解身边各种变化莫测现象的因果关系，产生了一种恐惧、惊惶和猜测，认为在他们周围的许多事物中存在着超自然的力量，主宰和支配着人们的生活，“万物有灵”也是他们原始宗教的基本观念。

一、原始宗教的基本类型

（一）自然崇拜

由于原始人类的生存与生活几乎完全受制于自然环境，随之天然而生的人对自然产生了依赖感，促使原始人群把直接关系到自己生存的自然物、自然力量和自然现象进行神秘化和神圣化。万物有灵论“赋予这些自然物以超人的灵性和无限的力量，从而使这些依赖对象成为神物，并对之进行宗教性崇拜，形成所谓的自然崇拜。自然崇拜是人类最早出现的一种宗教形式，

① 彭自强：《宗教学概论》，宗教文化出版社 2008 年版，第 173 页。

随着社会生产力和认识世界能力的提高，人们开始把自然力分为有利于人的和有害于人的两个部分，对于前者的敬畏和对后者的祈求结合起来，就产生了对自然的崇拜。早期的鄂伦春人由于对高山峻岭、狂风暴雨、电闪雷鸣、生老病死等诸多自然现象不理解，就产生了几乎对大自然的全部事物和现象都崇敬膜拜的自然崇拜，充分表现出古老的“万物有灵”的朴素的生态意识观。“在氏族社会时期，鄂伦春人还没有抽象出对于整个自然的崇拜，而只是对于具体的自然现象的崇拜。”① 鄂伦春人自然崇拜范围包括天、地、日、月、星、山、石、海、湖、河、水、火、风、雨、雷、雪、云、虹等天体万物及自然变迁现象。原始人认为这些自然存在现象表现出生命、意志、情感、灵性和奇特能力，会对人的生存及命运产生各种影响，因此对之敬拜和祷告，希望通过这种行为获得消灾、降福和佑护。

鄂伦春族人崇拜太阳，将太阳神称为“得勒钦”。他们认为太阳给人们带来温暖光明，是进行狩猎和生活的根本保证。“人们遇到灾害要向太阳求援，彼此打架时要向太阳发誓，人死后头也朝向西方，认为人死如日落，两者休戚相关。”② 鄂伦春人正月初一要拜太阳，供奉太阳神像，遇到委屈、苦难都要向太阳诉说，祈求保佑。当发生日食时，他们认为是天上的黑狗在吃太阳，大难临头，必须群起而出，便一边敲盆一边挥刀，并大声呼叫“卡日阿么克！卡日阿么克！”以驱黑狗拯救太阳。

鄂伦春人称月亮为“别亚”，每年农历正月十五、二十五和八月十五要供奉月亮。鄂伦春人认为月亮是负责夜间照明、监督野兽行动的值班神。他们认为月亮能帮助猎人打猎，当打猎扑空时，要在斜仁柱前放置一个桦皮盆，第二天看看里边有什么兽毛，有时兽毛预示着白天能打到什么野兽。他们就在空地上放一个盆子，向月亮叩头，祈求月亮保佑他们打到猎物。发生月食，也要击盆呼叫驱狗以拯救月亮。在许多神像上，尤其是用布绘的祖先像上，都绘有日月形象，供奉祖先必先供日月神。

鄂伦春人崇拜星辰，特别是敬奉北斗七星，将北斗星称为“得劳恩”。他们认为，“能够在漆黑的夜晚辨明方向，全靠北斗七星指引，而且北斗七星每夜都出现，是长寿的象征，故将此星视为神，常于新旧岁交替之际，对着北斗七星敬燃三炷香，祈求长命百岁。”③ 还有人将北斗七星画在黄布上

---

① 《鄂伦春族简史》编写组、《鄂伦春族简史》修订本编写组：《鄂伦春族简史》，民族出版社 2008 年版，第 141 页。

② 宋兆麟：《最后的捕猎者》，山东画报出版社 2001 年版，第 312 页。

③ 吴雅芝：《最后的传说——鄂伦春族文化研究》，中央民族大学出版社 2006 年版，第 156 页。

加以供奉，因为北斗七星的形状似鄂伦春人的仓库“奥伦”，因此称为“奥伦博日坎”，是掌管仓库的女神。

鄂伦春族人对打雷、闪电、旋风现象十分恐惧，人们认为这些现象是“恩都力”（天神）发怒的结果，如果打雷、闪电厉害时就要磕头祷告以图祈求“恩都力”息怒。他们对旋风感到神秘，人畜避免走旋风刮过的地方。

鄂伦春族人称山神为“白那恰”，人们认为山里所有的飞禽走兽及其他财富都是由“白那恰”掌管，所有的猎物也都是它赐予的，因此，对其的供奉极为虔诚。在山上打猎吃饭饮酒前，要将饭碗、酒杯在空中绕两圈，口中念念有词，祷告“白那恰”多赏猎物等，之后才开始饮酒吃饭。鄂伦春族人供祭山神一般是在野外，即在山上找一棵高山大树，然后砍去树皮画上一个脸形，猎人路过时，要向它跪拜叩头，请求山神保佑多打野兽。

鄂伦春族人称火神为“透欧博如坎”、“古伦木沓”，火是生活中不可或缺的，人们对火是既亲又敬畏。每年除夕之夜都要点篝火，供酒肉，磕头祈求保佑。他们对火神的敬仰有着不少禁忌，“不准往火里吐痰，不准往火上泼水，更不准跨过火塘，总之，不能做那些有损于火的事，把火弄灭更是大逆不道。人们吃酒肉时，也要请火神先享受一点，然后人们才能进食。”[①]鄂伦春人迁徙或宿营离开时，一定会将火种妥善保存，并将余火深埋，保证不发生火灾，表现了对火的崇拜与敬畏。“鄂伦春人搬家时，要将灰土轻轻埋在火堆上后再慢慢倒水，并祈祷火神：我们要搬家了，不要惊动您。这些看似弄神弄鬼的做法，客观上起到防止因没有灭好火苗而引起火灾的功能。”[②] 由于鄂伦春人生活在森林地带，火灾对于他们来说是莫大的灾难，甚至直接威胁到他们的生存，这些禁忌成为他们生活中的行为规范，起到了保护环境的作用。

河神，鄂伦春语称“穆都里罕”。鄂伦春人生活的大、小兴安岭森林中有数不清的河流，他们沿河而居，迁徙游猎。他们认为是河流滋润了森林，是森林养育了鄂伦春人，河流不仅给鄂伦春人提供了鱼虾，也是万物生长和繁衍的源泉。然而，每当河水泛滥时，也会给鄂伦春人带来巨大的灾难。他们一方面感恩河流，另一方面又对河水产生了敬畏，认为若触怒了河神就会给人们带来灾难。每当春暖花开时，猎人们就要划船到河中心，向河里投放酒肉，祈祷河神保佑风调雨顺，人畜平安。遇到河水泛滥时，也要祭祀河神，祈求河神不要让河水再涨，让飞禽走兽都安静下来，让人们过上平安的

① 宋兆麟：《最后的捕猎者》，山东画报出版社 2001 年版，第 315 页。

② 色音：《中国萨满文化研究》，民族出版社 2011 年版，第 169 页。

生活。

（二）图腾崇拜

“原始母系社会时代，以血缘为纽带的各个氏族集团在追溯自己的远祖时，往往把他们的祖先与某一类动物或植物联系起来，这些动物或植物就形成他们的图腾，被当作氏族或部落的标记或名称。氏族—部落成员通过与图腾物的神秘交感，表达对图腾精灵的崇拜和信仰，通过图腾禁忌表达对图腾的敬畏和祈求。”① 对图腾和祖先的崇拜，人们都怀着一种纯朴、神圣的感情，对狮、虎、熊这些猛兽的图腾崇拜反映出少数民族先民勇敢顽强、敢于拼搏的民族心理。在长期的狩猎生活中，鄂伦春族人经常与各种野兽打交道，在使用简陋的木石工具的原始时代，猎取某些凶猛的野兽是艰难而危险的，所以，对熊、虎、狼等猛兽也就逐渐产生一种敬畏心理。同时，又发现某些动物的外貌及动作等与其他动物不同，并有与人相似的举动，人们认为虎、熊之类与自己的祖先似乎有着一种血缘亲族关系，以至于把这些动物当作是他们民族图腾崇拜的对象。

鄂伦春族的神偶崇拜是萨满教的重要组成部分，是从神灵崇拜经由自然崇拜转变的。鄂伦春族绝大部分的神都有偶像、神像，这些神偶、神像平时都装在桦树皮盒里。在鄂伦春人的观念中，各种神灵都愿意生活在花草遍地的森林之中，所以装神偶、神像的桦树皮盒上都刻有美丽的花草纹。除“阿娇儒博如坎”等少数几种神偶，挂在“斜仁柱”的“玛路”上方外，其他神偶都挂在“斜仁柱”后面二米远的树杈上，每当迁徙之时，把所有盛装各种神偶的桦皮盒放于马背上随族人转移。驮神偶的马称神马，女人是不能骑的。神偶必须用松木制作，据说这是因为神愿意住在松木里，也有用马尾纺织而成的；神像是绘绣在白纸或白布上，也有绘在白皮板上的，还有的神像画在山中的大树上（如山神“白那恰”）。神偶、神像的制作都非常简单，仅仅是轮廓或线条而已，随意性很强，每一种神并没有统一固定的形象，绝大部分是人、太阳、月亮、龙、虎、蟒、狗等的形象。专司狩猎的神是“马路毛木合”，若打不到野兽，即被认为是“马路毛木合”在作怪。因此，在野外狩猎期间，猎人们常携带神像，每当打不到野兽时，即向神像祈祷。祭祀时也一并祭其他的神，否则其他神见怪也会影响狩猎。每次狩猎归来时都要祭“马路毛木合”，祈求它永远保证鄂伦春族的狩猎丰收。

偶像，鄂伦春族语叫“毛木铁”，给偶像和画像上供，多是因家里有人

① 彭自强：《宗教学概论》，宗教文化出版社 2008 年版，第 174－175 页。

得病，祈求神灵保佑早日康复，或猎人远出打猎，祈求神灵多赏猎物等。鄂伦春族人一直保持着以野生动物供奉神灵的传统，供奉的祭品多为天鹅、狍子、野鸭、鹿、野猪等，尤以新捕到的野牲为最佳。这一点更符合萨满祭祀的传统，也只有狩猎民族才可能继续保持这一传统。供奉的野兽不准带利爪，认为用这样的野兽祭神，神灵会生气。不仅不会赐予猎物，出猎后还可能被这种野兽抓伤。上供时，要到野外先把偶像、画像摆好或挂好，将祭品煮熟后摆放在神像前，再供上酒和烟，然后，凡参加上供的人都跪下磕头。要由一位长者祈祷，讲清这次上供的目的，祈求各路神灵多多保佑等。

“吉雅其”是财神，是从蒙古族地方传来的神，专司人畜疾病。神像是用金银箔纸剪成手牵着手的五六个人形粘贴在一块方布上，另剪一个太阳和一个月亮贴在人的上面。当人畜患病时就向“吉雅其”神上供，供品是一只袍子和一碗“老考太”（黏饭），祈祷“吉雅其”保佑人畜早日痊愈。如果长时间打不到野兽也要供奉吉雅其神，祈求它保佑狩猎丰收。关于吉雅其神的来历有种传说：在很早以前，有个猎人总是打不到野兽，有一天，他在猎场遇到一位白发老人，这个猎人恳求老人说，我总是打不到野兽，请给我想个办法吧！老人回答说，你回家画个像挂起来，它叫吉亚其，能保佑你打到野兽，猎人按照老人说的做了，果然打到了野兽，从此就把它供奉起来。

熊图腾是鄂伦春人图腾崇拜的典型，鄂伦春族人认为熊是自己的祖先，在称谓上不仅不能直呼其名，还要称公熊为“雅亚”（祖父）、“阿玛哈”（舅父）、“额替堪”（老头）；称母熊为“太帖”（祖母）、“额聂赫”（伯母）等，这些亲属称谓也表现出鄂伦春人对熊的崇拜与敬畏。

（三）动物崇拜

在鄂伦春游猎生活中，动物和植物是他们赖以生存不可缺少的物质，把动物幻化为一种超自然的神秘的精灵加以崇拜。鄂伦春族人在狩猎过程中，遇到一些猛兽，使他们把这些动物同一般动物区别对待，主要是这些动物的形状举动与人相似。在鄂伦春族先人们的眼中，人不及动物的地方太多了，既没有惊人的力量，又没有快捷的速度，因此他们对动物这些超人的能力进行崇拜。同时，在早期的时候，衣食都取之于动物身上，而狩猎又是一种不稳定的生产形式，尤其是在早期，鄂伦春族人的狩猎工具十分简陋，在猎获猛兽过程中，时常受到猛兽的伤害，甚至失去生命。于是，在这种与猛兽开展的生存斗争中，由于人的软弱便产生了对动物的崇拜。

鄂伦春人非常崇拜熊，在很早以前的狩猎中甚至禁止猎杀熊，不吃熊肉，不穿熊皮，而且想方设法保护它，在遇到熊的脚印或熊吃东西的地方，要跪下叩头，以示崇敬。但随着社会的发展、观念的日益变化及生产工具的不断翻新，也逐渐开始猎熊了，但人们以各种办法掩盖捕杀熊的事实，且猎到熊以后要举行“古落衣仁”，即葬熊仪式。打死熊不能叫打死而叫“布土恰”（成了）或“阿帕恰”（睡了），在往回抬的时候以及在剥皮剔肉的时候他们都假装哭泣。杀熊时妇女不能到熊前指手画脚，尤其是孕妇不得靠前。人们首先把熊头割下后，并用一木棍塞在嘴里，一边塞一边说，我们打错了，塞木棍即表示熊嘴里咬着东西了，不会对人进行报复。按鄂伦春族的习俗，妇女不能吃熊的前半身，而只能吃熊的下半身和后脊背部的肉，妇女吃熊肉时必须先给熊叩头，然后才吃，男人可以吃熊各个部分的肉包括四肢。吃肉时，长辈把熊肉放在桦皮盆里，然后祷告：“这是天神赏给我们的，大家好好分享吧！阿玛哈、恩聂嘿保护我们，不会咬伤我们的。”吃熊头肉时人们格外小心，不能乱说乱动。一边吃肉一边发出：“嘎嘎”的声音，表示乌鸦在吃肉，嘴里还念念有词地祈告：“不是鄂伦春人吃你的肉，是乌鸦吃你的肉”。吃完肉后，鄂伦春人把所有的骨头敛到一起，用桦树皮或柳树编的篱笆卷起，选择河边、半山腰或树林，挂在三棵树交叉点上，按给人的送葬方式给熊举行隆重的风葬。葬礼上还要说：“不是我们有意杀了你，是误杀了你，你不要嫁祸我们，要保佑我们多打野兽”，大家齐唱祭熊神歌。葬熊歌的唱词古朴、简单，曲调也很优美、动听，唱词中充溢着人们对熊的无限恐惧和虔诚，如泣如诉地请罪。熊皮褥子总是放在“斜仁柱”的正中位置上，妇女是不能乱踩、乱坐的，以保持它的“圣洁”。

对熊还有这样一个传说，一个猎人因好久打不到野兽，说了一番气话：怎么连熊也打不着？如果打着熊，一定剥下它的头皮。而按照习惯，熊头要风葬，头皮是不能剥下的。结果他出门不远就遇到了熊的袭击，熊也剥下他的头皮而去了。熊之所以能够如此，传说是因为熊有灵性，什么都会知道的。对熊的这种神秘观念，直到20世纪50年代时为止，都深深地刻印在鄂伦春人的脑海中。集体出猎，如某一猎人发现熊洞，即使当晚也不能说出口，怕熊在梦里知道。他只能悄悄地在“塔坦达”的皮靴里放进一粒松树子，而“塔坦达”一看也就明白某人已发现了熊洞。这样等待到第二天，他才可以组织大家去猎取。

虎也是鄂伦春人图腾崇拜的一种。他们称虎为“乌塔其”，是太爷的意思；也有的称它为“博如坎”，是神或老大的意思。打猎时听到老虎的叫声要立即磕头祈求，并避而远之，表示敬畏之意。

（四）祖先崇拜

祖先崇拜是指人们对自己先人、家长、族长、部落长等的一种宗教式的崇拜感情，以祖先亡灵为崇拜对象的宗教形式。在母系氏族社会向父系氏族社会的发展过程中，由图腾崇拜过渡而来，即在亲缘意识中萌生、衍化出对本族始祖先人的敬拜思想。

祖先神，鄂伦春语称“阿娇儒博如坎”，“阿娇儒”是根的意思。起初，人们把母亲家族的祖先叫“阿娇儒”，后来逐渐把父亲家族的祖先也叫作“阿娇儒”了。鄂伦春族人认为祖先的灵魂对本氏族活着的人还有佑护或惩罚的作用，因此，他们每户都供奉祖先神，每逢年节都要烧香、上供、磕头，求其保佑。神像是用松木刻制成的偶像，或在一块黄布上绘制的一个半身人像，装在神龛内，由老人精心保管，搬迁时也随身携带。过去，在每三年一次的氏族大会上，要对“阿娇儒博如坎”进行祭祀，仪式十分隆重。

（五）占卜

鄂伦春族相信自然界的许多自然现象都能预示人间的祸福，如梦见日出即说明病快好了，梦见马死就能打到值钱的野兽，梦见水浅预兆有不好的事要发生。因此，鄂伦春族非常善于观察自然界中的变化，并根据变化占卜吉凶、约束自己的行为。

出外狩猎期间，也常常进行占卜活动，占卜猎人外出不归也是如此，当问到猎人是否于某日回来时，将枪或斧头举起，就说明猎人还健在，家里人也就放心了。二是用烧野兽肩胛骨（哈拉巴）的方法占卜，如，占卜外出打猎或办某件事是否顺利，就将已啃光肉的肩胛骨（多用狍子的）放到火里去烧，烧一会儿就拿出来看被火烧裂了的骨缝儿，如果骨缝是顺茬并且很清晰，就认为一定很顺利，否则就不顺利。第三种是水盆或空锅占卜法。当猎人几日打不着猎物时，就将一个干净的水盆或空锅放在月光下，并向月亮磕头祷告，祈求月亮神多赏猎物，第二天察看水盆或空锅有无野兽毛，若有就认为以后一定能打到野兽，盆或锅内有什么野兽的毛，就预兆猎获到什么样的野兽。

“抬枪”占卜法是在猎枪的枪筒上绑一把斧子伏在枕头上，手持枪柄，嘴里祷告供奉的各种神，并对这些神依次发问，每念到一个神名就把枪试着向上举一次，问不对枪头很重，抬不起来。若问对了，枪就会随着手轻轻地抬起来。然后占卜者就根据占卜的结果对所犯的神灵许愿，请求宽恕。每当打不到野兽，人畜有病，鄂伦春族都用这种方法算卦，若不行再请萨满跳神。出猎前也用这种方法决定去向，若是选择狩猎的去向，则将枪头逐一对准四方，哪个方向能抬起枪就往那个方向出发。

二、原始宗教的文化内涵

鄂伦春人“依生”于大自然，在同大自然的万物亲密接触和交往中懂得，只有保护自然、爱护自然，才能使人类得以长久地生存和发展。由于在长期的历史发展中，鄂伦春人几乎与外界隔绝，他们生活的一切几乎都来自于森林，因此也就形成了顺从自然和爱护自然的生存法则。过去，鄂伦春人祖祖辈辈在大森林中游猎为生，他们的衣食住行几乎全部依赖森林来提供，所以他们从不随意乱砍滥伐，对森林资源倍加爱护。鄂伦春人从不因个人欲望去破坏自然环境和生态平衡，形成了一套良好的行为准则，他们的生活与森林休戚与共。鄂伦春人在搭建“撮罗子”时，首先想到的是不破坏自然环境，一般在一个宿营地只待十天半个月，最长也不超过一个月，便搬到另一个地方，这样可以保持自然资源的平衡。鄂伦春人野外用火从不砍伐活树，而是到河边捡些枯死的树枝或漂流木用来做饭；搭建“撮罗子”所用的木材选材适中，过大或过小的都不会任意砍伐；在搬迁时“撮罗子”的架子和储存架从不拆除，以备下次迁徙至此时再用；野外采集野菜野果时，从不乱拔乱砍植物和树木的根茎，以免生物死亡；狩猎时为了满足自己的生活需要“得一兽而还”，绝不乱杀无辜，而且有“怀孕的母兽不打、正在交配的动物不打、哺乳期的动物不打、幼小的动物不打”等传统，体现了爱护动物、尊重动物的繁衍生存的自然规律。鄂伦春人宿营地要远离河流，以保持河水的洁净；不准往河里撒尿或吐吐沫，禁止在河流、湖泊、溪水、泉眼、井水里乱扔乱泼脏东西；不准打鸿雁、鸳鸯，因为这些禽类都是成双成对地生活在一起，如果打死一只，另一只会孤独死去。此外，鄂伦春人特别喜欢对人类有益的小动物，从不伤害它们，特别是对洪水来时前来报信的小青蛙情有独钟。鄂伦春人的这些行为准则是在长期的生活实践中逐步形成的，顺应了大自然的生存法则，是一种可持续的生存方式。然而，在外来文化的强势介入下，鄂伦春人的这些传统的生活准则不断受到挑战，原始宗教对人们思想和行为的束缚也越来越弱。

“如果说，从远古以来在鄂伦春民族的灵魂与精神中所赋有的对森林，对动植物的情与爱，最初来自本能而自然的话，那么，随着岁月的流逝和经验的不断积累以及对事物认识的深化，如今，这种情与爱已由当初的无意识状态转化成了有意识的自觉行为，并且生成了森林狩猎文化的重要组成部分；进而为人类的生存历史留下了珍贵而厚重的生态文明遗产。”① 鄂伦春族传统的宗教观念为后人留下了宝贵的精神财富，尽管已经受到了很大的冲击，但仍然影响着人们的思想和行为。不论是原始信仰中的自然、动植物崇拜，还是图腾、祖先崇拜，“万物有灵”这一灵魂思想自始至终贯穿或活跃在人们的思想体系中。从生态学意义上看，这种崇尚自然、敬畏自然的古老社会意识形态对生物的多样性、丰富性、完整性和纯洁性无疑都起到极其重要的作用。“在人类历史的长河中，鄂伦春人正因为内心与灵魂深处有个萨满以及萨满信仰，才使得对大自然万物那样的亲密、那样的爱惜、那样的尊敬，以至于用心灵去崇拜与祭祀。也正是因为如此他们才有了真善美的情感，才拥有了无穷的精神力量和高尚的行为道德标准，才有了与大自然共呼吸、共命运的情怀和胸襟。进而他们懂得了做人的道理，懂得了如何与自然、动物之间和睦相处与心灵沟通，懂得了如何顺应和遵循大自然的生物内在变化规律以及怎样热爱、保护大自然这个伟大母亲。”②

第二节　萨满教

萨满教是基于万物有灵基础上的一种自然宗教。在信仰萨满教的民族之观念中，宇宙万物、人世祸福都是由鬼神主宰的。“自然界并不是一个客观自在的体系，而是由某种超自然的东西在支配它，它是神灵的创造物，依神灵的主观意志而发展、变化的，自然的每个部分都是由某个特定的神灵所管理的。”③ 鄂伦春族作为直至20世纪50年代末期还较完整保留氏族社会形态的山地狩猎民族，其萨满文化的兴衰对该民族的社会发展和文化适应具有重要的意义。

一、萨满的产生

鄂伦春人信奉万物有灵的萨满教，这种宗教是以万物有灵论为基础的。“万物有灵论的宗教观念，导致了多神崇拜的宗教活动，一种沟通神、人的

---

① 希德夫：《萨满信仰与生态环保——以中国鄂伦春族萨满信仰为例》，载《鄂伦春研究》2013年第1期。

② 希德夫：《萨满信仰与生态环保——以中国鄂伦春族萨满信仰为例》，载《鄂伦春研究》2013年第1期。

③ 色音：《中国萨满文化研究》，民族出版社2011年版，第64页。

巫师——萨满便应运而生了。萨满在亚洲北部各民族以及沙米来人和因纽特人人中都有，他的职责是代表人向神灵祈福、禳灾、祛病，成为人神之间的媒介。”[①] 鄂伦春人认为，“人是处在各种神灵的包围之中，而且人在生活中又往往触犯神灵，因此，如何沟通人与神之间的关系，以便调解人和神之间的矛盾，于是就产生了萨满，认为她可以成为人与神灵之间的中介人。”[②] 萨满教因“萨满”而得名。萨满在学术界多解释为“因兴奋而狂舞的人”。“我国北方满—通古斯语族中的满、赫哲、锡伯、鄂温克、鄂伦春等5个民族称‘萨满’仍沿用这个通古斯古词，其意为‘知晓’、‘晓彻’，即能晓彻神意的人，是神灵的使者，人类的代表，人神的中介者。”[③] 鄂伦春人最初的萨满都是女性，是母系氏族时期在原始宗教的基础上逐渐形成的，到了父系氏族社会以后才有了男萨满。

鄂伦春人的萨满分为两种，一种是“穆昆”萨满，另一种是“德勒库”萨满。“穆昆”萨满一个氏族只能有一个，但不一定每个氏族都有。如果“穆昆”萨满是女性即使出嫁到男方氏族，她娘家的氏族也不能出现新的氏族萨满，一直到她死后，她的灵魂回到娘家后氏族才能出现新的“穆昆”萨满。“德勒库”萨满一个氏族可以有几个，这种萨满是流浪萨满，他死后灵魂不一定回到原来的氏族附体。“德勒库”萨满的法术没有“穆昆”萨满的法术高，他所请来的神也没有那样多，因此人们都愿意请“穆昆”萨满，在没有“穆昆”萨满的情况下才请“德勒库”萨满。关于萨满的起源有这样一个传说，“很早以前白依尔有个‘穆昆’萨满，就是根特木耳。他死后，灵魂没有往下传就上天了。根特木耳萨满神通广大，治病很灵，治一个好一个。他每次跳神时，穿上神衣后，让别人用斧子朝他头上狠狠地打一下，把他打倒后，神才渐渐附体。跳神时，用一把猎刀，从肚子的右边扎进去，从左边拔出来，再从左边扎进去，从右边拔出来，这样反复扎拔直至跳完神为止。这个萨满的神灵虽然没有往下传，但他死后，神衣放在‘奥伦’里，后来‘奥伦’坏了，神衣被风吹雨打，变成了碎片，神衣的铜镜、铜铃等，也就撒得到处都是。后来铜镜就变成了‘穆昆’萨满，铃变成了‘德勒库’萨满，从此，白依尔中的萨满就多起来了。”[④] 我们无从考察鄂伦

---

① 《鄂伦春族简史》编写组、《鄂伦春族简史》修订本编写组：《鄂伦春族简史》，民族出版社2008年版，第145页。

② 赵复兴：《鄂伦春族游猎文化》，内蒙古人民出版社1991年版，第237页。

③ 色音：《中国萨满文化研究》，民族出版社2011年版，第2页。

④ 内蒙古少数民族社会历史调查组、内蒙古历史研究所：《鄂伦春自治旗木奎高鲁、瑷珲县新生村和逊克县新鄂村补充调查报告——鄂伦春族调查材料之9—11》，1963年，第48页。

春萨满教的起源，但我们可以从研究中透析出萨满教在鄂伦春社会中的重要价值，以及人们对于宇宙、自然、社会的认识能力和思想观念。

萨满的传承不是世袭的，而是用各种奇特的方式鉴定其当萨满的资格，通过一段艰苦的学习和特定的考验仪式，才能成为新萨满。新萨满的产生一般有这样几种途径："一，老萨满用神验的方式来选定接替人。二，已故的萨满色夫'抓'的。三，孩童有病难治，其家长祈神保佑，并许愿如病愈则当萨满，伺候神主。"① 关于萨满的产生，秋浦先生解释道："处于母权社会末期的鄂伦春人，起初一定认为这些人在当时的条件下是不可能生存下来的，因为比他们还轻的病症，由于缺乏医药而导致死亡的也大有人在。而这些人之所以能生存，其原因，那一定是有祖先的神灵在保护，这样就把他们看作是与祖先神灵有过接触，已经建立了某种联系，并且认为既然他们能幸而生存下来，祖先的神灵也一定会通过他们为别人免除灾难。"② 除了"穆昆"萨满和"德勒库"萨满外，在鄂伦春人的宗教活动中，还出现了"屋托钦"和"阿嘎钦"萨满。"乌托钦"是指凡是得过天花或麻疹而又好了的人们，据说正因为他们病好了，所以他们也就能替别人把病治好了，是祖先的神灵在保佑他们。"阿嘎钦"萨满是占卜者，占卜时他在一支枪的枪筒上绑上一把斧子，放在枕头上，用右手紧握枪把向上举。举枪时"阿嘎钦"一个神一个神地挨个问，问对了触犯了哪位神灵时，枪就会慢慢举起来，通过对神灵的祭拜就可以打到猎物了。

萨满在鄂伦春社会中受人尊重，但并不享有特权。他们平时与氏族或家族成员一起劳动，女萨满不但要从事繁重的家务劳动，如果是年轻的女萨满，还要受婆婆的气。男萨满也要积极参加劳动，在狩猎集体中，同大家享受一样的权利，平均分配猎物，不能因为是萨满就有特权。早期的萨满与氏族长一样，都是氏族公职人员，为氏族成员或氏族集体跳神，是应当履行的义务，不收取任何报酬。只是在跳神时，有的人家在他身上搭条毛巾，请他擦汗，从而也就把毛巾送给他了。也有的人家为了答谢她给治愈了病，送给他一件衣服。但是随着商品经济的发展，贫富分化的出现，有的地方萨满在为人治病时要事先讲好，如果把病人的病治好了就送给萨满一匹马，说这样可以把病转嫁到马身上。

---

① 关小云、王宏刚：《鄂伦春族萨满教调查》，辽宁人民出版社 1998 年版，第 14 页。

② 秋浦：《鄂伦春族社会的发展》，上海人民出版社 1978 年版，第 171 页。

二、萨满法具

萨满在实行法术以前，首先要把自己装扮起来，要穿神衣、戴神帽、拿神鼓，打扮成与凡人不一样的神人。

萨满的神衣是由去毛的鹿皮或犴皮染成黄色，再制成无领的对襟长袍，长约四尺左右。领口、袖口及对襟等部位都绣有各种颜色的云形图案，并配有护肩、飘带、铜铃、铜镜等法器。神衣的装饰，不仅有自然崇拜物与动物图腾崇拜物的造型，而且有各种花草图纹。神衣两肩有布或木制的、鄂伦春族人视为神鸟的布谷鸟。它虽小，但鸣叫声清脆响亮，能够传播到很远的地方，因而鄂伦春族人严禁伤害布谷鸟。在整个神衣制作过程中，裁缝、刺绣等工艺体现了鄂伦春族的原始艺术。萨满服前胸有 6 个圆铜镜，后背外饰有 5 个圆铜镜。个子高的男萨满神衣胸饰有 12 个圆铜镜，后背饰有 5 个圆铜镜，铜镜具有护身作用。神裙飘带有 12 条，代表 12 个月，也有 6 个布条，大萨满的神裙是双层布条，说明他的神灵全。飘带上绣有各种野花、叶子、野鸡尾等花纹图案。神帽，鄂伦春语称之为“奔波里”。它的骨架最早用厚的皮子制成，后逐渐用铁代替帽子系一铁圈，上面为十字形半圆顶，在十字半圆顶上多安有两只三杈或六杈的鹿角。铁圈和铁梁全用各色布条缠起来。帽子的一圈缝上各色布条穗子，正面坠十条串珠，遮住眼睛及半个面孔。神帽上还有 3 个或 6 个飘带，飘带喻作天桥，还绣有一对小鹿角，寓意是神的落脚地，并从这里联系附体。一对鹿角之间，有布或木制的布谷鸟，图形粗犷而质朴。在萨满教观念中，萨满的服饰有着深刻的宗教意义，它集中体现了本氏族所特有的原始观念、图腾崇拜及崇奉的诸神。神衣、法器上的各种图案的绘制，不仅反映远古鄂伦春人对动物的崇拜和“万物有灵”的观念，同时也是鄂伦春族情感、观念、意志的凝聚和传统绘画艺术的再现。

神鼓，鄂伦春语为“文吐文”，是萨满与神取得联系的关键媒介物，萨满通过鼓语实现人与神的对话，这种被常人视为虚拟的语境，不仅成为罩在萨满头上的神秘光环，而且为萨满信仰者创造了一个独特、神秘的话语系统，成为他们举行复杂萨满跳神仪式所必需并且能够使受众通晓的思维表达方式。神鼓为扁平的单面鼓，呈椭圆形。鼓架多用松木制成，鼓面为狍皮和犴皮制作，一般绘有四足蛇、蛙、龟图案。这些鼓的背面钉有皮条做的十字把手，上面装有三个铜或铁环，手伸进去就可将鼓拿起，环上刻有神、蛇、龟、熊等图案。神鼓用之前，都要用火烤一烤，使鼓面绷紧，敲击时发出清脆洪亮的声音。鼓槌，长约一尺，是用狍腿皮包裹鹿筋制成的。手柄处要系一个皮绳套，用时可套在手指上以防脱落。档式是萨满专门登记神灵的法器，多由松木制成。是一个长约50厘米的四楞棒，上端系有各色的布条。每当萨满跳神之后，便将请到的神登记在档式上。即在四楞档式上刻下豁口，豁口多意味着请的神多。

萨满的神衣由妇女制作，鼓和槌由男人制作。萨满的神衣及法具由萨满自己保存，平时不用时，放在桦皮箱或盒里，妇女禁止触摸，更不能用脚踩。

三、萨满仪式活动

鄂伦春族萨满的跳神仪式一般在三种情况下进行。一是为人治病，多在傍晚进行。跳神前，主人要在自家门前点一堆篝火，围观的人们围着篝火坐一圈。当夜幕降临，萨满便穿上神衣，头戴神帽，左手持鼓，右手拿槌，走到篝火旁，盘腿坐在“塔绕兰”（萨满专用的垫子）上，闭上眼睛开始慢慢击鼓请神。在跳神前点燃香气很浓的爬山松枝熏一熏萨满的四周以净化污浊空气，以便神灵尽快到来。不久，鼓声加紧，萨满开始全身抖动，下巴哆嗦，牙齿咬得咯咯作响，双目紧闭，表现出神灵附体时的痛苦状。这时，有人拿来一团烧红的木炭，放在萨满脚前，以示为神引路。萨满鼓声突然停止，浑身大抖，这是神已正式附体的表现。这时附体的是祖先神，借萨满之口询问：“你们请我来有什么事?”坐在萨满后面的“扎例”（二神即萨满的助手）就要替病人回答：“因有人生病，惊动祖先来治病”。这时萨满再次边击鼓，边吟唱，逐一恭请统领的诸神，探寻病人冲犯的是哪个神。当提到某位神的名字，病人突然发抖时，萨满便知他冲犯了哪个神，这时萨满便会狂怒起来，边击鼓边吟唱，情绪高亢，鼓点密集。与此同时，二神及家属、围观的人们也要随声附和，不时发出“者、者”的声音，不仅要附合其音调，而且还要流利地回答萨满提出的问题，须答应病好后就还愿。有的萨满看病人的病情严重，就让病人裸体躺在床上，向其身喷开水，以此治病。如果认为危重病人的灵魂被恶神掠去，有时为了制服恶鬼，萨满还要当场作法，以示与鬼博斗，如吞针、吃火、踩火等，把患者的灵魂夺回来，病人方能得救。萨满跳神治病的时间长短不一，一般视病情的轻重，短则半小时，长则1—2个晚上。有的萨满斗不过凶神恶煞，嘱咐另请其他萨满来跳神。

二是举行祭神仪式。每年春季，鄂伦春族举行纪念性的祭神活动和娱乐性的敬神赛神活动。选择好日期、地点，搭建一个很大的“斜仁柱”，将各种神偶挂在树上，人们便按时将新鲜的天鹅、大雁、野鸭等祭品准备好。每位参加祭典者的位置事先都安排好，男的在上，女的在下。儿童随意选坐，但不许打闹。祭祀活动开始，神鼓敲过三遍，萨满由二神引路，四侍卫随从，环绕一圈步入围门。萨满头戴神冠，穿神衣，神衣多由鹿皮缝制，上缀有贝壳、纽扣，腰间皮带上有各色飘带，前襟后背挂满大大小小的铜镜，总共百余斤重，走动时叮叮咚咚。二神宣布仪式开始，萨满开始请神，与二神对唱《请神歌》，周围的人不时随声附和，歌词的内容是祈求神灵保佑人们平安及对美好生活的向往。三遍鼓声响过，萨满开始跳大神。随着鼓声、歌声节奏渐快渐响，萨满越跳越快，叮当声也越来越响。最后萨满疯狂起来，眼睛朝天，口中大声念诵，全身抖动，转如旋风。当达到顶点时，萨满突然大叫一声，冷不防倒在一边，这时，四周的人必须要接住倒下来的萨满，若接不住，则意味着万能之神不肯下凡，整个跳神就失败了。接住之后，萨满慢慢站起来，暗示神已在身，接着唱起《吉祥神歌》，众人合唱，祈祷神灵。歌毕，二神宣布仪式结束。这样的活动一般要进行三天，参加活动的人们心情舒畅，整个场面充满欢乐气氛。

三是教新萨满跳神。新萨满学习跳神，冬天要在“斜仁柱”内举行，夏季则在外面宽阔的场地上进行。跳神之前要将神像、供品安放在供桌上。供品多是天鹅、野鸭、狍子及各种禽兽的心、血。新萨满第一次学习跳神通常要进行三天。第一天要在夜间开始。新萨满装备好之后，在“塔绕兰”附近慢慢击鼓，十分钟后，逐渐处于恍惚状态。这时老萨满在前面领路跳起来，新萨满在后面学习其动作。老萨满先请自己的主神，然后把所有的神灵的名字都念一遍。诸神灵到齐后，新萨满把供品中各种禽兽的心、血斟在酒杯敬神，由老萨满代诸神灵喝下去。然后新萨满边跳边讲自己氏族萨满的历史。新萨满学习跳神活动要持续到次日清晨。届时，要将供奉的祭品全部煮熟。二神“扎列”唱一遍祭神歌，然后参加仪式的人们，同新老萨满一起共食祭品。当日夜晚，人们仍在原地方集中，老萨满在这一晚上要给新萨满教会所有的跳神动作。第三天，跳神仪式在白天进行。这一天新、老萨满要把请到的神灵一一送走。此后，在2—3天内再举行两次学跳神仪式，老萨满新萨满的任务就完成了。

第三节　宗教文化的变迁以及对社会的影响

萨满是中国北方各民族精神文化的象征，保留了完整的自然宗教特征，具有鲜明的北方地域特点。甚至可以说，它是古代文化的聚合体，几乎囊括了北方人类史前宗教、历史、经济、哲学、婚姻制度、道德规范、文学、艺术、体育、民俗等各个方面的文化成就。北方民族原始的自然科学、天文、地理、医学以及采集、渔猎、游牧、农耕、航运、手工艺等生产技术也是在萨满教中有所传承和发展的。“我们认为，萨满教的最重要的价值是它以一种活的形态，形象地记录了人类童年时代心灵发展的轨迹，它反映了我们的祖先对世界的认知过程，表达了他们与自然斗争的意志和力量，也揭示了他们的迷惘与失误。”① 萨满教的发展伴随着自然环境、生产方式和社会组织形式的变革而自然发生变化，在外来文化的渗透、外来宗教的冲击和统治阶级政策等外力作用下实现不断地变异。鄂伦春族萨满教在长期的发展历程中，也不断汲取和吸纳了新的文化内涵，成为人们精神文化的重要的依托。然而在历史发展进程中，随着人们生产生活方式的改变，受外来文化和政治因素的影响，鄂伦春族萨满教却经历了艰难和曲折的发展经历。

一、萨满教的兴盛

中国北方古代民族中曾经以渔猎、游牧为主要生活方式的肃慎、挹娄、女真、匈奴、乌桓、鲜卑、柔然、高车、突厥等族均盛兴过萨满教。一些民族在历史上已经消失，有的经过演变、融合形成了现代民族。“中国的阿尔泰语系满—通古斯语族的满、鄂伦春、鄂温克、锡伯、赫哲，蒙古语族中的蒙古、达斡尔，突厥语族中的维吾尔、哈萨克、柯尔克孜等民族均曾信奉过萨满教。”② 各民族萨满教的发生与发展，基本上是在漫长的历史进程中自然形成的，它印证了各族萨满教发展、演变乃至社会发展、演变的历史轨迹，反映了各族萨满教的现存形态。鄂伦春族的萨满文化与他们的生产生活方式有着密切的联系，直至20世纪50年代，鄂伦春族还保留着氏族社会的社会组织形式，“穆昆制”虽然已经被“路佐治”所冲击，但在迁徙游猎的生活方式中依然保持。在这种山林文化的影响下，鄂伦春族的萨满教祭礼活动依然保存着浓郁的地方特色，并保存得相当完整。

赵复兴先生在调查中对1900年至1958年原托河路和原毕拉尔路50多年间所产生的鄂伦春族萨满进行了调查。“两个地区50多年中共产生39个萨满，其中女萨满24人，男萨满15人，由此可以看出，女萨满多于男萨

① 关小云、王宏刚：《鄂伦春族萨满教调查》，辽宁人民出版社1998年版，第2页。

② 郭淑云：《中国北方民族萨满出神现象研究》，民族出版社2007年版，第1页。

满。‘穆昆’萨满为 20 人，‘德勒库’萨满为 19 人，基本是各占一半。”① 关小云、王洪刚对大兴安岭地区涌现出来的萨满进行了深入的研究，记述了他们为人们主持祭礼、祈福、祛病、跳神治病的详细资料。其中主要包括十八站的毛基彦、戈兰保、丁西布和孟闹尼母女、戈初杰、赵立本、魏跃杰母亲、孟明其罕、孟扎明，白银纳的关乌力彦、禅灭彦、孟永尼、关伯宝、孟吕古和孟正喜父子等，并对他们的生平进行了详细的记载，为后人留下了宝贵的文献资料。“在 1953 年鄂族定居前，大兴安岭地区萨满教还相当盛行，并保留得相当古朴。据有关资料统计，这一带鄂族人定居时有人口 618 人，而著名萨满就有十几位，这还是一个不完全的统计数。”② 史禄国在关于通古斯人健康状况的描述中写道：“在通古斯各部落中，神经上和心理上的疾患是常见的，虽然强弱不同。在这些疾患增长时期，氏族的正常生活被打断，营养水平和出生率降低，死亡率升高，危及氏族的生存。萨满教是与神经和精神疾患的流行相关联的。可以有把握地假设，萨满教作为一种预防剂，是一种氏族的自卫和它的生物学功能的外部表现。”③ 史禄国提出，萨满教是通古斯氏族的“安全阀”，当附着在氏族某些人身上的所有“凶神恶煞”向“主人”降服时，这种疾病就会立即停止。“鬼神论和它们同人的关系，在萨满教徒的思想里只不过是对一切正常的和病理的精神生活现象的概括。萨满和萨满教是调整折现现象的器官和系统，它们主要关系的是如何保持卫生学的和最好的预防性能。”④ 史禄国强调了萨满教在医治氏族人的神经疾患和精神疾患的功能，是一种在氏族内部被广泛认同和高度信赖的精神支柱。鄂伦春族萨满在其社会中是一个“特殊群体”，具有某种特质。在成为萨满之前他们多要经历过一段特殊的身心痛苦经历，甚至构成个体生命的危机，通过领神仪式成为萨满，并因此获得身体的健康。萨满教的盛行是鄂伦春人赖以生存的多神崇拜观为主导意识的社会环境所形成的，他们是虔诚的萨满教信徒，神灵观念在他们仪式中根深蒂固。他们所属的群体也以萨满教为宗教信仰，当他们出现精神失常、久病不愈、病祸交加等症状时，便会将这种症状与出萨满征兆联系起来，到萨满文化中寻求治疗方法，通过集精神、心理和民俗文化医疗于一体的萨满医疗体系，使患者得到康复，并最终在萨满教中找到了心灵的归宿。

---

① 赵复兴：《鄂伦春族游猎文化》，内蒙古人民出版社 1991 年版，第 250－251 页。

② 关小云、王宏刚：《鄂伦春族萨满教调查》，辽宁人民出版社 1998 年版，第 36 页。

③ 史禄国著，吴有刚、赵复兴、孟克译：《北方通古斯的社会组织》，内蒙古人民出版社 1985 年版，第 567 页。

④ 同上，第 568 页。

在氏族社会中，鄂伦春族萨满具有特定的社会需求和文化内涵，解除危机是其在族群内部的基本功能和主要职责，也是通过宗教仪式得以实现的。在传统社会中，萨满出神具有特定的内涵，他们虽表现为萨满的个人行为，但因萨满充当的社会角色和所处的地位以及萨满出神后萨满人格转变所具有的象征意义，使萨满的脱魂与附体现象具有社会性，成为氏族宗教生活的重要内容。因此，在定居以前萨满教以其特定的解除危机的个体性和群众性的强大功能而盛行在鄂伦春族广大地区。

二、萨满教的衰落

鄂伦春族定居以后，逐步实现了从“原始社会”向社会主义社会的“直接过渡”，经历了各种挫折的氏族社会形态“穆昆制”终于在摇摇欲坠中土崩瓦解。根据当时鄂伦春族的生活环境，其社会文化形态被定义为“原始的”、“落后的”、“愚昧的”、“迷信的”等，从政治制度和意识形态方面进行社会主义改造成为“改造落后”的首要任务。在马克思主义辩证唯物主义政治纲领的指导下，萨满教也就成为首当其冲需要改造的内容，其逐渐走向衰落也就成为一种必然的趋势。另外，定居以后由于鄂伦春族人口大量聚集，外族人口不断涌入，致使自身免疫力很差的鄂伦春人患病的概率大大增加，传染病曾在这一地区大面积爆发。人民政府为了提高鄂伦春人的健康状况，逐渐建立了较完善的医疗体系，投入大量人力、物力对传染病的流行积极地进行治疗和防御。显然，在这种形势下，萨满教的“医疗体系”是无法根治族人的流行病的，科学的、系统的防治流行病也逐渐成为人们最可靠的选择，甚至萨满本人得了病也不得不到卫生院进行诊治。在社会变革和医疗体系不能发挥作用时，特别是萨满在面对现代流行病而束手无策时，经历了惨痛的经历和教训，人们在精神情怀中无法割舍的萨满教走向衰落也就成为一种历史的必然。

据1959年黑龙江逊克地区的资料显示：“1953年定居以后，经过破除迷信的宣传和在政策上采取了严禁萨满跳神后，群众有病向神磕头祷告的现象减少了，请萨满跳神的事更少了，现在多数人家都不供奉各种神了，有病都是请医生或到卫生所治疗。宗教信仰的改革并不是轻而易举的事，在宣传破除迷信，禁止跳神中，群众有一定的思想抵触，尤其是老年人更是搞不通思想。因此在1955年老年人到各地参观时，看到有的地方还有烧香磕头的会有所反映，认为干部搞得过火了，还想跳起来，但没有人支持，没有搞起来。现在在老年人中迷信思想还很严重，萨满虽然不跳神了，有些人家一有毛病就请‘阿嘎钦’给算卦、祷告，然后许下愿病好了以后，给神上供。”① 1953 年，大兴安岭地区的鄂伦春族萨满赵立本、孟金福、关扣妮等举行了“告别神坛”仪式，积极参与到大兴安岭的开发和建设工作中。“50 年代初期，在‘破除迷信，解放思想’的感召下，赵立本率先垂范，在十八站呼玛河畔举行了‘告别神坛’的送神仪式。此时，各个流域的鄂伦春人都赶来了，相聚在一起，举行了隆重的送神仪式，其场面壮观而严肃。赵立本心里特别沉重，他们一边唱，一边跳，连续跳了三个夜晚。”② 告别神坛后，赵立本从一个萨满成长为一名出色的民族干部，历任下渔亮子筹委会主任，十八站乡武装部长，十八站乡乡长，呼玛县民族事务委员会主任，呼玛县委统战部部长，中苏友好协会会员，黑龙江省政协委员等职务。1959 年的相关资料显示：“几年来由于卫生事业在鄂伦春地区的蓬勃发展，群众绝大多数摆脱了迷信，而相信科学；不再相信巫术了。很多人有点小病也马上找大夫治疗。萨满和卫生所之间有过斗争。例如白银纳村萨满葛兰保的小孩在 1955 年患病，经大夫诊断为肺炎，可是他不相信科学，说什么：‘神是一定有的，不信可不行啊？’大夫并没有再说什么，二人就互相‘比武’，葛兰保跳了半天神无效。与此同时大夫就大量给孩子注射抗生素，内服磺胺，三天就好了，萨满最后认了输。现在葛兰保自己有病也找大夫了。另外，萨满的巫术也成了教育群众的反面教员，如十八站村葛朋关的小孩，得了抽风，不请大夫，而找萨满跳神结果死了。经过反复的宣传、解释，鄂伦春人的迷信思想愈来愈少。”③ 据 1963 年新兴乡的调查资料显示：“中华人民共和国成立以后，由于党和政府多次进行无神论教育和宣传卫生知识，一些旧的习俗正在逐步消失，新的风尚正在形成。据介绍，近几年，新兴村的鄂伦春人虽然还有少数人有时烧香、叫魂和打到猎品给神上供，但已没有跳萨满的了。一般有了病都到卫生所就医吃药，基本改变了过去有病不就医跳萨满的旧习。”④ 萨满教在社会发展中失去了生存的空间，在功能方面失去了应用价值，从 20 世纪 50 年代中期开始鄂伦春族已经没有新萨满的涌现，最后不得不被社会和被鄂伦春族后人所摒弃，从而走向衰落。

---

① 内蒙古少数民族社会历史调查组：《逊克县鄂伦春民族乡情况——鄂伦春族调查材料之三》，1959 年，第 108 页。

② 关小云、王宏刚：《鄂伦春族萨满教调查》，辽宁人民出版社 1998 年版，第 15 页。

③ 内蒙古少数民族社会历史调查组：《黑龙江呼玛县十八站鄂伦春民族乡情况——鄂伦春族调查材料之四》，1959 年，第 180 页。

④ 内蒙古自治区编辑组、《中国少数民族社会历史调查资料丛刊》修订编辑委员会：《鄂伦春族社会历史调查》，民族出版社 2009 年版，第 183 页。

然而，在定居较晚、相对比较闭塞的地区，萨满教在鄂伦春人中间还具有一定的影响，直至20世纪60年代中期依然延存。1963年内蒙古鄂伦春旗的资料显示："现在鄂伦春人有病仍有请萨满跳神的，包括高鲁达在内。供神还很普遍，特别是老年人对于神可以说依然全信无疑。中华人民共和国成立后参加工作多年的萨满佟古梅和'巴克其'满春也偶尔被病人请去跳神。从1962年10月至1963年3月底，木奎高鲁6个病人请萨满跳神共达23次之多。"① 由此可以看出，尽管萨满教已经被主流社会所摒弃，但一些鄂伦春群众对它有着深厚的情怀，对其治病功能也相信不疑，萨满教在社会的边缘中依然具有影响。另外我们也可以看出，一些萨满在社会变革中抛弃了自己的身份，转变成为社会变革和发展的先锋，并成为新时代的表率。然而，萨满教在他们的内心深处依然却有着无法割舍的情怀，这不仅是对这种信仰的眷守，也是对民族历史、传统文化的执着和怀念，在这种复杂、痛苦、矛盾、挣扎和无奈之中，他们一个个黯然离世，给后人留下更多的只是对他们的想象和猜度。

三、萨满文化的复兴

从20世纪80年代开始，在中国政治大背景的影响下，鄂伦春族民族工作得到了重视，传统文化也逐渐得到挖掘和整理，鄂伦春族萨满教虽然已经失去了在医疗体系方面的功能和意义，但是作为一种民族文化的符号象征却得到了社会的广泛关注和价值认同。

（一）萨满教祭祀活动的重现

萨满教作为鄂伦春人意识形态领域的重要象征，具有根深蒂固的社会基础，尽管它已经远离了人们的生活，却在鄂伦春人血液中流淌着难以割舍的情怀。在保护文化多样性、弘扬传统文化大发展的社会环境中，为了保留和传承萨满文化，在相关部门的大力支持和鄂伦春族文化精英的不懈努力下，萨满文化的保护工作取得了可喜的成果。关小云记述了大兴安岭地区1990年初春举行的祭山神仪式与春祭仪式的过程。她讲道：虽然萨满祭礼已经停歇了将近40年，但在老一代鄂伦春人心目中，萨满教信仰并没有消失。1990年3月18日，萨满孟金福以及猎民孟玉林、郭宝林、孟涛渡、周宏、

① 内蒙古少数民族社会历史调查组、内蒙古历史研究所：《鄂伦春自治旗木奎高鲁、瑷珲县新生村和逊克县新鄂村补充调查报告——鄂伦春族调查材料之9-11》，1963年，第48页。

谭玉贵、关风珍等，在呼玛河红旗大桥北侧举行了祭山神白那恰仪式。1990年3月19日清晨，当太阳初升的时候，在呼玛河红旗大桥南侧，孟金福、关扣妮两位萨满带领孟涛渡、孟涛佐、关小云、郭宝林、丁秀琴、周宏、葛小华、孟彩花、孟长杰、谭玉贵、孟锁柱卡、魏景山等30余名鄂伦春族村民搭起了祭祀的“斜仁柱”。孟金福、关扣妮和孟玉林在“斜仁柱”内摆放了各种神像和神偶，布置好了神坛，进行了“贴乌仁”、“衣里仁”、“乌土然”、“辛巴儿潭”、“扎日潭”等春祭请神仪式。在春祭跳神仪式中，萨满孟金福与二神孟玉林对答和唱神歌，然后萨满将兽肉切成小块，供奉在神偶和神像前，然后跪叩并唱“春季祈祷歌”。接着女萨满关扣妮和其丈夫孟玉林开始跳神，她用“阿叉”香净化圣坛，给诸神献供品，然后跪在“玛路”前，唱和“各姓通用神歌”。跳神仪式结束后，孟玉林举行了枪卜仪式。最后是篝火舞表演。

孟金福和关扣妮是进入20世纪80年代以后大兴安岭地区有名的萨满，对他们的研究和保护具有重要的历史意义。关小云、王洪刚记述到：“1990年年初，孟金福积极协助我们拍摄《大兴安岭鄂伦春族萨满教》电视纪录片。1992年至1993年，中央电视台拍摄的《最后的山神》，以孟金福为主人公，展现的是像孟金福那样的老一代猎人仍眷恋着山林，在他们的内心深处，仍认为自然万物皆有灵。它是鄂伦春人的衣食之源。”① 2007年，关扣妮作为鄂伦春族“最后的萨满”，以萨满文化代表人的身份进入首批国家级非物质文化遗产名录。

1992年春，十八站猎民郭洪强在山林中打死一只200多公斤的公熊。请来萨满孟金福以及郭闹开、孟涛佐、关小云、周宏等十几人，在呼玛河红旗大桥举行了葬熊仪式。

1992年7月25日，大兴安岭地区气候异常，经常风雨交加，最后酿成了特大洪灾，致使塔河县城被淹，孟金福带领孟涛渡、孟涛佐、孟小庆、丁秀琴和关小云等人来到呼玛河永庆大桥北侧的沙滩上，举行了风祭仪式。

1992年8月6日，鄂伦春族猎民郭闹开、孟锁柱卡、魏双杰三人来到河水猛涨的呼玛河畔，举行了河祭仪式。祈祷河神不要再兴风作浪，祈祷天神不要再连降大雨，保佑鄂伦春人能够消灾避祸、平安生活。

1992年9月29日，在大兴安岭“五花山”的金秋季节，十八站乡的萨满孟金福以及鄂伦春族老人魏要杰、赵宝昌、戈秀珍、孟玉珍和丁秀琴，白银纳乡的女萨满关扣妮及其丈夫孟玉林等20余人，在呼玛河畔举行了秋祭

① 关小云、王宏刚：《鄂伦春族萨满教调查》，辽宁人民出版社1998年版，第54－55页。

仪式。秋祭的宗旨是通过向诸神献祭，庆祝丰收，祈愿诸神保佑冬猎丰盈，族人平安吉顺。

1994 年 7 月 19 日，萨满孟金福与妻子丁秀琴在呼玛河支流二道河举行祭“库粒近”神仪式，为其家庭祈福。1995 年 9 月 5 日，关扣妮突然身体不适，全身发抖，于是就邀请大萨满孟金福以及孟玉珍、戈秀珍、关小云、孟彩荣等，在呼玛河边为自己进行跳神治病仪式。

2008 年 8 月，关扣妮在呼玛县白银纳乡呼玛河畔举行了萨满传承仪式，把萨满歌舞传授给女儿孟菊花。2009 年 12 月，孟菊花不幸因车祸去世。

由于生活方式和生活环境的不断改变，萨满教已经远离了人们的生活，但是在一些老年人心中，萨满教仍然是他们不变的情结。

（二）作为文化展演的萨满教

进入 21 世纪以来，在传统文化保护与复兴，文化多样性全面发展的社会环境中，萨满文化得到了社会各界的广泛关注。在政府的大力扶持下，在鄂伦春旗政府所在地阿里河建立了鄂伦春民族博物馆，对萨满文物进行了搜集和整理，其中包括萨满服饰、萨满鼓、萨满舞、萨满调、萨满法式等，向人们展示了神秘的萨满文化。随后，在十八站、白银纳、新生乡、逊克县等也相继修建了鄂伦春民族展览馆和风情园，萨满文化得到了抢救和保护。

在文艺展演和文化交流中，萨满文化成为最具特色的展示亮点。鄂伦春旗歌舞团通过将原生态的萨满仪式经过艺术加工搬上舞台，多次到北京、台湾等地进行演出，得到了社会的广泛好评，为弘扬鄂伦春族传统文化做出了突出贡献。难能可贵的是白银纳民间艺术团克服重重困难，组织群众自己动手制作演出服饰和道具，通过老萨满关扣妮的言传身教，将真实的萨满歌舞搬上舞台，多次到北京、哈尔滨、漠河等地演出，以舞台展演的形式展示了万物有灵的萨满文化，振奋了民族精神、树立了民族自信，为鄂伦春社会的振兴做出了积极的贡献。黑河市群众艺术团、新生乡民间艺术团等借着鄂伦春族定居 60 年庆祝活动的契机，也将萨满舞蹈展现在舞台上。民族宗教局非常重视萨满文化的展演、交流和宣传活动，教育下一代了解自己灿烂的传统文化，为民族的振兴付出了艰苦的努力。

萨满文化不是一个自我封闭的体系，它包含的内容是极其丰富的，尤其是现存的萨满祭词，春祭仪式，它所蕴涵的价值和意义在各种条件变化中始终处于不断加强或减弱的变化和调整过程中，为研究鄂伦春族的精神文化、生活习俗等提供了丰富的资料。把现存萨满教文化深入挖掘并将它当作民族文化来研究，就是要激发本族人对本族文化传统的反思，唤醒人们的民族热情，重新认识自己的文化传统及现代价值，强化民族认同意识，肩负起民族兴旺发展的责任。

第四节　小　结

一、万物有灵是鄂伦春原始宗教的文化核心

早期的鄂伦春人由于对自然、自我的认识能力有限，就对自然现象、生老病死等产生了恐惧和敬畏，认识到自己认识世界的能力是有限、短暂、无能和不完善的，就去寻求一种无限、永恒、全能、完善的依赖之物。当他们的生理与思维能力发展到一定阶段时，就奠定了原始宗教产生的社会基础。“万物有灵”是鄂伦春人的祖先对世界最真挚、朴实的认识，当它对应社会力量时，就产生了祖先崇拜，当对应自然力量时就产生了自然崇拜，而将自然崇拜和祖先崇拜混为一谈时，就产生了图腾崇拜。由于鄂伦春人对自然现象和社会现象的这种恐惧、依赖和崇敬的心理，神灵作为反映这种心理特征的文化符号便出现了，它成为一种反应鄂伦春人精神寄托的载体，受到人们的顶礼膜拜。

鄂伦春人万物有灵的宗教思想贯穿其狩猎文化的方方面面，他们祭祀太阳神、月亮神、火神、山神、水神等，认为只有得到这些神灵的保护，才能过上平安、丰裕的生活。他们贡奉熊、狼、蛇、鹿等动物图腾，每当猎到熊时会举行隆重的仪式，并努力为自己的行为进行开脱，祈求神灵不要怪罪自己。这种原生的生存理念使鄂伦春人的生产生活方式遵循生物进化发展的自然规律，符合优胜劣汰的生物进化法则，尽管他们主要是依靠猎取野兽的性命而生存的，但并未对自然环境造成影响。他们在生活中“得一兽而还”，绝不滥杀无辜，过着集体生产、共同消费的氏族生活。慷慨的大自然给予他们充足的食物，除了生产以外，他们用大量的时间进行祭祀，一方面忏悔自己不得已的杀生行为，期望得到神灵的谅解，另一方面祈求神灵为族群消灾避祸，保佑家族安康兴旺。

二、外来文明冲击了鄂伦春族万物有灵的思想体系

鄂伦春人南迁以后，与外界的交往日益增加，在与外族的不断交往中，外来文化对鄂伦春族传统文化带来了很大的冲击，改变了鄂伦春人与自然和

谐共处的平衡体系。随着是枪支、马匹等生产工具的进入，鄂伦春人狩猎能力得到了大幅度的提高，狩猎的目的不再只是为了满足自己的生活需要，而主要是为了用来对外交换。在这样的生活方式中，鄂伦春人祭祀山神是为了让山神保佑自己多打野兽，从而换取更多的生产生活资料。这种掠夺式的索取行为打乱了鄂伦春人传统的万物有灵、天人合一的思想体系，也使他们陷入痛苦、迷茫和矛盾之中。在外来文明的冲击下，由于宗教思想体系的改变，鄂伦春人丧失了几千年形成的人与自然、人与社会和谐相处的生态关系，文化灵魂的失落必然会引起社会秩序的混乱，他们在后来的发展过程中一系列问题的出现就成为不可避免的事实了。

三、萨满教的兴衰反映了鄂伦春社会的发展历程

萨满教是在万物有灵原始宗教观的基础上，由于出现了神灵的代言人萨满而逐渐演变出来的宗教现象。能够成为萨满的人必须有特殊的经历和技能，虽然平时与常人保持同样的生活方式，但当神灵附体时却成为神灵的化身。萨满很重要的职能是替人看病和为族群祈福，鄂伦春族的萨满教集中体现了他们认识自然和世界的思想体系和价值观念。从清朝末期开始，由于鄂伦春人与外族的频繁接触，致使自身免疫力很差的鄂伦春人饱受疾病的侵害，直至定居初期，肺结核、肝炎等流行病造成的群死群伤的事件屡见不鲜。特别是在定居后，鄂伦春族流行病呈高发趋势，政府为了控制疾病的蔓延，派出医疗队、兴建卫生院对鄂伦春人进行了积极的抢救和治疗，这样才没有出现大批鄂伦春人死亡的现象。而作为鄂伦春人医疗体系的主导萨满却面对这些疾病显得束手无策，萨满教作为“文化糟粕”、“愚昧”、“落后”的“原始习俗”，在“改造落后”、“破除迷信”、“除四害”、“文化大革命”等一系列政治运动中被批判。许多萨满在严酷的现实和政治环境面前不得不转变了自己的身份，成为新形势下改革的先锋。在极短时间内，“直接过渡”打乱了鄂伦春社会自然演进的程序，支撑鄂伦春人思想体系的萨满教一夜间成为批判的对象使他们无法接受，但面对严酷的现实他们无能为力，只能陷入痛苦和矛盾之中。萨满教的兴衰直接反映了鄂伦春人对现实生活的适应程度和对人生价值观的理解形式，从而影响到他们生产生活的方方面面及其对外来文化强势进入时所采取的基本态度。在萨满教已经远离人们的生活时，作为文化展演的萨满教已经成为一种文化符号和象征，对这种文化的保护和挖掘可以使我们正确理解鄂伦春传统文化的宝贵价值，从而为促进鄂伦春社会的发展做出贡献。

参考文献

1. 彭自强:《宗教学概论》，宗教文化出版社，2008 年版。

2. 《鄂伦春族简史》编写组、《鄂伦春族简史》修订本编写组:《鄂伦春族简史》，民族出版社，2008 年版。

3. 宋兆麟:《最后的捕猎者》，山东画报出版社，2001 年版。

4. 吴雅芝:《最后的传说——鄂伦春族文化研究》，中央民族大学出版社，2006 年版。

5. 色音:《中国萨满文化研究》，民族出版社，2011 年版。

6. 希德夫:《萨满信仰与生态环保——以中国鄂伦春族萨满信仰为例》，载《鄂伦春研究》，2013 年第 1 期。

7. 赵复兴:《鄂伦春族游猎文化》，内蒙古人民出版社，1991 年版。

8. 内蒙古少数民族社会历史调查组、内蒙古历史研究所:《鄂伦春自治旗木奎高鲁、瑷珲县新生村和逊克县新鄂村补充调查报告——鄂伦春族调查材料之 9 - 11》，1963 年。

9. 关小云、王宏刚:《鄂伦春族萨满教调查》，辽宁人民出版社，1998 年版。

10. 秋浦:《鄂伦春族社会的发展》，上海人民出版社，1978 年版。

11. 郭淑云:《中国北方民族萨满出神现象研究》，民族出版社，2007 年版。

12. 史禄国著，吴有刚、赵复兴、孟克译:《北方通古斯的社会组织》，内蒙古人民出版社，1985 年版。

13. 内蒙古少数民族社会历史调查组:《逊克县鄂伦春民族乡情况——鄂伦春族调查材料之三》，1959 年。

14. 内蒙古少数民族社会历史调查组:《黑龙江呼玛县十八站乡鄂伦春民族乡情况——鄂伦春族调查材料之四》，1959 年。

15. 内蒙古自治区编辑组、《中国少数民族社会历史调查资料丛刊》修订编辑委员会:《鄂伦春族社会历史调查》，民族出版社，2009 年版。

第五章　体质健康

纵观鄂伦春族的社会发展史，是一部经历了曲折和痛苦的变迁历程。由于传统文化的逐步消亡，鄂伦春族缺乏自我发展的动力，也失去了自我发展的空间，犹如失去动力的一叶小舟在茫茫的大海中随波漂流。传统文化是一个民族赖以发展的灵魂，失去了灵魂必将会带来一系列的严重后果。健康是民族发展的希望，通过对鄂伦春族健康状况的研究可以透视出文化变迁与健康发展的必然联系。

在相关课题的支撑下，我们课题组分别于 2007 年、2011 年对内蒙古地区、黑龙江地区的鄂伦春族聚居区 20 岁以上村民进行了体质健康测试。通过对测试结果的分析，我们可以比较详细地了解到鄂伦春族村民的体质健康情况。

第一节　内蒙古鄂伦春族猎民成年人体质健康现状

2007 年 7 月 5 日—15 日，我们深入内蒙古鄂伦春自治旗的朝阳村、乌鲁布铁、讷尔克气、希日特奇村和木奎村等 5 个猎民村，对 20 岁以上的 172 名鄂伦春族成年猎民进行了体质测试。20 岁以上猎民总人数为 586 人，测试人数占总人数的 29. 4%，年龄分布在 20—65 岁之间，其中男性 76 人、女性 96 人（见表 5 - 1 - 1）。参考国家体育总局《第二次体质监测报告》中成年组分组方法，我们将测试人群按照 5 岁为一个年龄组进行分组。2008 年 7 月 13 日—20 日，我们再次深入 5 个猎民村进行了测试检验及相关调查。体质健康测量指标包括身高、体重、腰围、臀围、收缩压、舒张压、肺活量、脉搏、台阶试验、握力、仰卧起坐和俯卧撑等多项指标。我们对所测量的数据运用 spss11. 5 进行数据管理和分析。

表 5－1－1　5 个猎民村成年猎民体质测试年龄分组表

年龄段	20～	25～	30～	35～	40～	45～	50～	总数
男	19	13	14	7	11	7	5	76
女	13	24	16	15	14	8	11	96
合计	32	37	30	22	25	15	16	172

一、身体形态

（一）身高状况

身高反映人体骨骼的发育状况，是人体纵向发育水平的重要标志，又称为空间整体指标，是评价人体生长发育的重要指标。本研究对随机抽取的172 名鄂伦春族成年人进行测量，测量结果如下：鄂伦春族成年男性平均身高为 166. 8 厘米，成年女性平均身高为 154. 3 厘米。以 20 岁为最低年龄，以 5 岁为年龄间隔，将成年人分成 7 个年龄组，分析各年龄组身高特点。鄂伦春族成年男子各年龄组情况是，20—24 岁组身高平均值为 170. 25 厘米，最小值是 157 厘米，最大值是 180 厘米；25—29 岁组身高平均值为 165. 54 厘米，最小值是 151 厘米，最大值是 180 厘米；30—34 岁组身高平均值为 166. 36 厘米，最小值是 158 厘米，最大值是 175 厘米；35—39 岁组身高平均值为 162. 14 厘米，最小值是 160 厘米，最大值是 178 厘米；40—44 岁组身高平均值为 169. 14 厘米，最小值是 160 厘米，最大值是 178 厘米；45—50 岁组身高平均值为 160. 00 厘米，最小值是 153 厘米，最大值是 164 厘米；50 岁以上组身高平均值为 162. 75 厘米，最小值是 157 厘米，最大值是 168 厘米（见表 5－1－2）。

表 5－1－2　各年龄组成年男性身高情况表　n＝76

年龄组	平均数	样本数	最小值	最大值	标准差
20－24	170. 25	24. 00	157. 00	180. 00	6. 04
25—29	165. 54	13. 00	151. 00	180. 00	9. 62
30—34	166. 36	14. 00	158. 00	175. 00	6. 13
35—39	162. 14	7. 00	151. 00	170. 00	6. 62

续表

年龄组	平均数	样本数	最小值	最大值	标准差
40—44	169.14	7.00	160.00	178.00	6.87
45—50	160.00	4.00	153.00	164.00	4.97
50—	162.75	4.00	157.00	168.00	4.79

成年女子各年龄组情况是，20—24 岁组身高平均值为 158.46 厘米，最小值是 148 厘米，最大值是 185 厘米；25—29 岁组身高平均值为 154.33 厘米，最小值是 143 厘米，最大值是 165 厘米；30—34 岁组身高平均值为 153.06 厘米，最小值是 145 厘米，最大值是 161 厘米；35—39 岁组身高平均值为 157.33 厘米，最小值是 149 厘米，最大值是 166 厘米；40—44 岁组身高平均值为 153.21 厘米，最小值是 142 厘米，最大值是 163 厘米；45—50 岁组身高平均值为 151.33 厘米，最小值是 143 厘米，最大值是 159 厘米；50 岁以上组身高平均值为 149.45 厘米，最小值是 138 厘米，最大值是 157 厘米（见表 5－1－3）。

表 5－1－3　各年龄组成年女性身高情况表　n＝96

年龄组	平均数	样本数	最小值	最大值	标准差
20～	158.46	13.00	148.00	185.00	9.31
25～	154.33	24.00	143.00	165.00	6.21
30～	153.06	16.00	145.00	161.00	4.55
35～	157.33	15.00	149.00	166.00	5.01
40～	153.21	14.00	142.00	163.00	6.73
45～	151.33	3.00	143.00	159.00	8.02
50～	149.45	11.00	138.00	157.00	5.34

鄂伦春族男女成年人身高均数均随年龄的增长而降低，变化范围男性为 162.8—170.3 厘米，女性为 149.5—158.5 厘米。男性各年龄组身高均值均大于女性，具有显著性差异（$P<0.01$）。与全国同类指标比较，鄂伦春族成年男性的身高均值，总体上小于全国均值，各年龄组除 35—39 岁和 45—49 岁年龄组有显著差异外（$P<0.05$），其他各组没有显著性差异。鄂伦春族成年女性的身高均值，除 20—24 岁和 35—39 岁年龄组略高于全国均值外，差异不显著，其他各组均小于全国均值，并且差异显著（$P<0.01$）

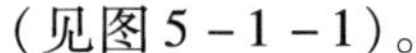
(见图5－1－1)。

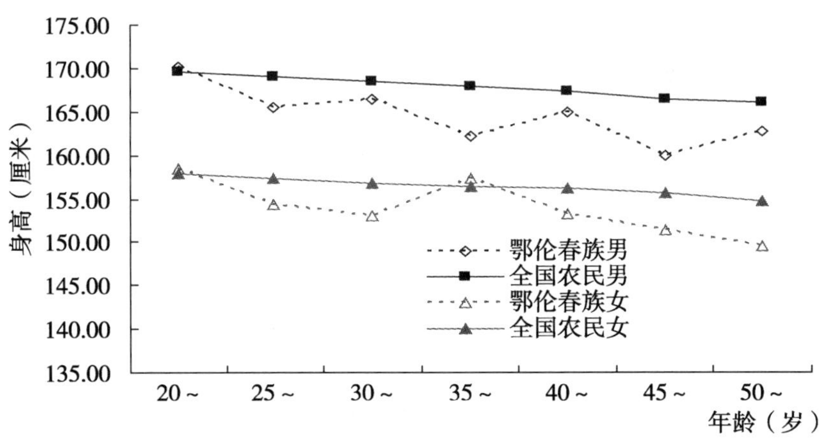

图5－1－1　鄂伦春族男女成年人与全国农民身高比较

（二）体重状况

体重是反映人体长、围、宽和厚度发育状况的重量整体指标，它在一定程度上能够反映人体骨骼、肌肉、皮下脂肪及内脏器官的综合状况。鄂伦春族成年男性平均体重为59.6千克，成年女性平均体重为56.5千克。以20岁为最低年龄，以5岁为年龄间隔，将鄂伦春族成年人分成7个年龄组，分析各年龄组体重特点。成年男子各年龄组情况是，20—24岁组平均值为63.13千克，最小值是45千克，最大值是84千克；25—29岁组平均值为56.24千克，最小值为38千克，最大值为79千克；30—34岁组平均值为58.29千克，最小值是39.5，最大值是86.9千克；35—39岁组平均值是53.34千克，最小值是40千克，最大值是66千克；40—44岁组平均值是63.51千克，最小值是45.8千克，最大值是77.2千克；45—50岁组平均值是55.95千克，最小值是41千克，最大值是72.5千克；50岁以上组平均值是61.48千克，最小值是55.8千克，最大值是66.6千克（见表5－1－4）。

表5－1－4　各年龄组成年男性体重情况表　n＝76

年龄组	平均数	样本数	最小值	最大值	标准差
20～	63.13	24.00	45.00	84.00	11.09
25～	56.24	13.00	38.90	79.60	12.19
30～	58.29	14.00	39.50	86.90	11.78

续表

年龄组	平均数	样本数	最小值	最大值	标准差
35 ~	53.34	7.00	40.00	66.00	7.58
40 ~	63.51	7.00	45.80	77.20	9.37
45 ~	55.95	4.00	41.00	72.50	13.21
50 ~	61.48	4.00	55.80	66.60	5.24

鄂伦春族成年女性各年龄组情况是，20—24 岁组平均值为 55.08 千克，最小值是 46.1 千克，最大值是 80.8 千克；25—29 岁组平均值为 55.94 千克，最小值为 43.7 千克，最大值为 71.8 千克；30—34 岁组平均值为 56.21 千克，最小值是 41.8，最大值是 87.6 千克；35—39 岁组平均值是 57.5 千克，最小值是 41.6 千克，最大值是 75 千克；40—44 岁组平均值是 55.16 千克，最小值是 41 千克，最大值是 85.9 千克；45—50 岁组平均值是 67.37 千克，最小值是 64.6 千克，最大值是 72.7 千克；50 岁以上组平均值是 57.35 千克，最小值是 42 千克，最大值是 75 千克（见表 5 –1 –5）。

表 5 –1 –5　各年龄组成年女性体重情况表　n =96

年龄组	平均数	样本数	最小值	最大值	标准差
20 ~	55.08	12.00	46.10	80.80	8.86
25 ~	55.94	24.00	43.70	71.80	7.15
30 ~	56.21	16.00	41.80	87.60	11.73
35 ~	57.50	15.00	41.60	75.00	9.10
40 ~	55.16	14.00	41.20	85.90	14.42
45 ~	67.37	3.00	64.60	72.70	4.62
50 ~	57.35	11.00	42.00	75.00	10.72

鄂伦春族男女成年人体重均数随年龄的增长变化不大，但是男性在 40—44 岁，女性在 45—49 岁达到最大值，男性均值变化范围在 53.34—63.51 千克之间，女性均值变化范围在 55.08—67.37 千克之间。男女体重平均值没有显著性差异。鄂伦春族成年男子的体重均值普遍低于全国农民的平均水平，25 到 39 岁之间的均值差异显著（$P<0.05$），其他年龄段没有显著差异。鄂伦春族成年女性的体重均值除 40—44 岁组低于全国均值外，其他组的体重均值均高于全国农民的均值，但是没有显著性差异（见图 5 –1 –2）。

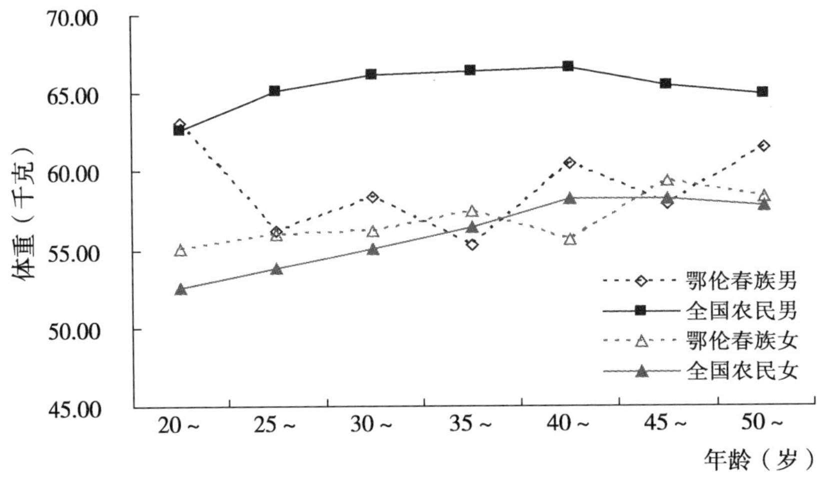

图 5－1－2　鄂伦春族男女成年人与全国农民体重比较

（三）BMI 状况

以 20 岁为最低年龄，以 5 岁为年龄间隔，将鄂伦春族成年人分成 7 个年龄组，分析各年龄组 BMI 特点。成年男性各年龄组情况是，20—24 岁组平均值为 21.77，最小值是 16.5，最大值是 26.7；25—29 岁组平均值为 20.4，最小值为 13.62，最大值为 27.22；30—34 岁组平均值为 21.09，最小值是 14，最大值是 28.7；35—39 岁组平均值是 20.22，最小值是 17.54，最大值是 22.84；40—44 岁组平均值是 22.14，最小值是 17.67，最大值是 25.79；45—50 岁组平均值是 21.70，最小值是 17.51，最大值是 27.29；50 岁以上组平均值是 17.41，最小值是 14.4，最大值是 25.15（见表 5－1－6）。

表 5－1－6　各年龄组成年男性 BMI 情况表　n＝76

年龄组	平均数	样本数	最小值	最大值	标准差
20～	21.77	24.00	16.50	26.70	3.49
25～	20.40	13.00	13.62	27.22	3.20
30～	21.09	14.00	14.00	28.70	4.14
35～	20.22	7.00	17.54	22.84	1.95
40～	22.14	7.00	17.67	25.79	2.58
45～	21.70	4.00	17.51	27.29	4.13
50～	17.41	4.00	14.4	25.15	11.69

成年女性各年龄组情况是，20—24 岁组平均值为 20. 12，最小值是 17. 5，最大值是 25. 39；25—29 岁组平均值为 22. 67，最小值为 17. 7，最大值为 29. 69；30—34 岁组平均值为 24. 06，最小值是 17. 07，最大值是 32. 47；35—39 岁组平均值是 23. 22，最小值是 17. 91，最大值是 29. 30；40—44 岁组平均值是 22. 11，最小值是 17. 1，最大值是 37. 92；45—50 岁组平均值是 27. 31，最小值是 20. 36，最大值是 37. 69；50 岁以上组平均值是 25. 66，最小值是 19. 17，最大值是 33. 23（见表 5 – 1 – 7）。

表 5 – 1 – 7　各年龄组成年女性 BMI 情况表　n = 96

年龄组	平均数	样本数	最小值	最大值	标准差
20 ~	20. 12	12. 00	17. 5	25. 39	6. 67
25 ~	22. 67	24. 00	17. 7	29. 68	5. 75
30 ~	24. 06	16. 00	17. 07	36. 00	5. 12
35 ~	23. 22	15. 00	17. 91	29. 30	3. 50
40 ~	22. 11	14. 00	17. 1	32. 47	7. 85
45 ~	29. 72	3. 00	25. 55	35. 55	5. 20
50 ~	25. 66	11. 00	19. 17	33. 23	4. 57

BMI 指数是通过体重与身高的比例关系，反映单位身高上的体重，在一定程度上体现人体的围、宽和厚度及组织密度。鄂伦春族猎民男性 BMI 在 39 岁前比较平稳，最大值出现在 40—44 岁，随后有所下降，变化范围在 17. 41—22. 14。女性 BMI 在 44 岁前比较平稳，最大值出现在 45—49 岁，随后有所下降，变化范围在 29. 72—22. 11。男女 BMI 在 35—44 岁和 50 岁以上两个年龄段具有显著差异（P < 0. 05），其他年龄段没有显著差异。鄂伦春族成年男性的 BMI，除 20—24 岁外，其他年龄段均低于全国均值。25—29 岁的均值具有显著差异（P < 0. 05），其他年龄组没有显著性差异。鄂伦春族成年女性的 BMI 与全国均值基本相同，在 25—39 岁和 45 岁以上的值均大于全国水平，其他组的值均小于全国水平，但是均没有显著性差异（见图 5 – 1 – 3）。

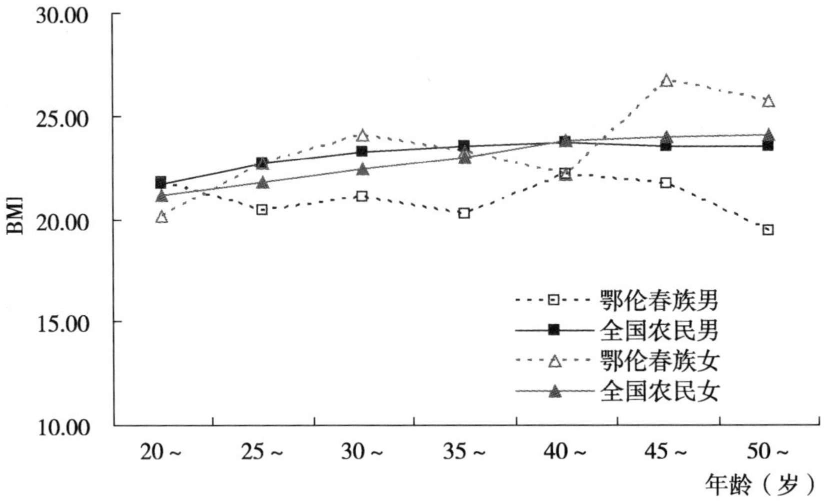

图 5－1－3 鄂伦春族男女成年人与全国农民 BMI 比较

（四）胸围状况

胸围是人体线性的空间整体指标，它是人体宽度和厚度最有代表性的测量值。鄂伦春族成年男性平均胸围值为 87.7 厘米，成年女性平均胸围值为 90.6 厘米。以 20 岁为最低年龄，以 5 岁为年龄间隔，将鄂伦春族成年人分成 7 个年龄组，分析各年龄组胸围特点。成年男性各年龄组情况是，20—24 岁组平均值为 86.74 厘米，最小值是 72 厘米，最大值是 100 厘米；25—29 岁组平均值是 86.08 厘米，最小值是 74.1 厘米，最大值是 106 厘米；30—34 岁组平均值是 88.21 厘米，最小值是 76 厘米，最大值是 102 厘米；35—39 岁组平均值是 85.71 厘米，最小值是 80 厘米，最大值是 90 厘米；40—44 岁组平均值是 90.57 厘米，最小值是 80 厘米，最大值是 102 厘米；45—50 岁组平均值是 88.25 厘米，最小值是 75 厘米，最大值是 98 厘米；50 岁以上组平均值是 93.75 厘米，最小值是 88 厘米，最大值是 98 厘米（见表 5－1－8）。

表 5－1－8 各年龄组成年男性胸围情况表 n＝76

年龄组	平均数	样本数	最小值	最大值	标准差
20～	86.74	23.00	72.00	100.00	7.12
25～	86.08	13.00	74.10	106.00	8.24
30～	88.21	14.00	76.00	102.00	7.21

续表

年龄组	平均数	样本数	最小值	最大值	标准差
35 ~	85.71	7.00	80.00	90.00	3.77
40 ~	90.57	7.00	80.00	102.00	7.09
45 ~	88.25	4.00	75.00	98.00	10.44
50 ~	93.75	4.00	88.00	98.00	4.19

成年女性各年龄组情况是，20—24 岁组平均值为 85.29 厘米，最小值是 50.5 厘米，最大值是 105 厘米；25—29 岁组平均值是 90 厘米，最小值是 75 厘米，最大值是 106 厘米；30—34 岁组平均值是 91.63 厘米，最小值是 77 厘米，最大值是 114 厘米；35—39 岁组平均值是 90.2 厘米，最小值是 79 厘米，最大值是 102 厘米；40—44 岁组平均值是 89.64 厘米，最小值是 78 厘米，最大值是 110 厘米；45—50 岁组平均值是 102.33 厘米，最小值是 100 厘米，最大值是 107 厘米；50 岁以上组平均值是 94.36 厘米，最小值是 80 厘米，最大值是 112 厘米（见表 5-1-9）。

表 5-1-9　各年龄组成年女性胸围情况表　n=96

年龄组	平均数	样本数	最小值	最大值	标准差
20 ~	85.29	12.00	50.50	105.00	13.37
25 ~	90.00	24.00	75.00	106.00	8.04
30 ~	91.63	16.00	77.00	114.00	10.31
35 ~	90.20	15.00	79.00	102.00	7.55
40 ~	89.64	14.00	78.00	110.00	10.45
45 ~	102.33	3.00	100.00	107.00	4.04
50 ~	94.36	11.00	80.00	112.00	10.69

成年男性胸围随年龄增长呈波浪上升趋势，在 50—54 岁时达到最大值，变化范围 85.71—93.75 厘米。女子胸围随年龄的增长平稳地增长，在 50—54 岁时达到最大，变化范围 85.29—94.6。鄂伦春成年男女胸围均值无显著性差异，成年男子的胸围随年龄增长呈波浪式增加，30—39 岁和 45—49 岁组胸围均值低于全国均值，其他组高于全国水平，但是只有 35—39 岁组差异显著（$P<0.05$）。鄂伦春族成年女子的胸围均值普遍高于全国的平均水平，并随年龄增长呈增加的趋势，35 岁之前的增长速度快，随后有所下降，

25—39 岁之间均值显著高于全国水平（P<0.05），其他组差异不显著（见图 5-1-4）。

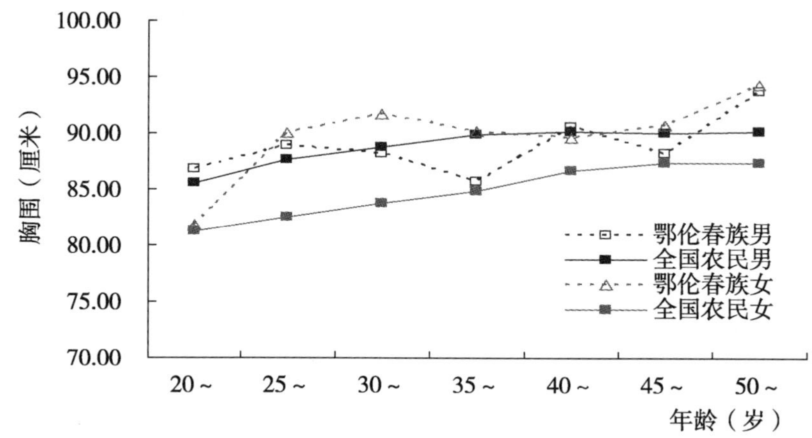

图 5-1-4 鄂伦春族成年人与全国农民胸围比较

（五）腰围状况

人体的围度不仅反映人体个性结构的大小，同时也是内脏器官发育程度、棘突发达程度及皮下脂肪厚度的反映。鄂伦春族成年男性腰围平均值为 80.6 厘米，成年女性平均腰围值为 82.1 厘米。以 20 岁为最低年龄，以 5 岁为年龄间隔，将鄂伦春族成年人分成 7 个年龄组，分析各年龄组腰围特点。成年男性各年龄组情况是，20—24 岁组平均腰围为 77.5 厘米，最小腰围是 39 厘米，最大腰围是 99 厘米；25—29 岁组平均值是 79.88 厘米，最小值是 68 厘米，最大值是 94 厘米；30—34 岁组平均值是 82.93 厘米，最小值是 72 厘米，最大值是 95 厘米；35—39 岁组平均值是 78.43 厘米，最小值是 70 厘米，最大值是 85 厘米；40—44 岁组平均值是 85.43 厘米，最小值是 71 厘米，最大值是 98 厘米；45—50 岁组平均值是 82 厘米，最小值是 70 厘米，最大值是 98 厘米；50 岁以上组平均值是 86.25 厘米，最小值是 78 厘米，最大值是 92 厘米（见表 5-1-10）。

表 5-1-10 各年龄组成年男性腰围情况表 n=76

年龄组	平均数	样本数	最小值	最大值	标准差
20～	77.50	23.00	39.00	99.00	12.85
25～	79.88	13.00	68.00	94.00	7.54

续表

年龄组	平均数	样本数	最小值	最大值	标准差
30 ~	82. 93	14. 00	72. 00	95. 00	8. 22
35 ~	78. 43	7. 00	70. 00	85. 00	5. 29
40 ~	85. 43	7. 00	71. 00	98. 00	8. 20
45 ~	82. 00	4. 00	70. 00	98. 00	12. 11
50 ~	86. 25	4. 00	78. 00	92. 00	6. 24

成年女性各年龄组情况是，20—24 岁组平均值为 77 厘米，最小值是 65 厘米，最大值是 94 厘米；25—29 岁组平均值是 79. 67 厘米，最小值是 67 厘米，最大值是 97 厘米；30—34 岁组平均值是 82. 38 厘米，最小值是 62 厘米，最大值是 110 厘米；35—39 岁组平均值是 81. 2 厘米，最小值是 65 厘米，最大值是 106 厘米；40—44 岁组平均值是 82. 5 厘米，最小值是 67 厘米，最大值是 110 厘米；45—50 岁组平均值是 94. 33 厘米，最小值是 80 厘米，最大值是 102 厘米；50 岁以上组平均值是 89. 82 厘米，最小值是 72 厘米，最大值是 108 厘米（见表 5 －1 －11）。

表 5 －1 －11 各年龄组成年女性腰围情况表 n =76

年龄组	平均数	样本数	最小值	最大值	标准差
20 ~	77. 00	12. 00	65. 00	94. 00	8. 39
25 ~	79. 67	24. 00	67. 00	97. 00	8. 78
30 ~	82. 38	16. 00	62. 00	110. 00	13. 37
35 ~	81. 20	15. 00	65. 00	106. 00	10. 83
40 ~	82. 50	14. 00	67. 00	110. 00	11. 80
45 ~	94. 33	3. 00	80. 00	102. 00	12. 42
50 ~	89. 82	11. 00	72. 00	108. 00	10. 68

鄂伦春族成年男女腰围均随年龄的增长而增加，但是增加的幅度不大。男子在 50—59 岁达到最大，腰围变化范围在 77. 50—86. 25 之间。女子在 45—49 岁达到最大，变化范围在 89. 82—77. 00 厘米之间。男女腰围平均值没有显著差异。鄂伦春族成年男子的腰围均值随年龄的增长基本呈增加趋势，除 35—39 岁外，其他组均高于全国均值，但是没有显著性差异。

鄂伦春族成年女子的腰围均值随年龄的增长基本呈增加趋势，并且平均值均高于全国均值，除35—49岁没有显著性差异外，34岁之前具有非常显著性差异(P<0.01)，50岁以上具有显著性差异（P<0.05）（见图5－1－5）。

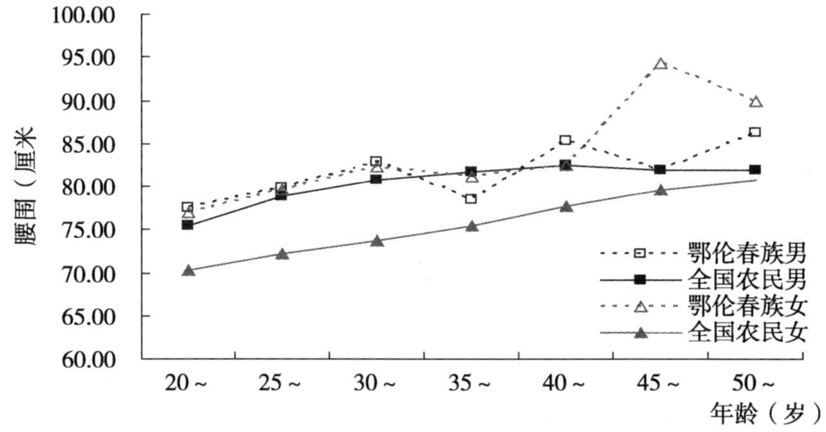

图5－1－5 鄂伦春族成年人与全国农民腰围比较

（六）臀围状况

臀围是反映成年人臀部骨骼、肌肉和皮下脂肪发育状况的指标。鄂伦春族成年男性臀围平均值为92.3厘米，成年女性平均臀围值为94.6厘米。以20岁为最低年龄，以5岁为年龄间隔，将鄂伦春族成年人分成7个年龄组，分析各年龄组臀围特点。成年男性各年龄组情况是，20—24岁组平均值为93.3厘米，最小值是81厘米，最大值是111厘米；25—29岁组平均值是90.85厘米，最小值是82厘米，最大值是107厘米；30—34岁组平均值是92厘米，最小值是83厘米，最大值是103厘米；35—39岁组平均值是89厘米，最小值是84厘米，最大值是93厘米；40—44岁组平均值是95.29厘米，最小值是92厘米，最大值是101厘米；45—50岁组平均值是90厘米，最小值是80厘米，最大值是100厘米；50岁以上组平均值是95厘米，最小值是93厘米，最大值是99厘米（见表5－1－12）。

表5－1－12 各年龄组成年男性臀围情况表 n=76

年龄组	平均数	样本数	最小值	最大值	标准差
20～	93.30	23.00	81.00	111.00	6.45
25～	90.85	13.00	82.00	107.00	7.44

续表

年龄组	平均数	样本数	最小值	最大值	标准差
30 ~	92.00	14.00	83.00	103.00	6.49
35 ~	89.00	7.00	84.00	93.00	3.56
40 ~	95.29	7.00	92.00	101.00	3.15
45 ~	90.00	4.00	80.00	100.00	8.33
50 ~	95.00	4.00	93.00	99.00	2.71

成年女性各年龄组情况是，20—24 岁组平均值为 91.42 厘米，最小值是 75 厘米，最大值是 103 厘米；25—29 岁组平均值是 94.46 厘米，最小值是 86 厘米，最大值是 105 厘米；30—34 岁组平均值是 95.38 厘米，最小值是 78 厘米，最大值是 114 厘米；35—39 岁组平均值是 91.27 厘米，最小值是 45 厘米，最大值是 102 厘米；40—44 岁组平均值是 93.57 厘米，最小值是 81 厘米，最大值是 110 厘米；45—50 岁组平均值是 102.33 厘米，最小值是 99 厘米，最大值是 108 厘米；50 岁以上组平均值是 96.55 厘米，最小值是 87 厘米，最大值是 107 厘米（见表 5－1－13）。

表 5－1－13　各年龄组成年女性臀围情况表　n＝96

年龄组	平均数	样本数	最小值	最大值	标准差
20 ~	91.42	12.00	75.00	103.00	7.10
25 ~	94.46	24.00	86.00	105.00	5.34
30 ~	95.38	16.00	78.00	114.00	8.82
35 ~	91.27	15.00	45.00	102.00	13.85
40 ~	93.57	14.00	81.00	110.00	9.15
45 ~	102.33	3.00	99.00	108.00	4.93
50 ~	96.55	11.00	87.00	107.00	6.25

鄂伦春男子臀围平均值变化范围在 89.00—95.29 厘米之间，男子变化呈波浪势增长，在 40—44 岁达到最大值。女子臀围平均值变化范围 91.27—102.33 厘米，在 45—49 岁时达到最大值。男女臀围平均值没有显著差异。鄂伦春成年男子的臀围随年龄变化不规律，除了 35—39 和 45—49 岁年龄组外，其他组的平均值均高于全国平均值。鄂伦春族成年女子的臀围

随年龄的增长基本上呈增加趋势，只是在30—35岁有一个明显的下降阶段，随后随年龄的增加具有增长的趋势。鄂伦春族成年女子的臀围普遍高于全国农民各组的平均水平，除了35—45岁外，其他年龄组均呈显著差异（$p < 0.05$）（见图5-1-6）。

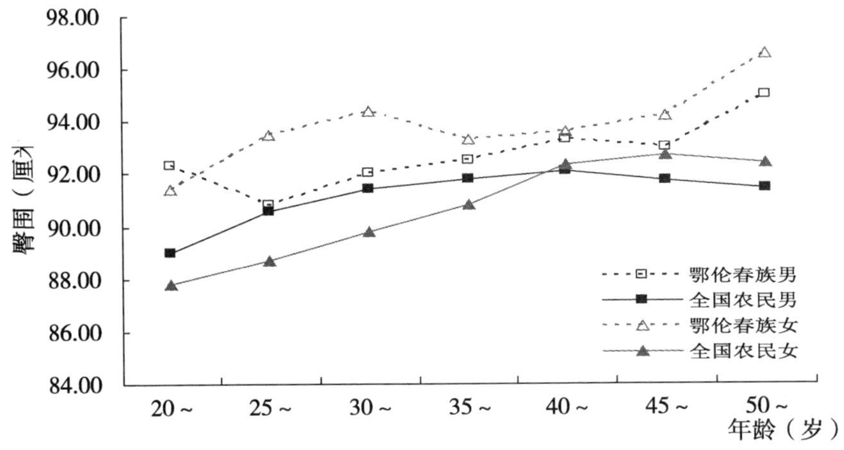

图5-1-6　鄂伦春族成年人与全国农民臀围比较

（七）皮褶厚度情况

皮褶是指皮下脂肪的厚度，身体脂肪总量的一半都存在于皮下，所以通过对皮褶厚度的测量可以评定身体脂肪，推算全身脂肪重量和非脂肪重量。

1. 肩胛皮褶厚度

以20岁为最低年龄，以5岁为年龄间隔，将鄂伦春族成年人分成7个年龄组，分析各年龄组肩胛皮褶厚度特点。成年男性各年龄组情况是，20—24岁组平均值为15.05毫米，最小值是6.2毫米，最大值是44毫米；25—29岁组平均值是14.42毫米，最小值是7.5毫米，最大值是27毫米；30—34岁组平均值是15.68毫米，最小值是7毫米，最大值是30.5毫米；35—39岁组平均值是12.71毫米，最小值是3毫米，最大值是21.5毫米；40—44岁组平均值是14.86毫米，最小值是8毫米，最大值是30毫米；45—50岁组平均值是13.25毫米，最小值是9毫米，最大值是19毫米；50岁以上组平均值是19毫米，最小值是12毫米，最大值是22毫米（见表5-1-14）。

表 5－1－14　各年龄组成年男性肩胛皮褶厚度情况表　n＝76

年龄组	样本数	最小值	最大值	平均数	标准差
20—24	23. 00	6. 20	44. 00	15. 05	8. 11
25—29	13. 00	7. 50	27. 00	14. 42	5. 81
30—34	14. 00	7. 00	30. 50	15. 68	7. 94
35—39	7. 00	3. 00	21. 50	12. 71	5. 60
40—44	7. 00	8. 00	30. 00	14. 86	7. 08
45—50	4. 00	9. 00	19. 00	13. 25	4. 35
50—	4. 00	12. 00	22. 00	19. 00	4. 76

成年女性各年龄组的肩胛皮褶厚度情况是，20—24 岁组平均值为 31. 63 毫米，最小值是 12. 5 毫米，最大值是 90 毫米；25—29 岁组平均值是 30. 48 毫米，最小值是 12 毫米，最大值是 52 毫米；30—34 岁组平均值是 30. 81 毫米，最小值是 9 毫米，最大厚度是 50 毫米；35—39 岁组平均厚度是 29. 33 毫米，最小厚度是 12 毫米，最大厚度是 45 毫米；40—44 岁组平均厚度是 26. 64 毫米，最小厚度是 8 毫米，最大厚度是 53 毫米；45—50 岁组平均厚度是 27. 67 毫米，最小厚度是 45 毫米，最大厚度是 56 毫米；50 岁以上组平均厚度是 31. 36 毫米，最小厚度是 14 毫米，最大厚度是 42 毫米（见表 5－1－15）。

表 5－1－15　各年龄组成年女性肩胛皮褶厚度情况表　n＝96

年龄组	样本数	最小值	最大值	平均数	标准差
20—24	12. 00	12. 50	90. 00	31. 63	20. 77
25—29	24. 00	12. 00	52. 00	30. 48	11. 69
30—34	16. 00	9. 00	50. 00	30. 81	12. 46
35—39	15. 00	12. 00	45. 00	29. 33	10. 34
40—44	14. 00	8. 00	53. 00	26. 64	15. 21
45—50	3. 00	45. 00	56. 00	27. 67	5. 69
50—	11. 00	14. 00	42. 00	31. 36	10. 87

鄂伦春族成年男子的肩胛皮褶厚度随年龄的增加呈波浪式变化，和全国农民平均值比较变化不稳定，除了 24 岁之前和 50 岁之后两组，其他各组的

平均值均低于全国农民的平均值水平，但是差异没有显著性。鄂伦春族成年女子的肩胛皮褶厚度随年龄的增加先降低后又升高，40 岁前随年龄的增加降低，40 岁后随年龄的增加而升高。鄂伦春成年女子的肩胛皮褶厚度平均值均大于全国农民各组的平均值，并且具有非常显著性差异（$p < 0.01$）（见图 5－1－7）。

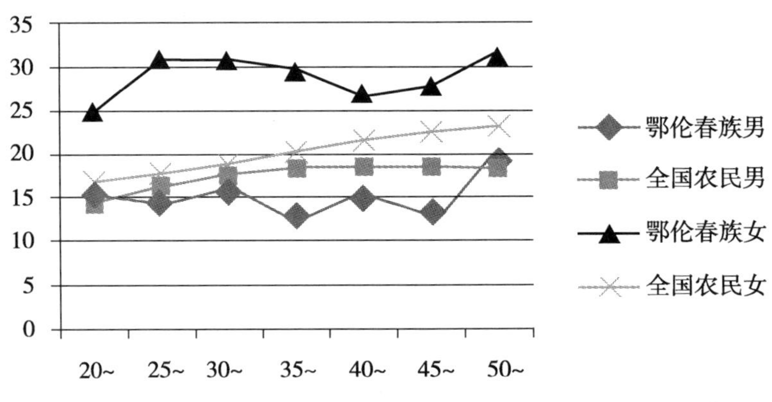

图 5－1－7　鄂伦春族男女成年人与全国农民肩胛皮褶厚度比较

2. 腹部皮褶厚度

以 20 岁为最低年龄，以 5 岁为年龄间隔，将鄂伦春族成年人分成 7 个年龄组，分析各年龄组腹部皮褶厚度特点。成年男性各年龄组情况是，20—24 岁组平均值为 20.64 毫米，最小值是 7 毫米，最大值是 50 毫米；25—29 岁组平均值是 24.76 毫米，最小值是 10 毫米，最大值是 47 毫米；30—34 岁组平均值是 23.46 毫米，最小值是 8 毫米，最大值是 44 毫米；35—39 岁组平均值是 14.57 毫米，最小值是 5 毫米，最大值是 20 毫米；40—44 岁组平均值是 28.29 毫米，最小值是 21 毫米，最大值是 41 毫米；45—50 岁组平均值是 15.25 毫米，最小值是 6 毫米，最大值是 25 毫米；50 岁以上组平均值是 29.25 毫米，最小值是 18 毫米，最大值是 35 毫米（见表 5－1－16）。

表 5－1－16　各年龄组成年男性腹部皮褶厚度情况表　n＝76

年龄组	样本数	最小值	最大值	平均数	标准差
20—24	23.00	7.00	50.00	20.64	11.29
25—29	13.00	10.00	47.00	24.76	12.21
30—34	14.00	8.00	44.00	23.46	11.40
35—39	7.00	5.00	20.00	14.57	5.71

续表

年龄组	样本数	最小值	最大值	平均数	标准差
40—44	7.00	21.00	41.00	28.29	7.87
45—50	4.00	6.00	25.00	15.25	8.77
50—	4.00	18.00	35.00	29.25	7.68

成年女性各年龄组情况是，20—24 岁组平均值为 28.25 毫米，最小值是 12 毫米，最大值是 55 毫米；25—29 岁组平均值是 32.25 毫米，最小值是 10 毫米，最大值是 54 毫米；30—34 岁组平均值是 34.38 毫米，最小值是 10 毫米，最大值是 50 毫米；35—39 岁组平均值是 32.13 毫米，最小值是 17 毫米，最大值是 50 毫米；40—44 岁组平均值是 32.21 毫米，最小值是 7 毫米，最大值是 56 毫米；45—50 岁组平均值是 46.33 毫米，最小值是 37 毫米，最大值是 55 毫米；50 岁以上组平均值是 40.18 毫米，最小值是 23 毫米，最大值是 54 毫米（见表 5－1－17）。

表 5－1－17　各年龄组成年女性腹部皮褶厚度情况表　n＝96

年龄组	样本数	最小值	最大值	平均数	标准差
20—24	12.00	12.00	55.00	28.25	12.80
25—29	24.00	10.00	54.00	32.25	11.70
30—34	16.00	10.00	50.00	34.38	12.81
35—39	15.00	17.00	50.00	32.13	9.96
40—44	14.00	7.00	56.00	32.21	16.00
45—50	3.00	37.00	55.00	46.33	9.02
50—	11.00	23.00	54.00	40.18	10.97

鄂伦春族成年男子的腹部皮褶厚度随年龄的增加而呈波浪式增加，从整体上看，除了 35—39 岁和 45—49 岁组外，其他组的平均值均高于全国农民的平均值，但是没有显著性差异，差异显著的只有 35—39 岁组，它的平均值显著低于全国平均值（$p<0.05$）。鄂伦春族成年女子的腹部皮褶厚度随年龄增加而增加，并且各组平均值均高于全国农民的平均值，除了 40—44 岁组外，均具有非常显著性差异（$p<0.01$）（见图 5－1－8）。

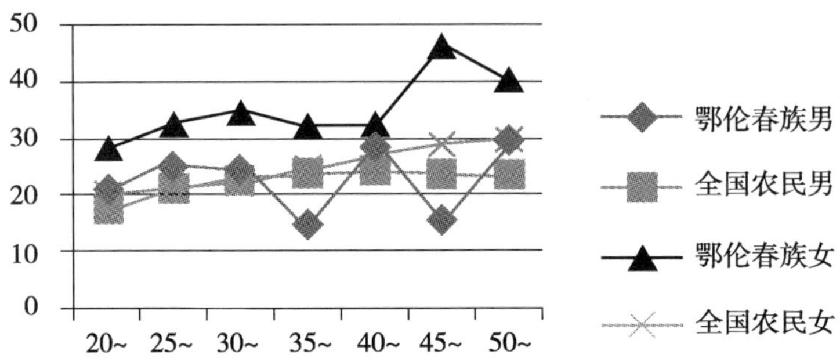

图 5－1－8 鄂伦春族男女成年人与全国农民腹部皮褶厚度比较

3. 上臂皮褶厚度

以 20 岁为最低年龄，以 5 岁为年龄间隔，将鄂伦春族成年人分成 7 个年龄组，分析各年龄组上臂皮褶厚度特点。成年男性各年龄组情况是，20—24 岁组平均值为 17.41 毫米，最小值是 7 毫米，最大值是 44 毫米；25—29 岁组平均值是 15.08 毫米，最小值是 6.5 毫米，最大值是 34 毫米；30—34 岁组平均值是 15.06 毫米，最小值是 4 毫米，最大值是 31 毫米；35—39 岁组平均值是 14.14 毫米，最小值是 3.5 毫米，最大值是 32 毫米；40—44 岁组平均值是 20.64 毫米，最小值是 11 毫米，最大值是 32 毫米；45—50 岁组平均值是 26.25 毫米，最小值是 18 毫米，最大值是 45 毫米；50 岁以上组平均值是 21.75 毫米，最小值是 8 毫米，最大值是 32 毫米（见表 5－1－18）。

表 5－1－18 各年龄组成年男性上臂皮褶厚度情况表 n＝76

年龄组	样本数	最小值	最大值	平均数	标准差
20—24	23.00	7.00	44.00	17.41	9.58
25—29	13.00	6.50	34.00	15.08	9.06
30—34	14.00	4.00	31.00	15.06	7.54
35—39	7.00	3.5	32.00	14.14	8.98
40—44	7.00	11.00	32.00	20.64	8.56
45—50	4.00	18.00	45.00	26.25	12.61
50—	4.00	8.00	32.00	21.75	10.08

成年女性各年龄组情况是，20—24 岁组平均上臂皮褶厚度为 23. 50 毫米，最小上臂皮褶厚度是 11. 5 毫米，最大上臂皮褶厚度是 37 毫米；25—29 岁组平均上臂皮褶厚度是 27. 98 毫米，最小上臂皮褶厚度是 10 毫米，最大上臂皮褶厚度是 49 毫米；30—34 岁组平均上臂皮褶厚度是 31. 06 毫米，最小上臂皮褶厚度是 16 毫米，最大上臂皮褶厚度是 48 毫米；35—39 岁组平均上臂皮褶厚度是 31. 73 毫米，最小上臂皮褶厚度是 15 毫米，最大上臂皮褶厚度是 46 毫米；40—44 岁组平均上臂皮褶厚度是 26. 25 毫米，最小上臂皮褶厚度是 12 毫米，最大上臂皮褶厚度是 44 毫米；45—50 岁组平均上臂皮褶厚度是 32. 67 毫米，最小上臂皮褶厚度是 30 毫米，最大上臂皮褶厚度是 35 毫米；50 岁以上组平均上臂皮褶厚度是 28. 64 毫米，最小上臂皮褶厚度是 18 毫米，最大上臂皮褶厚度是 42 毫米（见表 5－1－19）。

表 5－1－19　各年龄组成年女性上臂皮褶厚度情况表　n＝96

年龄组	样本数	最小值	最大值	平均数	标准差
20—24	12. 00	11. 50	37. 00	23. 50	7. 88
25—29	24. 00	10. 00	49. 00	27. 98	8. 82
30—34	16. 00	16. 00	48. 00	31. 06	8. 93
35—39	15. 00	15. 00	46. 00	31. 73	9. 76
40—44	14. 00	12. 00	44. 00	26. 25	10. 74
45—50	3. 00	30. 00	35. 00	32. 67	2. 52
50—	11. 00	18. 00	42. 00	28. 64	8. 15

鄂伦春族成年男子的上臂皮褶厚度平均值随年龄的变化比较大，尤其是在 35 岁后有一个明显的快速上升阶段，而全国农民的平均值变化平稳。而且鄂伦春族成年男子的上臂皮褶厚度平均值各组均高于全国农民的平均值，除了 25—39 岁之间外，其他各组均有显著性差异（$p<0.05$）。鄂伦春族成年女子的上臂皮褶厚度平均值随年龄的增加变化比较大，而全国农民的平均值变化平稳。而且鄂伦春族成年女子的上臂皮褶厚度平均值各组均高于全国农民女子的平均值，20—24 岁和 40—44 岁组具有显著性差异（$p<0.05$），其他组具有非常显著性差异（$p<0.01$）（见图 5－1－9）。

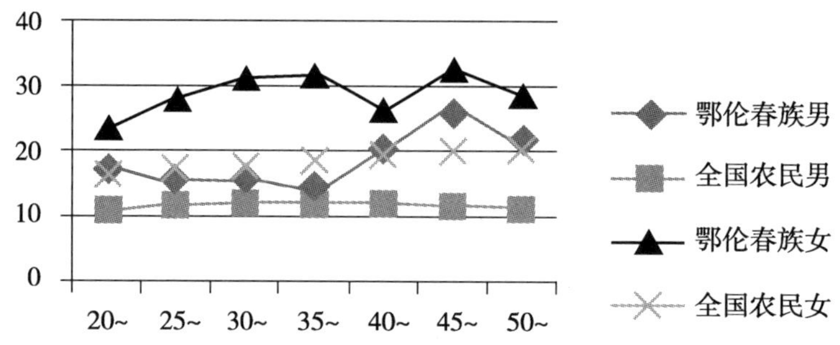

图 5－1－9　鄂伦春族男女成年人与全国农民上臂皮褶厚度比较

总体上看，鄂伦春族成年男性和女性各年龄组平均身高低于全国农民各年龄组平均水平，男性的体重和 BMI 值总体上明显低于全国农民平均水平，而女性的体重和 BMI 值基本上高于全国农民平均水平；鄂伦春族成年男性和女性的胸围、腰围和臀围都高于全国水平，尤其是女性的三围非常显著地高于全国农民各年龄组平均水平；鄂伦春族成年男性的肩胛皮褶厚度低于全国农民平均水平，腹部和上臂皮褶厚度高于全国水平，而女性的皮褶厚度都明显高于全国平均水平。从上述数据可以看出，内蒙古自治区的鄂伦春族成年男性的身高较矮，体重较轻，体态偏瘦，而女性身高较低，体重较大，三围较粗，皮下脂肪厚，呈现矮胖体型。

二、身体机能状况

（一）安静脉搏情况

脉搏是由于心脏搏动而形成的。每当心脏搏动一次，脉搏就出现一次。通常在颈部、腕部等部位，可以触到它的搏动。脉搏在一天中不断变化，早晨睡醒后每分钟脉搏次数最低，也称为基础脉搏，参加劳动和体育锻炼时，脉搏则加快。脉搏是反映身体状况和机能水平比较灵敏的简易指标。脉搏测量受测量时个体状态影响非常显著，情绪激动，运动等都会影响脉搏测量准确程度。本章安静脉博是指受测者到达测试地点后休息 10 分钟以上开始测量，测量时间一般都是在上午 10 点到中午 12 点，下午 3 点到 5 点期间。

以 20 岁为最低年龄，以 5 岁为年龄间隔，将鄂伦春族成年人分成 7 个年龄组，分析各年龄组安静脉搏特点。成年男性各年龄组情况是，20—24 岁组平均值为 76. 75 次/每分钟，最小值是 60 次/每分钟，最大值是 96 次/每分钟；25—29 岁组平均值是 82. 46 次/每分钟，最小值是 72 次/每分钟，最大值是 96 次/每分钟；30—34 岁组平均值是 79. 36 次/每分钟，最小值是

51 次/每分钟，最大值是 102 次/每分钟；35—39 岁组平均值是 82.57 次/每分钟，最小值是 72 次/每分钟，最大值是 96 次/每分钟；40—44 岁组平均值是 77.3 次/每分钟，最小值是 60 次/每分钟，最大值是 90 次/每分钟；45—50 岁组平均值是 83 次/每分钟，最小值是 60 次/每分钟，最大值是 90 次/每分钟；50 岁以上组平均值是 78 次/每分钟，最小值是 66 次/每分钟，最大值是 96 次/每分钟（见表 5－1－20）。

表 5－1－20 各年龄组成年男性脉搏情况表 n＝76

年龄组	样本数	最小值	最大值	平均数	标准差
20—24	23.00	60.00	96.00	76.75	9.54
25—29	13.00	72.00	96.00	82.46	9.80
30—34	14.00	51.00	102.00	79.36	14.97
35—39	7.00	72.00	96.00	82.57	7.63
40—44	6.00	60.00	90.00	77.30	10.40
45—50	4.00	74.00	102.00	83.00	12.81
50—	3.00	66.00	96.00	78.00	15.90

成年男性各年龄组情况是，20—24 岁组平均值为 79 次/每分钟，最小值是 66 次/每分钟，最大值是 94 次/每分钟；25—29 岁组平均值是 77.33 次/每分钟，最小值是 66 次/每分钟，最大值是 92 次/每分钟；30—34 岁组平均值是 78.94 次/每分钟，最小值是 70 次/每分钟，最大值是 98 次/每分钟；35—39 岁组平均值是 74.67 次/每分钟，最小值是 60 次/每分钟，最大值是 90 次/每分钟；40—44 岁组平均值是 78.43 次/每分钟，最小值是 66 次/每分钟，最大值是 90 次/每分钟；45—50 岁组平均值是 80.67 次/每分钟，最小值是 66 次/每分钟，最大值是 96 次/每分钟；50 岁以上组平均值是 71.45 次/每分钟，最小值是 62 次/每分钟，最大值是 84 次/每分钟（见表 5－1－21）。

表 5－1－21 各年龄组成年女性脉搏情况表 n＝96

年龄组	样本数	最小值	最大值	平均数	标准差
20—24	12.00	66.00	94.00	79.00	7.90
25—29	24.00	66.00	92.00	77.33	7.33

续表

年龄组	样本数	最小值	最大值	平均数	标准差
30—34	16.00	70.00	98.00	78.94	6.97
35—39	15.00	60.00	90.00	74.67	8.41
40—44	14.00	66.00	90.00	78.43	6.98
45—50	3.00	66.00	96.00	80.67	15.01
50—	11.00	62.00	84.00	71.45	6.82

鄂伦春族成年男子的安静脉搏随年龄的增加而增长，除了25岁以下外，其他各组平均值均高于全国平均水平，但是并没有显著性差异。

鄂伦春族女子的脉搏平均值随年龄增加呈波浪下降的趋势，除了30—34岁、40—50岁高于全国平均值外，其他各组均低于全国平均值，但是只有50岁以上组具有显著性差异（$p<0.05$）（见图5－1－10）。

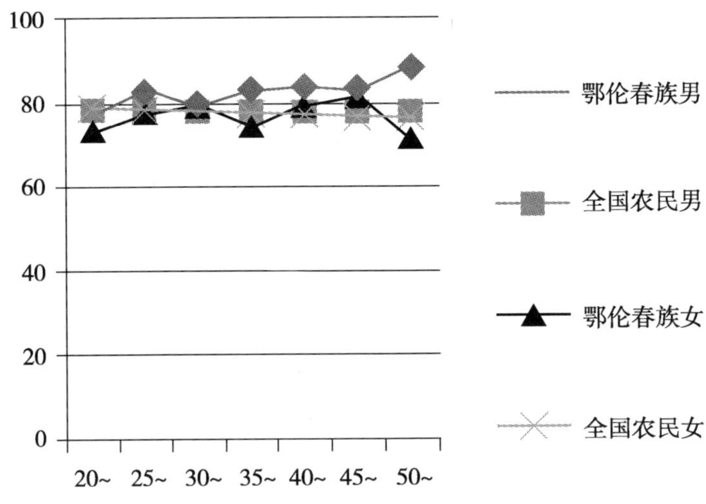

图5－1－10　鄂伦春族男女成年人与全国农民安静脉搏比较

（二）收缩压情况

以20岁为最低年龄，以5岁为年龄间隔，将鄂伦春族成年人分成7个年龄组，分析各年龄组收缩压特点。成年男性各年龄组情况是，20—24岁组平均值为107.92毫米汞柱，最小值是70毫米汞柱，最大值是150毫米汞柱；25—29岁组平均值是118.08毫米汞柱，最小值是90毫米汞柱，最大值是 140 毫米汞柱；30—34 岁组平均值是 123. 07 毫米汞柱，最小值是 100 毫米汞柱，最大值是 150 毫米汞柱；35—39 岁组平均值是 112. 57 毫米汞柱，最小值是 90 毫米汞柱，最大值是 140 毫米汞柱；40—44 岁组平均值是 122. 86 毫米汞柱，最小值是 80 毫米汞柱，最大值是 160 毫米汞柱；45—50 岁组平均值是 121. 50 毫米汞柱，最小值是 110 毫米汞柱，最大值是 130 毫米汞柱；50 岁以上组平均值是 153. 50 毫米汞柱，最小值是 130 毫米汞柱，最大值是 176 毫米汞柱（见表 5 – 1 – 22）。

表 5 – 1 – 22　各年龄组成年男性收缩压情况表　n = 76

年龄组	样本数	最小值	最大值	平均数	标准差
20 – 24	23. 00	70. 00	150. 00	107. 92	18. 24
25 – 29	13. 00	90. 00	140. 00	118. 08	14. 37
30 – 34	14. 00	100. 00	150. 00	123. 07	14. 67
35 – 39	7. 00	90. 00	140. 00	112. 57	19. 99
40 – 44	6. 00	80. 00	160. 00	122. 86	26. 50
45 – 50	4. 00	110. 00	130. 00	121. 50	8. 70
50 –	3. 00	130. 00	176. 00	153. 50	21. 99

成年女性各年龄组情况是，20—24 岁组平均值为 104. 77 毫米汞柱，最小值是 90 毫米汞柱，最大值是 130 毫米汞柱；25—29 岁组平均值是 106. 42 毫米汞柱，最小值是 84 毫米汞柱，最大值是 150 毫米汞柱；30—34 岁组平均值是 110. 24 毫米汞柱，最小值是 80 毫米汞柱，最大值是 180 毫米汞柱；35—39 岁组平均值是 114. 33 毫米汞柱，最小值是 80 毫米汞柱，最大值是 140 毫米汞柱；40—44 岁组平均值是 125. 14 毫米汞柱，最小值是 84 毫米汞柱，最大值是 180 毫米汞柱；45—50 岁组平均值是 133. 33 毫米汞柱，最小值是 110 毫米汞柱，最大值是 160 毫米汞柱；50 岁以上组平均值是 131. 82 毫米汞柱，最小值是 100 毫米汞柱，最大值是 170 毫米汞柱（见表 5 – 1 – 23）。

表 5 – 1 – 23　各年龄组成年女性收缩压情况表　n = 96

年龄组	样本数	最小值	最大值	平均数	标准差
20 – 24	12. 00	90. 00	130. 00	104. 77	13. 05
25 – 29	24. 00	84. 00	150. 00	106. 42	13. 91
30 – 34	16. 00	80. 00	180. 00	110. 24	24. 05

续表

年龄组	样本数	最小值	最大值	平均数	标准差
35－39	15.00	80.00	140.00	114.33	17.68
40－44	14.00	84.00	180.00	125.14	27.27
45－50	3.00	110.00	160.00	133.33	25.17
50－	11.00	100.00	170.00	131.82	19.91

鄂伦春族成年男子的收缩压随年龄的增长而增加，与全国农民的收缩压平均水平发展趋势相同，并且平均值也基本相同，只有 50 岁以上年龄组明显高于全国平均值，但是差异不具有显著性。

鄂伦春族成年女子的收缩压随年龄的增长而增加，与全国农民的收缩压平均水平发展趋势基本相同，并且平均值也基本相同，只有 40—50 岁之间年龄组明显高于全国平均值，但是差异不具有显著性（见图 5－1－11）。

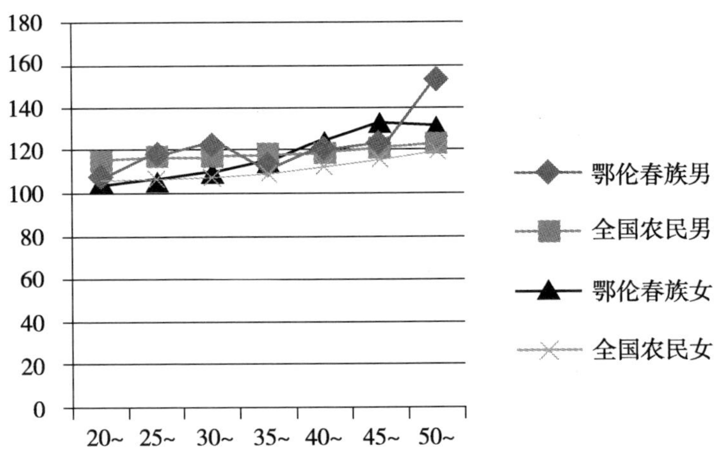

图 5－1－11　鄂伦春族男女成年人与全国农民收缩压比较

（三）舒张压情况

以 20 岁为最低年龄，以 5 岁为年龄间隔，将鄂伦春族成年人分成 7 个年龄组，分析各年龄组舒张压特点。成年男性各年龄组情况是，20—24 岁组平均值为 74.71 毫米汞柱，最小值是 60 毫米汞柱，最大值是 110 毫米汞柱；25—29 岁组平均值是 79.38 毫米汞柱，最小值是 60 毫米汞柱，最大值是 100 毫米汞柱；30—34 岁组平均值是 86.93 毫米汞柱，最小值是 80 毫米汞柱，最大值是110毫米汞柱；35—39岁组平均值是84.29毫米汞柱，最小值是70毫米汞柱，最大值是100毫米汞柱；40—44岁组平均值是96.57毫米汞柱，最小值是64毫米汞柱，最大值是170毫米汞柱；45—50岁组平均值是100毫米汞柱，最小值是70毫米汞柱，最大值是160毫米汞柱；50岁以上组平均值是90.50毫米汞柱，最小值是80毫米汞柱，最大值是100毫米汞柱（见表5－1－24）。

表5－1－24　各年龄组成年男性舒张压情况表　n＝76

年龄组	样本数	最小值	最大值	平均数	标准差
20－24	23.00	60.00	110.00	74.71	15.07
25－29	13.00	60.00	100.00	79.38	12.89
30－34	14.00	80.00	110.00	86.93	8.76
35－39	7.00	70.00	100.00	84.29	12.72
40－44	6.00	64.00	170.00	96.57	35.58
45－50	4.00	70.00	160.00	100.00	40.82
50－	3.00	80.00	100.00	90.50	9.98

成年男性各年龄组情况是，20—24岁组平均值为68.46毫米汞柱，最小值是50毫米汞柱，最大值是124毫米汞柱；25—29岁组平均值是72.38毫米汞柱，最小值是50毫米汞柱，最大值是100毫米汞柱；30—34岁组平均值是79.41毫米汞柱，最小值是60毫米汞柱，最大值是120毫米汞柱；35—39岁组平均值是79.20毫米汞柱，最小值是60毫米汞柱，最大值是100毫米汞柱；40—44岁组平均值是87.71毫米汞柱，最小值是60毫米汞柱，最大值是120毫米汞柱；45—50岁组平均值是90毫米汞柱，最小值是80毫米汞柱，最大值是100毫米汞柱；50岁以上组平均值是78.18毫米汞柱，最小值是60毫米汞柱，最大值是100毫米汞柱（见表5－1－25）。

表5－1－25　各年龄组成年女性舒张压情况表　n＝96

年龄组	样本数	最小值	最大值	平均数	标准差
20－24	12.00	50.00	124.00	68.46	17.70
25－29	24.00	50.00	100.00	72.38	12.43
30－34	16.00	60.00	120.00	79.41	16.80

续表

年龄组	样本数	最小值	最大值	平均数	标准差
35 - 39	15.00	60.00	100.00	79.20	11.41
40 - 44	14.00	60.00	120.00	87.71	18.96
45 - 50	3.00	80.00	100.00	90.00	10.00
50 -	11.00	60.00	100.00	78.18	11.01

鄂伦春族成年女子的舒张压随年龄的增长而增加，与全国农民的收缩压平均水平发展趋势相同，并且平均值也基本相同，在 35 岁之后略高于全国同组的平均值，但是差异不具有显著性。

鄂伦春族成年男子的收缩压随年龄的增长而增加，与全国农民的收缩压平均水平发展趋势相同，并且平均值也基本相同，只有 50 岁以上年龄组通过图 5 - 1 - 12 可以看出明显高于全国平均值，但是差异不具有显著性（见图 5 - 1 - 12）。

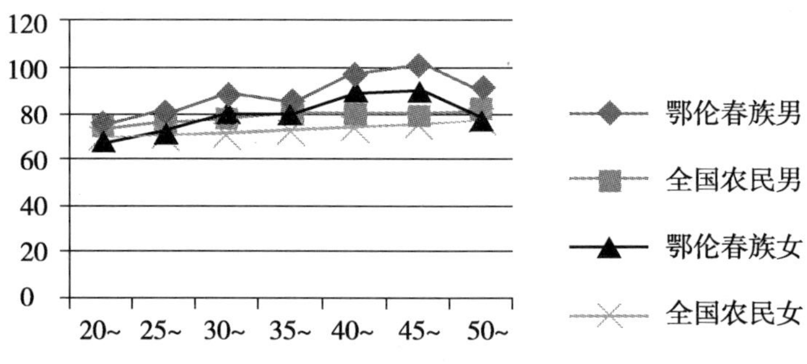

图 5 - 1 - 12　鄂伦春族男女成年人与全国农民舒张压比较

（四）肺活量情况

鄂伦春族成年男性肺活量平均值为 3220 毫升，成年女性平均肺活量值为 2001.4 毫升。以 20 岁为最低年龄，以 5 岁为年龄间隔，将鄂伦春族成年人分成 7 个年龄组，分析各年龄组肺活量特点。成年男性各年龄组情况是，20—24 岁组平均值为 3555.52 毫升，最小值是 2230 毫升，最大值是 5302 毫升；25—29 岁组平均值是 3273.67 毫升，最小值是 2337 毫升，最大值是 4056 毫升；30—34 岁组平均值是 3394 毫升，最小值是 1577 毫升，最大值是 4535 毫升；35—39 岁组平均值是 2899.17 毫升，最小值是 1193 毫升，最大值是 3465 毫升；40—44 岁组平均值是 2983.8 毫升，最小值是 2152 毫升，最大值是3449毫升；45—50岁组平均值是2125.25毫升，最小值是1055毫升，最大值是3198毫升；50岁以上组平均值是2435毫升，最小值是1915毫升，最大值是2687毫升（见表5－1－26）。

表5－1－26　各年龄组成年男性肺活量情况表　n＝76

年龄组	样本数	最小值	最大值	平均数	标准差
20－24	23.00	2230.00	5302.00	3555.52	746.39
25－29	13.00	2337.00	4056.00	3273.67	591.32
30－34	14.00	1577.00	4535.00	3394.00	899.04
35－39	7.00	1193.00	3465.00	2899.17	843.56
40－44	6.00	2152.00	3449.00	2983.80	523.96
45－50	4.00	1055.00	3198.00	2125.25	888.38
50－	3.00	1915.00	2687.00	2435.00	351.29

成年女性各年龄组情况是，20—24岁组平均值为2092毫升，最小值是895毫升，最大值是2964毫升；25—29岁组平均值是2254.4毫升，最小值是262毫升，最大值是3228毫升；30—34岁组平均值是2011.44毫升，最小值是958毫升，最大值是2656毫升；35—39岁组平均值是1801.2毫升，最小值是222毫升，最大值是2673毫升；40—44岁组平均值是1826.5毫升，最小值是949毫升，最大值是2488毫升；45—50岁组平均值是1747.33毫升，最小值是1156毫升，最大值是2674毫升；50岁以上组平均值是1317.09毫升，最小值是516毫升，最大值是1710毫升（表5－1－27）。

表5－1－27　各年龄组成年女性肺活量情况表　n＝96

年龄组	样本数	最小值	最大值	平均数	标准差
20－24	12.00	895.00	2964.00	2092.00	545.84
25－29	24.00	262.00	3228.00	2254.40	687.30
30－34	16.00	958.00	2656.00	2011.44	493.16
35－39	15.00	222.00	2673.00	1801.20	771.35
40－44	14.00	949.00	2488.00	1826.50	435.21
45－50	3.00	1156.00	2674.00	1747.33	812.66
50－	11.00	516.00	1710.00	1317.09	324.89

鄂伦春族男女成年人肺活量的平均值随年龄的增长而下降，变化范围男

性在2125.25—3555.52毫升，女性在1317.09—2254.40毫升。男性在20—25岁之间达到最大值，女性在25—30岁之间达到最大值。男性各年龄组的平均值均大于女性，具有显著性差异（$P<0.05$）。随年龄的增长男性肺活量下降幅度大于女性，男女差异随年龄的增加而减少。

鄂伦春族成年男子的肺活量随年龄的增长而减少，与全国农民各组的平均值水平发展趋势相同，但是鄂伦春族成年男子的肺活量下降的更多，并且全部都低于全国农民各组平均值的水平，但是差异不显著。

鄂伦春族成年女子的肺活量随年龄的增长而减少，与全国农民各组的平均值水平发展趋势相同，但是鄂伦春族成年女子的肺活量下降的更多，并且全部都低于全国农民各组平均值的水平，除了40—44和50岁以上组差异显著外（$p<0.05$），其他组差异不显著（见图5－1－13）。

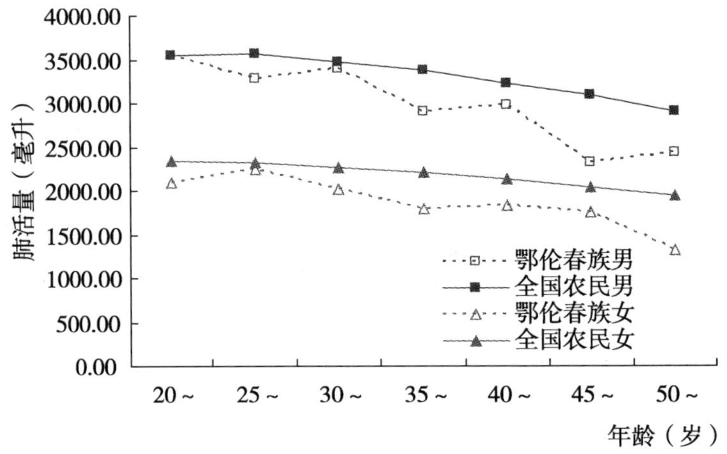

图5－1－13　鄂伦春族成年人与全国农民肺活量比较

从上述数据可以看出，内蒙古自治区的鄂伦春族成年人的生理机能的安静脉搏，男性略高，女性与全国农民水平相似；收缩压和舒张压都略高于全国农民各年龄组水平，但是没有显著差异；而肺活量偏低，说明鄂伦春族成年人呼吸机能的潜在能力较低。

三、身体素质情况

（一）握力情况

鄂伦春族成年男性握力平均值为43.9公斤，成年女性值为26.4公斤。以20岁为最低年龄，以5岁为年龄间隔，将鄂伦春族成年人分成7个年龄组，分析各年龄组握力特点。成年男性各年龄组情况是，20—24 岁组值为 47. 13 公斤，最小握力是 32 公斤，最大握力是 65. 8 公斤；25—29 岁组值是 44. 84 公斤，最小握力是 30. 9 公斤，最大握力是 52. 5 公斤；30—34 岁组值是 45. 53 公斤，最小握力是 30. 4 公斤，最大握力是 65. 8 公斤；35—39 岁组值是 38. 81 公斤，最小握力是 19. 9 公斤，最大握力是 56. 5 公斤；40—44 岁组值是 43. 74 公斤，最小握力是 36 公斤，最大握力是 55. 9 公斤；45—50 岁组值是 35. 58 公斤，最小握力是 28. 9 公斤，最大握力是 40. 4 公斤；50 岁以上组值是 34. 28 公斤，最小握力是 29. 6 公斤，最大握力是 39. 4 公斤（见表 5 -1 -28）。

表 5 -1 -28　各年龄组成年男性握力情况表　n =76

年龄组	样本数	最小值	最大值	平均数	标准差
20—24	23. 00	32. 20	65. 80	47. 13	7. 71
25—29	13. 00	30. 90	52. 50	44. 84	6. 72
30—34	14. 00	30. 40	65. 80	45. 53	10. 42
35—39	7. 00	19. 90	56. 50	38. 81	12. 61
40—44	6. 00	36. 00	55. 90	43. 74	7. 04
45—50	4. 00	28. 90	40. 40	35. 58	5. 68
50—	3. 00	29. 60	39. 40	34. 28	4. 34

成年女性各年龄组情况是，20—24 岁组值为 27. 44 公斤，最小握力是 8. 8 公斤，最大握力是 57. 3 公斤；25—29 岁组值是 27. 13 公斤，最小握力是 15. 6 公斤，最大握力是 34. 6 公斤；30—34 岁组值是 26. 88 公斤，最小握力是 17. 7 公斤，最大握力是 40. 6 公斤；35—39 岁组值是 27. 95 公斤，最小握力是 21. 1 公斤，最大握力是 36. 9 公斤；40—44 岁组值是 24. 54 公斤，最小握力是 15. 2 公斤，最大握力是 32. 5 公斤；45—50 岁组值是 22. 63 公斤，最小握力是 20. 7 公斤，最大握力是 25. 9 公斤；50 岁以上组值是 21. 94 公斤，最小握力是 14 公斤，最大握力是 28. 7 公斤（见表 5 -1 -29）。

表 5 -1 -29　各年龄组成年女性握力情况表　n =96

年龄组	样本数	最小值	最大值	平均数	标准差
20—24	12. 00	8. 80	57. 30	27. 44	11. 27
25—29	24. 00	15. 60	34. 60	27. 13	4. 33

续表

年龄组	样本数	最小值	最大值	平均数	标准差
30—34	16.00	17.70	40.60	26.88	6.90
35—39	15.00	21.10	36.90	27.95	4.67
40—44	14.00	15.20	32.50	24.54	4.33
45—50	3.00	20.70	25.90	22.63	2.84
50—	11.00	14.00	28.70	21.94	4.09

鄂伦春族成年男女握力平均值随年龄增长有下降的趋势，变化范围男子在34.28—47.13千克，女子变化范围在21.94—27.95千克之间。男子在20—24岁达到最大值，女子在35—39岁达到最大值。男子握力普遍高于女子，除35—39岁和50岁以上两个年龄段外其他年龄组均具有显著性差异（$P<0.01$）。随年龄的增加男子握力下降的幅度比女子大，因此差距也逐渐变小。

鄂伦春族成年男子的握力随年龄的增长而降低，与全国农民成年男子的发展趋势相同，但是除了25岁之前的平均值略高于全国农民平均水平外，其他年龄组均低于全国农民的平均水平。但是只有45岁以上组的差异显著（$P<0.05$）。

鄂伦春成年女子的握力随年龄的增长而降低，与全国农民成年女子的发展趋势相同，但是鄂伦春族女子的平均值均低于全国农民的平均水平，只有40—50岁之间差异具有显著性（$P<0.05$），其他各组没有显著性差异（见图5－1－14）。

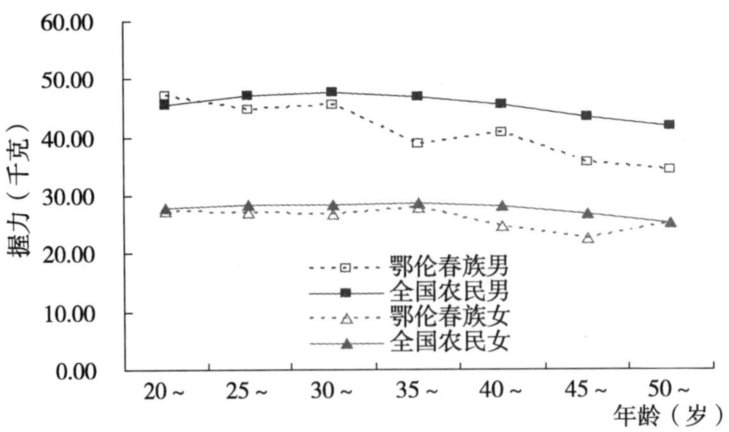

图5－1－14 鄂伦春族成年人与全国农民握力比较

（二）台阶试验情况

鄂伦春族成年男性台阶试验指数平均值为57.5，成年女性平均台阶试验指数值为59.2。以20岁为最低年龄，以5岁为年龄间隔，将鄂伦春族成年人分成7个年龄组，分析各年龄组台阶试验指数特点。成年男性各年龄组情况是，20—24岁组平均值为59.3，最小值是48.9，最大值是76.2；25—29岁组平均值是56.63，最小值是46.8，最大值是70.8；30—34岁组平均值是59.23，最小值是50.80，最大值是74.3；35—39岁组平均值是50.46，最小值是42.8，最大值是53.2；40—44岁组平均值是53.73，最小值是51，最大值是55.5（见表5－1－30）。

表5－1－30　各年龄组成年男性台阶试验指数情况表　n＝76

年龄组	样本数	最小值	最大值	平均数	标准差
20—24	23.00	48.90	76.20	59.30	8.38
25—29	13.00	46.80	70.80	56.63	7.86
30—34	14.00	50.80	74.30	59.23	8.98
35—39	7.00	42.80	53.20	50.46	4.39
40—44	6.00	51.00	55.50	53.73	2.19

成年女性各年龄组情况是，20—24岁组平均值为61.95，最小值是50，最大值是73.7；25—29岁组平均值是57.84，最小值是26.8，最大值是69.7；30—34岁组平均值是57.5，最小值是49.1，最大值是80；35—39岁组平均值是62.49，最小值是52.9，最大值是85.7；40—44岁组平均值是54.4，最小值是52.3，最大值是56.5（见表5－1－31）。

表5－1－31　各年龄组成年女性台阶试验指数情况表　n＝96

年龄组	样本数	最小值	最大值	平均数	标准差
20－24	12.00	50.00	73.70	61.95	7.04
25—29	24.00	26.80	69.70	57.84	9.81
30—34	16.00	49.10	80.00	57.50	8.03
35—39	15.00	52.90	85.70	62.49	10.78
40—44	14.00	52.30	56.50	54.40	2.97

鄂伦春族男女成年人台阶试验随年龄的增加有微弱的降低趋势。变化范围男性在50.46—59.30之间，女性在54.40—62.49之间。男性在20—24岁达

到最大值，女性在35—40岁达到最大值。除30—34岁组之外，其他组女性平均值均大于男性。只有在35—39岁组差异显著（P<0.05），其他组差异不显著。

鄂伦春族成年男子的台阶试验指数随年龄增长变化很不规则，30—35岁组到35—39岁组有一个明显的下降，随后的年龄组又逐渐上升，到45岁后又有所下降（见图5-1-15）。

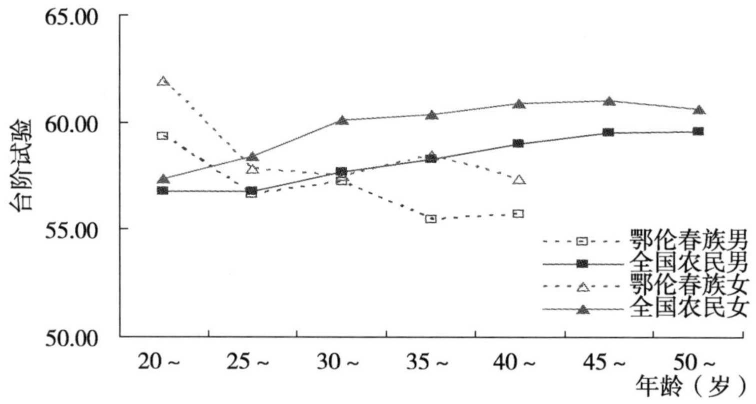

图5-1-15 鄂伦春族成年人与全国农民台阶试验比较

从上述两项身体素质指标可以看出，30岁以下鄂伦春族成年人的身体素质与全国农民平均水平差距不大，但是30岁以上组两项身体素质指标偏低，身体素质不佳。

第二节 黑龙江鄂伦春族村民成年人体质健康现状

以黑龙江省鄂伦春族聚居地的433名鄂伦春成年人作为研究对象，年龄分布在20—65岁之间，其中男性186人，女性247人。体质健康测量指标包括身高、体重、腰围、臀围、收缩压、舒张压、肺活量、脉搏、握力等多项指标。对所测量的数据运用spss11.5进行数据管理和分析。

一、身体形态

（一）身高状况

身高反映人体骨骼的发育状况，是人体纵向发育水平的重要标志，又称为空间整体指标，是评价人体生长发育的重要指标。鄂伦春族成年男性平均值为166.7厘米，成年女性平均值为152.3厘米。以20岁为最低年龄，以5岁为年龄间隔，将鄂伦春族成年人分成7个年龄组，分析各年龄组值特点。成年男子各年龄组情况是，20—24岁组平均值为170.57厘米，最小值是160厘米，最大值是183厘米；25—29岁组平均值为171.72厘米，最小值是159厘米，最大值是180厘米；30—34岁组平均值为168.89厘米，最小值是156厘米，最大值是178厘米；35—39岁组平均值为166.04厘米，最小值是155厘米，最大值是182厘米；40—44岁组平均值为165.69厘米，最小值是157厘米，最大值是178厘米；45—50岁组平均值为163.29厘米，最小值是150厘米，最大值是177厘米；50岁以上组平均值为160.15厘米，最小值是148厘米，最大值是173厘米（见表5-2-1）。

表5-2-1　各年龄组成年男性身高情况表　n=186

年龄组	平均数	样本数	最小值	最大值	标准差
20—24	170.5682	44	160.00	183.00	6.23343
25—29	171.7187	32	159.00	180.00	4.49541
30—34	168.8824	17	156.00	178.00	6.08155
35—39	166.0417	24	155.00	182.00	6.10402
40—44	165.6875	16	157.00	178.00	6.81879
45—50	163.2857	21	150.00	177.00	7.00816
50—	160.1563	32	148.00	173.00	7.08979

成年女子各年龄组情况是，20—24岁组平均值为157.05厘米，最小值是146厘米，最大值是170厘米；25—29岁组平均值为156.3厘米，最小值是139厘米，最大值是173厘米；30—34岁组平均值为154.54厘米，最小值是145厘米，最大值是165厘米；35—39岁组平均值为152.73厘米，最小值是143厘米，最大值是169厘米；40—44岁组平均值为154.07厘米，最小值是145厘米，最大值是168厘米；45—50岁组平均值为149.86厘米，最小值是137厘米，最大值是161厘米；50岁以上组平均值为148.47厘米，最小值是127厘米，最大值是163厘米（见表5-2-2）。

表 5-2-2　各年龄组成年女性身高情况表　n=247

年龄组	平均数	样本数	最小值	最大值	标准差
20—24	157.0455	44	146.00	170.00	5.99207
25—29	156.3056	36	139.00	173.00	7.31659
30—34	154.5417	24	145.00	165.00	5.09031
35—39	152.7273	22	143.00	169.00	7.14597
40—44	154.0667	30	145.00	168.00	6.31328
45—50	149.8611	36	137.00	161.00	6.14656
50—	148.4717	53	127.00	163.00	7.77225

鄂伦春族成年男性和女性身高均数均随年龄的增长而逐渐降低，身高均值变化范围男性为 160.2—171.7 厘米，女性为 148.5—157 厘米。男性各年龄组身高均值均大于女性，具有显著性差异（$P<0.01$）。与全国农民各年龄组身高均值比较，鄂伦春族成年男性的身高均值，总体上小于全国农民各组均值，除 45 岁及以上两个年龄组有显著差异外（$P<0.05$），其他各组没有显著性差异。

鄂伦春族成年女性的身高均值小于全国农民女性的均值，45 岁及以上两个年龄差异显著（$P<0.01$），其他各组没有显著性差异（见图 5-2-1）。

由此可见，鄂伦春族成年男性和女性当中，越是年轻人，他们与全国农民的平均水平越是接近，而 45 岁以上组的身高不但低于全国农民平均水平，而且还具有显著性差异，因此认为 45 岁以上年龄组的鄂伦春族中老年人由于某种原因导致他们的身高较矮。

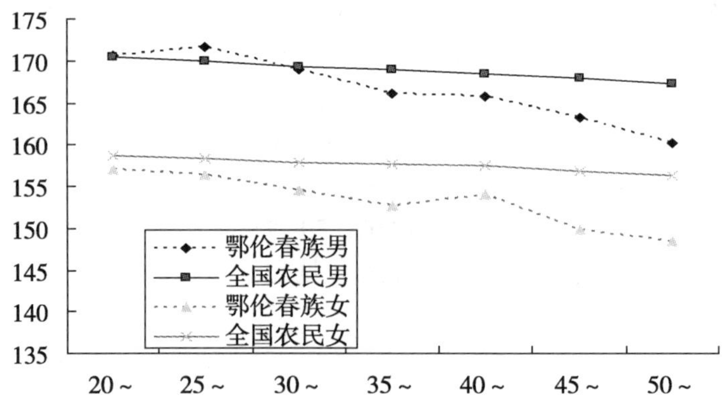

图 5-2-1　鄂伦春族男女成年人与全国农民身高比较

（二）体重状况

体重是反映人体长、围、宽和厚度发育状况的重量整体指标，它在一定程度上能够反映人体骨骼、肌肉、皮下脂肪及内脏器官的综合状况。

鄂伦春族成年男性平均体重为70.3千克，成年女性平均体重为60.3千克。以20岁为最低年龄，以5岁为年龄间隔，将鄂伦春族成年人分成7个年龄组，分析各年龄组体重特点。成年男子各年龄组情况是，20—24岁组平均值为68.3千克，最小值是50千克，最大值是126千克；25—29岁组平均值为73.72千克，最小值为51千克，最大值为115千克；30—34岁组平均值为71.47千克，最小值是55，最大值是90千克；35—39岁组平均值是72.67千克，最小值是54千克，最大值是105千克；40—44岁组平均值是74.69千克，最小值是50千克，最大值是115千克；45—50岁组平均值是65.7千克，最小值是50千克，最大值是83千克；50岁以上组平均值是69.3千克，最小值是49千克，最大值是99千克（见表5-2-3）。

表5-2-3　各年龄组成年男性体重情况表　n=186

年龄组	样本数	最小值	最大值	平均数	标准差
20—24	44	50.0	126.0	68.250	15.9215
25—29	32	51.0	115.0	73.719	14.8220
30—34	17	55.0	90.0	71.471	9.2136
35—39	24	54.0	105.0	72.667	15.5218
40—44	16	50.0	115.0	74.688	18.4598
45—50	21	50.0	83.0	65.714	8.8608
50—	32	49.0	99.0	69.313	13.0073

成年女性各年龄组体重情况是，20—24岁组平均值为55.8千克，最小值是36千克，最大值是86千克；25—29岁组平均值为58.6千克，最小值为42千克，最大值为80千克；30—34岁组平均值为61.17千克，最小值是42千克，最大值是80千克；35—39岁组平均值是63.68千克，最小值是47千克，最大值是90千克；40—44岁组平均值是63.3千克，最小值是46千克，最大值是102千克；45—50岁组平均值是61.3千克，最小值是42千克，最大值是85千克；50岁以上组平均值是63千克，最小值是33千克，最大值是89千克（见表5-2-4）。

表 5-2-4　各年龄组成年女性体重情况表　n=247

年龄组	样本数	最小值	最大值	平均数	标准差
20—24	44	36.0	86.0	55.841	11.0242
25—29	36	42.0	80.0	58.611	10.6805
30—34	24	42.0	80.0	61.167	9.7832
35—39	22	47.0	90.0	63.682	10.9648
40—44	30	46.0	102.0	63.300	12.7121
45—50	36	42.0	85.0	61.306	10.6953
50—	53	33.0	89.0	63.830	12.9046

鄂伦春族成年男性和女性体重均数随年龄的增长变化不大，男性均值变化范围在 65.7—73.7 千克之间，女性均值变化范围在 55.8—63.8 千克之间。男女体重平均值具有显著性差异（$P<0.01$）。鄂伦春族成年男子的体重均值普遍高于全国农民的平均水平，25—39 岁之间的均值差异显著（$P<0.05$），其他年龄段没有显著差异。鄂伦春族成年女性的体重均值均高于全国农民女性的均值，35—39 岁年龄组有显著性差异（$P<0.05$）（见图 5-2-2）。由此可见鄂伦春族成年男性和女性的体重均偏高。

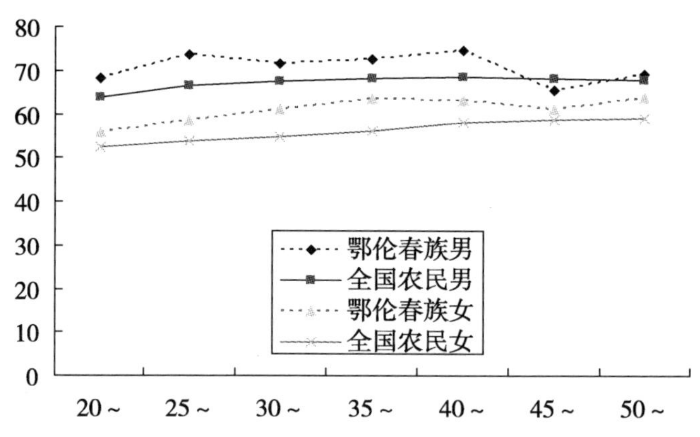

图 5-2-2　鄂伦春族男女成年人与全国农民体重比较

（三）BMI 状况

BMI 指数是通过体重与身高的比例关系，反映单位身高上的体重，在一定程度上体现人体的围、宽和厚度及组织密度。鄂伦春族成年男性平均值为

25.25，成年女性平均值为26.02。以20岁为最低年龄，以5岁为年龄间隔，将鄂伦春族成年人分成7个年龄组，分析各年龄组值特点。成年男性各年龄组情况是，20—24岁组平均值为23.44，最小值是17.76，最大值是40.22；25—29岁组平均值为25，最小值为17.04，最大值为37.98；30—34岁组平均值为25，最小值是20.76，最大值是29.05；35—39岁组平均值是26.23，最小值是20.53，最大值是34.95；40—44岁组平均值是27，最小值是19.53，最大值是37.55；45—50岁组平均值是24.62，最小值是20.20，最大值是30.86；50岁以上组平均值是26.9，最小值是18.21，最大值是35.93（见表5－2－5）。

表5－2－5 各年龄组成年男性BMI情况表 n＝186

年龄组	样本数	最小值	最大值	平均数	标准差
20—24	44	17.76	40.22	23.4385	5.16862
25—29	32	17.04	37.98	24.9807	4.83981
30—34	17	20.76	29.05	24.9953	2.27270
35—39	24	20.53	34.95	26.2330	4.68487
40—44	16	19.53	37.55	26.9836	5.40869
45—50	21	20.20	30.86	24.6187	2.78433
50—	32	18.21	35.93	26.9080	3.96099

成年女性各年龄组BMI情况是，20—24岁组平均值为22.62，最小值是16，最大值是35.34；25—29岁组平均值为24，最小值为17.42，最大值为36.07；30—34岁组平均值为25.63，最小值是17.04，最大值是33.33；35—39岁组平均值是27.34，最小值是20.89，最大值是35.65；40—44岁组平均值是26.52，最小值是19.15，最大值是37.92；45—50岁组平均值是27.31，最小值是20.36，最大值是37.69；50岁以上组平均值是28.97，最小值是17.33，最大值是40.09（见表5－2－6）。

表5－2－6 各年龄组成年女性BMI情况表 n＝247

年龄组	样本数	最小值	最大值	平均数	标准差
20—24	44	16.00	35.34	22.6176	4.22066
25—29	36	17.42	36.07	23.9527	3.89448
30—34	24	17.04	33.33	25.6319	4.05413

续表

年龄组	样本数	最小值	最大值	平均数	标准差
35—39	22	20.89	35.65	27.3370	4.40596
40—44	30	19.15	37.92	26.5151	4.06995
45—50	36	20.36	37.69	27.3137	4.67544
50—	53	17.33	40.09	28.8695	5.07069

鄂伦春族猎民成年男性和成年女性 BMI 值总体呈随年龄增长而缓慢增长的趋势。成年男性在 45—49 岁年龄组时有所下降，随后又增长。

男性 BMI 均值变化范围在 23.44—26.90；女性变化范围在 22.62—28.88。男女 BMI 无显著差异。鄂伦春族成年男性的 BMI 均高于全国农民平均水平。35—49 岁两个年龄组的均值显著高于全国平均水平（$P<0.05$）。鄂伦春族成年女性的 BMI 均值全部高于全国均值，39 岁前三个年龄组具有显著性差异（$P<0.05$），40 岁以上年龄组具有非常显著性差异（$P<0.01$）（见图 5-2-3）。

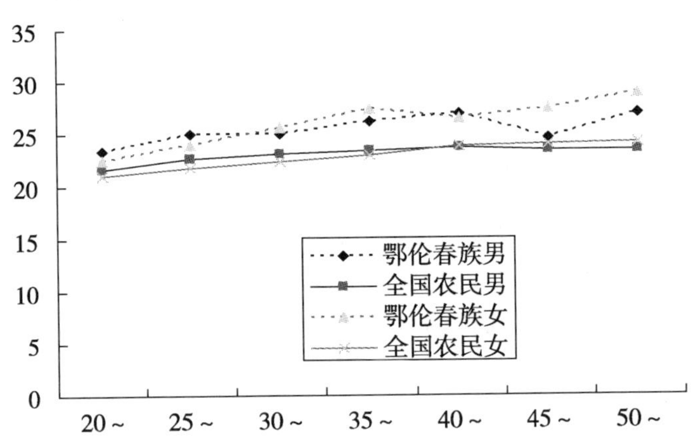

图 5-2-3 鄂伦春族男女成年人与全国农民 BMI 比较

通过上述身高、体重和 BMI 三项指标可以发现，鄂伦春族成年男性和女性身体形态表现为身高低，体重大，BMI 偏高，呈偏矮胖型体型。

（四）胸围状况

胸围是人体线性的空间整体指标，它是人体宽度和厚度最有代表性的测量值。鄂伦春族成年男性平均胸围值为 92.69 厘米，成年女性平均胸围值为

94.92 厘米。以 20 岁为最低年龄，以 5 岁为年龄间隔，将鄂伦春族成年人分成 7 个年龄组，分析各年龄组胸围特点。成年男性各年龄组情况是，20—24 岁组平均值为 87.84 厘米，最小值是 71 厘米，最大值是 120 厘米；25—29 岁组平均值是 92.16 厘米，最小值是 76 厘米，最大值是 117 厘米；30—34 岁组平均值是 92.18 厘米，最小值是 85 厘米，最大值是 106 厘米；35—39 岁组平均值是 94.38 厘米，最小值是 73 厘米，最大值是 117 厘米；40—44 岁组平均值是 98.38 厘米，最小值是 82 厘米，最大值是 117 厘米；45—50 岁组平均值是 92.19 厘米，最小值是 69 厘米，最大值是 102 厘米；50 岁以上组平均值是 95.63 厘米，最小值是 83 厘米，最大值是 114 厘米（见表 5-2-7）。

表 5-2-7　各年龄组成年男性胸围情况表　n=186

年龄组	样本数	最小值	最大值	平均数	标准差
20—24	44	71.0	120.0	87.841	10.5499
25—29	32	76.0	117.0	92.156	9.8049
30—34	17	85.0	106.0	92.176	5.9186
35—39	24	73.0	117.0	94.375	11.1074
40—44	16	82.0	117.0	98.375	11.6096
45—50	21	69.0	102.0	92.190	7.6395
50—	32	83.0	114.0	95.625	8.7575

成年女性各年龄组情况是，20—24 岁组平均值为 87.77 厘米，最小值是 76 厘米，最大值是 122 厘米；25—29 岁组平均值是 91.11 厘米，最小值是 80 厘米，最大值是 109 厘米；30—34 岁组平均值是 94.38 厘米，最小值是 76 厘米，最大值是 111 厘米；35—39 岁组平均值是 97.3 厘米，最小值是 82 厘米，最大值是 121 厘米；40—44 岁组平均值是 95.52 厘米，最小值是 81 厘米，最大值是 120 厘米；45—50 岁组平均值是 97.75 厘米，最小值是 77 厘米，最大值是 120 厘米；50 岁以上组平均值是 100.77 厘米，最小值是 67 厘米，最大值是 121 厘米（见表 5-2-8）。

表 5-2-8　各年龄组成年女性胸围情况表　n=247

年龄组	样本数	最小值	最大值	平均数	标准差
20—24	44	76.0	122.0	87.773	9.4644
25—29	36	80.0	109.0	91.111	7.9885

续表

年龄组	样本数	最小值	最大值	平均数	标准差
30—34	24	76.0	111.0	94.375	9.5499
35—39	23	82.0	121.0	97.304	10.6704
40—44	31	81.0	120.0	95.516	9.5877
45—50	36	77.0	120.0	97.750	9.3301
50—	53	67.0	121.0	100.774	10.8160

鄂伦春族成年男性和成年女性胸围均呈随年龄增长而增长的趋势，男性各年龄组平均值变化范围 87.8—98.4 厘米。女子各年龄组胸围均值变化范围 87.8—100.8 厘米。鄂伦春成年男女胸围均值无显著性差异。男性胸围均值均高于全国农民男性平均水平，但无显著性差异。女性胸围均值均高于全国农民女性均值水平，且具有非常显著性差异（P <0.01）（见图 5－2－4）。

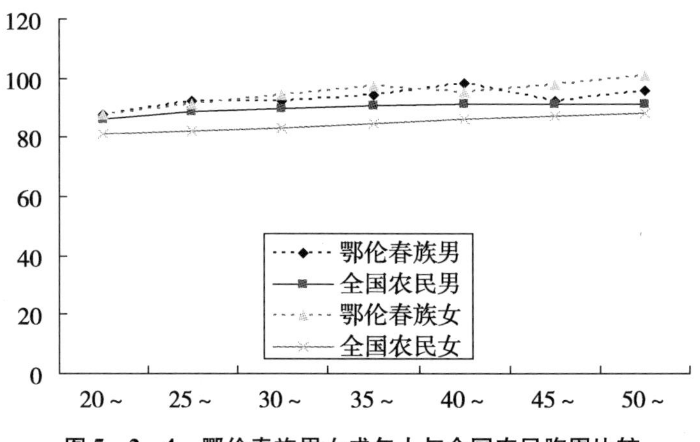

图 5－2－4　鄂伦春族男女成年人与全国农民胸围比较

（五）腰围状况

人体的围度不仅反映人体个性结构的大小，同时也是内脏器官发育程度、棘突发达程度及皮下脂肪厚度的反映。鄂伦春族成年男性平均值为 89.45 厘米，成年女性平均值为 86.24 厘米。以 20 岁为最低年龄，以 5 岁为年龄间隔，将鄂伦春族成年人分成 7 个年龄组，分析各年龄组值特点。成年男性各年龄组情况是，20—24 岁组平均值为 82.82 厘米，最小值是 64 厘米，最大值是 125 厘米；25—29 岁组平均值是 88.75 厘米，最小值是 68 厘米，最大值是118厘米；30—34岁组平均值是88.59厘米，最小值是73厘米，最大值是101厘米；35—39岁组平均值是93.46厘米，最小值是75厘米，最大值是118厘米；40—44岁组平均值是94.88厘米，最小值是76厘米，最大值是121厘米；45—50岁组平均值是90.33厘米，最小值是76厘米，最大值是110厘米；50岁以上组平均值是92.69厘米，最小值是72厘米，最大值是116厘米（见表5-2-9）。

表5-2-9　各年龄组成年男性腰围情况表　n=186

年龄组	样本数	最小值	最大值	平均数	标准差
20—24	44	64.0	125.0	82.818	14.6133
25—29	32	68.0	118.0	88.750	12.3706
30—34	17	73.0	101.0	88.588	8.0550
35—39	24	75.0	118.0	93.458	12.7586
40—44	16	76.0	121.0	94.875	13.5837
45—50	21	76.0	110.0	90.333	9.2970
50—	32	72.0	116.0	92.688	11.5128

成年男女各年龄组腰围情况是，20—24岁组平均值为74.73厘米，最小值是60厘米，最大值是105厘米；25—29岁组平均值是79.61厘米，最小值是62厘米，最大值是103厘米；30—34岁组平均值是86.89厘米，最小值是66厘米，最大值是103厘米；35—39岁组平均值是89.57厘米，最小值是72厘米，最大值是112厘米；40—44岁组平均值是85.42厘米，最小值是67厘米，最大值是112厘米；45—50岁组平均值是90.28厘米，最小值是67厘米，最大值是114厘米；50岁以上组平均值是95.24厘米，最小值是62厘米，最大值是118厘米（见表5-2-10）。

表5-2-10　各年龄组成年女性腰围情况表　n=247

年龄组	样本数	最小值	最大值	平均数	标准差
20—24	44	60.0	105.0	74.727	10.3393
25—29	36	62.0	103.0	79.611	10.5594
30—34	24	66.0	103.0	86.875	11.0348
35—39	23	72.0	112.0	89.565	11.4845

续表

年龄组	样本数	最小值	最大值	平均数	标准差
40—44	31	67.0	112.0	85.419	11.0869
45—50	36	67.0	114.0	90.278	10.9508
50—	53	62.0	118.0	95.236	12.2068

鄂伦春族成年男性和女性腰围均随年龄的增长而增加，但是增加的幅度不大。男子各年龄组腰围均值变化范围在 82.8—94.9 厘米之间。女子均值变化范围在 74.7—95.2 厘米之间。除了 30—34 岁和 45 岁以上年龄组没有显著差异外，其他各组男性和女性腰围平均值均具有显著差异（P<0.01）。

鄂伦春族成年男性和女性的腰围均值均高于全国农民腰围平均水平，且具有非常显著性差异（P<0.01）（见图 5－2－5）。

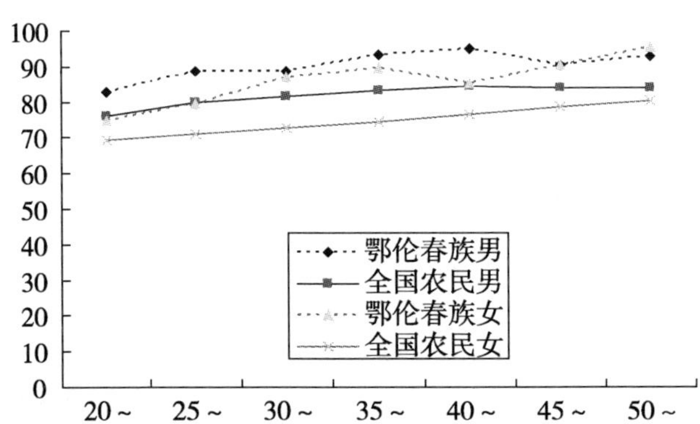

图 5－2－5 鄂伦春族男女成年人与全国农民腰围比较

（六）臀围状况

臀围是反映成年人臀部骨骼、肌肉和皮下脂肪发育状况的指标。鄂伦春族成年男性臀围平均值为 97.04 厘米，成年女性平均臀围值为 97.3 厘米。以 20 岁为最低年龄，以 5 岁为年龄间隔，将鄂伦春族成年人分成 7 个年龄组，分析各年龄组臀围特点。成年男性各年龄组情况是，20—24 岁组平均值为 95.16 厘米，最小值是 82 厘米，最大值是 123 厘米；25—29 岁组平均值是 97.88 厘米，最小值是 76 厘米，最大值是 117 厘米；30—34 岁组平均值是 96.12 厘米，最小值是 86 厘米，最大值是 108 厘米；35—39 岁组平均值是 98.67 厘米，最小值是 87 厘米，最大值是 115 厘米；40—44 岁组平均值是99.81厘米，最小值是82厘米，最大值是119厘米；45—50岁组平均值是96.14厘米，最小值是83厘米，最大值是109厘米；50岁以上组平均值是97.59厘米，最小值是83厘米，最大值是122厘米（见表5-2-11）。

表5-2-11 各年龄组成年男性臀围情况表 n=186

年龄组	样本数	最小值	最大值	平均数	标准差
20—24	44	82.0	123.0	95.159	8.9934
25—29	32	76.0	117.0	97.875	9.0581
30—34	17	86.0	108.0	96.118	5.6666
35—39	24	87.0	115.0	98.667	8.1969
40—44	16	82.0	119.0	99.813	9.9748S
45—50	21	83.0	109.0	96.143	6.0439
50—	32	83.0	122.0	97.594	8.9257

成年女性各年龄组臀围情况是，20—24岁组平均值为92.59厘米，最小值是79厘米，最大值是114厘米；25—29岁组平均值是93.41厘米，最小值是78厘米，最大值是118厘米；30—34岁组平均值是96.33厘米，最小值是79厘米，最大值是109厘米；35—39岁组平均值是99.48厘米，最小值是86厘米，最大值是119厘米；40—44岁组平均值是98.29厘米，最小值是85厘米，最大值是115厘米；45—50岁组平均值是98.75厘米，最小值是80厘米，最大值是117厘米；50岁以上组平均值是98.75厘米，最小值是80厘米，最大值是117厘米（见表5-2-12）。

表5-2-12 各年龄组成年女性臀围情况表 n=247

年龄组	样本数	最小值	最大值	平均数	标准差
20—24	44	79.0	114.0	92.591	7.5647
25—29	36	78.0	118.0	93.417	8.2959
30—34	24	79.0	109.0	96.333	7.7216
35—39	23	86.0	119.0	99.478	8.8875
40—44	31	85.0	115.0	98.290	7.7511
45—50	36	80.0	117.0	98.750	8.4122
50—	53	80.0	122.0	102.811	10.4643

鄂伦春族男性各年龄组臀围平均值变化范围在95.2—99.8厘米之间。女性臀围平均值变化范围为92.6—102.8厘米。男女臀围平均值没有显著差异。

鄂伦春族成年男子的臀围随年龄变化不规律，总体臀围平均值均高于全国平均水平，且具有非常显著性差异（P<0.01）。

鄂伦春族成年女性的臀围随年龄的增长基本上呈增加趋势，鄂伦春族成年女性的臀围普遍高于全国平均水平，均呈非常显著差异（P<0.01）（见图5-2-6）。

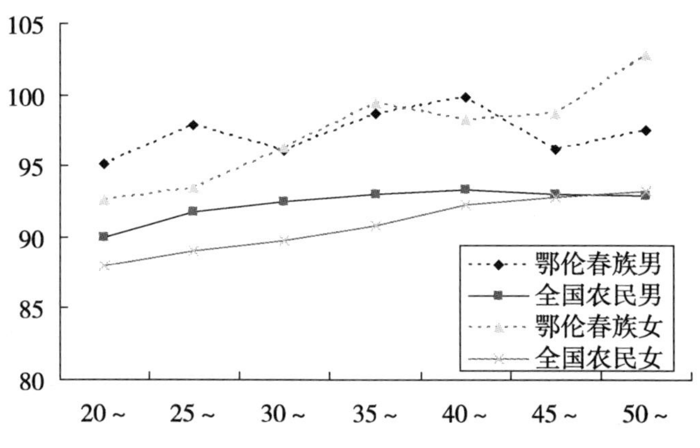

图5-2-6　鄂伦春族男女成年人与全国农民臀围比较

（七）*皮褶厚度情况*

皮褶是指皮下脂肪的厚度，身体脂肪总量的一半都存在于皮下，所以通过对皮褶厚度的测量可以评定身体脂肪，推算全身脂肪重量和非脂肪重量。

1. *肩胛皮褶厚度*

鄂伦春族成年男性肩胛皮褶厚度平均值为14.93毫米，成年女性平均肩胛皮褶厚度值为17.91毫米。以20岁为最低年龄，以5岁为年龄间隔，将鄂伦春族成年人分成7个年龄组，分析各年龄组肩胛皮褶厚度特点。成年男性各年龄组情况是，20—24岁组平均值厚度为13.07毫米，最小值厚度是3毫米，最大值厚度是41毫米；25—29岁组平均值厚度是16.72毫米，最小值厚度是5毫米，最大值厚度是60毫米；30—34岁组平均值厚度是14.53毫米，最小值厚度是4毫米，最大值厚度是32毫米；35—39岁组平均值厚度是16.75毫米，最小值厚度是5毫米，最大值厚度是38毫米；40—44岁组平均值厚度是17.06毫米，最小值厚度是5毫米，最大值厚度是62毫米；

45—50 岁组平均值厚度是 13.29 毫米，最小值厚度是 5 毫米，最大值厚度是 21 毫米；50 岁以上组平均值厚度是 14.69 毫米，最小值厚度是 3 毫米，最大值厚度是 33 毫米（见表 5-2-13）。

表 5-2-13 各年龄组成年男性肩胛皮褶厚度情况表 n=186

年龄组	样本数	最小值	最大值	平均数	标准差
20—24	44	3.00	41.00	13.0682	8.30354
25—29	32	5.00	60.00	16.7187	10.62934
30—34	17	4.00	32.00	14.5294	7.87494
35—39	24	5.00	38.00	16.7500	9.51086
40—44	16	5.00	62.00	17.0625	14.47512
45—50	21	5.00	21.00	13.2857	4.38341
50—	32	3.00	33.00	14.6875	7.62186

成年女性各年龄组肩胛皮褶厚度情况是，20—24 岁组平均值厚度为 15.25 毫米，最小值厚度是 8 毫米，最大值厚度是 31 毫米；25—29 岁组平均值厚度是 16.81 毫米，最小值厚度是 9 毫米，最大值厚度是 27 毫米；30—34 岁组平均值厚度是 17.33 毫米，最小值厚度是 9 毫米，最大值厚度是 27 毫米；35—39 岁组平均值厚度是 19.83 毫米，最小值厚度是 10 毫米，最大值厚度是 32 毫米；40—44 岁组平均值厚度是 19.94 毫米，最小值厚度是 10 毫米，最大值厚度是 34 毫米；45—50 岁组平均值厚度是 19.25 毫米，最小值厚度是 10 毫米，最大值厚度是 33 毫米；50 岁以上组平均值厚度是 18.55 毫米，最小值厚度是 5 毫米，最大值厚度是 30 毫米（见表 5-2-14）。

表 5-2-14 各年龄组成年女性肩胛皮褶厚度情况表 n=247

年龄组	样本数	最小值	最大值	平均数	标准差
20—24	44	8.00	31.00	15.2500	4.34086
25—29	36	9.00	27.00	16.8056	4.04842
30—34	24	9.00	27.00	17.3333	4.08248
35—39	23	10.00	32.00	19.8261	6.10999
40—44	31	10.00	34.00	19.9355	5.24045
45—50	36	10.00	33.00	19.2500	6.02554
50—	53	5.00	30.00	18.5472	4.78606

鄂伦春族成年男子肩胛皮褶厚度随年龄增长呈不规则变化，变化范围在13.1—17.1之间，且平均值均低于全国农民男性各年龄组平均水平。45岁以上两组具有显著性差异（$P<0.05$），其余各组差异不显著。

女子皮褶厚度随年龄的增加呈先缓慢增长后缓慢降低的趋势，各组均值变化范围在15.3—19.9之间，各组均值均低于全国农民女性各年龄组平均水平，45岁以上两组具有显著性差异（$P<0.05$），其余各组差异不显著（见图5-2-7）。

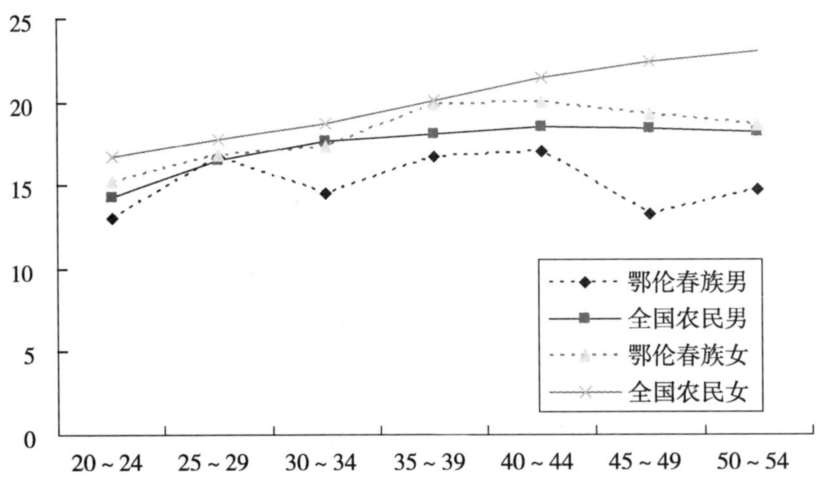

图5-2-7　鄂伦春族男女成年人与全国农民肩胛皮褶厚度比较

2. 腹部皮褶厚度

鄂伦春族成年男性腹部皮褶厚度平均值为20.35毫米，成年女性平均腹部皮褶厚度值为21.91毫米。以20岁为最低年龄，以5岁为年龄间隔，将鄂伦春族成年人分成7个年龄组，分析各年龄组腹部皮褶厚度特点。成年男性各年龄组情况是，20—24岁组平均值为17.14毫米，最小值是3毫米，最大值是45毫米；25—29岁组平均值是22.75毫米，最小值是3毫米，最大值是42毫米；30—34岁组平均值是18.53毫米，最小值是7毫米，最大值是35毫米；35—39岁组平均值是22.83毫米，最小值是7毫米，最大值是45毫米；40—44岁组平均值是23.44毫米，最小值是3毫米，最大值是59毫米；45—50岁组平均值是19.48毫米，最小值是9毫米，最大值是44毫米；50岁以上组平均值是20.03毫米，最小值是2毫米，最大值是41毫米（见表5-2-15）。

表 5－2－15 各年龄组成年男性腹部皮褶厚度情况表 n＝186

年龄组	样本数	最小值	最大值	平均数	标准差
20—24	44	3.00	45.00	17.1364	11.62313
25—29	32	3.00	42.00	22.7500	10.59823
30—34	17	7.00	35.00	18.5294	7.43402
35—39	24	7.00	45.00	22.8333	11.87495
40—44	16	3.00	59.00	23.4375	14.04264
45—50	21	9.00	44.00	19.4762	8.62333
50—	32	2.00	41.00	20.0313	10.92344

成年女性各年龄组腹部皮褶厚度情况是，20—24 岁组平均值为 19.86 毫米，最小值是 6 毫米，最大值是 40 毫米；25—29 岁组平均值是 20.58 毫米，最小值是 10 毫米，最大值是 35 毫米；30—34 岁组平均值是 21.38 毫米，最小值是 12 毫米，最大值是 36 毫米；35—39 岁组平均值是 24.7 毫米，最小值是 16 毫米，最大值是 42 毫米；40—44 岁组平均值是 23.48 毫米，最小值是 9 毫米，最大值是 40 毫米；45—50 岁组平均值是 24.14 毫米，最小值是 8 毫米，最大值是 39 毫米；50 岁以上组平均值是 23.26 毫米，最小值是 7 毫米，最大值是 40 毫米（见表 5－2－16）。

表 5－2－16 各年龄组成年女性腹部皮褶厚度情况表 n＝427

年龄组	样本数	最小值	最大值	平均数	标准差
20—24	44	6.00	40.00	19.8636	6.31569
25—29	36	10.00	35.00	20.5833	6.35778
30—34	24	12.00	36.00	21.3750	5.23211
35—39	23	16.00	42.00	24.6957	6.88500
40—44	31	9.00	40.00	23.4839	7.02790
45—50	36	8.00	39.00	24.1389	7.30226
50—	53	7.00	40.00	23.2642	6.70290

鄂伦春族成年男性腹部皮褶厚度随年龄增长呈不规则变化，变化范围在 17.1—23.4 之间，除 25—29 岁年龄组外，其余各组平均值均低于全国农民男性各年龄组平均水平，30—34 岁组和 45 岁以上两组具有显著性差异

(P<0.05)，其余各组差异不显著。

女子皮褶厚度随年龄的增加呈先缓慢增长后缓慢降低的趋势，各组均值变化范围在19.9—24.7之间，40岁以下各年龄组均值与全国农民女性各年龄组平均水平基本相同，40岁以上三组显著低于全国农民各组平均水平(P<0.05)(见图5-2-8)。

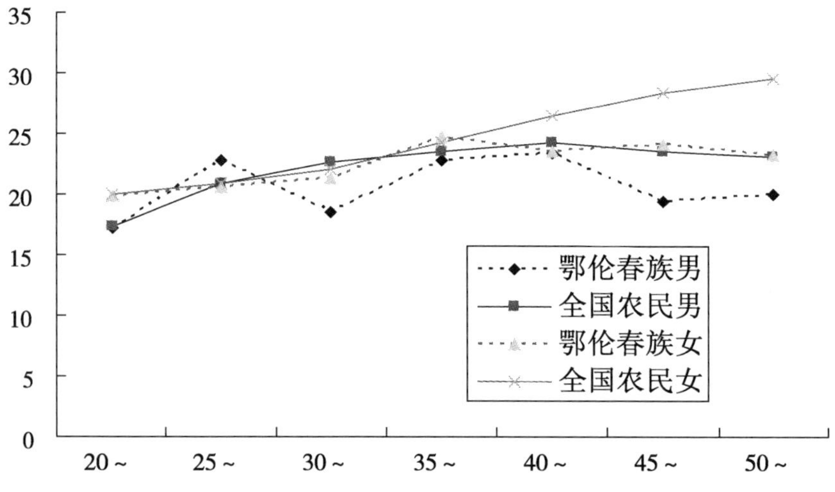

图5-2-8　鄂伦春族男女成年人与全国农民腹部皮褶厚度比较

3. 上臂皮褶厚度

鄂伦春族成年男性上臂皮褶厚度平均值为12.60毫米，成年女性平均上臂皮褶厚度值为17.53毫米。以20岁为最低年龄，以5岁为年龄间隔，将鄂伦春族成年人分成7个年龄组，分析各年龄组上臂皮褶厚度特点。成年男性各年龄组情况是，20—24岁组平均值为11.82毫米，最小值是2毫米，最大值是38毫米；25—29岁组平均值是15，84毫米，最小值是3毫米，最大值是49毫米；30—34岁组平均值是13.06毫米，最小值是3毫米，最大值是28毫米；35—39岁组平均值是14.38毫米，最小值是4毫米，最大值是39毫米；40—44岁组平均值是12.44毫米，最小值是4毫米，最大值是43毫米；45—50岁组平均值是11.00毫米，最小值是3毫米，最大值是26毫米；50岁以上组平均值是10.8毫米，最小值是3毫米，最大值是21毫米(见表5-2-17)。

表 5－2－17　各年龄组成年男性上臂皮褶厚度情况表　n＝186

年龄组	样本数	最小值	最大值	平均数	标准差
20—24	44	2. 00	38. 00	11. 8182	8. 34509
25—29	32	3. 00	49. 00	15. 8437	10. 31475
30—34	17	3. 00	28. 00	13. 0588	6. 64709
35—39	24	4. 00	39. 00	14. 3750	9. 64957
40—44	16	4. 00	43. 00	12. 4375	9. 38061
45—50	21	3. 00	26. 00	11. 0000	5. 94138
50—	32	3. 00	21. 00	10. 7969	4. 78212

成年女性各年龄组上臂皮褶厚度情况是，20—24 岁组平均值为 15. 95 毫米，最小值是 8 毫米，最大值是 31 毫米；25—29 岁组平均值是 17. 19 毫米，最小值是 12 毫米，最大值是 27 毫米；30—34 岁组平均值是 17. 33 毫米，最小值是 7 毫米，最大值是 26 毫米；35—39 岁组平均值是 19. 65 毫米，最小值是 11 毫米，最大值是 33 毫米；40—44 岁组平均值是 18. 73 毫米，最小值是 6 毫米，最大值是 32. 50 毫米；45—50 岁组平均值是 18. 67 毫米，最小值是 10 毫米，最大值是 29 毫米；50 岁以上组平均值是 17. 38 毫米，最小值是 9 毫米，最大值是 30 毫米（表 5－2－18）。

表 5－2－18　各年龄组成年女性上臂皮褶厚度情况表　n＝247

年龄组	样本数	最小值	最大值	平均数	标准差
20—24	44	8. 00	31. 00	15. 9545	4. 35065
25—29	36	12. 00	27. 00	17. 1944	3. 90472
30—34	24	7. 00	26. 00	17. 3333	4. 98403
35—39	23	11. 00	33. 00	19. 6522	5. 38186
40—44	31	6. 00	32. 50	18. 7258	5. 57351
45—50	36	10. 00	29. 00	18. 6667	4. 64758
50—	53	9. 00	30. 00	17. 3774	4. 33335

鄂伦春族男性上臂皮褶厚度随年龄增长呈先上升后下降的趋势，变化范围在 10. 8—15. 8 之间，45 以下各组平均值均高于全国男性农民各年龄组平均水平，45 岁以上两组均低于全国男性农民平均水平。仅有 25—29 岁年龄

组是显著高于全国农民平均水平，其余各组差异不显著。

女子上臂皮褶厚度随年龄的增加呈先缓慢增长后缓慢降低的趋势，各组均值变化范围在16—19.7之间，45岁以下各年龄组均值与全国女性农民各年龄组平均水平基本相同，仅有50岁以上组显著低于全国女性农民各组平均水平（$P<0.05$）（见图5－2－9）。

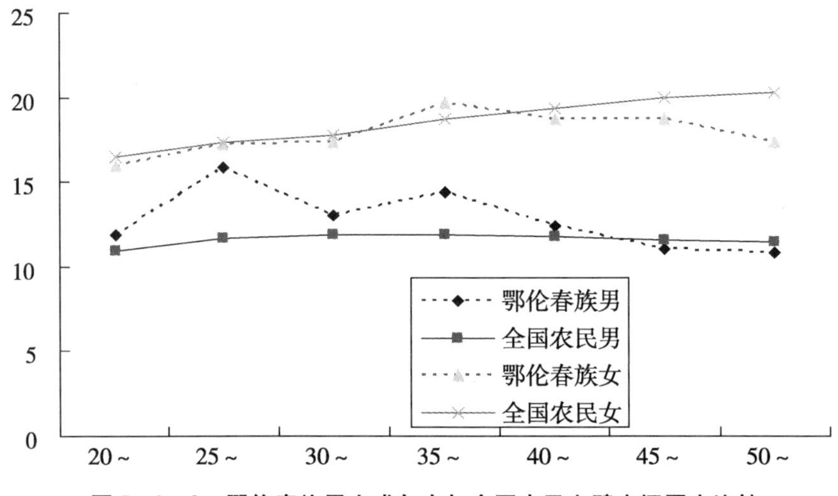

图5－2－9　鄂伦春族男女成年人与全国农民上臂皮褶厚度比较

总体上看，30岁以下鄂伦春族成年男性和女性各年龄组平均身高与全国农民平均水平差距不大，但是30岁以上组低于全国农民各年龄组平均水平；男性和女性的体重和BMI值明显高于全国农民平均水平；鄂伦春族成年男性和女性的胸围、腰围和臀围非常显著地高于全国农民各年龄组平均水平；鄂伦春族成年男性和女性的肩胛皮褶厚度和腹部皮褶厚度与全国农民平均水平相近，男性上臂皮褶厚度略高于全国农民平均水平，而女性与全国水平相近。从上述数据可以看出，黑龙江省的鄂伦春族成年男性和女性的身高较矮，体重大，三围皮褶厚，体态偏胖。

二、身体机能

（一）安静脉搏情况

脉搏是由于心脏搏动而形成的。每当心脏搏动一次，脉搏就出现一次。通常在颈部、腕部等部位，可以触到它的搏动。脉搏在一天中不断变化，早晨睡醒后每分钟脉搏次数最低，也称为基础脉搏，参加劳动和体育锻炼时，脉搏则加快。脉搏是反映身体状况和机能水平比较灵敏的简易指标。脉搏测量受测量时个体状态影响非常显著，情绪激动、运动等都会影响脉搏测量准确程度。安静脉博是在受测者到达测试地点后休息 10 分钟以上开始测量的，测量时间一般都是在上午 10 点到中午 12 点，下午 3 点到 5 点期间。

鄂伦春族成年男性安静脉搏平均值为 85. 7 次/每分钟，成年女性平均安静脉搏值为 86. 03 次/每分钟。以 20 岁为最低年龄，以 5 岁为年龄间隔，将鄂伦春族成年人分成 7 个年龄组，分析各年龄组安静脉搏特点。成年男性各年龄组情况是，20—24 岁组平均值为 84. 52 次/每分钟，最小值是 64 次/每分钟，最大值是 108 次/每分钟；25—29 岁组平均值是 87. 03 次/每分钟，最小值是 67 次/每分钟，最大值是 120 次/每分钟；30—34 岁组平均值是 88. 4 次/每分钟，最小值是 62 次/每分钟，最大值是 113 次/每分钟；35—39 岁组平均值是 81. 96 次/每分钟，最小值是 62 次/每分钟，最大值是 119 次/每分钟；40—44 岁组平均值是 87. 69 次/每分钟，最小值是 68 次/每分钟，最大值是 118 次/每分钟；45—50 岁组平均值是 88. 62 次/每分钟，最小值是 73 次/每分钟，最大值是 114 次/每分钟；50 岁以上组平均值是 83. 88 次/每分钟，最小值是 68 次/每分钟，最大值是 117 次/每分钟（见表 5 – 2 – 19）。

表 5 – 2 – 19 各年龄组成年男性脉搏情况表 n = 186

年龄组	样本数	最小值	最大值	平均数	标准差
20—24	44	64	108	84. 52	11. 623
25—29	32	67	120	87. 06	11. 908
30—34	17	62	113	88. 41	16. 952
35—39	24	62	119	81. 96	13. 684
40—44	16	68	118	87. 69	14. 389
45—50	21	73	114	88. 62	11. 303
50—	32	68	117	83. 88	10. 134

成年男性各年龄组安静脉搏情况是，20—24 岁组平均值为 87. 93 次/每分钟，最小值是 66 次/每分钟，最大值是 131 次/每分钟；25—29 岁组平均值是 86. 44 次/每分钟，最小值是 68 次/每分钟，最大值是 110 次/每分钟；30—34 岁组平均值是 85. 61 次/每分钟，最小值是 72 次/每分钟，最大值是 103 次/每分钟；35—39 岁组平均值是 83. 15 次/每分钟，最小值是 71 次/每

分钟，最大值是 116 次/每分钟；40—44 岁组平均值是 84. 87 次/每分钟，最小值是 62 次/每分钟，最大值是 115 次/每分钟；45—50 岁组平均值是 86. 94 次/每分钟，最小值是 65 次/每分钟，最大值是 111 次/每分钟；50 岁以上组平均值是 85. 68 次/每分钟，最小值是 60 次/每分钟，最大值是 121 次/每分钟（见表 5 –2 –20）。

表 5 –2 –20 各年龄组成年女性脉搏情况表 n =247

年龄组	样本数	最小值	最大值	平均数	标准差
20—24	44	66	131	87. 93	14. 582
25—29	36	68	110	86. 44	9. 755
30—34	23	72	103	85. 61	9. 079
35—39	20	71	116	83. 15	12. 754
40—44	31	62	115	84. 87	14. 818
45—50	36	65	111	86. 94	13. 016
50—	53	60	121	85. 68	10. 628

鄂伦春族成年男性和女性的脉搏平均值均高于全国农民平均水平。男女安静脉搏没有显著性差异。男女除 35—39 岁年龄组外，其余各组均非常显著地高于全国农民各组平均水平（$P<0.05$）（见图 5 –2 –10）。

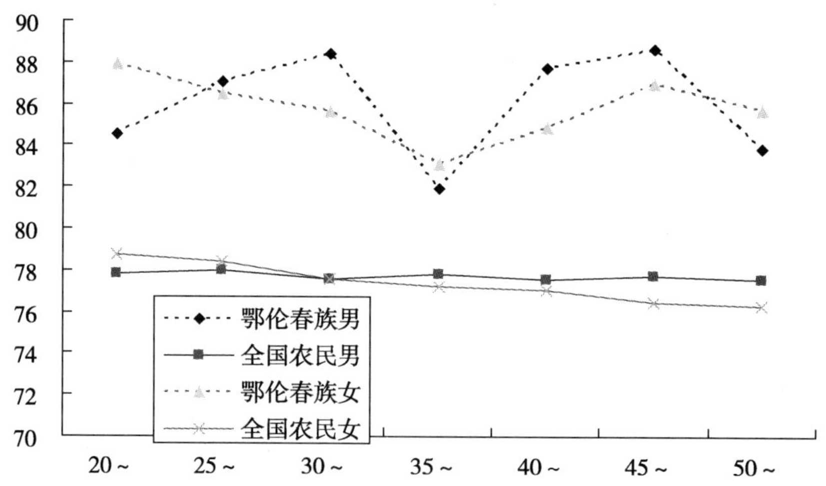

图 5 –2 –10 鄂伦春族男女成年人与全国农民安静脉搏比较

（二）收缩压情况

鄂伦春族成年男性收缩压平均值为137.07毫米汞柱，成年女性平均收缩压值为129.35毫米汞柱。以20岁为最低年龄，以5岁为年龄间隔，将鄂伦春族成年人分成7个年龄组，分析各年龄组收缩压特点。成年男性各年龄组情况是，20—24岁组平均值为128.52毫米汞柱，最小值是81毫米汞柱，最大值是191毫米汞柱；25—29岁组平均值是131.69毫米汞柱，最小值是106毫米汞柱，最大值是162毫米汞柱；30—34岁组平均值是130.76毫米汞柱，最小值是107毫米汞柱，最大值是161毫米汞柱；35—39岁组平均值是131.92毫米汞柱，最小值是108毫米汞柱，最大值是157毫米汞柱；40—44岁组平均值是137.56毫米汞柱，最小值是117毫米汞柱，最大值是174毫米汞柱；45—50岁组平均值是143.33毫米汞柱，最小值是114毫米汞柱，最大值是190毫米汞柱；50岁以上组平均值是153毫米汞柱，最小值是104毫米汞柱，最大值是219毫米汞柱（见表5－2－21）。

表5－2－21　各年龄组成年男性收缩压情况表　n＝186

年龄组	样本数	最小值	最大值	平均数	标准差
20—24	44	81	191	128.52	16.792
25—29	32	106	162	131.69	16.083
30—34	17	107	161	130.76	15.802
35—39	24	108	157	131.92	16.054
40—44	16	117	174	137.56	16.248
45—50	21	114	190	143.33	18.372
50—	32	104	219	153.00	29.526

成年女性各年龄组收缩压情况是，20—24岁组平均值为116.59毫米汞柱，最小值是82毫米汞柱，最大值是199毫米汞柱；25—29岁组平均值是113.94毫米汞柱，最小值是90毫米汞柱，最大值是142毫米汞柱；30—34岁组平均值是117.78毫米汞柱，最小值是96毫米汞柱，最大值是146毫米汞柱；35—39岁组平均值是130.48毫米汞柱，最小值是107毫米汞柱，最大值是167毫米汞柱；40—44岁组平均值是130.83毫米汞柱，最小值是90毫米汞柱，最大值是175毫米汞柱；45—50岁组平均值是130.11毫米汞柱，最小值是91毫米汞柱，最大值是192毫米汞柱；50岁以上组平均值是

144.96 毫米汞柱，最小值是 108 毫米汞柱，最大值是 192 毫米汞柱（见表 5－2－22）。

表 5－2－22　各年龄组成年女性收缩压情况表　n＝247

年龄组	样本数	最小值	最大值	平均数	标准差
20—24	44	82	199	116.59	20.569
25—29	36	90	142	113.94	12.071
30—34	23	96	146	117.78	16.553
35—39	21	107	167	130.48	19.317
40—44	30	90	175	130.83	24.089
45—50	36	91	192	130.11	20.927
50—	53	108	192	144.96	20.389

鄂伦春族成年男女的收缩压随年龄的增长均呈缓慢增长的趋势，男性各年龄组平均值在 128.5—153 之间，男性各年龄组的收缩压均值均高于全国农民男性平均水平，各年龄组均值非常显著高于全国农民平均水平（$P<0.01$）。女子均值在 113.9—144.9 之间，女子各年龄组的收缩压均高于全国农民女性平均水平，并且均具有非常显著差异（$P<0.01$）（见图 5－2－11）。

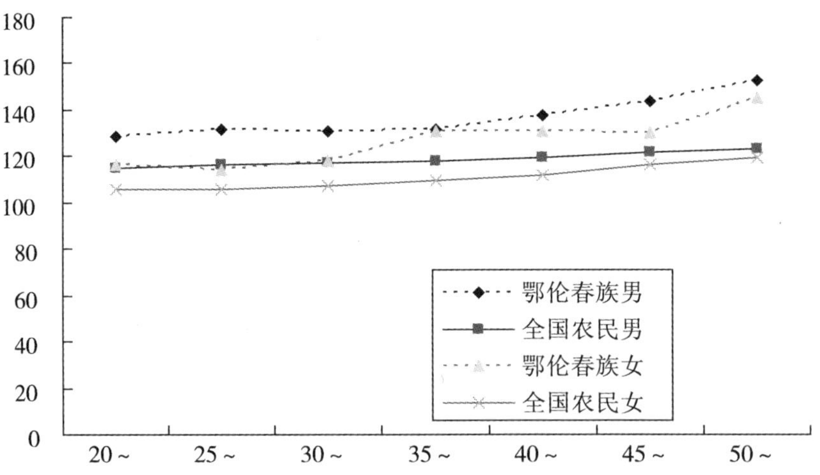

图 5－2－11　鄂伦春族男女成年人与全国农民收缩压比较

（三）舒张压情况

鄂伦春族成年男性舒张压平均值为 87. 41 毫米汞柱，成年女性平均舒张压值为 83. 33 毫米汞柱。以 20 岁为最低年龄，以 5 岁为年龄间隔，将鄂伦春族成年人分成 7 个年龄组，分析各年龄组收缩压特点。成年男性各年龄组情况是，20—24 岁组平均值为 77. 80 毫米汞柱，最小值是 46 毫米汞柱，最大值是 120 毫米汞柱；25—29 岁组平均值是 82. 75 毫米汞柱，最小值是 58 毫米汞柱，最大值是 104 毫米汞柱；30—34 岁组平均值是 85. 00 毫米汞柱，最小值是 71 毫米汞柱，最大值是 107 毫米汞柱；35—39 岁组平均值是 88. 29 毫米汞柱，最小值是 62 毫米汞柱，最大值是 117 毫米汞柱；40—44 岁组平均值是 95. 00 毫米汞柱，最小值是 73 毫米汞柱，最大值是 120 毫米汞柱；45—50 岁组平均值是 93. 86 毫米汞柱，最小值是 71 毫米汞柱，最大值是 117 毫米汞柱；50 岁以上组平均值是 97. 28 毫米汞柱，最小值是 66 毫米汞柱，最大值是 129 毫米汞柱（见表 5 - 2 - 23）。

表 5 - 2 - 23　各年龄组成年男性舒张压情况表　n = 186

年龄组	样本数	最小值	最大值	平均数	标准差
20—24	44	46	120	77. 80	12. 970
25—29	32	58	104	82. 75	11. 745
30—34	17	71	107	85. 00	11. 247
35—39	24	62	117	88. 29	14. 119
40—44	16	73	120	95. 00	13. 515
45—50	21	71	117	93. 86	13. 529
50—	32	66	129	97. 28	15. 905

成年女性各年龄组舒张压情况是，20—24 岁组平均值为 74. 75 毫米汞柱，最小值是 58 毫米汞柱，最大值是 166 毫米汞柱；25—29 岁组平均值是 76. 64 毫米汞柱，最小值是 61 毫米汞柱，最大值是 97 毫米汞柱；30—34 岁组平均值是 81. 17 毫米汞柱，最小值是 59 毫米汞柱，最大值是 110 毫米汞柱；35—39 岁组平均值是 84. 81 毫米汞柱，最小值是 63 毫米汞柱，最大值是 108 毫米汞柱；40—44 岁组平均值是 87. 37 毫米汞柱，最小值是 62 毫米汞柱，最大值是 133 毫米汞柱；45—50 岁组平均值是 87. 50 毫米汞柱，最小值是 65 毫米汞柱，最大值是 111 毫米汞柱；50 岁以上组平均值是 89. 72 毫米

汞柱，最小值是58毫米汞柱，最大值是148毫米汞柱（见表5－2－24）。

表5－2－24　各年龄组成年女性舒张压情况表　n＝247

年龄组	样本数	最小值	最大值	平均数	标准差
20—24	44	58	166	74.75	17.433
25—29	36	61	97	76.64	8.583
30—34	23	59	110	81.17	13.419
35—39	21	63	108	84.81	13.220
40—44	30	62	133	87.37	16.412
45—50	36	65	111	87.50	12.138
50—	53	58	148	89.72	14.843

鄂伦春族成年男性和女性的舒张压随年龄的增长均呈缓慢增长的趋势，男性各年龄组平均值在77.8—97.2之间，男性各年龄组的舒张压平均值均高于全国男性农民平均水平，20—24岁组具有显著差异（$P<0.05$），25岁以上组与全国平均水平具有非常显著差异（$P<0.01$）。女性平均值在74.8—89.7之间，女性各年龄组的舒张压均高于全国女性农民平均水平，并且均具有非常显著差异（$P<0.01$）（见图5－2－12）。

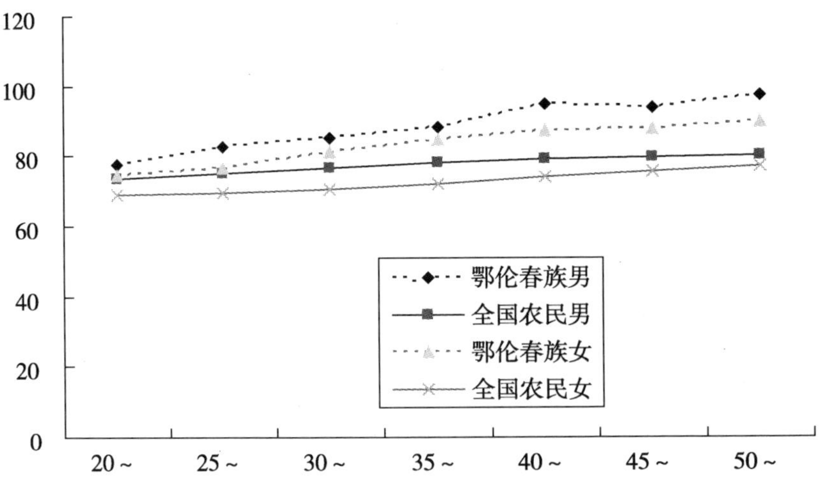

图5－2－12　鄂伦春族男女成年人与全国农民舒张压比较

（四）肺活量情况

鄂伦春族成年男性肺活量平均值为2755.15毫升，成年女性平均肺活量值为1622.76毫升。以20岁为最低年龄，以5岁为年龄间隔，将鄂伦春族成年人分成7个年龄组，分析各年龄组肺活量特点。成年男性各年龄组情况是，20—24岁组平均值为3026.44毫升，最小值是632毫升，最大值是5692毫升；25—29岁组平均值是3363.12毫升，最小值是1609毫升，最大值是5187毫升；30—34岁组平均值是3180.00毫升，最小值是626毫升，最大值是4135毫升；35—39岁组平均值是2986.68毫升，最小值是1070毫升，最大值是4537毫升；40—44岁组平均值是2570.75毫升，最小值是1334毫升，最大值是4081毫升；45—50岁组平均值是2242.33毫升，最小值是1119毫升，最大值是4020毫升；50岁以上组平均值是1953.39毫升，最小值是706毫升，最大值是4287毫升（见表5-2-25）。

表5-2-25　各年龄组成年男性肺活量情况表　n=186

年龄组	样本数	最小值	最大值	平均数	标准差
20—24	43	632	5692	3026.44	924.810
25—29	32	1609	5187	3363.12	862.487
30—34	17	626	4135	3180.00	931.970
35—39	22	1070	4537	2986.68	924.072
40—44	16	1334	4081	2570.75	764.061
45—50	21	1119	4020	2242.33	915.775
50—	31	706	4287	1953.39	858.875

成年女性各年龄组肺活量情况是，20—24岁组平均值为1927.74毫升，最小值是789毫升，最大值是2888毫升；25—29岁组平均值是1905.50毫升，最小值是518毫升，最大值是4311毫升；30—34岁组平均值是1704.09毫升，最小值是505毫升，最大值是3018毫升；35—39岁组平均值是1786.84毫升，最小值是597毫升，最大值是3003毫升；40—44岁组平均值是1499.96毫升，最小值是730毫升，最大值是3003毫升；45—50岁组平均值是1441.97毫升，最小值是464毫升，最大值是2672毫升；50岁以上组平均值是1381.66毫升，最小值是411毫升，最大值是2694毫升（见表5-2-26）。

表 5－2－26　各年龄组成年女性肺活量情况表　n＝247

年龄组	样本数	最小值	最大值	平均数	标准差
20—24	42	789	2888	1927.74	548.047
25—29	36	518	4311	1905.50	824.787
30—34	23	505	3018	1704.09	735.564
35—39	19	597	3003	1786.84	747.950
40—44	28	730	3003	1499.96	545.123
45—50	33	464	2672	1441.97	541.026
50—	50	411	2694	1381.66	587.038

鄂伦春族成年男性和女性肺活量总体随年龄的增长呈下降趋势，男性肺活量各年龄组均值在 1953.39—3363.12 之间，并且均低于全国男性农民平均水平，且具有显著性差异（$P<0.05$）。

女性各年龄组肺活量均值在 1381.66—1927.74 之间，并且均低于全国女性农民平均水平，并具有非常显著性差异（$P<0.01$）。鄂伦春族成年男女肺活量具有显著性差异（$P<0.01$）（见图 5－2－13）。

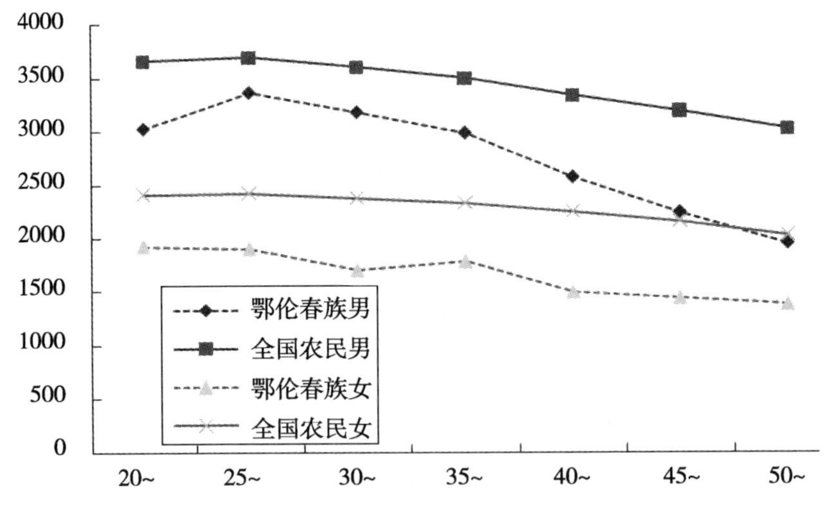

图 5－2－13　鄂伦春族男女成年人与全国农民肺活量比较

从上述数据可以看出，黑龙江省的鄂伦春族成年人的生理机能的安静脉搏、收缩压和舒张压三项指标都明显高于全国农民各年龄组平均水平，而肺活量又明显低于全国农民平均水平，说明黑龙江省鄂伦春族成年人的心肺功能较低，血压高，总体上生理机能水平较低，应该引起高度的重视。

三、身体素质

（一）握力情况

鄂伦春族成年男性握力平均值为 43. 23 公斤，成年女性平均握力值为 23. 20 公斤。以 20 岁为最低年龄，以 5 岁为年龄间隔，将鄂伦春族成年人分成 7 个年龄组，分析各年龄组握力特点。成年男性各年龄组握力情况是，20—24 岁组平均值为 46. 85 公斤，最小值是 22 公斤，最大值是 69 公斤；25—29 岁组平均值是 51. 47 公斤，最小值是 25 公斤，最大值是 68 公斤；30—34 岁组平均值是 46. 37 公斤，最小值是 29 公斤，最大值是 65 公斤；35—39 岁组平均值是 42. 47 公斤，最小值是 19 公斤，最大值是 62 公斤；40—44 岁组平均值是 38. 88 公斤，最小值是 12 公斤，最大值是 55 公斤；45—50 岁组平均值是 40. 40 公斤，最小值是 24 公斤，最大值是 58 公斤；50 岁以上组平均值是 35. 14 公斤，最小值是 17 公斤，最大值是 58 公斤（见表 5 – 2 – 27）。

表 5 – 2 – 27 各年龄组成年男性握力情况表 n = 186

年龄组	样本数	最小值	最大值	平均数	标准差
20—24	44	22	69	46. 85	9. 324
25—29	32	25	68	51. 47	9. 307
30—34	17	29	65	46. 37	8. 674
35—39	24	19	62	42. 47	10. 552
40—44	16	12	55	38. 88	12. 020
45—50	21	24	58	40. 40	7. 993
50—	31	17	58	35. 14	9. 406

成年女性各年龄组握力情况是，20—24 岁组平均值为 27. 10 公斤，最小值是 19 公斤，最大值是 40 公斤；25—29 岁组平均值是 53. 43 公斤，最小值是 13 公斤，最大值是 54 公斤；30—34 岁组平均值是 24. 71 公斤，最小值是 24 公斤，最大值是 35 公斤；35—39 岁组平均值是 24. 68 公斤，最小值是 12 公斤，最大值是 36 公斤；40—44 岁组平均值是 24. 57 公斤，最小值是 13 公斤，最大值是 54 公斤；45—50 岁组平均值是 20. 54 公斤，最小值是 10 公斤，最大值是 67 公斤；50 岁以上组平均值是 20. 40 公斤，最小值是 10 公

斤，最大值是28公斤（见表5-2-28）。

表5-2-28　各年龄组成年女性握力情况表　n=247

年龄组	样本数	最小值	最大值	平均数	标准差
20—24	43	19	40	27.10	4.604
25—29	36	13	54	25.43	5.628
30—34	24	12	35	24.71	5.610
35—39	22	12	36	24.68	6.759
40—44	31	13	54	24.57	7.684
45—50	35	10	67	20.54	9.397
50—	51	10	28	20.40	4.826

鄂伦春族成年男性握力总体呈下降趋势，各年龄组平均值在35.14—51.47之间，在20—24岁年龄组和30—34岁年龄组与全国男性农民平均水平接近，25—29岁年龄组显著高于全国同年龄组平均水平（$P<0.05$），35岁以上年龄组握力平均值均低于全国男性农民平均水平，且具显著差异。

鄂伦春族成年女子握力随年龄的增加呈下降趋势，平均值在20.40—27.1之间，鄂伦春女子各年龄组平均值均低于全国各年龄组女子平均水平，并且在25岁以上年龄组均具有显著性差异（$P<0.05$），鄂伦春族成年男女握力具有显著性差异（$P<0.01$）（见图5-2-14）。

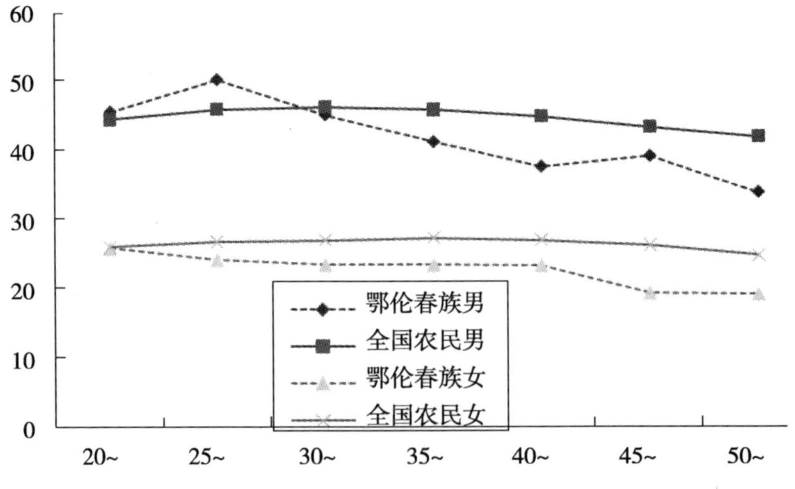

图5-2-14　鄂伦春族男女成年人与全国农民握力比较

（二）坐位体前屈情况

以20岁为最低年龄，以5岁为年龄间隔，将鄂伦春族成年人分成7个年龄组，分析各年龄组坐位体前屈特点。鄂伦春成年男子各年龄组情况是，20—24岁组平均坐位值为8.9256厘米，最小坐位值是-15.50厘米，最大坐位值是49.00厘米；25—29岁组平均坐位值为7.7000厘米，最小坐位值是-10.00厘米，最大坐位值是17.50厘米；30—34岁组平均坐位值为8.7118厘米，最小坐位值是-2.00厘米，最大坐位值是22.30厘米；35—39岁组平均坐位值为3.2478厘米，最小坐位值是-13.20厘米，最大坐位值是14.50厘米；40—44岁组平均坐位值为4.1313厘米，最小坐位值是-15.00厘米，最大坐位值是20.00厘米；45—50岁组平均坐位值为4.0500厘米，最小坐位值是-7.50厘米，最大坐位值是19.90厘米；50岁以上组平均坐位值为3.0714厘米，最小坐位值是-15.50厘米，最大坐位值是17.60厘米（见表5-2-29）。

表5-2-29 各年龄组成年男性坐位体前屈情况表 n=186

年龄组	样本数	最小值	最大值	平均数	标准差
20—24	43	-15.50	49.00	8.9256	10.00717
25—29	32	-10.00	17.50	7.7000	7.56737
30—34	17	-2.00	22.30	8.7118	7.42470
35—39	23	-13.20	14.50	3.2478	6.83513
40—44	16	-15.00	20.00	4.1313	9.70874
45—50	20	-7.50	19.90	4.0500	7.56651
50—	28	-15.50	17.60	3.0714	8.41352

鄂伦春成年女子各年龄组情况是，20—24岁组平均值为11.1326厘米，最小值是-12.00厘米，最大值是26.00厘米；25—29岁组平均值为10.0861厘米，最小值是-14.30厘米，最大值是21.20厘米；30—34岁组平均值为10.7696厘米，最小值是-5.10厘米，最大值是66.50厘米；35—39岁组平均值为12.0905厘米，最小值是-6.00厘米，最大值是25.00厘米；40—44岁组平均值为8.8800厘米，最小值是-13.30厘米，最大值是23.40厘米；45—50岁组平均值为9.8771厘米，最小值是-5.6厘米，最大值是26.50厘米；50岁以上组平均值为9.0429厘米，最小值是-7.00厘

米，最大值是 27.00 厘米（见表 5－2－30）。

表 5－2－30 各年龄组成年女性坐位体前屈情况表 n＝247

年龄组	样本数	最小值	最大值	平均数	标准差
20—24	43	－12.00	26.00	11.1326	8.22597
25—29	36	－14.30	21.20	10.0861	8.30818
30—34	23	－5.10	66.50	10.7696	13.50039
35—39	21	－6.00	25.00	12.0905	8.49788
40—44	30	－13.30	23.40	8.8800	8.08602
45—50	35	－5.60	26.50	9.8771	7.92123
50—	49	－7.00	27.00	9.0429	7.23421

从上述两项指标可以看出，黑龙江省的鄂伦春族成年人的握力指标较低，反映柔韧性的坐位体前屈平均值较好，说明黑龙江省的鄂伦春族成年人的身体素质整体来讲较差。

第三节 小 结

一、内蒙古地区鄂伦春族猎民体质健康水平很差

鄂伦春族成年男女身高均低于全国平均水平，尤其是越高年龄组差距更大一些；而最低年龄组差异很小；男性身高显著高于女性身高，这与全国男女对比指标发展趋势一致。说明鄂伦春族成人男女身高较矮。鄂伦春族男子体重较轻，各组均值显著低于全国各组均值，女子体重较重，基本上各组均高于全国各组均值水平，男女各年龄组体重发展趋势相近，说明鄂伦春族男子体重较轻，而女子体重较重。综合身高、体重和 BMI 三项指标可以看出，鄂伦春男子体型属于瘦矮型，而女子属于胖矮型。

鄂伦春族男子胸围与全国水平差别不大，而女性胸围普遍较大，高于全国平均水平，与男性胸围相近。鄂伦春族男性腰围略高于全国水平，而女性腰围明显大于全国平均水平，并且男女腰围相近。鄂伦春族男子臀围高于全国水平，而女子臀围水平显著高于全国水平，且高于男子。因此可以看出从胸围、腰围和臀围三围上看，男子三围与全国水平相似，略高一点，而女子

三围较大，甚至超过男子水平。

鄂伦春族男子肩胛皮褶厚度均值低于全国水平，具有随年龄增加差异变大趋势，而女子肩胛皮褶厚度显著高于全国水平。男子腹部皮褶厚度与全国男子平均水平相似略高，而女子腹部皮褶厚度全部高于全国平均水平。男子和女子上臂皮褶厚度高于全国平均水平，女子与全国平均水平差异更大。从皮褶厚度上看男子皮褶厚度略高于全国水平，而女子比较显著高于全国水平，说明鄂伦春族男子和女子的皮下脂肪更多，尤其是鄂伦春族女子皮下脂肪指标更高。

鄂伦春族男子安静脉搏略高于全国水平，而女子安静脉搏略低于全国水平，差异很小，而血压略高于全国水平，差异很小，男子和女子肺活量均低于全国水平，说明反映生理机能的四项指标也不理想，尤其是肺活量指标。

男子和女子握力均值均低于对应的全国指标水平，男子握力水平更差些。台阶试验指标变化趋势较复杂，除了20岁年龄组，其他年龄组均低于对应全国指标，并且45岁以上组没有完成测试，显示出台阶试验指标较差。因此可以看出，反映身体素质的两项指标较差，代表着鄂伦春族成年人的身体素质较差。

二、黑龙江地区鄂伦春族村民体质健康水平较差

鄂伦春族成年男女身高均值大部分低于全国平均水平，尤其是越高年龄组差距更大一些；而低年龄组差异很小，并且男子个别低年龄族高于全国平均水平；说明鄂伦春族成人男女身高较矮。随着营养生活方式等的变化，年轻的鄂伦春人的身高正趋近于全国平均水平。鄂伦春族男子和女子体重较重，各组均值高于全国各组均值，部分组别差异显著，BMI值各组均高于全国水平，综合身高、体重和BMI三项指标可以看出，鄂伦春男子和女子属于偏矮胖型，存在超重现象和超重危险。

鄂伦春族男子胸围略高于全国水平，而女性胸围普遍较大，较明显高于全国平均水平。鄂伦春族男性和女性腰围显著高于全国水平。鄂伦春族男子和女子臀围显著高于全国水平。因此可以看出从胸围、腰围和臀围三围上看，鄂伦春族男子和女子三围较高，体现在体型上为比较粗壮。

鄂伦春族男子和女子肩胛皮褶厚度均值低于全国水平，具有随年龄增加差异变大趋势。男子和女子腹部皮褶厚度低于全国男子平均水平，个别组别差异显著。男子上臂皮褶厚度基本高于全国平均水平，但是随年龄增加差异逐渐变小。女子上臂皮褶厚度与全国水平相似。从皮褶厚度上鄂伦春族男女

脂肪的分布与全国水平差异很大，上臂高于全国，而肩胛和腹部较低，显示出与全国水平分布的不一致性。

鄂伦春族男子和女子安静脉搏显著高于全国水平，男子和女子水平和变化趋势相近，血压显著高于全国水平，变化趋势相近，随年龄增加差异逐渐增大，男子和女子肺活量显著低于全国水平。说明鄂伦春族成年人心肺功能较差，血压偏高。

男子和女子握力均值均低于对应的全国指标水平，女子显著低于男子握力水平。反映柔韧性的坐位体前驱情况较好。因此可以看出，鄂伦春族成年人的力量素质较差，而柔韧性较好。

第六章　心理健康

课题组对鄂伦春族成年人的心理健康状况进行了三次测量。第一次于2007年7月在内蒙古自治区鄂伦春自治旗进行了SCL—90量表的测量；第二次于2008年7月在内蒙古自治区鄂伦春自治旗进行了社会支持和抑郁情况调查；第三次于2011年7月在黑龙江鄂伦春族聚居区进行了SCL—90量表的测量。

第一节　内蒙古鄂伦春族猎民成年人心理健康情况

课题组于2007年7月对我国内蒙古自治区鄂伦春自治旗的5个猎民村的172名鄂伦春成年人进行了测量，测量对象年龄分布在20—65岁之间，其中男性96人，女性76人。测量以SCL—90量表作为心理健康测量工具。

一、SCL—90量表总分情况

以SCL—90量表全国常模为标准，总分超过160分，或阳性项目数超过43项，或任一因子分超过2分，需考虑筛选阳性，需进一步检查。从统计结果来看，总分大于160的占了10.5%，总分小于160的占了89.5%，可以看出需要进一步检查的比例还是很高的（见表6-1-1）。

表6-1-1　SCL—90总分情况　n=172

总分数	160<F	F≤160
人数	17	145
百分比（%）	10.5	89.5

二、SCL—90 各维度得分分布情况

（一）躯体化

该维度主要反映身体不适感，包括心血管、胃肠道、呼吸和其他系统的不适，头痛、背痛、肌肉酸痛以及焦虑等躯体不适表现。该分量表的得分在0—48 分之间。得分在 24 分以上，表明个体在身体上有较明显的不适感，并常伴有头痛、肌肉酸痛等症状。得分在 12 分以下，躯体症状表现不明显。总的来说，得分越高，躯体的不适感越强；得分越低，症状体验越不明显。调查结果显示，总分大于 24 分的有 42 人，占 25.9%，总分小于 12 分的有 83 人，占 51.2%（见表 6-1-2）。

表 6-1-2 躯体化维度得分情况 n=172

因子总分（F）	F≤12	12<F≤24	F>24
人数	83	37	42
百分比	51.2	22.9	25.9

（二）强迫症状

该维度主要指那些明知没有必要，但又无法摆脱的无意义的思想、冲动和行为，还有一些比较一般的认知障碍的行为征象也在这一因子中反映。该分量表的得分在 0—40 分之间。得分在 20 分以上，强迫症状较明显。得分在 10 分以下，强迫症状不明显。总的来说，得分越高，表明个体越无法摆脱一些无意义的行为、思想和冲动，并可能表现出一些认知障碍的行为征兆。得分越低，表明个体在此种症状上表现越不明显，没有出现强迫行为。调查结果显示，总分大于 20 分的有 15 人，占 9.2%，总分小于 10 分的有 96 人，占 58.9%（见表 6-1-3）。

表 6-1-3 强迫症维度得分情况 n=172

因子总分（F）	F≤10	10<F≤20	F>20
人数	96	52	15
百分比	58.9	31.9	9.2

（三）人际关系敏感

该维度主要是指某些人际的不自在与自卑感，特别是与其他人相比较时更加突出。在人际交往中的自卑感，心神不安，明显的不自在以及人际交流中的不良自我暗示，消极的期待等是这方面症状的典型原因。该分量表的得分在0—36分之间。得分在18分以上，表明个体人际关系较为敏感，人际交往中自卑感较强，并伴有行为症状（如坐立不安，退缩等）。得分在9分以下，表明个体在人际关系上较为正常。总的来说，得分越高，个体在人际交往中表现的问题就越多，自卑，自我中心越突出，并且已表现出消极的期待。得分越低，个体在人际关系上越能应付自如，人际交流自信、胸有成竹，并抱有积极的期待。调查结果显示，总分大于18分的有8人，占4.9%，总分小于9分的有122人，占74.8%（见表6－1－4）。

表6－1－4　人际关系维度得分情况　n＝172

因子总分（F）	F≤9	9＜F≤18	F＞18
人数	122	33	8
百分比	74.8	20.3	4.9

（四）抑郁

抑郁苦闷的情感与心境为代表性症状，还以生活兴趣的减退，动力缺乏，活力丧失等为特征。同时还表现出失望、悲观以及与抑郁相联系的认知和躯体方面的感受，另外，还包括有关死亡的思想和自杀观念。该分量表的得分在0—52分之间。得分在26分以上，表明个体的抑郁程度较强，生活缺乏足够的兴趣，缺乏运动活力，极端情况下，可能会有想死亡的思想和自杀的观念。得分在13分以下，表明个体抑郁程度较弱，生活态度乐观积极，充满活力，心境愉快。总的来说，得分越高，抑郁程度越明显，得分越低，抑郁程度越不明显。调查结果显示，总分大于26分的有15人，占9.1%，总分小于13分的有118人，占72%（见表6－1－5）。

表6－1－5　抑郁维度得分情况　n＝172

因子总分（F）	F≤13	13＜F≤26	F＞26
人数	118	31	15
百分比	72	18.9	9.1

（五）焦虑

该维度一般指那些烦躁，坐立不安，神经过敏，紧张以及由此产生的躯体征象，如震颤等。该分量表的得分在0—40分之间。得分在20分以上，表明个体较易焦虑，易表现出烦躁、不安静和神经过敏，极端时可能导致惊恐发作。得分在10分以下，表明个体不易焦虑，易表现出安定的状态。总的来说，得分越高，焦虑表现越明显。得分越低，越不会导致焦虑。调查结果显示，总分大于20分的有20人，占12.3%，总分小于10分的有106人，占65%（见表6－1－6）。

表6－1－6　焦虑维度得分情况　n＝172

因子总分（F）	F≤10	10＜F≤20	F＞20
人数	106	37	20
百分比	65	22.7	12.3

（六）敌对

该维度主要从三方面来反映敌对的表现：思想、感情及行为。其项目包括厌烦的感觉，摔物，争论直到不可控制的脾气暴发等各方面。该分量表的得分在0—24分之间。得分在12分以上，表明个体易表现出敌对的思想、情感和行为。得分在6分以下表明个体容易表现出友好的思想、情感和行为。总的来说，得分越高，个体越容易敌对，好争论，脾气难以控制。得分越低，个体的脾气越温和，待人友好，不喜欢争论，无破坏行为。调查结果显示，总分大于12分的有19人，占11.6%，总分小于6分的有112人，占68.3%（见表6－1－7）。

表6－1－7　敌对维度得分情况　n＝172

因子总分（F）	F≤6	6＜F≤12	F＞12
人数	112	33	19
百分比	68.3	20.1	11.6

（七）恐怖

恐怖恐惧的对象包括出门旅行，空旷场地，人群或公共场所和交通工具。此外，还有社交恐怖。该分量表的得分在0—28分之间。得分在14分以上，表明个体恐怖症状较为明显，常表现出社交、广场和人群恐惧，得分在7分以下，表明个体的恐怖症状不明显。总的来说，得分越高，个体越容易对一些场所和物体发生恐惧，并伴有明显的躯体症状。得分越低，个体越不易产生恐怖心理，越能正常地交往和活动。调查结果显示，总分大于14分的10人，占6.1%，总分小于7分的有133人，占81.6%（见表6－1－8）。

表6－1－8　恐怖维度得分情况　n＝172

因子总分（F）	F≤7	7＜F≤14	F＞14
人数	133	20	10
百分比	81.6	12.3	6.1

（八）偏执

该维度主要指投射性思维，敌对，猜疑，妄想，被动体验和夸大等。该分量表的得分在0—24分之间。得分在12分以上，表明个体的偏执症状明显，较易猜疑和敌对，得分在6分以下，表明个体的偏执症状不明显。总的来说，得分越高，个体越易偏执，表现出投射性的思维和妄想，得分越低，个体思维越不易走极端。调查结果显示，总分大于12分的有7人，占4.3%，总分小于6分的有133人，占81.6%（见表6－1－9）。

表6－1－9　偏执维度得分情况　n＝172

因子总分（F）	F≤6	6＜F≤12	F＞12
人数	133	23	7
百分比	81.6	14.1	4.3

（九）精神病性

该维度反映各式各样的急性症状和行为，即限定不严的精神病性过程的症状表现。该分量表的得分在0—40分之间。得分在20分以上，表明个体的精神病性症状较为明显，得分在10分以下，表明个体的精神病性症状不明显。总的来说，得分越高，越多地表现出精神病性症状和行为。得分越低，就越少表现出这些症状和行为。调查结果显示，总分大于20分的有12人，占7.3%，总分小于10分的有125人，占76.2%（见表6－1－10）。

表 6-1-10 精神病维度得分情况 n=172

因子总分（F）	F≤10	10<F≤20	F>20
人数	125	27	12
百分比	76.2	16.5	7.3

（十）其他项目

附加项目或其他，作为第10个因子来处理，以便使各因子分之和等于总分。主要反映的是睡眠及饮食情况。调查结果显示，总分大于14分的有17人，占10.4%，总分小于7分的有101人，占62%（见表6-1-11）。

表 6-1-11 其他项目得分情况 n=172

因子总分（F）	F≤7	7<F≤14	F>14
人数	101	45	17
百分比	62	27.6	10.4

三、SCL—90各因子对比情况

（一）在SCL—90上各因子与全国常模比较情况

被调查的鄂伦春族成年人在SCL—90中的9个因子得分均高于全国常模，除了人际关系敏感性维度没有显著差异外，其他各维度均具有显著性差异（P<0.01），其中以躯体化、强迫症状、焦虑和敌对4个因子分相对较高，说明鄂伦春族成年人在这四个因子的问题上较严重。SCL—90各因子单项得分如果达到3分，说明该因子自觉症状已达中度，提示可能有比较明显的心理问题。通过9项因子分项统计，发现鄂伦春族成年人存在的心理障碍症状排在前3位的依次为躯体化、强迫症和焦虑，其次为敌对和忧郁（见表6-1-12）。

表 6-1-12 鄂伦春族在SCL—90上各因子与全国常模比较 n=172

因子	鄂伦春族（n=161）	全国常模（n=1388）	因子分数>3的人数和比率	P
躯体化	2.1832±.96	1.37±0.48	44（22.5%）	0.01
强迫症状	1.9540±.69	1.62±0.58	18（8.7%）	0.01

续表

因子	鄂伦春族（n = 161）	全国常模（n = 1388）	因子分数 > 3 的人数和比率	P
人际关系敏感	1. 7150 ±. 70	1. 65 ±0. 61	9（5%）	0. 173
忧郁	1. 7458 ±. 78	1. 50 ±0. 59	14（8. 1%）	0. 01
焦虑	1. 9057 ±. 83	1. 39 ±0. 43	19（11. 4%）	0. 01
敌对	1. 8799 ±. 86	1. 46 ±0. 55	18（10. 6%）	0. 01
恐怖	1. 5464 ±. 68	1. 23 ±0. 41	10（5. 6%）	0. 01
偏执	1. 6170 ±. 70	1. 43 ±0. 57	8（4. 4%）	0. 01
精神病性	1. 6224 ±. 66	1. 29 ±0. 42	11（6. 2%）	0. 01

（二）不同性别鄂伦春族成年人的心理健康状况

通过对不同性别鄂伦春族成年人的 SCL—90 各维度得分进行分析发现，鄂伦春族女性的各维度平均分均高于男性，在躯体化、强迫症状、焦虑和敌对四个维度上具有显著性差异（$P<0.05$）。这一结果说明鄂伦春族成年女性的心理问题状况高于男性（见表 6 – 1 – 13）。

表 6 – 1 – 13　不同性别鄂伦春族成年人心理健康情况　n = 172

	性别	样本量	平均值	标准差	P
躯体化	男	71	1. 9472	0. 86663	0. 003
	女	89	2. 3942	0. 97513	
强迫症状	男	71	1. 8254	0. 70035	0. 024
	女	89	2. 0719	0. 66178	
人际关系敏感	男	71	1. 6510	0. 68604	0. 229
	女	89	1. 7840	0. 69759	
忧郁	男	71	1. 6392	0. 82507	0. 087
	女	89	1. 8496	0. 71945	
焦虑	男	71	1. 7211	0. 81730	0. 011
	女	87	2. 0563	0. 81522	
敌对	男	71	1. 7300	0. 82634	0. 036
	女	89	2. 0150	0. 85857	

续表

	性别	样本量	平均值	标准差	P
恐怖	男	71	1.4346	0.64317	0.065
	女	89	1.6356	0.70613	
偏执	男	71	1.5587	0.62431	0.289
	女	89	1.6779	0.76202	
精神病性	男	71	1.5408	0.71785	0.133
	女	89	1.7034	0.64057	

（三）不同年龄的鄂伦春族成年人的心理健康状况

把鄂伦春族成年人按年龄10岁为一个年龄段分成四组，对不同年龄段的人群的心理健康进行分析。分析发现，在不同的年龄组之间心理健康在躯体化、强迫症状、人际关系敏感、忧郁、焦虑和恐怖6个维度上具有显著性差异（P<0.05）。进一步进行多重比较发现，在躯体化上40—49岁组与20—29岁组之间具有非常显著的差异（P<0.01），与30—39岁组具有显著性差异（P<0.05）；40—49岁组与20—29岁组之间在强迫症状、忧郁、恐怖和焦虑维度上具有显著性差异（P<0.05）；人际关系敏感上40—49岁组与50岁以上组具有显著性差异（P<0.05）；在恐怖上40—49岁组与20—29岁组和30—39岁组之间具有显著性差异（P<0.05）。从结果可以看出在心理健康总分和各维度上的得分高年龄组的得分显著高于低年龄组的得分，说明低年龄组的心理健康水平显著好于高年龄组的心理健康水平（见表6-1-14）。

表6-1-14 不同年龄组不同心理健康维度的多重比较 n=172

因子	（I）年龄	（J）年龄	平均差（I-J）	P
躯体化	40—49	20—29	1.0608（*）	0.000
		30—39	0.6362（*）	0.036
强迫症状	40—49	20-29	0.4656（*）	0.031
人际关系敏感	40—49	50以上	0.6336（*）	0.043
忧郁	40—49	20—29	0.5557（*）	0.018
焦虑	40—49	20—29	0.5982（*）	0.021
恐怖	40—49	20—29	0.4550（*）	0.034
		30—39	0.5364（*）	0.014

（四）不同学历的鄂伦春族成年人的心理健康状况

对不同学历水平的鄂伦春族成年人的心理健康各维度进行分析发现，不同学历水平的鄂伦春族人在躯体化、强迫症状、人际关系敏感、忧郁、焦虑、敌对、恐怖和精神病性 8 个维度上具有显著性差异（$P<0.05$）。进行多重比较发现在躯体化上，小学以下和初中学历的人群与高中以上的群体具有显著性差异（$P<0.05$）；在焦虑上初中学历与大专以上学历的具有显著性差异（$P<0.05$）；其他维度的多重比较没有体现（见表 6－1－15）。从结果分析，主要的趋势是高学历群体的得分较低，心理健康水平较高。分析原因可能是高学历者一般都是年轻人，他们已经基本上适应了当前的生活状况，他们经历的生活变化小。那些文化水平低的群体年龄比较大，他们经历了鄂伦春族不同的发展时期，对于他们来说可能以前狩猎的生活更加适应他们，他们对现代生活还不适应，而年轻人基本上已经接受了现代生活，因此心理健康水平较高。

表 6－1－15 不同学历水平的鄂伦春族成年人的心理健康状况 n＝172

因子	（I）文化程度	（J）文化程度	平均差（I－J）	P
躯体化平均分	小学以下	高中或中专	0.7431（*）	0.050
		大专以上	1.0308（*）	0.023
	初中	高中或中专	0.6518（*）	0.048
		大专以上	0.9395（*）	0.025
焦虑平均分	初中	大专以上	0.8258（*）	0.027

第二节 内蒙古鄂伦春族成年人的抑郁症和社会支持现状研究

抑郁是一种不同于病因学的普遍的心理健康问题（ChrisSegrin，2000），它是由情绪低落、冷漠、悲观、失望等构成的一种复合型负性情绪（袁振国、张玲，2001），对个体的心理调适具有阻碍作用（Wong，E. H&Wiest，D. J.，1999）。抑郁不仅影响人们的身心健康，还会影响其日常的行为和生活积极性，严重者还将导致自杀。

从现有的研究来看，社会支持已经被认定为一种治疗异常心理疾病的重要因素（Thomas R. Lynch et al.，1999）。社会支持受损将导致持续、严重的抑郁（Morris et al.，1991），社会支持与低抑郁水平存在明显的相关，缺乏社会支持的群体受抑郁情绪影响明显增多（Rubin et al.，1992）。然而，抑郁往往并不是日常生活缺乏社会支持而直接产生的，它还受其他因素的影响，比如突然的消极生活事件和慢性的灾难（Harrington，1994），它只是个体应对生活挫折、压力的一种重要的心理资源。

本研究的目的在于探讨鄂伦春族成年人的抑郁和社会支持现状，并进一步揭示鄂伦春族成年人的抑郁水平与其社会支持之间的内在联系，为鄂伦春族成年人抑郁的预防和干预提供科学依据，也为开展鄂伦春族成年人的抑郁心理咨询提供参考，为鄂伦春民族的健康发展提供一定的理论依据。

一、调查对象与方法

本研究对内蒙古自治区鄂伦春自治旗的20—60岁鄂伦春族成年人进行调查，发放问卷95份，回收问卷92份，有效问卷66份。

本研究采用自评抑郁量表（SDS）对鄂伦春20—60岁成年人进行测量。该量表由William W. K. Zung于1965年编制，用于衡量抑郁状态的轻重程度及其在治疗中的变化。它由20个陈述句和相应问题条目组成，按1～4级正向和反向交错评分的方法筛选出精神性—情感性症状、躯体性障碍、精神运动性障碍和抑郁的心理障碍，抑郁总分越高抑郁程度越重。其内部一致性系数为0.73（1973年）和0.92（1986年），我国北京医科大学精神卫生研究所研究发现其效度为0.84。该量表操作方便，容易掌握，能有效地反映抑郁状态的状况化，评分不受年龄、性别、经济状况等因素的影响。本章采用的另一个量表是肖水源设计的社会支持评定量表，该量表有效、简洁，具有较好的信度和效度，已经在国内二十几项研究中应用。

二、鄂伦春族成年人抑郁状况

（一）鄂伦春族成年人抑郁情况现状

通过对所得数据的统计与分析，按照评分标准计算，无抑郁的鄂伦春族成年人占48.6%，轻度抑郁的鄂伦春族成年人占34.3%，中至重度的鄂伦春族成年人占17.1%（见表6－2－1）。从数据可以看出鄂伦春族成年人抑郁的状况不容乐观，轻度和中至重度抑郁人口比例相对来说较高。

表6-2-1　抑郁度评价表

抑郁度	样本量	百分比
无抑郁	32	48.6
轻微至轻度抑郁	23	34.3
中至重度抑郁	11	17.1

（二）鄂伦春族成年人抑郁情况在性别上的差异

鄂伦春族成年男女在抑郁的总分上没有显著差异，但是在抑郁的精神运动性障碍维度上存在显著差异（$P<0.05$）（见表6-2-2）。本维度反映在能力减退和不安两个项目上，男性的平均值高于女性，说明男性的症状相比女性更严重，在生活工作中感觉遇到的困难更大，感到更加不安。

分析原因可能有以下几点：鄂伦春族是一个游猎民族，他们的主要技能是打猎，由于这种民族传统所致，他们定居以后不愿意从事其他的工作，同时也没有其他的工作技能。自从禁猎以后，他们不得已要从事其他的工作，但是他们不愿意从事其他的工作，部分人生活靠政府的补贴。尤其是到了近些年，仍然有很多人不会种地，只能靠政府补助为生。虽然有一部分鄂伦春人已经从事其他的工作，政府也大力鼓励他们从事农业和畜牧生产，但是还有很多人无法转变思想，随着时间的推移，很多人现在既不会打猎（仍然不让打猎），又不会其他的生产技能，因此作为家庭主要劳动力的男性有能力减退的困惑和无能为力感，由此他们可能产生不安的情绪；另外，通过访谈作者发现，鄂伦春人现在还保持一种生活习惯，他们不喜欢在室内久呆，而喜欢在室外活动，这种习惯可能也是导致他们有不安感的一个重要表现。

表6-2-2　鄂伦春族成年人抑郁情况性别差异分析

抑郁各维度	性别	平均值	标准差	P
精神性情感症状	男	3.30	1.105	0.271
	女	3.64	1.062	
躯体性障碍	男	17.00	2.828	0.279
	女	18.00	3.388	

续表

抑郁各维度	性别	平均值	标准差	P
精神运动性障碍	男	5.35	1.355	0.012
	女	4.44	1.155	
抑郁的心理障碍	男	17.52	3.868	0.360
	女	16.43	3.802	

（三）以自评健康状况为自变量的差异比较

本书以自评健康状况为自变量（“您认为你的健康状况如何”，回答分成三级，很好，一般和不好），以抑郁各维度为因变量进行差异分析，在抑郁各维度中，在躯体性障碍维度上具有显著性差异（P<0.05）（见表6-2-3）。其中自认为身体很好和一般的群体躯体性障碍的症状要显著好于回答身体不好的群体。

躯体性障碍，包含情绪的日夜差异、睡眠障碍、食欲减退、性欲减退、体重减轻、便秘、心动过速、易疲劳共八个条目。上述结果说明体质健康群体的抑郁的躯体性障碍症状要好于身体不健康的群体，鄂伦春族成年人的身体健康状况显著地影响着他们的抑郁状况。同时也说明，良好的体质健康状况能够缓解或减轻抑郁的躯体性障碍症状。

表6-2-3　躯体性障碍维度多重比较结果

			均差	P
躯体性障碍	不好	很好	5.00（*）	0.004
		一般	3.58（*）	0.010

（四）以自评对未来的信心为自变量的差异比较

本书以自评对未来的信心为自变量（“你对未来的生活？1 充满信心；2 没有信心”，其中充满信心的占80%，没有信心的20%），以抑郁各维度为因变量进行差异分析，结果发现，在抑郁的总标准分上存在显著差异（P<0.01），抑郁的心理障碍维度存在显著差异（P<0.05）（见表6-2-4）。抑郁的心理障碍，包含思考困难、无望感、易激惹、犹豫不决、自我贬值、生活空虚感、无价值感和兴趣丧失共八个条目。通过结果我们可以发现，鄂

伦春族成年人对生活没有信心的人占据的比例还是很高的。由于对生活的无望感，导致了他们具有严重抑郁情绪。那么生活没有信心就是他们抑郁的重要原因之一。

表 6－2－4 不同信心组的抑郁度差异检验

	平均值	标准差	P
抑郁标准分	49.95	6.398	0.002
	57.36	4.939	
精神性情感症状	3.39	1.070	0.209
	3.90	1.101	
躯体性障碍	17.33	3.278	0.444
	18.09	2.663	
精神运动性障碍	4.83	1.412	0.490
	5.08	0.996	
抑郁的心理障碍	16.16	3.539	0.011
	19.60	3.688	

三、鄂伦春族成年人的社会支持状况

（一）社会支持总体和各维度的现状

通过统计分析将社会支持总分和各维度总分进行分类，分成支持度低、中、高三等。结果见表 6－2－5。社会支持总体状况较好，高水平和中水平占了 89.3%，低水平的仅仅占 10.7%。但是三个维度的现状与总体的社会支持度略有不同，低水平占据的比例均超过了 20%，客观支持达到了 34.5%。社会支持是以个体为中心，个体周围人群以及个体与周围人群的互动而构成的系统。社会支持从性质上可分为主观支持和客观支持。多数学者认为，主观支持要比客观支持更有意义，因为个体虽然感受到的支持（主观支持）并不是客观现实，但是被感知到的现实却是心理的现实，而正是心理的现实作为实际的（中介的）变量影响人的行为和发展。除实际的客观支持和对支持的主观体验之外，我国学者肖水源（1987）还提出社会支持的研究应包括个体对支持的利用情况。他认为，个体对社会支持的利用存在差异，有些人虽可获得支持，却拒绝别人的帮助。无疑，这种对社会支持的利用情况更会影响个体的情绪状况。客观支持反映在三个题项上，主观支持反映在四个题项上，对支持的利用度反映在三个题项上，下面加以分别分析：

表 6－2－5　社会支持总体情况

维　度	低水平所占比例	中等水平所占比例	高水平所占比例
社会支持	10.7	58.9	30.4
客观支持	35.4	21.5	43.1
主观支持	24.6	50.8	24.6
支持利用度	27.1	49.2	23.7

（二）客观支持的现状

客观支持维度是由三个题项来反映的。鄂伦春族成年人生活中实际居住的状况“和家人住在一起”的占据了绝大多数，占 84.6%（见表 6－2－6），这一结果说明了他们客观地得到家人支持的机会多，在家庭环境中得到支持理解的状况较好，他们客观支持度的水平很高，但是这一结果也是有客观原因的，由于作为人数较少的少数民族，鄂伦春族有他们的特殊情况。作为游牧民族定居时是政府给他们集体兴建的定居点，因此他们居住得相对集中；作为社会发展较慢的少数民族，他们定居后与外界的交流也很少，只是近些年相对增加。综上所述，鄂伦春族在这一项上的状况较好。

表 6－2－6　鄂伦春人居住状况表

	频率	百分比
远离家人，且独居一室	2	3.1
住处经常变动，多数时间和陌生人住在一起	4	6.2
和同学、朋友住在一起	4	6.2
和家人住在一起	55	84.6

鄂伦春族成年人在遇到急难情况时，实际困难的解决主要依靠家人和朋友，依靠家人的占了 52.3%，依靠朋友的占了 24.6%（见表 6－2－7）。说明鄂伦春族成年人的实际困难的解决方式相对局限。这可能与他们的生活习惯有关。他们以前的生活是集体狩猎生活，基本以家族为单位，与其他人和

外界的交流很少；在定居以后他们采取的是集体定居方式，相对受其他文化的影响比较小，同时作为少数民族集体，他们有一种排外的防御心理，因此社会活动主要集中在自己民族内。尤其是在与其他民族交流过程中，受到了一些不好的对待，因此他们最相信的还是自己民族的人和家庭成员。通过访谈我们了解到，当地政府对鄂伦春族的发展和生活是非常重视的，采用很多方法改善他们的生产和生活，很多都是积极主动的。但是通过本题项我们可以推断他们对于当地政府作为支持的重要作用还是认识不够的。

表 6－2－7　在您遇到急难情况时曾经得到的经济支持和解决实际问题的帮助的来源

	频率	百分比
夫妻	18	27.7
其他家人	16	24.6
朋友	16	24.6
亲戚	6	9.2
同学	3	4.6
村领导	4	6.2

鄂伦春族成年人在遇到急难情况得到关心和安慰的来源主要是夫妻，其次是家人、朋友和亲戚，分别占了 18%、15%、11% 和 10%（见表 6－2－8）。

表 6－2－8　过去，在您遇到急难情况时，曾经得到的安慰和关心的来源

	频率	百分比
夫妻	18	27.7
其他家人	15	23.1
朋友	11	16.9
亲戚	10	15.4
同学	6	9.2
村领导	3	4.6

通过上述的分析我们发现，在客观支持中，鄂伦春族主要依靠的是家人和亲戚朋友，而依靠政府和团体的比较少。

（三）主观支持状况

主观支持维度是由三个题项来反映的。

第一项是朋友的数量即朋友支持，朋友的多少是一个人社会交往的范围的体现，也是他可能得到支持帮助的重要来源。鄂伦春族成年人在回答本题时一个朋友都没有的占6.2%，1—2个的占35.4%，3—5个的占29.2%，6个或6个以上的占26.2%。2个朋友以下的占了41.6%（见表6-2-9）。这一结果说明鄂伦春族成年人的朋友支持的现状不容乐观，朋友少，沟通交流的对象和机会就少，那么不良情绪宣泄的机会就少了，不良情绪的聚集就有可能产生不良的心理问题，尤其是产生抑郁、孤僻等现象，这对人的身心健康将产生巨大的影响。

表6-2-9　朋友支持维度情况

	频率	百分比
一个也没有	4	6.2
1—2个	23	35.4
3—5个	19	29.2
6个或6个以上	17	26.2

第二项是邻居支持，回答“大多数邻居都很关心您”占了61.5%，回答“相互之间从不关心，只是点头之交”和“遇到困难可能稍微关心”占了23.1%（见表6-2-10）。可以看出鄂伦春族人的邻里关系还是很好的，邻居之间可以作为社会支持的重要来源。

表6-2-10　邻居支持维度情况

	频率	百分比
相互之间从不关心，只是点头之交	3	4.6
遇到困难可能稍微关心	12	18.5
有些邻居都很关心您	9	13.8
大多数邻居都很关心您	40	61.5

鄂伦春族猎民主要聚集在几个主要的聚居村，他们与整体村民的关系也是他们社会支持的一个重要指标，从结果可以看出，回答“大多数村民都很关心您”占46.2%，“相互之间从不关心，只是点头之交”只占9.2%

（见表6－2－11）。

表6－2－11　村民支持维度情况

	频率	百分比
相互之间从不关心，只是点头之交	6	9.2
遇到困难可能稍微关心	14	21.5
有些村民都很关心您	14	21.5
大多数村民都很关心您	30	46.2

鄂伦春族成年人得到家庭成员的支持状况是非常好的。得到父母全力支持和爱人全力支持的高达74.6%和76.2%，没有的仅占10%和11.9%（见表6－2－12），其中还包括没有父母情况和没有恋人或爱人的情况。因此可以看出鄂伦春族成年人的家庭支持状况还是非常好的。

表6－2－12　家庭成员支持情况

	无	极少	一般	全力支持
父母支持	10%	3.1%	12.3%	74.6%
恋人（爱人）	11.9	2.4	9.5	76.2
兄弟姐妹	12.3	3.1	16.9	67.7
其他成员（如嫂子	32.3	7.7	9.2	50.8

（四）支持利用度

支持利用度维度包括三个题项。第一项是遇到困难的倾诉方式，回答“从不向任何人诉述”和“如果朋友主动询问您会说出来”各占12.3%，回答“只向关系极为密切的1—2个人诉述”占38.5%，积极主动倾诉的仅占29.2%（见表6－2－13）。从结果可以看出，鄂伦春族成年人的倾诉状况不是很理想，绝大多数人不能积极主动倾诉自己的烦恼，更有12.3%的人不向任何人倾诉自己的烦恼。倾诉烦恼是人们缓解压力，释放情绪的一个重要方式，如果长时间情绪和压力得不到释放将对人的心理健康产生严重的不良影响。

表 6-2-13　倾诉方式维度情况

	频率	百分比
从不向任何人诉述	8	12.3
只向关系极为密切的 1—2 个人诉述	25	38.5
如果朋友主动询问您会说出来	8	12.3
主动叙述自己的烦恼，以获得支持和理解	19	29.2

第二项是求助方式，回答“只靠自己，不接受别人帮助”的占 16.9%，很少求人和有时求人的各占 21.5%，经常向家人和亲友求援的占 36.9%（见表 6-2-14）。说明鄂伦春族成年人的求助方式还是存在很大问题的，靠自己不求人的比例很高，这是一个高危的群体，长期的没有求助可能引起情绪的压抑，最终导致抑郁。

表 6-2-14　求助方式维度情况

	频率	百分比
只靠自己，不接受别人帮助	11	16.9
很少请求别人帮助	14	21.5
有时请求别人帮助	14	21.5
有困难时经常向家人、亲友、组织求援	24	36.9

第三项是参加团体活动的情况，结果见表 6-2-15。从不参加和偶尔参加团体活动的占据了 58.5%，这将会导致没有归属感，引起不良的情绪。

表 6-2-15　参与团体组织活动

	频率	百分比
从不参加	10	15.4
偶尔参加	28	43.1
经常参加	17	26.2
主动参加并积极活动	9	13.8

从上述结果我们分析发现鄂伦春族成年人的社会支持的几个特点。首先在客观支持上看，他们与家庭成员的关系是很好的，遇到急难事和不愉快等主要的帮助来源还是家庭成员和亲属。这种现状是有喜也有忧。有利的方面

是他们的家庭关系很好，亲情的帮助在他们的社会关系中是非常重要的。但不利的方面是对于鄂伦春人来说，当前遇到的困难有一些是他们自身的力量无法解决的，必须由政府和其他的团体帮助才能解决，但是，在问卷中他们对这方面的回答占的比例却很少，说明他们在一定程度上还是不认可外人的帮助，但实际情况却是地方政府在主动地为他们解决很多的困难。

其次，主观支持维度特点是他们的朋友支持中朋友的数量不多，有6个以上朋友的人比例很小，一小部分人甚至没有朋友。据国外的一份最新研究表明，一个人朋友的数量在30人左右他们的生活幸福指数较高，而鄂伦春人的标准远没有达到。但是对于邻居支持和村民间的支持的认可度却很高。出现这种现状可能部分原因要归结于鄂伦春族人传统生活习惯的影响。他们在新中国成立初期还处于原始社会末期，他们部落（乌力楞）里的人的关系非常密切，都是在相互帮助中生存的，因此他们在这两项上表现很好。

最后，鄂伦春人对支持的利用度不高。据有关研究，支持的利用度在很大程度上影响着人的心理健康状况。他们不善于主动向别人求助，有事情往往是自己闷在心里，最终可能导致一定的心理问题。对于鄂伦春族的酗酒现象的研究有过很多的解释，其中重要原因之一可能就是很多事情或困难不愿求助于人和不善于求助别人而导致自己苦闷，从而借酒消愁。

四、鄂伦春族成年人的抑郁与社会支持相关分析

根据以往的研究判断，人的社会支持情况和抑郁状况具有一定的相关性。社会支持度与产生抑郁情况具有显著的负相关性。本书对鄂伦春族成年人的社会支持和抑郁状况做了相关分析。分析发现，社会支持总分和总体的抑郁相关不显著，但是呈现负相关。抑郁的心理障碍维度与社会支持的总分和三个维度都呈显著的负相关（$P<0.05$）（见表6－2－16）。

表6－2－16 鄂伦春族成年人抑郁与社会支持相关表

	总体抑郁	精神性情感症状	躯体性障碍	精神运动性障碍	抑郁的心理障碍
社会支持总分	-0.081	0.157	-0.003	-0.172	-0.341（*）
P	0.332	0.160	0.492	0.130	0.020
客观支持分	-0.154	0.144	-0.077	-0.219	-0.292（*）
P	0.189	0.156	0.304	0.057	0.030

续表

	总体抑郁	精神性情感症状	躯体性障碍	精神运动性障碍	抑郁的心理障碍
主观支持分	-0.101	0.103	-0.047	-0.106	-0.306（*）
P	0.285	0.245	0.381	0.233	0.026
支持利用度	-0.100	0.097	0.103	-0.033	-0.292（*）
P	0.294	0.262	0.256	0.412	0.038

第三节　黑龙江黑河地区鄂伦春成年人心理健康情况

2011年，课题组深入黑龙江省境内的鄂伦春族聚居乡镇新生、新鄂、新兴、白银纳和十八站等，运用SCL—90量表对231位鄂伦春族村民进行调查。其中男性105人，女性144人。

一、SCL—90量表总分情况

按全国常模结果，总分超过160分，或阳性项目数超过43项，或任一因子分超过2分，需考虑筛选阳性，需进一步检查。鄂伦春族成年人SCL—90得分总分情况见表6-3-1。

表6-3-1　鄂伦春族SCL—90总分情况

总分数	160<F	F≤160
人数	2	229
百分比（%）	0.9	99.1

二、SCL—90各维度得分情况

（一）躯体化

该维度主要反映身体不适感，包括心血管、胃肠道、呼吸和其他系统的不适，头痛、背痛、肌肉酸痛以及焦虑等躯体不适表现。该分量表的得分在

0—48 分之间。得分在 24 分以上，表明个体在身体上有较明显的不适感，并常伴有头痛、肌肉酸痛等症状。得分在 12 分以下，躯体症状表现不明显。总的来说，得分越高，躯体的不适感越强；得分越低，症状体验越不明显。调查结果显示，总分大于 24 分的有 3 人，占 1.3%，总分小于 12 分的有 206 人，占 89.2%（见表 6－3－2）。

表 6－3－2　躯体化维度得分情况

因子总分（F）	F≤12	12＜F≤24	F＞24
人数	206	22	3
百分比	89.2	9.5	1.3

（二）强迫症状

该维度主要指那些明知没有必要，但又无法摆脱的无意义的思想、冲动和行为，还有一些比较一般的认知障碍的行为征象也在这一因子中反映。该分量表的得分在 0—40 分之间。得分在 20 分以上，强迫症状较明显。得分在 10 分以下，强迫症状不明显。总的来说，得分越高，表明个体越无法摆脱一些无意义的行为、思想和冲动，并可能表现出一些认知障碍的行为征兆。得分越低，表明个体在此种症状上表现越不明显，没有出现强迫行为。调查结果显示，总分大于 20 分的有 3 人，占 1.3%，总分小于 10 分的有 205 人，占 88.7%（见表 6－3－3）。

表 6－3－3　强迫症维度得分情况

因子总分（F）	F≤10	10＜F≤20	F＞20
人数	205	23	3
百分比	88.7	10	1.3

（三）人际关系敏感

该维度主要是指某些人际的不自在与自卑感，特别是与其他人相比较时更加突出。在人际交往中的自卑感，心神不安，明显的不自在以及人际交流中的不良自我暗示，消极的期待等是这方面症状的典型原因。该分量表的得分在 0—36 分之间。得分在 18 分以上，表明个体人际关系较为敏感，人际交往中自卑感较强，并伴有行为症状（如坐立不安，退缩等）。得分在 9 分以下，表明个体在人际关系上较为正常。总的来说，得分越高，个体在人际交往中表现的问题就越多，自卑，自我中心越突出，并且已表现出消极的期待。得分越低，个体在人际关系上越能应付自如，人际交流自信、胸有成竹，并抱有积极的期待。调查结果显示，总分大于 18 分的有 1 人，占 0.4%，总分小于 9 分的有 214 人，占 92.6%（见表 6－3－4）。

表 6－3－4　人际关系维度得分情况

因子总分（F）	F≤9	9＜F≤18	F＞18
人数	214	16	1
百分比	92.6	7	0.4

（四）抑郁

抑郁苦闷的情感与心境为代表性症状，还以生活兴趣的减退，动力缺乏，活力丧失等为特征。同时还表现出失望、悲观以及与抑郁相联系的认知和躯体方面的感受，另外，还包括有关死亡的思想和自杀观念。该分量表的得分在 0—52 分之间。得分在 26 分以上，表明个体的抑郁程度较强，生活缺乏足够的兴趣，缺乏运动活力。极端情况下，可能会有想死亡的思想和自杀的观念。得分在 13 分以下，表明个体抑郁程度较弱，生活态度乐观积极，充满活力，心境愉快。总的来说，得分越高，抑郁程度越明显，得分越低，抑郁程度越不明显。调查结果显示，总分大于 26 分的有 1 人，占 0.4%，总分小于 13 分的有 215 人，占 93.1%（见表 6－3－5）。

表 6－3－5　抑郁维度得分情况

因子总分（F）	F≤13	13＜F≤26	F＞26
人数	215	15	1
百分比	93.1	6.5	0.4

（五）焦虑

该维度一般指那些烦躁，坐立不安，神经过敏，紧张以及由此产生的躯体征象，如震颤等。该分量表的得分在 0—40 分之间。得分在 20 分以上，表明个体较易焦虑，易表现出烦躁、不安静和神经过敏，极端时可能导致惊恐发作。得分在 10 分以下，表明个体不易焦虑，易表现出安定的状态。总的来说，得分越高，焦虑表现越明显。得分越低，越不会导致焦虑。调查结果显示，总分大于 20 分的有 3 人，占 1.2%，总分小于 10 分的有 214 人，占 92.6%（见表 6－3－6）。

表 6－3－6　焦虑维度得分情况

因子总分（F）	F≤10	10 < F≤20	F > 20
人数	214	14	3
百分比	92.6	6.2	1.2

（六）敌对

该维度主要从三方面来反映敌对的表现：思想、感情及行为。其项目包括厌烦的感觉，摔物，争论直到不可控制的脾气暴发等各方面。该分量表的得分在 0—24 分之间。得分在 12 分以上，表明个体易表现出敌对的思想、情感和行为。得分在 6 分以下表明个体容易表现出友好的思想、情感和行为。总的来说，得分越高，个体越容易敌对，好争论，脾气难以控制。得分越低，个体的脾气越温和，待人友好，不喜欢争论，无破坏行为。调查结果显示，总分大于 12 分的有 4 人，占 1.7%，总分小于 6 分的有 210 人，占 90.9%（见表 6－3－7）。

表 6－3－7　敌对维度得分情况

因子总分（F）	F≤6	6 < F≤12	F > 12
人数	210	17	4
百分比	90.9	7.4	1.7

（七）恐惧

恐怖恐惧的对象包括出门旅行，空旷场地，人群或公共场所和交通工具。此外，还有社交恐怖。该分量表的得分在 0—28 分之间。得分在 14 分以上，表明个体恐怖症状较为明显，常表现出社交、广场和人群恐惧，得分在 7 分以下，表明个体的恐怖症状不明显。总的来说，得分越高，个体越容易对一些场所和物体发生恐惧，并伴有明显的躯体症状。得分越低，个体越不易产生恐怖心理，越能正常地交往和活动。调查结果显示，没有人总分大于 14 分，总分小于 7 分的有 223 人，占 96.5%（见表 6－3－8）。

表 6－3－8　恐怖维度得分情况

因子总分（F）	F≤7	7＜F≤14	F＞14
人数	223	8	0
百分比	96.5	3.5	0

（八）偏执

该维度主要指投射性思维，敌对，猜疑，妄想，被动体验和夸大等。该分量表的得分在0—24分之间。得分在12分以上，表明个体的偏执症状明显，较易猜疑和敌对，得分在6分以下，表明个体的偏执症状不明显。总的来说，得分越高，个体越易偏执，表现出投射性的思维和妄想，得分越低，个体思维越不易走极端。调查结果显示，总分大于12分的有1人，占0.4%，总分小于6分的有223人，占96.1%（见表6－3－9）。

表 6－3－9　偏执维度得分情况

因子总分（F）	F≤6	6＜F≤12	F＞12
人数	223	8	1
百分比	96.1	3.5	0.4

（九）精神病性

该维度反映各式各样的急性症状和行为，即限定不严的精神病性过程的症状表现。该分量表的得分在0—40分之间。得分在20分以上，表明个体的精神病性症状较为明显，得分在10分以下，表明个体的精神病性症状不明显。总的来说，得分越高，越多地表现出精神病性症状和行为。得分越低，就越少表现出这些症状和行为。调查结果显示，总分大于20分的有1人，占0.4%，总分小于10分的有223人，占96.5%（见表6－3－10）。

表 6－3－10　精神病维度得分情况

因子总分（F）	F≤10	10＜F≤20	F＞20
人数	223	7	1
百分比	96.5	3.1	0.4

（十）其他项目

附加项目或其他，作为第 10 个因子来处理，以便使各因子分之和等于总分。主要反映的是睡眠及饮食情况。调查结果显示，总分大于 14 分的有 2 人，占 1.3%，总分小于 7 分的有 212 人，占 91.8%（见表 6－3－11）。

表 6－3－11　其他项目得分情况

因子总分（F）	F≤7	7＜F≤14	F＞14
人数	212	17	2
百分比	91.8	7.4	0.8

三、SCL—90 各因子与全国常模比较

黑龙江地区鄂伦春族 SCL—90 与全国常模比较发现，在躯体化和精神病性方面非常显著性高于全国常模（$P<0.01$），强迫症、人际关系、抑郁和偏执非常显著地低于全国常模（$P<0.01$），在焦虑维度上显著低于全国常模水平（$P<0.05$），在敌对和恐怖维度上以及其他项上没有显著性差异（见表 6－3－12）。

表 6－3－12　鄂伦春族得分与全国常模比较

维度	全国常模	鄂伦春均值	T	P
躯体化	1.37±0.48	1.46±0.48	2.809	0.005
强迫症	1.62±0.58	1.51±0.47	－3.685	0.000
人际关系	1.65±0.51	1.31±0.41	－12.483	0.000
抑郁	1.50±0.59	1.31±0.44	－6.639	0.000
焦虑	1.39±0.43	1.32±0.44	－2.334	0.020
敌对	1.48±0.56	1.46±0.55	－0.563	0.574
恐怖	1.23±0.41	1.25±0.35	0.787	0.432
偏执	1.43±0.57	1.26±0.39	－6.731	0.000
精神病性	1.29±0.42	2.00±0.60	17.92	0.000
其他	1.48±0.46	1.41±0.50	－1.904	0.058

通过对不同性别鄂伦春族成年人的 SCL—90 各维度得分进行分析发现，鄂伦春族女性的各维度平均分均高于男性，在焦虑和恐怖两个维度上具有显著性差异（P<0.05）（见表 6－3－13）。

表 6－3－13　鄂伦春男性和女性在 SCL—90 上的差异比较

	性别	N	均值	标准差	p.
躯体化	男	99	1.3981	0.44679	0.451
	女	132	1.5032	0.49536	
强迫症状	男	99	1.4475	0.46343	0.386
	女	132	1.5508	0.46863	
人际关系敏感	男	99	1.2828	0.39019	0.170
	女	132	1.3308	0.43076	
抑郁	男	99	1.2735	0.47599	0.572
	女	132	1.3328	0.41293	
焦虑	男	99	1.2404	0.37659	0.024
	女	132	1.3833	0.47794	
敌对	男	99	1.4596	0.53880	0.428
	女	132	1.4596	0.56176	
恐怖	男	99	1.1962	0.29404	0.015
	女	132	1.2868	0.37879	
偏执	男	99	1.2626	0.38766	0.462
	女	132	1.2538	0.39207	
精神病	男	99	1.9646	0.53837	0.529
	女	132	2.0290	0.64845	
其他	男	99	1.4012	0.42057	0.312
	女	132	1.4275	0.56828	
总分	男	99	1.3118	0.35004	0.333
	女	132	1.3793	0.37195	

从上述分析可以看出，在 SCL—90 调查中，黑龙江省鄂伦春族成年人的 SCL—90 的检出率较低，各维度平均分与全国常模比较发现，有两个维

度躯体化和精神病性显著高于全国常模，其他各维度没有差别或是显著低于全国常模水平，因此可以看出，总体上看黑龙江省鄂伦春族成年人的心理健康水平较高，但是需要关注他们的身体不适感，包括心血管、胃肠道、呼吸和其他系统的不适，头痛、背痛、肌肉酸痛以及焦虑等躯体不适表现，以及各式各样的急性症状和行为。

第四节 小 结

一、内蒙古地区鄂伦春族村民心理健康状况较差

内蒙古自治区的鄂伦春族成年人的心理健康水平较低，SCL—90 检出率较高。SCL—90 各维度的平均值显著高于全国常模水平，显示出较低的心理健康水平。鄂伦春族成年男性和女性的心理健康水平存在差异，女性的心理健康水平低于男性。高学历群体的心理健康水平高于低学历水平的群体。

调查的鄂伦春族成年人中没有抑郁的仅占 48.6%，中至重度抑郁人口的比例高达 17.1%，说明鄂伦春族成年人的心理健康水平存在一定的问题。身体健康状况对鄂伦春族成年人的抑郁具有一定的影响，自认为身体健康的群体的抑郁各维度的症状要好于自认为身体不健康的群体。这一结果也在一定程度上说明了身体健康状况对人的抑郁状况有一定的影响。

二、黑龙江地区鄂伦春族村民心理健康状况较好

鄂伦春族成年人的社会支持度在中高水平以上的比例占了 89.3%，说明鄂伦春族成年人社会支持状况总体来说还是较好的。但是通过对三个维度的分析也发现了一定的问题。客观支持状况好于主观支持。但是主观支持维度中的朋友支持状况不好，相当一部分人朋友很少。在支持的利用度维度上结果很不好，他们的倾诉方式不理想，将近一半的人缺少倾诉的对象，求助方式也存在问题，有相当一部分人很少求助或不求助他人，这种状况非常不利于压力和情绪的宣泄，不利于心理健康。鄂伦春族成年人的抑郁状况和社会支持呈现负相关，但是只有抑郁的心理障碍维度和社会支持的总分和各维度具有显著的相关性。这说明鄂伦春族成年人的抑郁状况和他们的社会支持状况是有相关的。

在 SCL—90 调查中，黑龙江省鄂伦春族成年人的 SCL—90 的检出率较

低，各维度平均分与全国常模比较发现，有两个维度躯体化和精神病性显著高于全国常模，其他各维度没有差别或是显著低于全国常模水平，说明黑龙江省鄂伦春族成年人的心理健康水平较高。

第七章　人口结构、疾病与死亡

第一节　人　口

一、人口数量

（一）定居以前的人口数量

鄂伦春族从17世纪40年代开始陆续从黑龙江北岸迁徙到南岸生活，这种迁徙是一个长期而漫长的过程，一直持续到19世纪中后期才逐渐停止下来。因此，其人口数量的统计缺少详细和完整的历史资料，从1895年清政府所编的户口册以及当时的旅行报告推知，生活在黑龙江两岸的鄂伦春人口最多时达18000人左右。

鄂伦春人南迁以后，在清朝“路佐”制的统治下，被分成五路，即库玛尔路、毕拉尔路、阿里路、多布库尔路和托河路等。据柳成栋整理的1864年（同治三年）布特哈总管下属五路各户的资料显示：鄂伦春族同治初年共计1058户，如果每户按5口人来计算就约有5290余人（见表7－1－1）。

表7－1－1　1864（同治三年）布特哈总管衙门属下各路鄂伦春户籍人口统计状况①

地区	库玛尔一路	毕拉尔一路	托河二路	阿里一路	多普库尔一路	合计
户数	551	256	70	39	142	1058

1911年（宣统三年），清政府地方官吏对鄂伦春族人口进行了统计：鄂伦春族共有户数551户，人口2282人（表7－1－2）。

---

① 柳成栋：《清代黑龙江孤本方志四种》，黑龙江人民出版社1989年版，第130、160页。

表 7-1-2　1911 年清政府关于鄂伦春人口统计状况[①]

总数		库玛尔路			毕拉尔路			阿普两路			托河路		
户数	人数	户数	人数		户数	人数		户数	人数		户数	人数	
			男	女		男	女		男	女		男	女
551	2282	125	531	94	245	409	298	44	165	140	137	329	306

从上述人口统计数字可以看出：1911（宣统三年）与1864（同治三年）相比较，鄂伦春族总户数减少了 507 户，人口大约减少了 3000 人。在这一时期，清朝政府曾经大规模地连年征调鄂伦春兵，使其部分人战死沙场之外，大多数人为了躲避清朝末年天灾人祸，或远避于大小兴安岭的深处，或流入俄罗斯为异乡之客，或逃到内地其他地方，造成人口大量流失。1900 年，沙皇俄国在黑龙江制造了震惊世界的“海兰泡惨案”和“江东六十四屯惨案”，当地的汉、满、达斡尔和鄂伦春人惨遭血腥屠杀。鄂伦春人也出动了 500 多人的马队进行抵抗，因寡不敌众，伤亡惨重。“沙俄占领黑龙江以东的大片土地后，鄂伦春人四处逃难，加之天灾和瘟疾，鄂伦春人死亡甚剧。仅 1905 年甘奎地区发生流行性天花合并肺炎，一次死亡 218 人，其中 30 户人家无一幸免。”[②] 沙皇殖民主义者为了开采资源，对鄂伦春族人口也进行了掠夺，曾将 70 余人的两个屯划并归俄国，迫使鄂伦春人入俄籍，这也是这一时期中国鄂伦春族人口减少的重要原因。

1917 年，史禄国通过对五路各营地的记录、衙门的官方记录、通古斯人自己提供的材料对当时的鄂伦春户数及人口情况进行了研究：“因为难以得出人口的实际数字，只能了解到户数。据我的观察，每户平均有 4 人，或更精确地说是 4.3 人。我所估计的通古斯人口就是这样计算出来的。”[③] 史禄国计算出当时的鄂伦春户数为 1063 户，4541 人。1915 年至 1917 年，俄国人希洛克哥罗夫对鄂伦春族人口及地区分布进行了调查，兴安岭一带 950 人、墨尔根地方 430 人、毕拉尔路 899 人、库玛尔路 1832 人，共计 4111 人。[④] 这两组数据相差 430 人，史禄国的数据是经过推算而得出来的，而希

① 《黑龙江少数民族档案史料汇编》，黑龙江档案馆、黑龙江省民族研究所，1985 年，第 2-3 页。

② 林盛中：《鄂伦春民族人口新论》，黑龙江人民出版社 1993 年版，第 17 页。

③ 史禄国著，吴有刚、赵复兴、孟克译：《北方通古斯的社会组织》，内蒙古人民出版社 1985 年版，第 177-178 页。

④ 全国人民代表大会民族委员会办公室：《鄂伦春族情况——鄂伦春族调查材料之一》，1959 年编，第 8 页。

洛克哥的调查则应更加准确。

1934 年齐齐哈尔日本特务机关长松上校搜集到了鄂伦春族人口情况：兴安岭 300 人、托河路 600 人、阿力多布库尔路 400 人、库玛尔路 1600 人，共计 3700 人。1938 年伪满治安部参谋司调查课的鄂伦春人人口调查材料显示：卓尔河上流 180 人、诺敏河流域 166 人、格尼河上流 165 人、多布库尔河上流 165 人、甘河上流 94 人、奎勒河上流 67 人、海拉尔河上流 103 人、根河上流 136 人、哈尔通 143 人、旁乌河上流 78 人、呼玛尔河流域 468 人、羊关河 158 人、南宽河 119 人、坤和洪湖图 172 人、法别拉河 76 人、三岔河 81 人、逊别拉河 11 人、沾河 196 人、乌底河 90 人、车陆 28 人、科尔芬河 93 人、乌云河及其附近河流 110 人、佛山（嘉荫）一带 89 人，共计 2876 人。加上未经调查的汤原县、萝北县、饶河县的数字，据估计全部人口约为 3000 人。[①]

从以上几组数据可以看出：尽管从 1917 年至 1938 年调查的数据未必十分准确，但还是具有很高的参考价值。三个时期鄂伦春族人口数量分别是 4111 人、3700 人和 3000 人，人口数量呈下降趋势，分别减少 411 人、700 人。1953 年鄂伦春族定居时黑龙江省与内蒙古自治区对鄂伦春族人口进行了调查，共计 2251 人，比 1938 年还要少 750 人左右。从 1917 年到 1953 年的 38 年间，鄂伦春族人口由 4111 人下降到 2251 人，减少接近一半，这是十分惊人的。鄂伦春族人口不断减少的原因是：“征战中死亡，烟酒的毒害，疫病的传染，氏族很少，尤其近乎血族结婚，对人口的繁殖和健康不利。”[②] 通过分析也可以看出：鄂伦春族人口的不断减少，是与外界的影响密切相关的，作为一个弱势的群体他们不得不受到外来者的宰割，甚至到了族群消亡的边缘。

（二）定居以后的人口数量

新中国成立以后，鄂伦春族人口开始集中聚居，经中央政府批准，在“小二沟”成立了第一个少数民族自治旗，即“鄂伦春自治旗”。旗内设 3 个努图克，管辖 7 个行政村，即诺敏努图克、托扎敏努图克、甘奎努图克。布特哈旗设鄂伦春努图克。黑河专区设鄂伦春协领公署。1953 年全国第一次人口普查时鄂伦春人口分布情况如表 7－1－3 所示。

---

① 全国人民代表大会民族委员会办公室：《鄂伦春族情况——鄂伦春族调查材料之一》，1959 年编，第 9 页。

② 同上，第 10 页。

表 7－1－3　1953 年鄂伦春族人口分布[①]

居住地	人口数	居住地	人口数	居住地	人口数
呼玛县	671	内蒙古鄂伦春自治旗	797	铁力县	5
逊克县	261	内蒙古布特哈旗	80 44	庆安县	3
爱辉县	229	内蒙古莫力达瓦旗	9	德都县	2
嘉荫县	67	内蒙古索伦旗	4	木兰县	2
桦川县	22	内蒙古喜桂图旗龙江县	6	齐齐哈尔市	2
伊春	17			海拉尔市	1
嫩江县	15			通辽市	1
孙吴县	1			呼和浩特市	1

从 1964 年至 2010 年，全国又进行了 5 次人口普查，从鄂伦春族人口整体情况来看，人口数量持续增加，由 1964 年的 2709 人增加到 2010 年的 8659 人，增长了 3.2 倍。相关研究表明："从 1990 年第四次人口普查情况看，鄂伦春族人口增长率（1982 年至 1990 年）为 68.55%，比全国平均的 12.45% 多 56.1 个百分点，人口从 1982 年的 4132 人增加到 1990 年的 6965 人。但不应忽视的是，鄂伦春族人口增长的主要因素是与外族的大量通婚，据统计约占 50% 左右。比如，1982 年，黑龙江省共有鄂伦春族户数 644 个，其中不同民族的组合家庭 342 个。另外，还与一部分人恢复或改报为鄂伦春族有一定关系。所以，鄂伦春族人口高增长率，并非人口自然增长的结果。"[②] 从数据上分析，鄂伦春族人口增长的比例在不断扩大，然而人口增长的主要原因是鄂伦春族与外族的普遍联姻致使"混血"人口的大量增加，以及他族人口民族成分的更改。

鄂伦春族主要聚居在黑龙江省和内蒙古自治区，聚居在黑龙江的人口要多于聚居在内蒙古自治区的人口，其他地区的鄂伦春族人口比例不断增大，人口迁移的主要原因是外出工作、上学和服兵役，这并不包括户口仍在当

---

① 林盛中：《鄂伦春民族人口新论》，黑龙江人民出版社 1993 年版，第 34 页。

② 韩有峰、都永浩、刘金明：《鄂伦春族历史》，哈尔滨出版社 2002 年版，第 110－113 页。

地，而外出务工的人（表7－1－4）。

表7－1－4　五次人口普查对鄂伦春总人口数的统计表

年份	总人数	内蒙古自治区		黑龙江省		其他地区	
		人口	比例%	人口	比例%	人口	比例%
1964年	2709	1203	44.41	1488	54.93	18	0.66
1982年	4103	2039	49.69	2002	48.79	62	1.52
1990年	7004	3110	44.40	3618	51.7	276	3.90
2000年	8196	3573	43.60	3871	47.23	752	9.17
2010年	8659	3632	41.9	3943	45.5	1084	12.5

1992年分布在黑龙江省的鄂伦春族乡村人口情况是：新生村92户、347人，新鄂村117户、449人，新兴村50户、181人，十八站195户、537人，白银纳69户、242人，胜利村24户、117人，总人口数为1783人。1998年统计的分布在内蒙古自治区的鄂伦春族乡村人口情况是：古里65户、174人，希日特奇43户、103人，木奎23户、61人，讷尔克气25户、75人，乌鲁布铁16户、47人，朝阳26户、70人，南木33户、83人，总人口数为687人。2000年分布在鄂伦春旗的鄂伦春族人口为2050人，"分布在城镇的1270人，其中除以中、小学生为主的学生人群，其余为干部、职工；分布在乡村的猎民人口780人。"① 鄂伦春族人口分布的另一个特点是乡镇人口向城市迁移的扩大化，近年来这种扩大化趋势更加凸显，许多鄂伦春乡村只剩下老人和儿童，外出谋生已经成为很多鄂伦春族年轻人的选择。

二、人口结构

（一）定居以前的人口年龄结构

1917年，史禄国对游牧通古斯不同年龄人口数量和比例进行了统计，从表7－1－5中可以看出，在这个时期游牧通古斯人口男女比例基本合理，人口数量和比例按照5岁一个年龄段划分呈随着年龄的增长逐渐减少的趋势，其中50岁以上人口有95人，占总人口数量的17.7%，也可以看出其

① 何群：《环境与小民族生存——鄂伦春文化的变迁》，社会科学文献出版社2006年版，第100页。

长寿人口是普遍存在的（表 7－1－5）。

表 7－1－5　1917 年游牧通古斯人口数量及结构①

年龄	男	女	合计	
			人数	百分比%
0—5	36	38	74	13.8
5—10	29	36	65	12.1
10—15	28	17	45	8.4
15—20	21	24	45	8.4
20—25	22	20	42	7.8
25—30	18	20	38	7.1
30—35	22	17	39	7.3
35—40	20	19	39	7.3
40—45	21	11	32	6.0
45—50	10	14	24	4.5
50—55	12	12	24	4.5
55—60	3	10	13	2.4
60—65	13	12	25	4.6
65—70	4	6	10	1.9
70—75	9	5	14	2.6
75—80	3	—	3	0.6
80—85	1	3	4	0.7
85—90	1	1	2	0.2
不明	7	—	7	—
总计			537	

1957 年至 1960 年，内蒙古少数民族历史调查组对托扎敏、讷尔克气、白银纳、新鄂等乡村的鄂伦春族人口数量及结构进行了调查。这些调查结果

① 史禄国著，吴有刚、赵复兴、孟克译：《北方通古斯的社会组织》，内蒙古人民出版社 1985 年版，第 456 页。

基本反映了定居前鄂伦春族的人口年龄结构（表 7 – 1 – 6、7 – 1 – 7、7 – 1 – 8、7 – 1 – 9、7 – 1 – 10）。

表 7 – 1 – 6 1957 年托扎敏努图克居民年龄组别统计表①

	讷门	托河	诺敏	合计	百分比%
1—10 岁	22	17	40	79	28.5
11—20 岁	21	8	35	64	23.5
21—30 岁	15	3	24	42	15.2
31—40 岁	14	5	19	38	13.7
41—50 岁	3	5	11	19	6.9
51—60 岁	8	2	11	21	7.6
61—70 岁	7	2	4	13	4.6
71—80 岁	1			1	0.3
合计	91	42	144	277	100

表 7 – 1 – 7 1960 年讷尔克气鄂伦春族人口年龄组别统计表②

年龄	合计				年龄	合计			
	男	女	人数	百分比%		男	女	人数	百分比%
0—5	5	7	12	12.1	51—60	4	9	13	13.1
6—10	8	6	14	14.1	61—70	3	1	4	4.0
11—20	10	8	18	18.2	71—80	1	4	5	5.1
21—30	3	5	8	8.1	81—85	1		1	1.0
31—40	7	4	11	11.1	85 以上				
41—50	4	9	13	13.1	总计	46	53	99	100

① 《中国少数民族社会历史调查资料丛书》修订编辑委员会编：《鄂伦春族社会历史调查·一》，民族出版社 2009 年版，第 66 页。

② 内蒙古少数民族社会历史调查组、中国科学院内蒙古分院历史研究所：《鄂伦春自治旗甘奎努图克调查报告——鄂伦春族调查材料之八》，1960 年，第 61 页。

表 7－1－8　1958 年白银纳鄂伦春族人口年龄统计表①

年龄	合计				年龄	合计			
	男	女	人数	百分比%		男	女	人数	百分比%
0—5	31	18	49	21.4	51—60	7	8	15	6.6
6—10	10	12	22	9.6	61—70	3	5	8	3.5
11—20	21	20	41	17.9	71—80	1	3	4	1.7
21—30	20	25	45	19.7	81—85		1	1	0.4
31—40	13	13	26	11.4	85 以上				
41—50	10	8	18	7.9	总计	116	113	229	100

表 7－1－9　1957 年新鄂鄂伦春族人口年龄统计表②

年龄	合计				年龄	合计			
	男	女	人数	百分比%		男	女	人数	百分比%
0—5	22	20	42	20.8	51—60	12	10	22	10.4
6—10	14	13	27	12.8	61—70	4	7	11	5.2
11—20	12	14	26	12.2	71—80	1	1	2	0.8
21—30	18	14	32	15.2	81—85	1		1	0.4
31—40	16	13	29	13.4	85 以上				
41—50	9	10	19	9	总计	109	102	211	100

表 7－1－10　1963 年新生村鄂伦春族人口年龄统计表③

年龄组	合计	男	女	占总人口的百分比	年龄组位
70 岁以上	4	3	1	2.9	8
70—61	6	1	5	4.3	7
60—51	12	6	6	8.6	6

① 内蒙古少数民族社会历史调查组：《黑龙江呼玛县十八站鄂伦春民族乡情况——鄂伦春族调查材料之四》，1959 年编，第 4 页。

② 内蒙古自治区编辑组、《中国少数民族社会历史调查资料丛刊》修订编辑委员会：《鄂伦春族社会历史调查》，民族出版社 2009 年版，第 3 页。

③ 内蒙古少数民族社会历史调查组、内蒙古历史研究所：《鄂伦春自治旗木奎高鲁、爱辉县新生村和逊克县新鄂村补充调查报告》，1963 年，第 126 页。

续表

年龄组	合计	男	女	占总人口的百分比	年龄组位
50—41	10	7	3	7.2	5
40—31	18	8	10	13	4
30—21	33	17	16	23.7	3
20—11	26	14	12	18.7	2
10 以下	30	19	11	21.6	1
共计	139	75	64	100%	

按照10岁为一个年龄段进行分析，在20世纪50年代末期，4个村的鄂伦春族人口随着年龄的增大人口数量和比例逐渐减小，男女比例合理，50岁以上人口分别占总人口数量的12.5%、23.2%、12.2%和15.8%。

（二）定居以后的人口年龄结构

1.20世纪80年代的研究

1982年，林盛中对黑龙江省的鄂伦春族人口年龄结构进行了调查，他按照5岁为一个年龄段进行了统计。从总的趋势来讲，鄂伦春族人口主要集中在15岁以前，占总人口数的37.6%，以此按照年龄的增长人口数量逐渐减少，60岁以上人口占总人口数的2.95%，说明人口结构年轻化比较严重（表7-1-11）。

表7-1-11　1982年黑龙江省鄂伦春族人口年龄结构①

年龄段	0—14	15—19	20—24	25—29	30—34	35—39	40—44	45—49	50—54	55—59	60—64	65—99	合计
人口数	752	289	190	170	134	99	111	76	80	42	29	30	2002
比例%	37.6	14.4	9.49	8.49	6.69	4.95	5.55	3.8	3.99	2.10	1.40	1.55	100

1986年，沈斌华等对鄂伦春自治旗猎民村的人口数量及结构进行了调查，他们按照10岁一个年龄组进行了统计。从总的趋势来看，鄂伦春族人口主要集中在20岁以前，随着年龄的增长人口数量逐渐减少，60岁以上人口占人口总数的2.79%，说明鄂伦春族人口结构年轻化严重（表7-1-12）。

① 林盛中：《鄂伦春民族人口新论》，黑龙江人民出版社1993年版，第123页。

表 7－1－12 1986 年鄂伦春自治旗鄂伦春猎民户人口年龄构成①

年龄组	1—9	10—19	20—29	30—39	40—49	50—59	60 以上	合计
人口数	96	149	81	47	38	42	13	466
构成%	20.6	31.97	17.38	10.09	8.15	9.01	2.79	100

2. 鄂伦春旗鄂伦春族猎民的人口数量及结构

2008 年 7 月，课题组根据乌鲁布铁、讷尔克气、朝阳、木奎和希日特奇等猎民村的《猎民家庭名册》，对 5 个村的鄂伦春族人口数量及结构进行了统计。5 个猎民村共有猎民 586 人，其中男 262 人、女 324 人，女子人数明显多于男子，男女比例失调。5 个鄂伦春族猎民村 30 岁以下猎民人口数量占到整个人口数量的 66.8%，30 岁—59 岁占 12.3%，60 岁以上人口占 2.4%。经过计算得出，5 个猎民村男子平均年龄为 24.2 岁，女子平均年龄为 25.2 岁，男女平均年龄为 24.7 岁。从统计结果也可以看出，鄂伦春族猎民平均年龄很小，女子平均年龄略高于男子，中老年人口数量不多，年龄结构不合理（表 7－1－13）。

表 7－1－13 鄂伦春旗 5 个猎民村猎民人口结构统计表

年龄段	1—19	20—29	30—39	40—49	50—59	60—69	70 以上	总数
男	107	73	46	18	11	6	1	262
女	120	92	63	31	10	5	3	324
合计	227	165	109	49	21	11	4	586
比例%	38.7	28.1	18.6	8.3	3.5	1.8	0.6	100

2011 年 7 月，课题组再次来到内蒙古地区的乌鲁布铁、讷尔克气、木奎和多布库尔 4 个猎民村，再次对登记在册的《猎民家庭名册》，按照 10 岁为一个年龄段做出统计。鄂伦春族 4 个猎民村中男子占人口总数的 46.8%，女子占总人数的 53.2%，男女比例不合理；30 岁以下猎民人口数量占整体人口总数的 60.9%，30 岁—59 岁占 36.4%，60 岁以上人口占 2.7%。经过计算得出，4 个猎民村男子平均年龄为 21.4 岁，女子平均年龄为 26.8 岁，男女平均年龄为 24.1 岁（表 7－1－14）。

① 沈斌华、高建刚：《鄂伦春人口概况》，内蒙古大学出版社 1989 年版，第 223 页。

表 7－1－14　鄂伦春旗 4 个猎民村猎民人口结构统计表

年龄段	0—9	10—19	20—29	30—39	40—49	50—59	60 以上	总数
男	33	23	39	33	12	11	6	157
女	21	35	53	39	23	4	3	178
合计	54	58	92	72	35	15	9	335
比例%	16.1	17.3	27.5	21.5	10.5	4.4	2.7	100

3. 大兴安岭地区鄂伦春族村民人口数量及结构

2011 年 7 月，课题组深入到黑龙江省呼玛县境内的白银纳鄂伦春族乡，通过查阅《白银纳村村民家庭名册》，其中鄂伦春族男子为 87 人，女子为 111 人，其中男子人数占总人口数的 43.9%，女子占总人口数的 56.1%，女子数量明显多于男子，男女人口比例不合理。我们按照 10 岁为一个年龄段对鄂伦春族村民的人口结构进行了统计。30 岁以下村民人口数量占整体人口总数的 56.1%，30 岁—59 岁占 35.8%，60 岁以上人口占 8.1%。经过计算得出，白银纳村民男子平均年龄为 28.6 岁，女子平均年龄为 32.7 岁，男女平均年龄为 30.7 岁（表 7－1－15）。

表 7－1－15　白银纳鄂伦春族村民年龄结构统计表

年龄段	0—9	10—19	20—29	30—39	40—49	50—59	60 以上	总数
男	12	8	29	16	9	7	6	87
女	12	7	43	12	16	11	10	111
合计	24	15	72	28	25	18	16	198
比例%	12.1	7.6	36.4	14.1	12.6	9.1	8.1	100

白银纳村共有 94 户家庭，其中单亲家庭为 32 户，占家庭总数的 34%，其中有 26 户是鄂伦春族单亲家庭，占总户数的 27.6%；重组家庭为 12 户，占家庭总数的 13%；鄂伦春族与汉族组成的家庭为 39 户，占家庭总数的 41.5%；夫妻双方都是鄂伦春族的家庭为 9 户，占总户数的 9.5%。我们在调查中发现，夫妻双方真正均是鄂伦春族的家庭在白银纳已经不存在了，与外族的通婚致使外来人口大量涌入，在鄂伦春家庭内部起到了变迁和同化的作用。

2011 年 7 月，课题组在塔河县十八站鄂伦春族聚居区，对村民的人口数量及结构进行了统计。十八站村民中男子人数占总人数的 44.8%，女子占总人口数的55.2%；30岁以下村民人口数量占整体人口总数的59.2%，30岁—59岁占23.3%，60岁以上人口占5.2%。经过计算得出，十八站村民男子平均年龄为28.3岁，女子平均年龄为30.9岁，男女平均年龄为29.6岁（表7－1－16）。

表7－1－16　十八站人口结构统计表

年龄段	20岁以下	20—29	30—39	40—49	50—59	59—69	70岁以上	总数
男	36	46	22	22	5	3	1	135
女	38	58	24	23	11	8	4	166
合计	74	104	46	45	16	11	5	301
比例%	24.6	34.6	15.3	15	5.3	3.6	1.6	100

4. 新生乡鄂伦春族村民人口数量及年龄结构

2013年3月，课题组对新生村的人口数量和年龄结构进行了统计，新生村共有鄂伦春族人口162人，其中男子79人、女子83人，男子平均年龄为28.9岁，女子平均年龄为33.7岁，男女合计平均年龄为31.4岁。

新生鄂伦春族村民0—9岁所占比例为12.3%，10—19岁所占比例为14.2%，20—29岁所占总人数比例为22.2%，30—39岁所占比例为19.1%，40—49岁所占比例为16.7%，50—59岁所占比例为9.3%，60—69岁所占比例为4.3%（表7－1－17）。

表7－1－17　新生村鄂伦春族人口数量及年龄结构

年龄段	0—9	10—19	20—29	30—39	40—49	50—59	60—69	总数
男	10	15	19	12	15	6	2	79
女	10	8	17	19	12	9	5	83
合计	20	23	36	31	27	15	7	162
比例%	12.3	14.2	22.2	19.1	16.7	9.3	4.3	100

5. 新鄂乡鄂伦春族村民人口数量及结构

2013年3月，课题组对新鄂村的在籍人口进行了统计，新鄂村在籍人口总数为673人，其中男子332人，女子341人。各民族人口分别为：鄂伦春族215人，汉族381人，满族26人，蒙古族40人，达斡尔族11人，鄂伦春族人口数量少于其他各民族人数的总和。其中鄂伦春族男子为104人，女子为111人，男子人口数量少于女子人口数量（表7－1－18）。

表 7－1－18　新鄂村不同民族人口数量及年龄结构

	总人口男子数	总人口女子数	鄂伦春族男	鄂伦春族女	汉族男	汉族女	满族男	满族女	蒙古族男	蒙古族女	达斡尔族男	达斡尔族女
人数	332	341	104	111	186	195	13	13	22	18	7	4
比例%	100	100	31.3	32.6	56	57.2	3.9	3.8	6.6	5.3	2.1	1.2

课题组对新鄂村村民的人口数量和年龄结构进行统计，新鄂村人口年龄在0—9岁所占比例为9.1%，10—19岁所占比例为8.3%，20—29岁所占总人数比例为19.3%，30—39岁所占比例为17.2%，40—49岁所占比例为21%，50—59岁所占比例为16.5%，60—69岁所占比例为6.4%，70岁以上所占比例为2.2%（表7－1－19）。

表 7－1－19　新鄂村人口数量及年龄结构

年龄段	0—9	10—19	20—29	30—39	40—49	50—59	60—69	70—	总数
男	25	26	60	63	70	58	21	9	332
女	36	30	70	53	71	53	22	6	341
合计	61	56	130	116	141	111	43	15	673
比例%	9.1	8.3	19.3	17.2	21	16.5	6.4	2.2	100

新鄂村鄂伦春族人口数量和年龄结构表明，年龄在0—9岁所占比例为16.8%，10—19岁所占比例为10.3%，20—29岁所占总人数比例为24.8%，30—39岁所占比例为17.3%，40—49岁所占比例为13.6%，50—59岁所占比例为12.1%，60—69岁所占比例为4.2%，70岁以上所占比例为0.9%（表7－1－20）。

表 7－1－20　新鄂乡新鄂村鄂伦春族人口数量及年龄结构

年龄段	0—9	10—19	20—29	30—39	40—49	50—59	60—69	70—	总数
男	15	11	30	21	12	10	4	1	104
女	21	11	23	16	17	16	5	1	110
合计	36	22	53	37	29	26	9	2	214
比例%	16.8	10.3	24.8	17.3	13.6	12.1	4.2	0.9	100

新鄂村非鄂伦春族人口数量和年龄结构表明，年龄在0—9岁所占比例

为5.5%，10—19岁所占比例为7%，20—29岁所占总人数比例为16.8%，30—39岁所占比例为17.3%，40—49岁所占比例为24.5%，50—59岁所占比例为18.6%，60—69岁所占比例为7.4%，70岁以上所占比例为2.8%（表7-1-21）。

表7-1-21　新鄂乡新鄂村非鄂伦春族人口数量及年龄结构

年龄段	0—9	10—19	20—29	30—39	40—49	50—59	60—69	70—	总数
男	10	15	30	42	58	48	17	8	228
女	15	17	47	37	54	37	17	5	229
合计	25	32	77	79	112	85	34	13	457
比例%	5.5	7	16.8	17.3	24.5	18.6	7.4	2.8	100

通过对新鄂村鄂伦春族和非鄂伦春族人口年龄结构比例进行比较可以发现，年龄在0—9岁之间的鄂伦春族与其他民族人口数量的比例差为11.3，10—19岁之间为3.3，20—29岁之间为8，30—39岁之间为0，40—49岁之间为-10.9，50—59岁之间为-6.5，60—69岁之间为-3.2，70岁以上为-1.9。从鄂伦春族人口结构与其他民族人口结构的对比中可以看出，除年龄位于30—39岁之间的人口比例相一致外，其他年龄段均出现了较大的差异，0—29岁之间的鄂伦春族人口结构比例远远大于其他民族，然而年龄在40—70岁以上的人口结构比例鄂伦春族远远低于其他民族（表7-1-22）。

表7-1-22　新鄂村鄂伦春族与非鄂伦春族人口年龄结构比例比较

年龄段	0—9	10—19	20—29	30—39	40—49	50—59	60—69	70—	总数
鄂伦春族	16.8	10.3	24.8	17.3	13.6	12.1	4.2	0.9	100
非鄂伦春族	5.5	7	16.8	17.3	24.5	18.6	7.4	2.8	100
比例差	11.3	3.3	8	0	-10.9	-6.5	-3.2	-1.9	0

6. 新兴乡鄂伦春族村民人口数量及年龄结构

2013年3月，课题组对新兴乡村民人口数量和年龄结构进行了统计，全村共有509人，男子260人，女子249人，男子占总人口数量的51%，女子占49%。鄂伦春族人口为106人，其中男子53人，女子53人，鄂伦春族占全村人口数量的20.8%。汉族为397人，朝鲜族1人，达斡尔族4人，非鄂伦春族人口总数为402人，其中男子207人，女子195人，非鄂伦春族人口占总人口数量的79.2%。非鄂伦春族人口在新兴村中占据绝大多数。鄂伦春族男子平均年龄为32.3岁，女子为36.6岁，男女平均年龄为34.5岁，女子平均年龄明显超过男子。

新兴村鄂伦春族村民年龄在0—9岁所占比例为2.8%，10—19岁所占比例为11.3%，20—29岁所占总人数比例为32.1%，30—39岁所占比例为15.1%，40—49岁所占比例为20.8%，50—59岁所占比例为9.4%，60—69岁所占比例为5.7%，70岁以上所占比例为2.8%（表7-1-23）。

表7-1-23　新兴村鄂伦春族人口数量及年龄结构

年龄段	0—9	10—19	20—29	30—39	40—49	50—59	60—69	70—	总数
男	1	7	20	9	9	2	3	2	53
女	2	5	14	7	13	8	3	1	53
合计	3	12	34	16	22	10	6	3	106
比例%	2.8	11.3	32.1	15.1	20.8	9.4	5.7	2.8	100

新兴村汉族村民年龄在0—9岁所占比例为3.0%，10—19岁所占比例为9.1%，20—29岁所占总人数比例为17.1%，30—39岁所占比例为12.6%，40—49岁所占比例为25.2%，50—59岁所占比例为16.4%，60—69岁所占比例为10.6%，70岁以上所占比例为6.0%（表7-1-24）。

表7-1-24　新兴村汉族人口数量及年龄年龄结构

年龄段	0—9	10—19	20—29	30—39	40—49	50—59	60—69	70—	总数
男	9	18	38	20	51	33	20	14	203
女	3	18	30	30	49	32	22	10	194
合计	12	36	68	50	100	65	42	24	397
比例%	3.0	9.1	17.1	12.6	25.2	16.4	10.6	6.0	100

通过对新兴村鄂伦春族和非鄂伦春族人口年龄结构比例进行比较可以发现，年龄在0—9岁之间的鄂伦春族与其他民族人口数量的比例差为-0.2，10—19岁之间为2.2，20—29岁之间为15，30—39岁之间为2.5，40—49岁之间为-4.4，50—59岁之间为-7，60—69岁之间为-4.9，70岁以上为-3.2。从鄂伦春族人口结构与其他汉族人口结构的对比中可以看出，40岁以下鄂伦春族人口比例除了0—9岁年龄段比例要小于汉族外，其他年龄阶段要大于汉族；鄂伦春族40岁以上人口比率要远远小于汉族人口比例（表7-1-25）。

表 7－1－25　新兴村鄂伦春族与非鄂伦春族人口年龄结构比例比较

年龄段	0—9	10—19	20—29	30—39	40—49	50—59	60—69	70—	总数
鄂伦春族	2.8	11.3	32.1	15.1	20.8	9.4	5.7	2.8	100
汉族	3.0	9.1	17.1	12.6	25.2	16.4	10.6	6.0	100
比例差	－0.2	2.2	15	2.5	－4.4	－7	－4.9	－3.2	0

7. 胜利村鄂伦春族村民人口数量及年龄结构

2013 年 3 月，课题组对胜利村村民的人口数量和年龄结构进行了统计，该村共有村民 95 人，男子 51 人，女子 44 人。鄂伦春族村民 67 人，其中男子 35 人，女子 32 人，男子平均年龄为 25.97 岁，女子为 34 岁，男女平均为 30.32 岁。0—9 岁所占比例为 11.9%，10—19 岁所占比例为 13.4%，20—29 岁所占总人数比例为 28.3%，30—39 岁所占比例为 14.9%，40—49 岁所占比例为 19.4%，50—59 岁所占比例为 5.9%，60—69 岁所占比例为 2.9%，70 岁以上所占比例为 2.9%。胜利村鄂伦春族中年龄在 50—59 岁之间的人数占总人数的比例突然减低到 5.9%，可见年龄在 50—59 岁之间出现了大量的人员减少的状况（表 7－1－26）。

表 7－1－26　胜利村鄂伦春族村民人口数量及年龄结构

年龄段	0—9	10—19	20—29	30—39	40—49	50—59	60—69	70—	总数
男	6	5	8	6	8	1	1	0	35
女	2	4	11	4	5	3	1	2	32
合计	8	9	19	10	13	4	2	2	67
比例%	11.9	13.4	28.3	14.9	19.4	5.9	2.9	2.9	100

胜利村非鄂伦春族村民 0—9 岁所占比例为 7.1%，10—19 岁所占比例为 0，20—29 岁所占总人数比例为 14.3%，30—39 岁所占比例为 17.9%，40—49 岁所占比例为 35.7%，50—59 岁所占比例为 14.3%，60—69 岁所占比例为 10.7%，70 岁以上所占比例为 0（表 7－1－27）。

表 7－1－27　胜利村非鄂伦春族村民人口数量及年龄结构

年龄段	0—9	10—19	20—29	30—39	40—49	50—59	60—69	70—	总数
男	1	0	3	3	4	2	3	0	16
女	1	0	1	2	6	2	0	0	12
合计	2	0	4	5	10	4	3	0	28
比例%	7.1	0	14.3	17.9	35.7	14.3	10.7	0	100

通过对胜利村鄂伦春族村民与非鄂伦春族村民年龄比例的差值比较可以发现，年龄在0—9岁之间的鄂伦春族与其他民族人口数量的比例差为4.8，10—19岁之间为13.4，20—29岁之间为14，30—39岁之间为-3，40—49岁之间为-16.3，50—59岁之间为-8.4，60—69岁之间为-7.8，70岁以上为2.9。从鄂伦春族人口结构与其他民族人口结构的对比中可以看出，除年龄位于30—39岁之间的人口比例相一致外，其他年龄段均出现了较大的差异，0—29岁之间的鄂伦春族人口结构比例远远大于其他民族，然而年龄在40—70岁以上的人口结构比例鄂伦春族远远低于其他民族（表7-1-28）。

表7-1-28　胜利村鄂伦春族村民与非鄂伦春族村民人口年龄结构比例比较

年龄段	0-9	10-19	20-29	30-39	40—49	50—59	60—69	70—	总数
鄂伦春族	11.9	13.4	28.3	14.9	19.4	5.9	2.9	2.9	100
汉族	7.1	0	14.3	17.9	35.7	14.3	10.7	0	100
比例差	4.8	13.4	14	-3	-16.3	-8.4	-7.8	2.9	

第二节　疾病与死亡情况

一、定居以前的疾病与死亡情况

（一）传染病

鄂伦春族由于长期在山林中以迁徙游猎的生活方式进行生存，与外界交往较少，对疾病的抵抗能力也很弱，因此从清朝末期外来人口开始大量涌入开始，一直饱受传染病的危害，给他们的健康带来了极大的威胁。特别是天花、麻疹、伤寒和结核病等给他们的生活质量和生命安全带来了巨大的损害。1905年至1938年的33年间，在鄂伦春族中曾经爆发过三次大规模的流行性传染病，造成三次重大的人口死亡事件。“第一次是1905年，甘奎地区发生流行性天花，以后又并发肺炎，因此造成大批的死亡。当时甘奎地区全部人口为850人，死亡的达218人，占1/4以上。在这死亡的218人中，有30余户是全部死亡的。第二次是在1930年，在甘奎地区和托扎敏地区都发生了流行性麻疹，甘奎地区全部人口529人，死亡的有40人，托扎敏地区全部人口352人中，死亡的有84人。第三次是在1938年，在诺敏镇发生了肠伤寒，以后又并发肺炎，在全部人口 171 人中，死亡的竟达 98 人，即占 1/2 以上。除了这三次比较大的疫病死亡外，平时因吸毒、酗酒或其他疾病而死亡的，那就难以统计了。”① 在这三次传染病事件中，共有 440 名鄂伦春族人死亡，这对于人口数量较少的鄂伦春族来说无疑对民族的存亡是一个沉重的打击。“1939 年日本帝国主义侵略者把逊克一带的鄂伦春人都集中到蒲拉口子，发生了传染病，一次死亡 60 多人，约占当时鄂伦春民族人口的 2%。中华人民共和国成立前，呼玛县一带发生传染病，鄂伦春人首先遭难，人口死亡近半。”② 定居以前，在鄂伦春地区集中突发性的传染病给鄂伦春族人生命安全造成了极大的危害，其死亡人数之多、波及面积之大在人类发展史上也实属罕见。

（二）军事战争

清朝时期，为了巩固边疆地区的稳定，清朝政府将部分鄂伦春人纳入“八旗兵制”，曾派出 800 名鄂伦春人前往新疆伊犁地区平息叛乱，途中患传染病等，只有 8 人生还。1894 年中日甲午战争爆发，清政府又派出 200 多鄂伦春人参加战斗，损失惨重。在沙俄侵略者制造的“海兰泡惨案”和“江东六十四屯惨案”事件中，一些鄂伦春人惨遭杀害，鄂伦春人也曾出动 500 多人的马队进行顽强抵抗，终因寡不敌众，伤亡惨重。

日本帝国主义占领时期，他们把鄂伦春人编入“山林队”，在战争中造成大量鄂伦春人死亡。日本侵略者还利用鄂伦春人做细菌实验，枪杀无辜。据逊克县志记载：“1937 年在逊克，日本侵略者以莫须有私通抗联罪为名，一次枪杀鄂伦春 14 人，约占当时鄂伦春民族总人口的 0.5%。在浦拉口子日本侵略者强行给鄂伦春人注射防疫实验药针，一次就死亡 50 多人，占当时鄂伦春民族人口总数的 1.8% 左右，其中儿童死亡为 28 人。”③ 鄂伦春人在反抗日本帝国主义的斗争中进行了英勇不屈的斗争，同时在斗争中也造成了很大的伤亡。

国民党统治时期，鄂伦春人被编入“挺进军”，在战斗中造成人员大批伤亡。“由于连年征战和疾病，1953 年时全国鄂伦春族只剩下 2256 人，其中黑龙江省为 1303 人，与民国初的 4111 人相比，人口下降了近一半。”④

---

① 秋浦：《鄂伦春社会的发展》，上海人民出版社 1978 年版，第 62 页。

② 林盛中：《鄂伦春民族人口新论》，黑龙江人民出版社 1993 年版，第 20 页。

③ 引自林盛中：《鄂伦春民族人口新论》，黑龙江人民出版社 1993 年版，第 19 页。

④ 逯广斌、韩有峰、都永浩：《鄂伦春族四十年》，中央民族大学出版社 1994 年版，第 56 页。

受外族压迫，在军事、经济、文化等方面受制于人是造成鄂伦春人口下降的重要原因。

（三）生活方式

兴安岭严酷的自然环境也给鄂伦春人带来了巨大的考验。尤其是妇女生产，无论是酷夏和严寒都必须搬到临时的专为她们生产所搭建的“斜仁柱”中，男女均不得靠近，每顿饭必须以桦树皮装盛食物，用木杆在数步之外挑送。数九严寒，零下 40 多度的严寒，往往使新生儿一出生就惨死，产妇也因此落下妇科病，许多人终生不能再次生育。当婴儿满月后，母亲用桦皮摇车背负，骑马迁徙游猎，有时将摇车和婴儿挂在树枝上，归来时再取，新生婴儿独自经受风吹雨淋，甚至被野兽吞食。“据我们了解，鄂伦春人中生育的小孩并不少，但由于过去居住等各种物质条件很差，不讲究卫生，大人和小孩的死亡率实属惊人。如南屯占柱梅的母亲，曾生了 9 个小孩，但只剩下占柱梅 1 人。占柱梅本人曾生了 5 个小孩，但只剩下了一个 17 岁的男孩，同屯苏克苏彦曾生下 8 个小孩，一个也没有留下。”①

由于疾病和战争，鄂伦春人传统的生产生活方式被打乱，陷入极度贫困和困苦的境遇中，严重的营养不良以及烟酒的毒害给鄂伦春人口的发展带来了巨大的损失。据 1958 年的调查资料显示：“毕拉尔鄂伦春人自从民国以来，尤其是日伪日期，从青年人到老年人，不分男女，均会吸食鸦片。吸得很多，有时一天吸三四份。直到 1953 年国家禁止鄂伦春人吸食鸦片才停止下来。”②“酒害”是造成鄂伦春人意外死亡的重要因素，“据呼盟妇幼保健所等在鄂伦春自治旗所调查的材料，在 1955—1956 年，由于饮酒自杀者占死亡人数的 4% 以上。在黑河地区有一年竟占 14.4%。”③由于鄂伦春族人口较少，尽管有着严格的婚姻制度，但近亲结婚现象严重，对人口健康和生存不利。

二、定居以后的疾病与死亡情况

（一）鄂伦春自治旗

定居初期，由于鄂伦春族聚居更加集中，外来人口不断涌入，传染病呈

---

①③ 全国人民代表大会民族委员会办公室：《鄂伦春族情况——鄂伦春族调查材料之一》，1957 年编，第 10 页。

② 内蒙古自治区编辑组、《中国少数民族社会历史调查资料丛刊》修订编辑委员会：《鄂伦春族社会历史调查》，民族出版社 2009 年版，第 87 页。

集中爆发的趋势，疾病死亡和意外死亡现象仍然很严重。资料显示："1957年春节各高鲁发生麻疹。因及时抢救隔离，没有向其他地区蔓延，先后死亡10人，由1951年到1954年全努人口增加15人。1957年出生9名，因病死亡15人，减少6名。肺病比较严重的有17名，其中有几名到外地花几千元经费治疗已治愈了1名。在巡回医疗工作上还有缺陷，客观原因是只有两位大夫，同时身体很弱，常到外地送病号等等。"① 人民政府为了控制疾病的传播和蔓延，投入了大量的人力和物力，使传染病逐步得到控制。资料显示："努图克有卫生院一所，卫生所一所。卫生所无固定人员，由卫生院派人去巡回医疗。卫生院有院长一人，医士两名，助产士一名，护士一名，防疫队员一名，共6人。努图克主要的疾病有结核病、伤寒、麻疹、风湿性关节炎、胃病和神经性头痛。伤寒已基本控制，从1953年以来未发生过。麻疹也已基本控制，1961年以来未发生过；1953、1954、1955年3年虽连续发生，患者占总人数的80%以上，但死亡不超过10人，占患者的比例不到6%，而过去这种病一旦发生，是整部落的死亡。目前对努图克鄂伦春人威胁最大的是结核病，1951年检查患者占总人数的13%左右，1962年再次检查的结果，患者占总人数的24%强。结核病患者上升的原因，主要是他们卫生知识缺乏和生活条件的限制（患者不能实行隔离），所以虽然中华人民共和国成立以来进行了有效治疗，但患者仍然增加。"②

韩有峰等的研究显示："定居以后，鄂伦春族的非正常死亡率居高不下，严重影响了鄂伦春族的发展。据统计，1980年至1986年，鄂伦春自治旗鄂伦春族的非正常死亡率较高，其中乌鲁布铁7人，讷尔克气11人，朝阳13人，古里17人，小二沟4人，托扎敏51人，总计112人。据黑龙江省有关部门统计，1973年至1979年，某公社鄂伦春族非正常死亡24人，占死亡人口的52.17%。"③ 刘世海对1980年至1994年鄂伦春自治旗鄂伦春人死亡情况进行了研究：猎民意外死亡78人，占5.44%，平均年龄30岁；结核病发病率50年代患病率为50%—60%，1985年占11.8%，90年代以后占5%。他还对死亡专率进行了研究。何群对1958年—2000年鄂伦春自治旗鄂伦春人的死亡情况进行调查："42年间朝阳猎民村死亡的128人中，

---

① 内蒙古少数民族社会历史调查组、中国科学院内蒙古分院历史研究所：《鄂伦春自治旗甘奎努克调查报告——鄂伦春族调查材料之八》，1960年，第33页。

② 内蒙古少数民族社会历史调查组、内蒙古历史研究所：《鄂伦春自治旗木奎高鲁、爱辉县新生村和逊克县新鄂村补充调查报告》，1963年，第54－55页。

③ 韩有峰、都永浩、刘金明：《鄂伦春族历史、文化、发展》，哈尔滨出版社2002年版，第110页。

属于上吊、卧轨、开枪自杀者21人；因酒后冻死、淹死等7人；因在野外着凉、被野兽伤害致死者13人；因肺结核死亡31人；因肝炎、脑溢血等与酗酒有直接关系以及只注明‘因病’而死而没有注明病因亡故者40余人；婴幼儿死亡6人。非正常死亡人口占92.19%，其中上吊、卧轨、开枪自杀、酒后冻死、淹死、因肝炎、脑溢血等与酗酒后直接关系的死亡者占52%强；肺结核致死者占死亡总数的24.21%。"[①] "定居以后，尽管发生了几次传染病，比如，托扎敏就曾流行过3次麻疹，但由于医疗条件、生活环境的改善，再加上医疗部门的积极防治，目前已完全控制了天花病的再发，其他传染病也得到了最大限度的控制。黑龙江省鄂伦春族定居初期，身体素质也很差。比如，1953年，曾对呼玛县十八站、白银纳两村的鄂伦春族妇女进行调查，结果发现患病率为80%以上。1956年，曾对十八站、白银纳两村248名鄂伦春人进行体检，结果发现患病者148人，结核病率为59.68%。1956年至1957年，曾对逊克县新鄂、新兴两村的226名鄂伦春人进行体检，患病者为130人，患病率57.52%。1961年，对瑷珲县新生村鄂伦春族的体检表明，在受检的132人中，患者89人，患病率为67.42%，其中结核病患病率为9.27%。"[②] 鄂伦春自治旗对1960年至1988年该旗肺结核患病率进行了统计，结果表明肺结核在当地是威胁鄂伦春族群众健康的重要病因（表7-2-1）。

表7-2-1　1960年至1988年鄂伦春自治旗肺结核病调查情况[③]

年份	1960	1962	1976	1980	1983	1985	1986	1988
调查人数	1429	717	319	1094	1032	767	827	944
患病率	3.76	17.2	7.84	5.9	5.68	11.86	5.7	2.4

为了控制结核病的蔓延，鄂伦春自治旗加强了疾病防治工作。1974年，开始进行卡介苗接种，建立了防治所、卫生院、家庭三级防痨网。1985年，旗政府还与鄂伦春族聚居地方签订了"五定一奖"防治合同，五定即定岗位、定任务、定质量、定时间、定经费；一奖即先进者给予奖励。"各级镇卫生院针对鄂伦春族病人不重视治疗的现象，制定了‘全疗程管理，全面监督，送药到口，咽下再走’的管理制度。如果没有以上严格的防治措施，

① 何群：《环境与小民族生存——鄂伦春文化的变迁》，社会科学文献出版社2006年版，第477页。

② 韩有峰、都永浩、刘金明：《鄂伦春族历史、文化、发展》，哈尔滨出版社2002年版，第137页。

③ 《鄂伦春自治旗志》，内蒙古人民出版社1991年版，第665页。

鄂伦春族结核病率不可能降至2.4%的水平。”① 通过采取一系列措施，鄂伦春旗对传染病的控制有了显著的好转。“据统计，自治旗鄂伦春族的结核患病率1988年下降到2.4%，这同1962年的17.2%、1983年的5.68%，1985年的11.86%、1986年的5.7%相比下降了许多，但与80年代初全国的0.72%相比，仍是其3.3倍。1991年黑龙江省鄂伦春族的结核患病率虽已降至3.32%，但却是全省平均水平0.64%的5.19倍。鄂伦春族不仅结核患病率高，其他疾病的患病率也很高。在鄂伦春自治旗甘奎乡的68名鄂伦春族结核患病者中，兼有其他疾病的就有24人，其中朝阳村的48名结核病患病者中，兼有其他疾病的就有25人，占52.08%。据卫生部门1991年统计，黑龙江鄂伦春的总人口患病率高达45%，这对鄂伦春的发展构成了极大的威胁。特别值得关注的是，在鄂伦春族的结核病患者中，有相当一部分是儿童。比如，据有关部门1986年调查，鄂伦春自治旗古里村结核病患者17人，其中16人是儿童；朝阳村有鄂伦春族小学生28人，其中24人患有结核病；讷尔克气村的11名结核病患者中，有7人是儿童；托扎敏乡小学的鄂伦春族学生，有半数以上患有结核病，这不能不使我们对鄂伦春族的未来发展产生忧虑。”② 由于鄂伦春族定居前长期处于游猎状态，很少接触定居人群，深山密林中的病毒很少，所以自身的免疫功能很差，很容易受到传染病毒的侵袭，再加上热能及营养素摄取严重不足，患病率居高不下也就不难解释了。

鄂伦春旗猎民非正常死亡率很高，酗酒后自杀、他杀、交通意外以及由于长期饮酒而造成的高血压、心脏病和脑溢血等疾病而造成的死亡情况是普遍存在的现象（表7-2-2）。

表7-2-2　1980—1986年鄂伦春自治旗非正常死亡统计③

地区	乌鲁布铁	讷尔克气	朝阳	古里	小二沟	托扎敏	合计人口
人口数	7	11	13	17	4	51	112

高建钢、孙宝珠等在1988年对鄂伦春族人口平均预期寿命进行了研究：“1984年和1985年两年鄂伦春自治旗鄂伦春族平均人口预期寿命为47.6

① 韩有峰、都永浩、刘金明著：《鄂伦春族历史、文化、发展》，哈尔滨出版社2002年版，第137页。

② 同上，第111页。

③ 同上，第110页。

岁，其中男性为46.03岁，女性为49.17岁。非正常死亡是鄂伦春族平均预期寿命偏低的主要因素，自1980年至1985年6月，鄂伦春自治旗猎民非正常死亡人数共78人，他们的死亡年龄平均仅有30多岁。1971年到1980年十年，非正常死亡专率达到221.29/10万，列鄂伦春族人口死因之首。1984年和1985年非正常死亡率高得惊人，都达到6‰。1985年非正常死亡和正常死亡各占一半。1984年死亡率高达15.4‰。1985年略低些，也在11‰以上，两年平均，死亡率为13.6‰，非正常死亡率达5.998‰。这对鄂伦春族人口预期寿命影响极大，据粗略匡算，如排除非正常死亡人口数，鄂伦春族平均预期寿命可达到60岁左右。同不排除非正常死亡的平均预期寿命比，提高约12.5岁。并且死亡率可下降到7.66‰"[①]（表7－2－3）。

表7－2－3 1984、1985年鄂伦春自治旗鄂伦春族人口死亡率

项目 年份	年末总 人口（人）	死亡		其中：正常死亡		其中非正常死亡	
		人口（人）	率（‰）	人口（人）	率（‰）	人口（人）	率（‰）
1984	1492	23	15.4	14	9.36	9	6.0
1985	1508	18	11.9	9	5.96	9	5.98
平均	1500.5	20.5	13.6	11.5	7.66	9	5.998

（二）大兴安岭地区

定居初期，大兴安岭地区肺结核病流行严重，资料显示："中华人民共和国成立后，结核病在鄂伦春地区最为严重，如1956年在十八站、白银纳两村对248人检查中，肺结核32人，腺结核116人，风湿35人。"[②]"据一位民族工作部门的干部统计，大兴安岭地区鄂伦春族定居30多年来，非正常死亡人口占1987年总人口的15.78%，这个统计实在令人触目惊心。由于非正常死亡率高，该地区鄂伦春族儿童双亲缺一或双亲全无者占总人口的7.28%，占总户数的30%左右。几乎所有的非正常死亡都与酗酒有关，它已成了非正常死亡的诱因。诸多调查者普遍的印象是，在鄂伦春族中酗酒问题相当严重，对鄂伦春族的身体健康和生命构成了极大威胁，酗酒问题不解

① 高建钢、孙宝珠、沈斌华等：《鄂伦春族人口平均预期寿命》，载《内蒙古大学学报》1988年第4期。

② 内蒙古少数民族社会历史调查组：《黑龙江呼玛县十八站乡鄂伦春民族乡情况——鄂伦春族调查材料之四》，1959年，第178页。

决，非正常死亡率不可能降下来。”①

“‘十年动乱’，造成多数地方生产无着落、生活困苦不堪，疾病缠身，使许多鄂伦春族群众情绪异常低落，思想处于极度的苦闷之中。一少部分青年人失去了远大理想和奋斗目标，有的甚至失去了生活的兴趣和勇气，开始以酒消愁，使自己整日处在昏迷状态之中。由于酗酒闹事、打架斗殴，致使非正常死亡增多，影响了社会治安和民族间的团结。这种状况一直到80年代初期还仍然居高不下。据有关部门统计，1980年至1982年，大兴安岭地区的十八站和白银纳两个鄂伦春族公社，鄂伦春族人口出现负增长，共出生19人，而死亡高达46人，其中非正常死亡24人，占死亡人口的52.17%。1983年十八站公社死亡17人，其中非正常死亡11人，占死亡人口的64.7%。1984年白银纳公社死亡7人，其中非正常死亡5人，占死亡人口的64，7%。”②

大兴安岭地区鄂伦春族结核菌阳性发病率一直处于较高状态。为控制结核病的蔓延，国家在这里专门建立了鄂伦春族结核病医院。20世纪90年代初期，国家在大兴安岭地区原有卫生所的基础上又建立了肺结核专科医院。资料显示：“现在该地区已有卫生院3所，医务人员36人，其中鄂伦春族医务人员13人，有病床39张，并设有X光室、手术室，引进了较为先进的医疗仪器。除此之外，省、地、市结核病防治部门每年还不定期地对鄂伦春族进行结核病普查和诊治，同时对鄂伦春族儿童普及‘四苗’防疫。由于采取以上措施，该地区结核病明显得到控制。”③ 随着各项措施的实施，在大兴安岭地区鄂伦春族中普遍流行的肺结核逐渐得到了控制（表7-2-4）。

表7-2-4 1954—1992年大兴安岭地区结核病发病率

年份	1954	1955	1956	1960	1961	1962	1963	1973	1974	1975	1976	1979
发病率	12.8%	10%	8.8%	11.5%	8.2%	16.2%	9.8%	12.7%	8.5%	8.3%	8.8%	8.1%

年份	1980	1981	1982	1984	1985	1986	1987	1991	1992
发病率	5.9%	7.4%	13%	10%	8.4%	6.54%	3.52%	2.93%	3.88%

① 韩有峰、都永浩、刘金明：《鄂伦春族历史、文化、发展》，哈尔滨出版社2002年版，第110页。

② 逯广斌、韩有峰、都永浩：《鄂伦春族四十年》，中央民族大学出版社1994年版，第70页。

③ 同上，第120页。

大兴安岭地区的鄂伦春族除了疾病造成的死亡以外，非正常死亡率也非常高。据相关资料显示，在1980年至1996年，该地区刑事案件频发，意外死亡严重，16年间就有92人因恶性事件死亡（表7－2－5）。

表7－2－5　1980—1996年十八站、白银纳乡非正常死亡统计表①

	刀杀枪杀	淹死	冻死	自杀	交通事故	失火呛死	他杀	爆炸
十八站	14	6	11	7	5	2	2	1
白银纳	14	4	10	9	3	4		
合计	28	10	21	16	8	2	6	1

另据报道，“黑龙江大兴安岭地区1980年至1982年3年间，鄂伦春族人口共死亡46人，其中非正常死亡24人，占死亡人口的1/2以上。② 又据1985年调查，黑龙江十八站鄂伦春民族乡，1982年至1983年，鄂伦春族人口共死亡32人，其中非正常死亡16人，占死亡总人数的1/2，年龄最大的47岁，最小的17岁。可见，避免或减少非正常死亡，对于鄂伦春族平均预期寿命的延长有决定性意义。鄂伦春族非正常死亡的原因较多，但直接原因主要是酒害。在猎民村，猎民非正常死亡人口的绝大多数，是因为大量饮酒后枪杀、服毒、误伤、车祸、冻死造成的。

（三）黑河地区

在黑河地区，定居初期鄂伦春族同样受到传染病的威胁。据相关资料显示：“中华人民共和国成立以来特别是定居以后，过去在新生村鄂伦春人中蔓延的天花、伤寒等传染病已完全根治，妇女病、结核病也大大减少。不过，由于长期过量饮酒而在近两年里得胃病者突增，据统计1961年生胃炎者为6人，到1962年增至35人，占各种病患者111人的31%强。肺结核患者有14人，占各种病患者111人的13%强。③ 据对新鄂村和新兴村的调查资料显示：“1956—1957年相继有黑龙江省结核病医疗队和黑河专区结核病检查组，到鄂伦春族地区进行调查研究和治疗工作。还普遍进行了身体检查，结果证明，新鄂和新兴两村226人中，患各种疾病的达130人之多，正

① 关小云：《鄂伦春族非正常死亡引起的思考——对十八站、白银那两乡非正常死亡的调查》，载《鄂伦春族研究》，1997年，第53－55页。

② 吕光天：《我国少数民族人口研究评述》，载《中国社会科学》1985年第1期。

③ 内蒙古少数民族社会历史调查组、内蒙古历史研究所：《鄂伦春自治旗木奎高鲁、爱辉县新生村和逊克县新鄂村补充调查报告》，1963年，第124页。

常的只有96名。”[①] 其中对鄂伦春族群众影响最大的疾病是消化系统、呼吸系统等方面的疾病。

为了加强对疾病的治疗和控制，政府加强了针对鄂伦春族群众的医疗措施。1958年的调查资料显示：“中华人民共和国成立以后，党和政府为了彻底医治鄂伦春人各种疾病，并扭转人口逐年减少的状况，从1952年以来，在黑河地区鄂伦春协领公署内设置了巡回医疗组，专门为鄂伦春族群众医治各种疾病。1955年专区协领公署巡回医疗组下放到逊克县，负责医疗逊克县境内的鄂伦春人的各种疾病。1956年在新鄂村成立了卫生所，有医生和护士各1名。”由于卫生事业的发展，黑河地区的鄂伦春族人口数量迅速增长，“新生村的鄂伦春族人由中华人民共和国成立前人口急剧下降，转而走上了人丁兴旺的发展道路。如自1953年定居时至1962年3月，共出生40人，其中死亡10人；年老病故8人，纯增率为55%。”[②]

“‘文革’期间，放松了对鄂伦春族地区疾病的防治，因而使许多疾病又复发起来。尤其是鄂伦春族结核患病率又开始迅速上升，据普查，1977年新生公社结核患病率上升到6.3%，十八站公社达到了7.8%。1981年全省鄂伦春族的结核患病率为6.2%，其中逊克县达到7.8%。到1982年，十八站公社鄂伦春族结核病患病率又上升到9.2%，大大高于全国的0.77%和全省的1.02%的患病率。”[③] 这一时期，由于社会动荡，鄂伦春族医疗救助工作没有落实，各种疾病抬头，对群众的健康构成了威胁。

进入20世纪80年代以后，人民政府加强了对鄂伦春族医疗措施的实施，使鄂伦春族流行病得到了及时的控制，人口数量不断增加。相关资料显示：“目前为止，全省鄂伦春族地区已建有地区性医院2处，其中1处为鄂伦春族结核病防治院，乡级卫生院4处，村级卫生院1处，总面积1945平方米，病床55张，医务人员88人，资金46.5万元。医院设有内科、五官科、妇产科、外科等，一般的常见病可以就近治疗。医疗条件的改善和医疗事业的发展使鄂伦春族群众的健康水平不断提高。婴儿成活率1941年为11%，1983年提高到90%，1992年提高到99%。鄂伦春族人口逐年增

---

① 内蒙古少数民族社会历史调查组：《逊克县鄂伦春民族乡情况——鄂伦春族调查材料之三》，1959年编印，第94页。

② 内蒙古自治区编辑组、《中国少数民族社会历史调查资料丛刊》修订编辑委员会：《鄂伦春族社会历史调查》，民族出版社2009年版，第346页。

③ 逯广斌、韩有峰、都永浩：《鄂伦春族四十年》，中央民族大学出版社1994年版，第69页。

加。”[①] 然而，意外死亡仍然对鄂伦春人的健康造成了威胁，新鄂村和新生村1982年至1986年因酒精中毒、枪杀、冻死、上吊等死亡的人口数量为22人。

三、2006年以后课题组的研究

（一）鄂伦春自治旗

2008年7月，课题组对乌鲁布铁镇派出所注销的1993年—2007年乌鲁布铁、讷尔克气和朝阳猎民村的猎民死亡名单进行了统计（表7-2-6、7-2-7）。

表7-2-6　乌鲁布铁镇猎民死亡原因统计表

死因	结核病	心脏病	肺癌	脑血栓	自杀	冻死	被杀	交通事故	肝硬化	自然	酒精中毒	其他	合计
人数	8	6	2	1	2	2	1	1	1	1	1	7	33
比例%	24.2	18.2	6.1	3	6.1	6.1	3	3	3	3	3	21.3	100

表7-2-7　乌鲁布铁镇猎民死亡年龄统计表

死亡年龄	0—19	20—29	30—39	40—49	50—59	60以上	合计
人数	3	4	8	10	3	4	33
比例%	9	12.1	24.2	30.3	9	12.1	100

通过分析可以得出，鄂伦春族猎民死亡的原因多是非正常死亡，其中自然死亡仅有1人，死亡原因在前两位的是肺结核和心脏病，其次是癌症，冻死和自杀。其他不明死因的占了21.3%。通过对死亡年龄的统计可以看出，鄂伦春族猎民死亡年龄主要集中在30—49岁，占总死亡人数的54.5%。通过计算我们得出鄂伦春族猎民的平均死亡年龄为39.7岁，从中我们可以看出鄂伦春族猎民平均寿命很短，结核病和心脑血管疾病是影响他们死亡的主要原因，自杀、冻死、被杀等意外死亡仍在这一地区占一定的比例。

2008年10月，课题组对木奎和希日特奇2个猎民村进行的调查显示：2004年死亡1（男）人，2005年死亡2（1男、1女）人，2006年4（1男、

① 逯广斌、韩有峰、都永浩：《鄂伦春族四十年》，中央民族大学出版社1994年版，第120页。

3 女）人，2007 年 2（1 女、1 男）人。2008 年 3（男）人。死亡原因：意外 3 人，因长期酗酒导致疾病死亡的 7 人，因癌症死亡 1 人。因年迈死亡 1 人。死亡年龄 10—20 岁 1 人、20—30 岁 2 人、30—40 岁 4 人、40—50 岁 2 人、50—60 岁 2 人、60 岁以上 1 人。影响健康的主要原因是饮食及作息无规律，主要导致的疾病是心脑血管病及肝癌、肺癌；地处偏远交通不便医疗保健意识不强，有病不能及时就医。

2011 年 7 月，课题组通过当地派出所对托扎敏乡鄂伦春猎民死亡情况进行了调查，按 10 岁为一个年龄组进行了统计（表 7－2－8）。

表 7－2－8　2000—2011 年托扎敏乡鄂伦春族村民死亡年龄统计

死亡年龄	0—19	20—29	30—39	40—49	50—59	60 以上	合计
人数	0	2	5	3	0	3	13
比例%	0	15. 3	38. 5	23. 1	0	23. 1	100

托扎敏乡 2000—2011 年 13 人死亡情况的统计，死亡年龄 10—19 岁 0 人、20—30 岁 2 人、30—39 岁 5 人、40—50 岁 3 人、50—59 岁 0 人、60 岁以上 3 人。死亡的 13 人中，男性 8 人，平均死亡年龄为 40. 4 岁；女性 5 人，平均死亡年龄为 47. 6 岁；总平均死亡年龄为 43. 15 岁。

（二）大兴安岭地区

2011 年 7 月，课题组通过对白银纳乡政府、派出所、卫生院的调查，对村民 2008—2010 年的死亡状况进行了统计。这一时期，白银纳共有 12 名鄂伦春族村民死亡，其中男子 6 人、女子 6 人，男子死亡平均年龄为 50. 8 岁，女子死亡平均年龄为 58. 3 岁，平均死亡年龄 54. 5 岁，死亡原因主要是由于与高血压有关的各类疾病（表 7－2－9）。

表 7－2－9　白银纳村村民死亡情况统计表

	冠心病	车祸	脑出血	高血压	心衰	酒精中毒	食道癌	合计
男	1		2		1	1	1	6
女	2	1	1	1	1			6
合计	3	1	3	1	2	1	1	12

2011 年 7 月，课题组通过十八站卫生院对当地鄂伦春族村民的死亡情况进行了统计。2009 年—2011 年 7 月，十八站共有 16 名鄂伦春族村民死

亡，从死亡原因上我们可以看出，心脑血管疾病是十八站鄂伦春人死亡的主要原因，肺结核在这一地区并没有被根除，仍然对鄂伦春族的健康有着一定的威胁（表7－2－10）。

表7－2－10　十八站村民死亡原因统计（2009—2011）

死因	慢性病	突发病	非正常	监狱	合计
人数	8	4	2	2	16
比例%	50	25	12.5	12.5	100

2012年7月，课题组再次来到十八站，对2011年和2012年上半年鄂伦春村民死亡情况进行了统计。这期间，十八站乡共死亡鄂伦春族村民18人，约占该乡鄂伦春族总人口的5%（表7－2－11）。

表7－2－11　2011年—2012年6月十八站鄂伦春族村民死亡记录表

	姓名	性别	出生年月	死亡时间	死亡年龄	死亡原因
1	戈××	男	1966.05.16	2011.02.17	45	瘫痪
2	孟××	男	1973.04.30	2011.03.27	38	瘫痪
3	魏××	男	1942.07.21	2011.0629	69	脑出血
4	赵××	男	1989.08.25	2011.07.22	22	刀伤
5	孟××	女	1949.06.03	2011.07.23	62	心脏病
6	魏×	男	1977.07.21	2011.08.27	34	心脏病
7	戈××	男	1983.05.21	2011.09.22	28	肺结核
8	孟××	男	1996.07	2011.09	15	脑出血
9	戈××	女	1973.12.01	2011.10.07	38	心衰
10	杨××	男	1971.08.18	2011.11.02	40	脑出血
11	孟××	男	1968.02.11	2011.11.02	43	心衰
12	孟××	男	1963.06.08	2011.11.20	48	冻死
13	郭××	男	1968.01	2012.01.25	44	瘫痪
14	孟××	男	1965.06.11	2012.04.29	47	肺结核
15	戈××	男	1976.03	2012.05	36	冻死
16	关××	男	1965.04	2012.05.26	46	脑出血
17	戈××	女	1967.07	2012.06.09	44	心衰
18	戈××	女	1971.05	2012.06.19	41	心衰

通过统计可以看出：这期间死亡者为男 14 人、女 4 人，平均死亡年龄为 41.1 岁，肺结核死亡 2 人，意外死亡 3 人，心脑血管疾病死亡 10 人，瘫痪死亡 3 人。

2012 年 7 月，课题组对十八站村调查的统计显示：2009 年—2012 年 6 月，十八站乡共死亡鄂伦春族村民 30 人，平均死亡年龄为 43.23 岁。

课题组对白银纳和十八站两个村按照 10 岁为一个年龄组对死亡年龄进行了统计（表 7－2－12）。

表 7－2－12　白银纳、十八站村民死亡年龄统计

死亡年龄	0—19	20—29	30—39	40—49	50—59	60 以上	合计
人数	0	2	4	15	3	8	32
比例%	0	6.2	12.5	46.9	9.3	25	100

白银纳和十八站两个地区，2008—2012 年有 26 名鄂伦春族村民死亡，其中男子 14 人，女子 12 人。两个村鄂伦春族村民死亡年龄段为 10—19 岁 0 人、20—30 岁 2 人、30—39 岁 4 人、40—50 岁 15 人、50—59 岁 3 人、60 岁以上 8 人。

（三）黑河地区

1. 新生乡

2013 年 3 月，课题组对新生乡鄂伦春族人口死亡情况进行了调查。据知情老人的回忆我们对鄂伦春族村民死亡情况进行了统计：定居以来共有 135 位鄂伦春族村民死亡，平均死亡年龄 50 岁。从数据分析中可以看出，新生乡自定居以来鄂伦春族村民死亡年龄主要集中在 40—49 岁、50—59 岁及 60—69 岁之间，其占死亡总人口的比例分别为 18.3%、26.7% 和 22.1%。同时通过男女死亡情况的对比我们发现，男性的死亡数量远远大于女性。在 10—19 岁之间男性的死亡人数很多为 6 人，而女性很少为 0 人，20—29 岁男性死亡人数为 6 人，女性为 3 人，30—39 岁男性死亡人数为 12 人，女性为 4 人，40—49 岁男性死亡人数为 18 人，女性为 6 人。随着年龄的增长在 50—59 岁时男女的死亡数量基本持平，分别为 17 人和 18 人，而 70 岁以上的男女死亡人数则发生了变化，男性的死亡人数低于女性，分别为 6 人和 12 人。尽管老人的记忆有出入，但却能真实地反映出鄂伦春族村民的平均寿命并不长（表 7－2－13）。

表 7－2－13　新生乡定居后鄂伦春族村民死亡情况统计表

死亡年龄	0—19	20—29	30—39	40—49	50—59	60—69	70—	合计
男	6	6	12	18	17	18	6	83
女	0	3	4	6	17	11	11	52
合计	6	9	16	24	34	29	17	135
比例%	4.4	6.7	11.9	17.8	25.2	21.5	12.6	100

2. 新鄂乡

2013 年 3 月，课题组对新鄂乡鄂伦春族村民的死亡情况进行了统计。从 1993 年—2013 年 3 月，新鄂村共有 51 名村民死亡，其中鄂伦春族 38 人、汉族 10 人、达斡尔族 2 人、蒙古族 1 人。38 名死亡的鄂伦春族村民中，男子 32 人，女子 6 人，男子死亡人数远远超过女子，有 24 人死于 2000 年以后。鄂伦春族死亡名单中，11 人死亡年龄记录不详，27 人有详细的死亡年龄记录，平均死亡年龄 46.22 岁。12 名非鄂伦春族死亡者平均死亡年龄为 64.7 岁，比鄂伦春族村民平均死亡年龄要多出 18.5 岁。课题组对查明死因的 33 名鄂伦春族死亡者的死亡原因进行了统计，因饮酒造成的心脑血管疾病、酒精中毒是导致鄂伦春族村民死亡的重要原因（表 7－2－14）。

表 7－2－14　1993—2013 年新鄂乡鄂伦春族村民死亡原因统计表

疾病	人数	疾病	人数	疾病	人数	疾病	人数
小脑萎缩	2	心梗	2	脑梗	1	冻死	2
心脏病	2	药物过敏	1	老年综合征	2	酒精中毒	4
脑出血	8	自杀	2	肝腹水	1	肺癌	2
淹死	1	意外	2	不详	2	越狱枪杀	1

通过对新鄂村有详细死亡记录的 27 位鄂伦春族村民死亡年龄的统计可以看出，死亡年龄主要集中在 30—49 岁，40 岁以前死亡的 9 人中全是男子，女子死亡比例和死亡年龄要远远低于男子（表 7－2－15）。

表 7－2－15　新鄂村鄂伦春族村民死亡年龄统计

年龄段	0—9	10—19	20—29	30—39	40—49	50—59	60—69	70—	总数
男	0	1	1	7	7	4	2	0	22
女	0	0	0	0	1	1	2	1	5

续表

年龄段	0—9	10—19	20—29	30—39	40—49	50—59	60—69	70—	总数
合计	0	1	1	7	8	5	4	1	27
比例%	0	3.7	3.7	25.9	29.6	18.5	14.8	3.7	100

3. 新兴乡

2013 年 3 月，课题组对新兴村鄂伦春族村民死亡情况进行了统计。从死亡登记表可以看出，1954—2011 年新兴村共有 107 名鄂伦春族村民死亡，其中男子 71 人、女子 36 人，男子平均死亡年龄 47 岁，女子死亡平均年龄为 47.1 岁，女子死亡平均年龄略高于男子。从死亡年龄结构方面来看，主要集中在 50—59 岁年龄段，占死亡总人口的 23.3% （表 7－2－16）。

表 7－2－16　新兴村定居后鄂伦春族村民死亡年龄统计表（至 2013）

死亡年龄	0—9	0—19	20—29	30—39	40—49	50—59	60—69	70—	合计
男	0	3	7	17	10	13	15	6	71
女	0	1	4	3	10	12	4	2	36
合计	0	4	11	20	20	25	19	8	107
比例%	0	3.7	10.3	18.7	18.7	23.3	17.8	7.5	100

课题组按照整 10 年为一个年龄段对定居以来不同时期的鄂伦春族村民死亡情况进行了统计。新兴村鄂伦春族村民在 1990—1999 年死亡人数最多，男子 21 人，女子 6 人，共计 27 人，占总死亡比例的 25.2%；1980—1989 年死亡情况是男子 14 人，女子 5 人，共计 19 人，占总死亡人数的 17.8%；2000—2012 年死亡情况是男子 15 人，女子 3 人，共计 18 人，占总死亡人数的 16.8% （表 7－2－17）。

表 7－2－17　定居以来不同时期新兴村鄂伦春族村民死亡人数及比例

死亡时期	1954—1959	1960—1969	1970—1979	1980—1989	1990—1999	2000—2012	合计
男	3	10	8	14	21	15	71
女	7	7	9	5	6	3	36
合计	10	17	17	19	27	18	107
比例%	9.3	15.9	15.9	17.8	25.2	16.8	100

课题组根据定居后新兴村鄂伦春族村民的死亡名单，按照6个不同年代对不同时期村民的死亡平均年龄进行了计算。死亡年龄最低的时期是1954—1959年，平均死亡年龄是40.7岁；死亡年龄最高的是1990—1999年，平均死亡年龄是52.6岁；2000—2013年，平均死亡年龄是48.1岁。从这些数据可以看出，新兴村鄂伦春族村民平均寿命很短（表7-2-18）。

表7-2-18 新兴村鄂伦春族村民不同时期死亡平均年龄

死亡时期	1954—1959	1960—1969	1970—1979	1980—1989	1990—1999	2000—2012	平均数
男	49.5	41.1	36	48.9	51.6	45.9	47
女	36.9	49	47.8	41	56.6	59	47.1
平均数	40.7	44.4	42.2	46.8	52.6	48.1	47

在107名死亡者中，由于年代久远，在定居初期的14名死亡者没有查明死亡原因。通过对93位死亡者死亡原因的分析可以看出：因肺结核死亡者25人，心脏病死亡42人，糖尿病死亡13人，被杀4人，脑出血2人，自杀2人，意外1人，车祸1人，尿毒症2人，白血病1人。因肺结核死亡者主要集中在1990以前，因糖尿病死亡者主要集中在1990年以后，因心脏病死亡者在每个时期都占有很大的比重（表7-2-19）。

表7-2-19 新兴村鄂伦春族村民死亡原因统计

疾病	人数	疾病	人数	疾病	人数
肺结核	25	脑出血	2	车祸	1
心脏病	42	自杀	2	尿毒症	2
糖尿病	13	意外	1	白血病	1
被杀	4				

4. 胜利村

2013年3月，课题组对嘉荫县胜利村鄂伦春族村民死亡情况进行了调查。定居后嘉荫县胜利村鄂伦春族共有53人死亡，其中男子36人，女子17人，死亡年龄主要集中在40—59岁年龄段，平均死亡年龄为49.2岁。通过男女死亡情况的对比我们发现，男性的死亡数量远远大于女性。在20—49岁之间男性的死亡人数很多，为23人，而女性很少，仅为3人，随着年龄的增长，在50—69岁时男女的死亡数量基本持平，分别为10人和8人，而70岁以上的男女死亡人数则发生了变化，男性的死亡人数低于女性，分别为3人和6人（表7－2－20）。

表7－2－20 嘉荫县胜利村定居后鄂伦春族村民死亡情况统计表

年龄段	20—29	30—39	40—49	50—59	60—69	70—	总数
男	4	9	10	7	3	3	36
女	0	0	3	5	3	6	17
合计	4	9	13	12	6	9	53
比例%	7.5	17	24.5	22.6	11.3	17	100

第三节 小 结

一、鄂伦春族人口数量呈“U”字形变化

17世纪以前，鄂伦春人主要生活在黑龙江以北的贝加尔湖至库页岛的广袤地区，他们按照自然法则生息繁衍着，人口数量保持着均衡的发展。从17世纪初期开始，由于沙皇俄国的侵入，鄂伦春人开始向南迁徙，在与侵略者的斗争中人口开始减少。进入黑龙江南岸以后，清朝政府对鄂伦春人实行了“路佐治”的管理制度，开始向鄂伦春人征收貂皮等猎产品，同时还将鄂伦春人编入“八旗”，参加各种军事战争。与外族的频繁接触使自身免疫力差的鄂伦春人开始饱受传染病的折磨，各种战事也使鄂伦春人口数量不断地减少。北洋军阀时期、日本帝国主义占领时期以及国民党统治时期，统治者将鄂伦春人当成其战争的工具，并利用毒品、烟酒等进行麻痹。伴随着传染病的高发，人口大量死亡，整个民族处于濒临灭绝的险境。新中国成立以后，鄂伦春人实现了定居，这也使得传染病在一些地区呈高发态势，在人民政府的大力救助下并未出现人口大量死亡的现象，鄂伦春族人口开始逐步回升。进入20世纪80年代以后，在政府的积极倡导下，鄂伦春人开始与外族大量通婚，伴随着外族的大量涌入，鄂伦春族人口迅速增多。然而，这种人口数量的增加并不是鄂伦春族内部自然繁衍的结果，而是在外力的直接作用下形成的一种繁荣。当前，随着农村人口向城镇的不断迁移，许多鄂伦春乡村只剩下老人和孩子，外出谋生成为许多年轻人的选择。

二、鄂伦春族村民年龄结构呈年轻化态势

从纵向比较来看，鄂伦春族人口数量在不断增加，他们的年龄结构呈年轻化态势发展。这一方面说明鄂伦春族人口出生率不断增加，新增人口数量在不断加大，民族血脉得到了迅速的传承和繁衍。另一方面我们也发现，鄂伦春族中老年人口比例的减小与这一年龄段人口数量的减少有着直接的关系，同一乡村鄂伦春族中老年人的人口数量比例远远低于非鄂伦春族。从整体来看，鄂伦春族村民人口数量在20—29岁年龄段最多；而在30—49岁年龄段死亡人数最多。从而我们可以看出，人口的年轻化与中年人口死亡率较高具有一定的关联。

三、鄂伦春族村民平均死亡年龄较小

根据课题组调查的情况，鄂伦春族村民从平均死亡年龄来看，2008年统计的乌鲁布铁、讷尔克气、多布库尔3个村鄂伦春族猎民平均死亡年龄为39.7岁；2011年统计的内蒙古地区的托扎敏乡鄂伦春族村民平均死亡年龄为43.15岁。2011年7月，课题组对白银纳村调查的统计显示：2004年—2011年，白银纳共死亡鄂伦春族村民12人，平均死亡年龄为54.58岁。2012年7月，课题组对大兴安岭地区鄂伦春族村民死亡情况进行了分析：2009—2012年6月，十八站乡共死亡鄂伦春族村民30人，平均死亡年龄为43.23岁。2013年3月，课题组对黑河地区鄂伦春族村民的死亡年龄进行了分析：新生乡定居以来共有135位鄂伦春族村民死亡，平均死亡年龄50岁。定居后嘉荫县胜利村鄂伦春族共有53人死亡，平均死亡年龄为49.2岁。新兴村有记载的鄂伦春人口死亡共107人，平均死亡年龄为47.04岁。新鄂村从1993年开始有记载的鄂伦春族人口死亡共51人，其中记录了27位鄂伦春族村民的死亡年龄，平均死亡年龄为46.22岁。从整体情况来看，鄂伦春族村民在40—49岁年龄段死亡人数最多，依次是29—30岁年龄段和50—59岁年龄段，其他年龄段死亡人数较少。说明村民青壮年时期是死亡的高发期。

从死亡原因来看，心脑血管疾病、结核病和意外事件是引起死亡的主要原因。村民中男子死亡年龄明显小于女子，说明男子平均寿命要短于女子。鄂伦春族村民平均死亡年龄较小，鄂伦春自治旗村民的平均寿命要短于大兴安岭地区和黑龙江地区。同一地区的鄂伦春族村民的平均寿命要远远低于汉

族和其他民族。

参考资料

1. 柳成栋:《清代黑龙江孤本方志四种》,黑龙江人民出版社,1989 年版。

2.《黑龙江少数民族档案史料汇编》,黑龙江档案馆、黑龙江省民族研究所,1985 年。

3. 林盛中:《鄂伦春民族人口新论》,黑龙江人民出版社,1993 年版。

4. 史禄国著,吴有刚、赵复兴、孟克译:《北方通古斯的社会组织》,内蒙古人民出版社,1985 年版。

5. 全国人民代表大会民族委员会办公室:《鄂伦春族情况——鄂伦春族调查材料之一》,1959 年编。

6. 韩有峰、都永浩、刘金明:《鄂伦春族历史、文化、发展》,哈尔滨出版社,2002 年版。

7. 何群:《环境与小民族生存——鄂伦春文化的变迁》,社会科学文献出版社,2006 年版。

8.《中国少数民族社会历史调查资料丛书》修订编辑委员会编:《鄂伦春族社会历史调查. 一》,民族出版社,2009 年版。

9. 内蒙古少数民族社会历史调查组、中国科学院内蒙古分院历史研究所:《鄂伦春自治旗甘奎努图克调查报告——鄂伦春族调查材料之八》,1960 年编。

10. 内蒙古少数民族社会历史调查组:《黑龙江呼玛县十八站鄂伦春民族乡情况——鄂伦春族调查材料之四》,1959 年编。

11. 内蒙古少数民族社会历史调查组、内蒙古历史研究所:《鄂伦春自治旗木奎高鲁、爱辉县新生村和逊克县新鄂村补充调查报告》,1963 年编。

12. 沈斌华、高建刚:《鄂伦春人口概况》,内蒙古大学出版社,1989 年 10 月。

13. 秋浦:《鄂伦春社会的发展》,上海人民出版社,1978 年版。

14. 内蒙古自治区编辑组、《中国少数民族社会历史调查资料丛刊》修订编辑委员会:《鄂伦春族社会历史调查》,民族出版社,2009 年版。

15. 全国人民代表大会民族委员会办公室:《鄂伦春族情况——鄂伦春族调查材料之一》,1957 年编。

16. 高建钢、孙宝珠、沈斌华等:《鄂伦春族人口平均预期寿命》,载《内蒙古大学学报》,1988 年第 4 期。

17. 逯广斌、韩有峰、都永浩:《鄂伦春族四十年》,中央民族大学出版社,1994 年版。

18. 关小云:《鄂伦春族非正常死亡引起的思考——对十八站、白银那两乡非正常死亡的调查》,载《鄂伦春族研究》。

29. 吕光天:《我国少数民族人口研究评述》,载《中国社会科学》,1985 年第 1 期。

第八章　影响鄂伦春族村民健康因素及对策探析

第一节　影响鄂伦春族村民健康因素分析

鄂伦春族聚居区村民在健康方面存在着很大的问题，我们从体质健康、心理健康、人口结构、疾病与死亡情况等方面可以全面、准确地看到这一问题的严重性。造成这种现象的原因既有外来文化严重干扰的外因，也有其自身发展动力不足的内因所致。我们可以清楚地看到，在社会的发展进程中，鄂伦春人始终处于被动的和从属的地位，始终无法驾驭自己的发展命运，由于缺乏有效的防御体系，致使惨痛事件不断发生。因此，当我们在寻找影响其健康状况的原因时，应该历史的、辩证的、从主位和客位相结合的视角去探讨。

一、生活环境变迁的影响

（一）自然环境的影响

从体质健康测试的结果分析中可以发现，鄂伦春族村民在身高方面与全国农民指标相比，20 岁年龄组没有显著差异，而随着年龄段的增加出现了较大差距。在体重方面，除了鄂伦春自治旗 20 岁以上男子村民的指标显著低于全国指标以外，其他指标均高于全国农民指标或与其保持同步。在胸围、腰围、皮褶厚度等方面鄂伦春族村民的各项指标均高于全国农民指标。从整体情况来看，鄂伦春族村民身体形态呈身高较矮、体态偏胖的情况。鄂伦春族长期生活在气候严寒的兴安岭森林中，在密林中穿梭成为他们重要的生产生活方式。鄂伦春马来自于蒙古马种，在长期森林环境中逐步形成了鬃毛长、体态小等特点。由此我们可以推测，鄂伦春族身体形态的特征与他们的生活环境具有一定的关系，而年轻一代由于大多数人是鄂伦春族与其他民族通婚所生，身高增高、身体强壮就可以解释了。鄂伦春人皮下脂肪较厚、三维较大，这与为了适应严寒气候、增加保暖机能的生物性反应有关，另外也与体力劳动较少、体育锻炼不够等生活方式有关。

清朝末期以来，随着自然资源的毁灭性开发，森林资源日益枯竭，许多野生动物惨遭灭绝，水土流失，生态失衡，灾害频发，特别是几场大火几乎使大兴安岭成为一片焦土。在这种情况下，动物资源枯竭，鄂伦春人无猎物可打，心爱的猎枪、猎马和猎狗也远离了他们，失去了赖以生存的环境根基，其狩猎文化也就走向了尽头。昔日的狩猎英雄"莫日根"放下了猎枪却拿起了酒杯，为了逃避现实一醉方休，致使他们的身心健康受到了影响。

（二）社会环境改变的影响

对森林狩猎文化的高度适应使鄂伦春族形成了文化的高度"专化"，在鄂伦春族语中对狩猎进行描述的专用名词要远远多于其他民族，他们在森林中能够轻松地辨认方向，能够快速、准确地判断出动物的类别和踪迹，能够有效地采取措施防止野兽和蚊虫的袭扰进行生存，并形成了一套适应狩猎生活的文化体系。当先进的狩猎工具和生活用品输入时，很快就被他们所接受，然而当这些外来文明对他们的生产生活形成冲击时，他们却毫无还手之力。

清朝时期的"路佐"制对鄂伦春人实施了严酷的管理，"贡貂制"改变了鄂伦春人的狩猎体制，鄂伦春人狩猎的目的不再是为了满足自己生存消费的需要，而是需要猎获更多的猎物来满足税赋和换取更多的生产生活资料。尽管鄂伦春人的氏族社会组织"穆昆"制与"路佐"制长期并存，然而外来文明却将鄂伦春人传统的社会文化体系逐步摧毁，最后走向土崩瓦解。清朝时期，鄂伦春人受到不法商人的残酷欺压，生产资料、生活资料被严格控制，不能满足他们的贪欲时就要受气挨打，还要收缴猎枪和猎马，一些鄂伦春族妇女还受到这些不法之徒的侮辱。清朝末期的"刚通事件"就是鄂伦春人为了反对外族残酷剥削而采取的反抗行动。这种与外来势力的矛盾日益激化，对鄂伦春人的生产生活造成了影响，许多人陷入极端贫困之中。清朝政府还将鄂伦春人编入八旗，多次被征调参加军事战争，致使人口数量本来就少的鄂伦春人雪上加霜。

北洋军阀、日本帝国主义和国民党占领时期，鄂伦春人同样遭受到残酷的欺压，他们被编入山林队、挺进军、光复军等，为其军事战争服务，使鄂伦春族人口不断减少。除了利用生产生活资料来控制鄂伦春人以外，统治者还利用鸦片、烈酒对鄂伦春人进行毒害，迫使他们自动交出所有的劳动成果。贫困、苦闷和绝望笼罩着鄂伦春人，再加上疾病的流行，鄂伦春族到了民族消亡的边缘。

中华人民共和国成立以后，在党的民族工作方针的指导下，人民政府与鄂伦春人签订了“六条保证”，鄂伦春人实现了定居，彻底改变了他们的生活方式和社会环境。20 世纪 50 年代末期，为了支援社会主义建设，国家制定了大兴安岭森林资源大开发政策，部队、伐木工人以及大批社会闲散人员进入这一地区，作为森林活地图的鄂伦春人也积极参加到这一行动中来，外来人口的大批涌入彻底打破了鄂伦春人相对封闭的社会环境。在“直接过渡”方针的指导下，鄂伦春社会逐步向人民公社化方向发展，定居初期还保留的“穆昆”制、“路佐”制残余被逐步废除。人民公社集体所有制的体制与鄂伦春族传统的集体生产、共同消费的社会体制具有一定的共同性，并使鄂伦春人接受和适应。在全国因“三年自然灾害”而陷入极端困难的时期，鄂伦春人依靠丰厚的自然资源，农业和猎业都得到了发展，不仅基本解决了自身的温饱问题，有的地方还向国家上缴了余粮，支援了国家建设。“文化大革命”开始以后，鄂伦春人的历史问题被重提，许多鄂伦春人受到牵连，致使鄂伦春社会遭受到沉重的打击，被杀、自杀和意外死亡现象频频出现，鄂伦春族陷入了巨大的痛苦和灾难之中。进入 20 世纪 80 年代以后，鄂伦春族同样也实行了“联产承包制”，然而这一政策对于刚从森林中走出来、又经历了多次政治运动的部分鄂伦春族人来说实在是一个难以适应的经济产业环境，他们语言不通、不会经商、不会种地，面对变幻莫测的社会环境一筹莫展。政府为了帮助鄂伦春族发展，投入了巨大的人力和物力，为鄂伦春人修建了房屋，指导他们进行农业生产，发展木耳、菌类的种植，定期发给生活补助等，还积极支持鄂伦春人与外族通婚，希望用外来文化促进鄂伦春社会的发展。然而，这些政策和措施并没有起到预想的效果，反而增加了鄂伦春人对政府的依赖感，助长了一些人的“等”、“靠”、“要”的思想。纵观鄂伦春族定居以来的发展历程，其社会文化始终处于一个“被改造”的地位，“一刀切”的政策没有充分考虑到鄂伦春社会的特殊性。在帮扶过程中也缺乏长期有效的统筹计划，缺乏科学的论证方案，往往是一个政策行不通就换另外一个政策，钱花了很多，但是并没有解决根本问题。尽管政府修建了卫生院，为鄂伦春人提供了免费医疗，但是鄂伦春人在社会变迁中失去了自我，生与死对于一些人来说已经不是最重要的事情了，健康问题也就更不会得到他们的重视。

鄂伦春族作为以狩猎文化为传统的民族，在社会发展中不仅失去了猎枪，而且还失去了使用森林和开发森林的权利。他们不得不背离祖先留下的传统，被挤压到宽敞明亮的阁楼里，虽然家用电器和生活用品一应俱全，但就如同关在漂亮笼子里的小鸟，健康、幸福对于他们来说就成了奢侈品。随着外来人口的大量涌入，他们所处的社会环境发生了翻天覆地的改变，面对这一切，他们在社会中失去了自我的身份，逐步走向了社会的边缘。从鄂伦春自治旗人口发展的情况可以反映出社会环境的改变与鄂伦春族逐渐淡出社会主流的过程，值得说明的是鄂伦春族人口的显著增长是由于20世纪80年代以后与外族大量通婚和非鄂伦春族更改民族成分所致（表8-1-1）。

表8-1-1　鄂伦春自治旗人口发展情况

年份	总人数	鄂伦春族	占总人口比例（%）
1953	946	797	84.2
1954	1409	814	57.8
1956	2389	857	35.9
1958	49131	863	1.8
1960	117975	908	0.8
1961	75011	916	1.2
1965	105232	1015	0.9
1982	272588	1546	0.6
1990	293846	1858	0.6
2000	292097	2050	0.6
2010	223751	1941	0.8

二、流行病和意外事件

鄂伦春人长期生活在兴安岭森林中，由于空气清洁，自然环境良好，早期的时候他们很少受流行病的困扰。从清朝中后期开始，鄂伦春人与外族频繁接触，天花、麻疹、伤寒、肺结核等传染病在鄂伦春人中开始流行。由于他们自身对流行病的免疫力很差，一旦传染病进入就会很快流行，历史上就有数起因传染病而群死群亡的事件发生。1905年至1938年的33年间，在鄂伦春族中曾经爆发过三次大规模的流行性传染病，造成三次重大的人口死亡事件。在这三次传染病事件中，共有440名鄂伦春族人死亡。1939年，逊克一带也发生了传染病，一次死亡60多鄂伦春人，约占当时鄂伦春族人口总数的2%。呼玛县一带也曾发生传染病，鄂伦春人口死亡近半。定居以前，在鄂伦春地区集中突发性的传染病给鄂伦春族人生命安全造成了极大的危害，其人口死亡人数之多、波及面积之大在人类发展史上也实属罕见。

定居以后，由于鄂伦春族聚居更加集中，外来人口不断涌入，肺结核、肝炎等传染病呈集中爆发的趋势，疾病死亡现象仍然很严重。在人民政府的大力救助下，经过广大医疗工作者的长期努力，肺结核、肝炎等传染性疾病逐步被控制，由此而造成的死亡现象不断减少，但仍然给鄂伦春族群众的健康造成了巨大影响。1994 年的研究资料显示："各种疾病（肺结核、肝炎、胆囊炎、关节炎）对鄂伦春族的健康威胁很大。据有关部门调查，目前全省鄂伦春族全员人口患病率高达45%，其中结核病达 3.32%，高于全省平均水平的 4.5 倍。疾病长期蔓延、发展，使鄂伦春族群众的生产、生活、健康和生命遭到极大的危害。患病轻者丧失劳动能力，不能从事社会和经济活动，重者失去了生活自理能力，甚至过早地离开了人世。至于学生因病不能上学、妇女因病不能生育的情况，也是比较普遍的。"① 何群认为："鄂伦春族因肺结核、肝病、心脏病而致死的普遍性，主要出现在与外界接触频繁之后。特别是从清末民初以后。从文化与环境看，就是狩猎文化与环境所形成的适应与和谐，被社会环境的急剧变化所打破。"② 由于传统的共同生产、共同消费的生活习俗，鄂伦春人喜欢群居生活，由此而造成的飞沫交叉感染也是流行病高发的重要原因。

课题组在 2006 年以后的调查中发现，肺结核仍在一些地区对鄂伦春族村民的健康构成威胁。然而，在体质健康测试中我们发现，高血压现象在鄂伦春族村民中普遍存在，许多人知道自己患了高血压病，认为吃了药就好了，不知道高血压的治疗是一个按时长期服用药物的过程，许多人对高血压病的危害知之甚少，致使心脑血管疾病普遍存在。从致死原因来看，心脑血管疾病是目前导致鄂伦春族村民死亡的最主要原因，长期的高血压未能得到控制导致心脑血管疾病的普遍存在，而缺乏医疗常识、生活方式不合理则是造成这种现象的直接诱因。鄂伦春人喜爱饮酒，喜爱咸食和肉食，这些生活习惯都会造成高血压的产生。

意外事件是影响鄂伦春族村民健康的另一因素，也是导致他们死亡率偏高的主要原因。何群提出："似乎存在一个规律，半个多世纪以来。随着狩

---

① 逯广斌、韩有峰、都永浩著：《鄂伦春族四十年》，中央民族大学出版社 1994 年版，第 143 页。

② 何群：《环境与小民族生存》，社会科学文献出版社 2006 年版，第 478 页。

猎文化的穷途末路，鄂伦春人传统的非正常死亡类型、性质也随之发生了变化。而问题的核心是自然环境和社会环境的剧变。喝酒已不是过去意义上的文化特色，往往是‘活着没意思’的一种心理调整，依托酒去寻找‘活着’的感觉。"[①] 鄂伦春人的意外事件几乎都与酒有关，酒后冻死、酒后车祸、酒后卧轨、酒后被杀、酒精中毒、酒后淹死、酒后失踪等恶性事件举不胜举。何群认为："鄂伦春人饮酒成为一定程度的社会问题，原因主要根源于社会。通过饮酒、酗酒，与社会环境剧变，以及社会环境变化引起自然环境巨变、狩猎文化断裂、自我认同危机关系密切。从宏观来看，定居前，传统组织制度、道德规范等狩猎文化生活模式，使绝大多数鄂伦春人成为优秀猎手和贤妻良母，能够实现自己的人生价值，生命充满活力。定居后，生存环境变化，猎业经济日益危机，传统文化逐渐衰落。适应新的环境，面对新的事物，从技能、组织、心理、观念等文化各个方面，面临诸多困难。特别是留在猎民村里的人，因为一直没有真正掌握一种足以能够产生自尊、自信的生产技能，狩猎文化时期那种英雄‘莫日根’、自食其力等人性中的最高需求、自豪至尊的光环日益暗淡。而周围无论是文化，还是人口数量上异族人口包围和压力，使他们以往的文化优势急速褪色，在各种资源争夺角逐中每每失利。"[②] 酒对鄂伦春人的生活方式、社会发展和健康情况产生了巨大的影响，由于鄂伦春人长期生活在高寒地区，且与外界接触较少，相对封闭，饮酒具有御寒、促进交流等功能，因此他们对酒有着特殊的情感。定居以前，尽管谙达、老客等商人已经将酒带入了鄂伦春人的生活，但是酒在当时还是一种高档的"奢饰消费品"，在联姻、聚会、待客、庆典、祭祀等活动中扮演着重要的角色，能够得到酒需要付出艰苦的劳动，并不能被人们普遍所享用，因此而造成的意外死亡事件微乎其微。定居后，政府给鄂伦春人调配了新的狩猎枪支，供应充足的子弹，并对猎产品进行统购统销，鄂伦春人经济收入得到了极大的提高。随着合作社的发展，外来商品对鄂伦春人供应越来越便捷，酒逐渐成为百姓日常生活不可缺少的饮品。在随后的社会发展中，由于遇到了一系列的不适应，酒成为许多鄂伦春人用以摆脱现实、发泄愤恨和不满情绪的伴侣，许多人家里无粮无米，一贫如洗，依靠赊账和政府补贴过活，整日与酒为伴，甚至产生了酒精依赖，今朝有酒今朝醉，至于疾病与健康问题早已不是他们所关心的问题了。

课题组在调查中发现，青年时期是鄂伦春人意外事件高发的年龄阶段，

---

① 何群：《环境与小民族生存》，社会科学文献出版社 2006 年版，第 480 页。

② 同上，第 470 页。

特别是青年男子意外死亡现象非常严重。我们在心理量表的测试中也发现，鄂伦春族村民普遍存在心理健康问题，SCL—90 测试中的各维度的平均值显著高于全国常模水平，显示出较低的心理健康水平，说明鄂伦春族成年人的心理健康水平存在一定的问题。我们从鄂伦春族村民人口的年龄结构、死亡年龄和死亡原因的分析中也可以看出，鄂伦春族村民人口年龄结构不合理，呈现严重的年轻化，平均寿命也很短，这与疾病和意外事件导致的中青年死亡率较高有直接的关系。

三、传统文化的遗失

（一）对外来文明的需要改变了鄂伦春人的文化传统

马林诺夫斯基文化功能论用文化迫力来解读需要而引起文化变迁的理论："若我们细察个人机体的生物需要，如何在文化状态中得到满足，我们一定能见到它们得到满足的文化方式又造下了新的限制，因之又发生了新的文化迫力。"① 文化迫力是满足需要和创造需要的动力，这种迫力产生的动因是社会文化进化、发展和变迁的动力源。马林诺夫斯基还强调文化的整体性："若我们随意取一器物，而想加以分析，就是说想设法去规定它的文化的同一性，我们只有把它放在社会制度的文化布局中去说明它所处的地位。换言之，就是说明它如何发生文化的功能。比如，要分析一打猎用的标枪，我们就得考虑到这文化中所有打猎的形式，更须说明这打猎上合法的权利、猎队的组织、所用的技术、所有巫术的形式、野味的分配、这种打猎形式和其他打猎形式的关系以及打猎在这部落经济上的重要性。除非目的只在搜集标本，我们对于一部落中所用的标枪必须把它视为其所有文化打猎制度体系的一部分，亦只有把它关联到这制度及说明它在这制度中所处的地位，这标枪才得到它的文化意义。"②

鄂伦春族在漫长的社会发展历程中，为了满足族群的生存和繁衍，创造了灿烂的传统文化，这种文化是长期生产、生活实践的积累，是鄂伦春族民族精神的载体。鄂伦春族狩猎文化是其传统文化的主要形式，围绕这一文化特征，鄂伦春族的各种文化形式形成了相互依存、不可分割的文化整体。为了生存的需要，鄂伦春族依靠自己的智慧发明了各种狩猎方法，在实践当中又不断得到丰富和完善，尽管他们是以猎获动物为主要生存方式，但是却形

---

① 马林诺夫斯基著，费孝通译：《文化论》，华夏出版社 2001 年版，第 27 页。

② 同上，第 22 页。

成了与大自然和谐共存的文化体系。在历史发展进程中，鄂伦春族经历了母系氏族阶段和父系氏族社会的发展阶段，具有父系氏族遗存的“穆昆”制一直延续到20世纪50年代，这种制度是为了适应鄂伦春族迁徙游猎的生活方式，为了适应自然环境和社会环境以及满足生存的需要进化而来的。在使用弓箭、扎枪进行围猎的时代，男人就成为狩猎的主要参与者，而女人则以采集和操持家务为主，分工的不同使男人占据了社会的主导地位。“乌力楞”是“穆昆”制的基本单位，是以血缘关系为纽带组成的社会组织，包括若干个婚姻家庭。当“乌力楞”组织过于庞大时，就会对鄂伦春族的游猎活动产生影响，于是便分化出新的“乌力楞”，不同的家庭为了游猎生活的需要也会组成新的“乌力楞”。从“穆昆”制制度下的“乌力楞”组织的演变可以看出：鄂伦春族的社会组织的形成、分化和重组不仅是为了满足基本生存的需要，而且是与政治、经济、宗教、婚姻等文化发展的要求相适应的。外来文化进入后，对鄂伦春族社会造成了很大影响，致使鄂伦春族社会发生了不可逆转的影响。例如，清朝后期枪支的引入，从表面上看只是一种生产手段的进步，然而却对鄂伦春族的社会组织、经济方式、意识形态等方面产生了整体性的影响。中华人民共和国成立以后，“指导变迁”中一系列政策的实施并没有能够彻底解决鄂伦春族面临的问题，其主要原因也是没有考虑到鄂伦春族文化整体化、适应性发展的需要。纵观政府采取的一系列措施，许多只是从物质生活层面上去解决某一方面的问题，而缺乏纵向的整体性的考虑，这样就会形成在解决了某一方面问题时又产生了新的不适应问题。为了满足对外来枪支、马匹、铁器、布匹、烟酒等生产生活资料的需要，鄂伦春人只能不断使用先进的狩猎工具去猎捕更多的野生动物，同时也造成狩猎组织的不断分化瓦解，这与传统的“得一兽而还”、“集体生产”、“共同消费”的生活方式截然不同，“万物有灵”的文化体系也被逐步打破。外来文明是鄂伦春传统文化变迁的动力，但同时也使鄂伦春人陷入痛苦和矛盾之中，从而对他们的身心健康造成了影响。

（二）狩猎技术的进入促进了鄂伦春族传统文化的解体

怀特提出：“任何一个民族的文化都是由技术的、社会的和观念的三个子系统构成，技术系统是决定其余两者的基础，技术发展则是一般进化的内在动因。在构成文化的这三个系统中，技术系统是基础，思想意识系统处于最上层，中间为社会系统，其中，技术系统对文化的进化起决定性作用。”①

① 罗康隆：《文化适应与文化制衡》，民族出版社2007年版，第20－21页。

他还提出了技术的进步对文化整体结构的改变："用下例公式简洁明了地予以说明：$E \times T \rightarrow C$，这里，C 代表文化发展的程度，E 代表每人每年消耗的能量数，T 代表能量消耗过程中所使用工具的质量或效能。在其他因素保持不变的情况下，当每人每年消耗能量的数量逐渐增加时，或者，使能量产生作用的工具效能不断提高时，文化逐渐发展。"① 根据怀特的观点，文化是使人类的生命过程得以延续的手段，"它是向人们提供生机、保护、攻防、社会调节、外界适应和休养生息等需要的机制"②。只有技术的发明才能使人更多地利用能量来促进文化的发展。他提出了"普遍进化"的观点，也强调了文化的整体性，认为技术的发明和进步对文化的整体发展与进化产生了关键的影响。然而，怀特注重技术发明和传播对社会带来进化和发展的影响，却忽略了技术的引进和普及对弱势民族或族群带来文化的整体改变，而造成一系列不适应问题的负面影响，同时也没有探讨技术的进步和能量的消耗对生态环境的影响。

技术的引进和对外来文化的不适应是鄂伦春族文化变迁过程中遇到的突出问题。清朝时期，枪支、马匹的进入使鄂伦春族很快适应了这种高效能的狩猎技术，同时也结束了鄂伦春族传统的弓箭、扎枪的狩猎时代。哈维兰讲道："人们往往倾向于把变迁看作创新的累积，即把新东西加到已经存在的东西上面去。他们之所以这样认为，是因为这似乎就是他们生活方式的一部分。然而，只要稍作反思，我们就会明白，接受一种新发明常常导致一种旧事物的消失。"③ 狩猎工具的改变是一种不可逆的进化过程，狩猎技术的改变极大地提高了鄂伦春族猎获猎物的能力，人们不再需要进行大规模的捕猎行动，出现了少数人或单人进行游猎的生产方式，促使社会制度、经济形式、意识形态等整个社会体系的逐步瓦解。从表面上看，枪支的引入只是狩猎技术的改变，然而却带动了鄂伦春族整个社会的整体改变。20 世纪 50 年代以后的定居、经济转型、禁猎等措施使鄂伦春族社会发生了巨大的改变，一方面，使鄂伦春族逐步与外来文化相融合，提高了他们的生活水平和政治地位；另一方面，不会种地，不会经商，生活方式、社会环境和自然环境的改变带来的一系列不适应也给他们带来了巨大的困惑。外界的需要和军用枪支的广泛利用，使鄂伦春族改变了"得一兽而还"的狩猎理念，"打鹿茸"、

---

① 莱斯利·怀特著，曹锦清等译：《文化科学》，浙江人民出版社 1988 年版，第 353 页。

② 夏建中：《文化人类学理论学派》，中国人民大学出版社 1997 年版，第 221 页。

③ 威廉·A. 哈维兰著，瞿铁鹏、张钰译：《文化人类学》，上海社会科学院出版社 2006 年版，第 463 页。

"打鹿胎"、"打皮毛"等季节性狩猎活动代替了"怀孕的母兽不打、正在交配的动物不打、幼小的猎物不打"等万物有灵的传统观念。外来人口的大量涌入和对森林资源的掠夺式开发使兴安岭自然环境日益恶化，鄂伦春族不得不放弃延续几千年的狩猎生活，禁猎过程中"老婆可以交、交猎枪不行"是"莫日根"文化困惑的真实写照。政府为了提高鄂伦春族的生活水平，投入大量人力物力积极引进现代生产技术对鄂伦春族进行帮扶，然而却没有解决他们的根本问题，而且还带来了很多新的问题，单纯的运用技术并不是对鄂伦春族进行"指导变迁"的有效途径。单纯的技术开发和引进绝不是解决鄂伦春族文化变迁问题的唯一手段，从主位角度出发，有序地进行文化指导性变迁是必须遵循的路径。

（三）狩猎文化的高度"专化"造成了文化接触时的高度不适应

在文化的演变过程中，进化可以被看作是一种双向性活动：一方面，任何既定的系统都将利用其生存的各种机会，增进能量摄取的效率，以提高其专门化的适应性，这就是特殊进化；另一方面，则是一级一级地由低级向高级的发展，就是一般进化。在特殊进化内部有一个极限机制，这种机制被叫作"稳定化原则"。斯图尔德的生态人类学理论提出了文化"生态树"的问题，文化在整体进化和发展的过程中，也保留着横向发展的特殊性。从生物学的角度他们认为特殊进化是种群适应性"专化"的产物，"特殊进化是总体进化中诸如种系、适应、多样化、专门化、衍生等方面的体现。正是通过这个方面，进化才常常被等同于从同质性到异质性的运动。一般进化则是进化总体的另一面"①。萨林斯认为："随着一般进化等级的提高，相关的文化对所属环境的控制力也随之而提高，因为这种文化可以分布到地球上更广阔的范围内。而特殊进化则相反，由于它对所属环境的高度适应化，也就是高度特殊化，该种文化的运作在所属环境中效率越来越高，但对其他生存环境的适应能力却随之下降，以至于离开了他原来所属的环境后，它会变得极不适应。"②

鄂伦春族是大小兴安岭深山密林中的世居狩猎民族，其世代以来形成的传统狩猎文化得到了不断的演化，该族传统狩猎文化是适应所在自然环境和社会文化环境的产物。鄂伦春族"适应特有的单一环境的结果，形成简单

① 托马斯·哈定等著，韩建军、商戈令译：《文化与进化》，浙江人民出版社1987年版，第10－11页。

② 罗康隆：《文化适应与文化制衡》，民族出版社2007年版，第21－22页。

文化”①。围绕狩猎这一生产活动，“简单文化”形成了一个高度“专化”的文化体系，这种文化体系与他们所处的自然环境和社会环境高度适应。从一般进化方面来讲，20世纪50年代以前，鄂伦春族还处于“半原始”社会形态中；而从特殊进化的视角来看，鄂伦春族掌握了娴熟的狩猎技术，并很快适应了枪支、马匹等狩猎工具，技术的发展使他们获取能量的水平达到了极限。鄂伦春族对自然环境的高度适应和对狩猎文化的高度专化在环境改变时形成了一种自我文化发展的限制，也预示着狩猎文化走到了尽头。“进化潜力法则”告诉我们，高度专化的鄂伦春族狩猎文化与一般进化成逆反关系，鄂伦春族文化的转型和适应将会遇到更大的困难。通过分析我们可以看出，技术的发展和获得能量的能力问题并不是鄂伦春族文化变迁过程中出现问题的根源，文化高度的单一性和封闭性是他们不适应外部环境发展的主要原因，促进他们文化的适应性发展是解决问题的主要方面。鄂伦春族狩猎文化的高度“专化”，使其在文化变迁时形成高度的不适应，传统文化的遗失使鄂伦春族失去了发展的灵魂，彻底改变了他们的生产生活方式，致使酒害横行，人们在生活中失去了自我，从而影响到他们的身心健康。

（四）强制性的政治举措打乱了鄂伦春族文化自然演进的秩序

罗康隆提出：“文化的适应既要协调于文化所处的自然环境，又要协调于周围的社会环境。而社会环境既要包括同质文化之下的人与人的关系，又要包括并存不同文化间的关系，还要包括文化与社会事实的关系。所以，文化的适应就只能理解为一种双重的适应，即对自然的适应和对社会的适应。由此我们更应该看到，文化适应的双重性乃是文化的根本属性之一，人类社会的发展也只能在这双重适应的辩证统一中求得平衡，无论以任何形式和理由在文化适应的双重性之间有所偏废，都将是人类社会的灾难。”②

清代以前，鄂伦春族过着几乎与外界隔绝的狩猎生活，他们用弓箭、长矛等工具为主，以大型动物为主要猎取对象，以满足自我的需要为目的依生于大自然。宽仁的兴安岭森林为鄂伦春族提供了取之不尽的资源，“棒打狍子瓢舀鱼，野鸡飞到饭锅里”就是对昔日他们生活环境的真实写照。鄂伦春族热爱自然、敬畏自然，形成了淳朴的原始宗教，每次出猎前和狩猎后都要祭拜山神“白那恰”，偶尔猎到熊时还要向其跪拜以减轻自己的罪责。尽管鄂伦春族是以猎取野生动物为主要生存手段，但一旦满足了自己的需要，

① 何群：《民族社会学和人类学应用研究》，中央民族大学出版社2009年版，第88页。
② 罗康隆：《文化适应与文化制衡》，民族出版社2007年版，第102页。

他们绝不滥杀无辜。长期的狩猎生活使他们懂得爱护大自然、尊重大自然的道理，并形成了与大自然和谐相处、相濡以沫的生存观念。在这一长期的、有序的历史发展过程中，鄂伦春族形成了与生境相适应的文化体系，人与自然形成了平衡稳定的共处态势。从清代中后期开始，清朝政府为了满足对珍贵皮毛的需要，在原来的税赋定额外，用枪支、马匹、铁器、布匹等生产生活资料换取貂、松鼠等动物的皮毛。这样一来，传统的鄂伦春族文化开始受到外来文化的剧烈震动，先进狩猎工具的输入，大大增强了鄂伦春族的狩猎能力，并诱导出鄂伦春族生产与经营的双轨模式，即凭借较为先进的狩猎工具，以较小的代价就可以满足本民族食肉之需，多余的生产力则转而从事珍贵皮毛的捕获。随着时间的推移，鄂伦春族捕获的珍贵毛皮开始通过中间商“谙达”以以物易物的形式形成贸易拓展，并引发了内地的毛皮贸易热。从鄂伦春族这一阶段的发展历程来看，外来文化打破了原来形成的文化平衡，通过较长时间的磨合与调适，狩猎活动与中间商、毛皮消费者形成了“捕获—收购—需求”的循环体系。鄂伦春族文化在这一特殊的社会作用影响下发生了一次文化重构，而重构后达成新适应的动力是内地毛皮市场的需求。然而这种文化的重构是以牺牲生态资源和鄂伦春族传统文化观念为代价的，它所带来的只是短时间的、局部的繁荣，同时也为以后的发展埋下了巨大的隐患。

20 世纪 50 年代以后，根据马克思主义社会形态学学说，鄂伦春族社会被列为“原始社会末期”阶段，“直接过渡”成为鄂伦春族社会发展和文化变迁的主题。随着人口的大量涌入和森林资源的严重破坏，鄂伦春族狩猎文化遭受“碎片化”发展，政府为了使鄂伦春族尽快地适应外界社会，投入大量人力物力对鄂伦春族进行指导性变迁，“定居、转型、禁猎”被认为是鄂伦春族社会发展的“三次飞跃”。然而，政府的大量投入并没有取得圆满的效果，从森林中走出来的鄂伦春族不懂汉语、不会种地、更不会经商，尽管鄂伦春族生活水平提高了，衣食无忧了，但他们并没有适应这种现代式的生活方式。在鄂伦春族社会文化发展过程中，他们始终处于一种被动的角色，政府在他们的社会发展变迁过程中，较少从主位角色去考虑鄂伦春人的感受，政策性的举措打乱了鄂伦春人正常的发展与进化程序。在鄂伦春族社会文化发展过程中，传统制度被认定为“原始的”、宗教文化被认定为“迷信的”、生活方式被认定为“落后的”，这极大地伤害了鄂伦春族的民族感情。特别是在“文化大革命”中，“山林队”、“挺进军”等历史问题被重提，许多鄂伦春人受到政治牵连，文化精英阶层被彻底打垮，许多鄂伦春人失去了生活的信心，甚至一些人失去了做人的尊严，对人生的价值观发生了改变。在这种情况下，很多鄂伦春人以酒为伴，因酒害而发生的意外死亡举不胜举，从而严重地影响了他们的健康状况。20 世纪 80 年代以后，在政府的大力鼓励下，鄂伦春族与外族大量通婚，在外族的影响下，随着年轻一代的成长，鄂伦春族加快了与外界适应的步伐，同时鄂伦春族传统文化也受到了严重的同化，甚至语言也面临着消亡的危险。传统文化是民族发展的灵魂，当这种文化被同化时，这个民族就失去了发展的根基。鄂伦春族传统文化的遗失给这个民族带来了毁灭性的打击，在健康方面出现的严重问题就是这种现象的残酷反映。

第二节　对策与建议

一、提高村民的生活技能

在政府的积极扶持下，鄂伦春族群众开始采取多种经营的经济发展模式，许多村民奔向了小康，但仍有许多村民靠政府的救济生活，由于没有掌握一定的生产生活技能，甚至生活在贫困线以下。我们在调研中看到，许多乡村在发展中形成了自己的特色，如新鄂村的农业生产、十八站的木耳种植、新生乡的旅游产业、白银纳的民间艺术团、多布库尔的畜牧养殖、乌鲁布铁的马匹培育等产业均取得了较大的社会影响和经济效益。许多乡村积极鼓励村民发展个体农副业生产，积极扶持“菜园子”工程，使许多鄂伦春族村民安居乐业，逐步走上了富裕的生活。但是，我们也看到，一些乡村实施城镇化建设，给村民翻盖了新房，甚至住上了楼房，配置了齐全的家用电器和生活用品，然而除了老人和孩子以外，却很难看到年轻人的身影。为了生活，年轻人离开了家园，选择外出打工。兴安岭地区地广人稀，特别是鄂伦春族聚居的乡村与城镇具有一定的距离，经济发展落后，消费水平较低，农村城镇化的发展必然会遇到很多困难，也会使鄂伦春族群众感到无所适从。猎民在茫茫兴安岭中住上了楼房，同时失去的是房前屋后的菜园子，他们对政府的依赖性进一步加强，依靠政府补贴生活的人缺乏的是内在的生计能力，解开“等”、“靠”、“要”这种丧失自我的枷锁的束缚，从而走向自给、自信与自强的自我发展模式是促进鄂伦春族社会发展的根本。

我们曾经 3 次走进多布库尔的魏一冰老人的家中，2011 年 7 月当我们再次走进她宽敞明亮的房子后，孤独的老人告诉我们：“老伴死了，大儿子在外边打工，后来得病死了，二儿子也出去打工了，去年也死了，三儿子有病，两个女儿出嫁了，现在就剩下我一个人了。我身体不好，活着就活着，死了就死了，年纪大了，也无所谓了。”老人依靠政府补贴过活，衣食完全依靠别人从城镇中购买，生活在贫困和苦闷之中。像这样由于失去亲人，生活没有着落，孤苦伶仃生活的鄂伦春族老人并不少见。

我们可以欣喜地看到，内蒙古自治区党委根据课题组的调查报告在给中央的回信中写道：“大力支持帮助鄂伦春族猎民群众提高生产技能，拓宽生产门路。每年培训猎民 500 人（次），力争使有劳动能力的猎民都能掌握 1—2 门实用技术。同时，因地制宜，科学选择生产项目，力争使大多数猎民家庭有稳定增收的产业。”因地制宜地开展帮扶鄂伦春族群众的生产计划，从最基本的“菜园子”工程入手，去除“形象工程”，提高鄂伦春族群众的生活技能，积极组织群众开展生产技能培训，拓展生计渠道，给他们创造就业机会，使他们尽快走上良性发展的生产道路是提高他们生活水平的重要方式。群众安居乐业，生活质量和生活水平提高了，健康状况也就会逐步提高，一系列的问题也就会逐步得到解决。

二、加强医疗救助

流行病是造成鄂伦春族村民死亡的重要原因，影响他们健康的流行病也有逐渐从肺结核、肝病等爆发式传染病向由高血压引起的心脑血管疾病转移的倾向。我们在体质健康测试中发现，高血压是鄂伦春族村民普遍存在的现象，大部分群众对高血压存在的危害不了解，认为只是有点迷糊，吃点药就好了。鄂伦春族村民普遍存在医疗常识薄弱的问题，特别是对高血压、糖尿病这些潜在威胁的疾病没有引起足够的重视，从而为他们的健康埋下了隐患。从医疗条件来看，几乎每个乡都有卫生院，但上级下拨的一些医疗设备存在闲置现象，有些根本就没有开箱。形成这种现象的原因是设备的购置并没有按照实际的需要进行采购，即使设备有了，但缺乏医务人员，无人会使用。一些乡村的群众对卫生院的医疗水平存在质疑，有病就忍着，或者自己吃点药，病重了才去城市的大医院就诊。我们在同一些卫生院的医务人员的访谈中得知，乡村的医疗改革也存在一些问题，一些对地方疾病具有良好疗效的常用药并没有被列入医保清单中，卫生院常备的药品又不能满足常见病的要求。另外，一些卫生院缺少医务人员，个别的卫生院虽然搬进了宽敞明亮的新楼房，但仅仅只有值班大夫上班，很少有病人光顾。

我们在调查中也看到，许多乡镇医院的医务人员常年工作在基层，认真负责，任劳任怨，不仅为村民们建立了详细的病历档案，而且对各种疾病、死亡等情况进行了认真的统计，也为我们的调查提供了宝贵的数据。课题组在调查中曾对十八站、白银纳、诺敏镇、乌鲁布铁、托河等乡镇卫生院提供的体检材料、病历和死亡名单等进行过深入的研究，同许多医务人员进行了深入的访谈，也深深地被他们忘我无私的职业精神所感动。如诺敏镇鄂伦春族新村虽然只有潘玉林一个大夫，却坚持每年为村民体检，并建立了详细的跟踪病历档案，经常走家串户了解病人的情况，指导他们用药，受到了鄂伦春族村民的爱戴。

当前，影响鄂伦春族村民健康的直接原因是不合理的生活方式导致心脑血管疾病和意外事件的多发。尽管党和人民政府投入了巨大的人力和物力去提高鄂伦春族群众的健康状况，但并没有彻底解决鄂伦春族村民有病得不到及时救治的问题，因疾病造成的人口寿命较短的问题依然存在。究其直接原因主要是鄂伦春族村民自身对疾病的危害认识不足，缺乏自我防范意识；因地处偏僻，突发疾病得不到及时的救治；药物配给不完备，医疗水平相对落后等所致。内蒙古自治区党委已经提出了相应的措施："全面提高鄂伦春族猎民群众的医疗保障水平。将医疗费用全额报销政策覆盖到鄂伦春族猎民、农民和城镇低收入人员，建立猎民定期全面体检制度，保证疾病患者能够得到及时治疗，对肺结核等传染病患者进行强制治疗。加大卫生健康知识的宣传力度，提高猎民卫生健康意识。加强基层医护人员队伍建设，用3年时间完成对偏远地区医护人员的整体轮训。"进一步普及医疗常识，加强医疗监督，提高治疗条件，教育群众养成良好的生活方式是目前面临的主要任务。

三、发展群众健康教育事业

在党的教育方针指引下，鄂伦春族的教育事业得到了很大的发展。1981年，在鄂伦春自治旗人民政府所在地阿里河兴建了鄂伦春中学，对鄂伦春族学生实行学习和生活全部公费政策。在一些偏远的乡镇也兴建了鄂伦春中小学，对鄂伦春族学生也实行全部公费教育。这一系列政策的实施，为鄂伦春族培养了一批高素质人才。同时，一些地方政府为学有所成的青年提供了就业岗位，许多德才兼备的鄂伦春族青年已经走上了重要的工作岗位。

鄂伦春族只有语言没有文字，属阿尔泰语系通古斯语族，其语言也与森林文化高度适应。因此，他们接受和适应外来文化的能力较弱，相对来说教育基础也非常薄弱，与汉族和其他民族相比，在受教育人口质量和数量上还具有很大的差距，特别是受过高等教育的人口比例并不大，获得博士和硕士学位的人更是屈指可数。教育事业的滞后发展使得鄂伦春族接受和学习外来文明和技术的能力较差，也缺乏对不良事物的辨别和抵抗能力，流行病和酒害的发生与这些因素有着密切的关联。

加强对鄂伦春族村民健康生活方式教育，通过宣传使他们增进了解防病治病的基本知识，通过教育干涉逐步消除他们与外界的隔阂，促进交流、增进信任、加快信息的传递，并实现经济、文化、技术等各领域与外界的融合，从而消除心理和文化方面沟通的障碍，以一种自信和自强的姿态展现在世人面前。

青少年是民族的未来，学校教育是培养青少年健康成长的重要场所。通过学校体育教育，可以促使学生掌握科学锻炼身体的方法，并培养他们勇敢顽强的精神品质。当前，在鄂伦春中小学生的体育课堂上较少有民族传统体育的内容，篮球和足球项目是许多学校上体育课的首选。积极挖掘和整合民族传统体育项目，将健身操、健身舞、拉辊、摔跤、射箭、打布鲁、迁徙、射击等项目搬上学校体育的课堂，对丰富青少年学生的文化生活和促进其身心健康具有重要的作用。同时积极开展双语教育、传统文化教育，让孩子们了解到自己的祖先具有勤劳、勇敢、智慧和博爱的英雄品质，对提升他们的民族自信、自强、自豪与自尊有着重要作用，对培养全面发展的鄂伦春族新一代具有深远的意义。

教师的质量是培养人才的根本因素，我们在调研中发现，一些偏远地区的中小学师资力量严重不足，特别是缺乏优秀的教师，至于体育、音乐、美术等学科的专业教师更是无从谈起。积极加强教师队伍建设，增加教育投入，加强对青少年的体育与健康教育、传统文化教育和文化适应性教育是促进鄂伦春族健康水平提高和社会发展的长期任务。

四、保护和弘扬传统文化

生态人类学认为：“任何民族的文化，都具有能动适应于所处生态环境的禀赋，也有维护自身独立稳态延续的永恒需求。文化冲突与抗争，必然被推到关系民族存亡的首位，文化与所处生态环境和谐关系的解体，必然会以人为生态灾变的形式爆发出来。”① 文化是民族发展的灵魂，导致鄂伦春族村民出现健康问题的根源是外部环境急剧变化而其传统文化不能有效地适应而引起的。“20 世纪中叶以来，鄂伦春族传统生存环境发生急剧变化，民族文化的自然进化过程招致断裂，日益表现出文化衰落，生存问题引人注目。

① 杨庭硕：《生态人类学导论》，民族出版社 2007 年版，第 2 页。

问题的关键在于，面对环境的急剧变化，狩猎文化技术、组织、观念形态所具有的简单文化特点，束缚了鄂伦春族适应新环境的能力。”① 因此，促进鄂伦春族社会发展和健康水平的提高，关键在于通过对民族传统文化的挖掘、保护与整理，再经过整合与重建使之成为一种与社会环境的改变相适应的文化资本，通过有效的价值转换，带动社会、经济、文化等方面的全面发展，鄂伦春族健康水平的提高也就指日可待了。

在社会各界的大力帮助和积极扶持下，在鄂伦春族文化精英的不懈努力下，近年来鄂伦春族传统文化的挖掘与保护工作得到了很大的发展。鄂伦春自治旗乌兰牧骑、黑河市群众艺术团等文艺演出团体排练了精彩的鄂伦春文艺节目进行巡演；黑河市民宗局定期举办鄂伦春语培训班，组织各种形式的民族文化培训活动；鄂伦春自治旗成立了鄂伦春族民族研究会，创建了《鄂伦春族研究》期刊，组织专家学者和民族文化研究者对鄂伦春族传统文化进行深入的挖掘；在广大学者的积极倡议下，黑龙江省也成立了鄂伦春民族文化研究会，对鄂伦春族社会的发展和文化的保护做出了积极贡献。鄂伦春自治旗重新翻新了鄂伦春民族博物馆，对馆藏文物进行了进一步的整理。一些乡镇也兴建了民族展览馆、民族风情园等，努力通过打造民族文化去带动各项事业的发展。

然而，文化的重建不是一蹴而就的大改组，而是需要一个长期调制、适应与制衡的过程。从目前来看，鄂伦春族传统文化的挖掘与保护工作主要是政府行为、学者研究、少部分的民间团体和民间个体行为所承担，广大鄂伦春族群众并没有被纳入文化保护和文化参与的主体，而是成为“看客”被置于文化结构的边缘。值得欣慰的是，在呼玛县人民政府的大力支持下，白银纳乡于2006年成立了鄂伦春民间艺术团，2009年修建了鄂伦春民族文化展览馆，还兴建了民族风情园。为迎接2013年鄂伦春族下山定居60周年庆典活动，在白银纳还修建了民族文化广场，筹建了民族文化传习基地，为文化传承人修建了工作室，在道路两旁绘制了民族文化宣传画，创建了浓郁的民族文化氛围。白银纳民间艺术团在关金芳的带领下，将广大鄂伦春族群众融入民族文化的建设活动中，艺术团的演员从70多岁的老人至2岁的幼儿，只要愿意参加文化活动的人都能登上演出的舞台，形成了人人参与、人人喜爱民族文化活动的良好局面。2013年夏季，关金芳还组织白银纳的老人，走遍了十几个鄂伦春族乡村，使得同根同祖、从未谋面的鄂伦春族乡亲相聚一堂，共同的语言、共同的风俗，说不完的话、唱不尽的歌，留下了一幕幕

---

① 何群：《环境与小民族生存》，社会科学文献出版社2006年版，第526页。

动人的画面。正是在民族传统文化大发扬的态势下，白银纳形成了无人偷盗、无人酗酒、无人赌博的社会局面，呈现出热情淳朴、团结和睦、吃苦耐劳、积极向上的精神风貌。艺术团通过演出增加了群众的收入，通过民族文化产品的销售提高了群众的生活水平，通过文化活动的开展促进了与外界的交流和适应。传统文化的发展使得白银纳的鄂伦春人更加自信，他们积极与外界进行联系，不断引进先进技术，开展特色产品深加工，促进了农副业生产的发展，使得群众逐步走向小康生活。经济的发展和生活水平的逐步提高，改变了他们的精神面貌，也促进了他们身心健康水平的提高。

鄂伦春族传统文化内容丰富、历史悠久，据统计包括狩猎、萨满、饮食、服饰、歌舞、桦皮、文学、美术、体育等多种文化形式。当前，在文化产业的强势发展局势下，给鄂伦春族传统文化的重建带来了冲击，同时也带来了很大的发展机遇。黑河市新生乡已经被列为国家级三 A 旅游景区，文化旅游已经初具规模，他们打出“新生鄂伦春民族乡，兴安岭森林文化的名片”的口号，使得旅游产业得到了发展。目前，纵贯大兴安岭的高速公路即将完工，通往加格达奇的航班已经通航，从内地通往东北大地的高速列车已经通车。交通的便利和经济的增长势必带来第三产业的迅猛发展，鄂伦春族聚居区有着无与伦比的自然风光和民族风情，如嘎仙洞鲜卑人发源地、漠河北极光、黑河边境风情、诺敏杜鹃花节等，逐渐成为热点旅游线路。充分利用周边的发展优势，积极整合鄂伦春族传统文化，不断打造文化精品，动员鄂伦春族群众参与到经济发展和文化建设中来，势必会带来社会的繁荣、经济的发展和健康水平的提高。

费孝通先生文化自觉的理论告诉我们：“文化自觉是一个艰苦的过程，只有在认识自己的文化、理解所接触到的多种文化的基础上，才有条件在这个正在形成中的多元文化的世界里确立自己的位置，然后经过自主的适应，和其他文化一起，取长补短，共同建立一个有共同认可的基本秩序和一套各种文化都能和平共处、各抒所长、联手发展的共处守则。”[①] 我们有理由相信，新一代的鄂伦春人，一定会继承祖先勇敢顽强的英雄品质，在文化精英的带领下，紧紧地团结在一起，奋发图强，努力拼搏，走向民族繁荣和富强的健康大道。

① 费孝通：《论文化与文化自觉》，群言出版社 2007 年版，第 190 页。

第三节　小　结

影响鄂伦春族村民健康的因素从表面上看是疾病、生产生活方式不适应、医疗条件较差等造成的，实质上是由于生存环境急剧发生变化形成传统文化的遗失，人们失去了生存的空间而造成的。加大医疗、教育、经济等方面的投入，可以有效提高鄂伦春族村民的生活水平和健康状况，充分调动群众的积极性，对传统文化进行有效的保护与开发，使他们参与到文化建设和产业发展中，并充分享受到文化发展带来的一系列成果是提高鄂伦春族村民健康水平、促进其社会发展的根本之路。

参考文献

1. 逯广斌、韩有峰、都永浩著：《鄂伦春族四十年》，中央民族大学出版社，1994 年版。

2. 何群：《环境与小民族生存》，社会科学文献出版社，2006 年版。

3. 马林诺夫斯基著，费孝通译：《文化论》，华夏出版社，2001 年版。

4. 罗康隆：《文化适应与文化制衡》，民族出版社，2007 年版。

5. 莱斯利·怀特著，曹锦清等译：《文化科学》，浙江人民出版社，1988 年版。

6. 夏建中：《文化人类学理论学派》，中国人民大学出版社，1997 年版。

7. 威廉·A. 哈维兰著，瞿铁鹏、张钰译：《文化人类学》，上海社会科学院出版社，2006 年版。

8. 托马斯·哈定等著，韩建军、商戈令译：《文化与进化》浙江人民出版社，1987 年版。

9. 杨庭硕：《生态人类学导论》，民族出版社，2007 年版。

附录一　文化转型对鄂伦春族传统狩猎文化的影响

一种文化对于一个民族来说，是根植于其内心深处的精神家园。在这个“家园”中，融汇的是一个民族世代延续的血脉和亲情，而血浓于水的人间至深情感则恰恰表达出了这一亘古不变的核心内涵。可以说文化是一个民族生存和依赖的载体，是区别于其他民族的符号象征。采集和狩猎是鄂伦春族的主要生计方式，同时也是其文化的核心，人民承袭已久，这种形式的生活状态和惯习已深深融进鄂伦春族人民的内心深处。但是随着国家对当地资源的开发以及本着改善鄂伦春族人民的生活水平的目的，政府于20世纪50年代末期，将这些世守山林而栖的鄂伦春族人陆续迁出深山老林，并在黑龙江和内蒙古地区实现了全民定居。而定居后所带来的生计方式的改变，是一种文化形态的巨变，这种巨变所带来的震撼不单单影响的是人们的生活状态，而且还是两种文化的激烈碰撞，是萦绕在鄂伦春族人民心头的文化博弈。可以说现代的鄂伦春族是从一种原始生活状态迅速跨越到现代文明社会之中来的特殊文化现象，这种跨时空式的跳跃，无论从生产生计方式还是其内在的心理承受能力上都对鄂伦春族人民带来了巨大乃至深远的影响。“对鄂伦春族而言，从某种意义上说，从事传统狩猎生产的鄂伦春族的生存问题和文化变迁问题是伴随着其定居和国家对当地自然资源的开发，当地自然环境、社会环境发生巨大变化而引起的。”① 我们这次关于鄂伦春族体质健康调查课题组一行人员于2007年和2008年夏天两次来到内蒙古呼伦贝尔市阿里河鄂伦春自治旗进行调查，并对其下辖的乌鲁布铁镇的乌鲁布铁、讷尔克气、朝阳新村和托扎敏乡的希日特奇和木奎等五个猎民村进行了深入的调查和体质以及心理方面的测试，目的就是想通过对这些猎民在其定居以后以及1996年政府明令禁止狩猎后，在一种新型生活方式下对现实环境的适应情况进行分析与考察。

---

① 何群：《环境与小民族生存——鄂伦春族文化的变迁》，社会科学文献出版社2006年版，第13页。

第一节　社会环境变迁与文化转型

随着现代工业文明的不断发展和社会整体环境的变迁，对一些民族地区，尤其是一些人口较少的民族来说，无论是生态环境还是他们习以为常的生计方式也随之发生了很大的变化，这也是在考验这些民族的人民生存和适应外来文化对其影响的能力。可以说，一些民族地区的少数民族的现代化进程也就是文化变迁的过程。费孝通先生曾在《民族生存与发展——第六届社会学人类学高级研讨班上的讲演》中阐述了这个观点："在全球化的浪潮中，一些根蒂不深，人数又少的民族，如鄂伦春族，政府的确也尽力在扶持这个民族。他们吃住都没有问题，孩子上学也不要钱，但本身还没有形成一个有生机的社区，不是自力更生的状态。"① 费孝通先生的这一观点一针见血地指出了在全球化迅速发展的时代，一些人口较少的民族在跨向现代化转型的进程中，由于社会经济发展的水平较低而面临着本民族传统文化如何转型的严峻考验。面对人类社会向"现代化"的转型，不同的国家与不同的民族在发展轨迹上具有巨大的差异性。对于不同族群来说，"现代化"通常是一个文化相对论的概念，对之理解是多元的。少数民族对"现代化"的文化认同是一种影响社会发展的文化资源。在我国社会转型期内，对于少数民族来说，社会转型与文化转型可能不同步，社会转型所带来的对传统文化的冲击，其结果一方面可能是少数民族群体对冲击的适应，另一方面则可能是冲突与抵制。对于一个多民族社会来说，少数民族传统社区的居民是否具备面对生产与生活方式转型所需要的必要的适应能力，是转型能否达到预期目标的关键。②

我们知道，鄂伦春族是一个世居于我国东北和内蒙古地区大小兴安岭山林的民族，甚至在半个世纪以前，鄂伦春族还是一个原始的狩猎民族，其依靠的是在原始森林中采集狩猎为主要的生计方式。鄂伦春族人民历史上曾繁衍生息在北起外兴安岭，南至黑龙江，西起贝加尔湖，东到库页岛的广阔地区。17 世纪中叶，沙俄入侵这一地区将鄂伦春人强行驱赶到我国东北的大小兴安岭地区。近百年来由于国内外反动统治阶级的种族歧视，战争和狩猎

① 何群：《环境与小民族生存——鄂伦春族文化的变迁》，社会科学文献出版社 2006 年版，第 4 页。

② 关凯：《现代化与少数民族的文化变迁》载《中央民族大学学报》2002 年第 11 期。

经济的限制，使这个马背上的民族一直过着颠沛流离的日子，严重影响了本民族的发展。到新中国成立时鄂伦春族人口由1895年鼎盛时期的18000人下降到1949年的2260人，已到了濒临灭绝的边缘。[①] 中华人民共和国成立后，国家大力扶持人口较少民族的经济发展，改变他们的生活状态，提高他们的生活水平。"而这一时期，正是新中国成立后百废待兴，积极恢复国民生产的阶段，我们国家已开始进行大规模的社会主义建设。随着整个国家的现代化进程的推进，在这种大环境的影响下，鄂伦春族的社会文化发生了巨大的变迁和转型。在我国社会转型期内，对'现代化'的认同是影响少数民族群体与社区发展的重要因素，如果认同程度高，当地少数民族会自主适应文化转型，具备比较高的心理冲突承受能力，如果认同程度低，少数民族群体会程度不同地排斥文化转型，并在挫折感的导引下，寻找来自传统权威的心理安慰。"[②] 从这一点来看，鄂伦春族是世界上，也是我国具有比较典型特点的小民族之一。

现实阶段研究一个民族的文化，大多是集中在该民族的亲属关系制度的结构、宗教信仰和经济生活方式等要素上。"在研究这些细节的过程中，人们总是会找出那些使得整个秩序系统运作的潜在力量。这些文化要素能统合或分裂一个群体的价值观或者信仰，对这些抽象要素在所给文化中扮演的角色的了解能给研究者绘制一幅该文化是如何运作的清晰图画。"[③] 上述的这些文化要素在日复一日地静静地扮演着操纵者的角色，不同的群体也许会对他们的亲属制度、宗教信仰和经济活动的表层意义有着迥异的态度，但是在其对他们传统的共有信仰和行为上却存在着潜在的认同。这种情况随着社会大环境的变迁，许多要素也在发生着潜移默化的改变，尤其是对该民族的经济生活方式的影响就更为明显。在定居前，甚至新中国成立后，未迁出山林实行定居的鄂伦春族的生计方式是一个典型的以狩猎和采集为主的经济类型。后来随着国家实施鄂伦春族全民定居的计划后，其居住方式才又大致分为游居、半游居和定居三种类型，而从游居到定居也是经过了多年的一个心理适应过程（直至现在我们还能看到一些定居后的猎民们有时仍然住在自己搭制的"斜仁柱"的棚居里）。从实施定居的过程来看，鄂伦春族的定居又可以进一步分为分散定居和集中定居，集中定居还可以具体分为村落式聚

① 万侯霞、安家寰：《一个跨时代发展的民族——写在鄂伦春族定居50周年》，载《世纪桥》2003年第6期。

② 关凯：《现代化与少数民族的文化变迁》，载《中央民族大学学报》2002年第11期。

③ 大卫·费特曼著，龚建华译：《民族志：步步深入》，重庆大学出版社2007年版，第14页。

居和城镇化聚居。由于鄂伦春族居住方式的改变，其经济类型一般划定为狩猎、畜牧、农耕、工业四种，现在又加上知识经济类型。由此看来鄂伦春族的居住方式与经济类型之间有着特定的关系。

以农业占主导地位的农耕文明，自古以来就一直是我们国家的主要经济类型，人们一般倾向与认为定居是农耕的专利，而与森林狩猎和草原畜牧无涉，因为狩猎其实就是游猎，畜牧其实就是游牧，游猎和游牧都不宜于定居。这里需要辨别的是："狩猎可能有游居和定居两个阶段，事实上鄂伦春族的狩猎就经历了这两个阶段。问题在于，鄂伦春族定居后的近半个世纪里，定居越来越倾向于集中居住，与此同时，狩猎业却逐渐衰落以至于消亡。"① 在鄂伦春族的发展史上，也曾有过"弃猎归农"这一阶段。所谓"弃猎归农"，就是北洋军阀政府出台的试图以农业取代鄂伦春族狩猎的一种政策措施。"据史料记载，在1914年，北洋军阀政府开始调查鄂伦春族户口，并发给'生计地'，使其'弃猎归农'，'寓兵于农'，以巩固边防。实施的对象主要是现聚居在黑龙江省塔河县、呼玛县和黑河地区的鄂伦春族先人，不包括目前生活在内蒙古地区的鄂伦春族。这也就是现在一般所说的黑龙江地区鄂伦春族尝试农业生产的历史早于内蒙古地区的鄂伦春族的原因所指。"② 但这种情况最后由于种种原因而不了了之了。定居后，"我们国家从20世纪50年代起便开始由政府实施的帮助内蒙古和黑龙江鄂伦春族定居的政策，以国家力量干预的方式彻底改变了这个人口极少的民族的经济生活方式与文化特征。这个旨在促进鄂伦春族经济与社会发展的政策，尽管取得了显著成效，但从一开始，就在某种程度上忽视了鄂伦春本民族文化适应能力的问题，因此遗留下来一些问题。从那时到现在，50年的时间过去了，仍有相当比例的鄂伦春族人口不擅农耕，而传统的以狩猎为主的谋生方式也由于土地管理权转移、环境保护等原因而无以为继。"③ 鄂伦春族传统文化的巨大变化是鄂伦春族社会经济文化发展的必然结果，是与弃猎归农、出山定居紧密联系的。如果能正常地发展下去，鄂伦春族文化将在狩猎文化和农耕文明的交汇中迅速得到适应，并逐渐过渡到以农业为主、狩猎为辅的交融状态之中，并在慢慢适应了先进文化所带来的好处之后，鄂伦春族人民自然会进入正常的"角色"中来，同时也将很快步入阶级社会，跨入先进民族的

---

① 王俊敏：《从游居到定居、再到城镇化——鄂伦春族发展问题的生态——经济人类学研究》，载《黑龙江民族丛刊》2002年第4期。

② 何群：《环境与小民族生存——鄂伦春族文化的变迁》，社会科学文献出版社2006年版，第144页。

③ 关凯：《现代化与少数民族的文化变迁》，载《中央民族大学学报》2002年第11期。

行列之中。但由于历史上的种种原因，人们的这种良好意愿并未在现实社会中体现出来。这种情况的发生也许是国家的一厢情愿，不是简单地实施全民定居和改变其生计方式就会起到立竿见影的效果，还是应该在其他方面进行正确和有效的干预和引导，使其慢慢转化原有的观念和价值取向对其的束缚，并尽可能在心理上克服在生计方式发生巨大改变后的抵触情绪。在许多研究鄂伦春族文化的书籍和文章中也多有对此“弃猎归农”意义的评价以及对国家大力扶持其开展农耕方式方法的建议，但讨论的焦点仍然集中在两种文化之间的冲突所带来的社会问题的实际解决策略的怎样完善上。这一问题自新中国成立以来就存在并一直延续到现在，虽然整体上有所改观，但实际上在人们的头脑中和感情上仍然固守的是他们绵延多年的狩猎情怀。詹姆斯.C. 斯科特在《国家的视角——那些试图改善人类状况的项目是如何失败的》一书中曾明确指出过，一般国家在实施大规模建设和扶持项目时的出发点都是为了改善人类的生活，但在改善标准的设计上一般又都是由外请专家和相关机构来负责规划并进行大规模的政策推行，这样一来，就容易造成在制定方案的一些细节上产生与当地人们的需求矛盾，一些原有的社会结构也会发生改变，并最终影响到人们对环境变迁而造成的社区文化转型后的心理变化，以至于在许多扶持上造成事倍功半的后果。他在此书中主要谈及了影响地方建设的几个方面的因素，其中有一个他所称之为的“极端现代化意识形态”的概念：“我所称之的极端现代化意识形态，也可以说是一种强烈而固执的自信……他们（政府、科学家等）特别相信，随着科学地掌握自然规律，人们可以理性地设计社会的秩序。”① 当然此人的观点有些偏颇，只能算是一家之言。我们应该从另一个角度来积极看待这个问题，大规模的开发建设也为人们带来了许多便利的条件，尤其是在改善当地人们的生活质量上有了飞速的提高，这是毋庸置疑的。这种情况只是提醒政策的制定者和专家们以后如何更好地设计和实施策略，以便最低程度地影响当地人民的风俗和习惯。

社会环境的变迁必然会引起文化的冲突，并在冲突中形成一个由对抗到接受，再到逐渐适应，并最终造成原有文化的转型。鄂伦春族人民古老的狩猎文化基本上仍处在自然演化的过程中，而文化转型也是一个循序渐进的过程，这中间需要许多过渡形态，是在潜移默化地改变着人们的生计方式和生活习惯，同时这种转型也是不以人们的意识为转移的社会化进程。我们应该

---

① 詹姆斯.C. 斯科特著，王晓义译：《国家的视角——那些试图改善人类状况的项目是如何失败的》，社会科学出版社 1998 年版，第 4 页。

鼓励那些一旦发现问题就可以退回来的机制，同时规划要有弹性，一旦出现意外的情况可以做出及时的调整，为人类的创造能力留出空间。鄂伦春族先辈在狩猎经济与农耕经济之间还存在着一些经济活动形态，例如采集、捕鱼、畜牧和养殖等。这些形态的经济活动都是狩猎和农业这两种主要经济方式的补充。这些补充只能说是延缓了鄂伦春族的文化转型，从而避免这种由于文化转型所造成的强烈不适。内蒙古的阿里河鄂伦春自治旗从定居到1996年开始禁猎，该族由单一狩猎经济向多种经济类型的过渡已进行了近半个世纪了。而经济类型的过渡，具体体现于政府生产方针的转变。20世纪五六十年代的多种经济类型可概括为狩猎、农业、养殖等；到了80年代末期，经济类型可概括为狩猎、农业、牧业、林业以及乡镇企业等形式，但他们所钟情的还是狩猎这种经济活动。

第二节　文化转型后的博弈与适应

从历史发展的进程来看，一旦社会环境发生改变，必然引起不同文化之间的强烈碰撞。由于鄂伦春族在社会进化的过程中，是从一种原始的生活状态跳跃进“现代化”急速发展的大环境中来的，其必然在它的整体社会制度以及对先进文化的适应上产生强烈碰撞后的巨变，而这种巨变是不可抗拒的，这个过程是在经过反复的博弈之后的无奈适应，否则就会湮灭在历史的潮流中。

文化本是一种特定生活方式的表述，民族文化记忆一旦形成，就不会丧失，也无法被剥夺，就像一杯浓浓的醇酒，历久而弥香。但是任何民族都不是单独生存在这个星球上，总是或多或少，或早或晚，或深或浅地卷入到与其他周边民族或外来文化的接触、碰撞和冲突之中。“黑格尔在《精神现象学》中指出，人的自我意识起源于与另一个意识的接触。拉康的心理学理论强调‘镜像阶段’在形成自我意识中的重要性，其指出自我意识是在‘他者’的观照下形成的。作为民族的意识也是在与他者的交往、接触的过程中逐渐形成并成熟的。本尼迪克特·安德森认为民族意识是一种想象的共同体，那么这种想象的共同体也需要他者的作用才能显示出自己的边界来。”①

由于社会环境的变迁，鄂伦春族在实施了全民定居以及后来的禁猎后，

① 严墨：《他者文化与民族自我意识》，载《中国民族报》，2007年1月19日，第10版。

都在一定程度上使得他们的文化转型成为必然，但文化模式的改变也必然经历了一场文化之间的博弈。鄂伦春族是我国的“最后一个狩猎民族”，现约有人口8000人左右。直至20世纪50年代，鄂伦春族还一直从事着整体民族以“游猎”为主要生活方式的原始的经济活动，没有实现经济的跨越式发展。1958年鄂伦春族全面实现定居，农业经济成为他们的支柱产业，狩猎成为附属产业，1996年政府为了保护生态环境出台了“禁猎”政策，在政府的大力扶持下，一些猎民实现了成功的“转型”，过上了健康富足的生活，但是也有许多人由于传统观念和生产技术等方面的原因一直生活在贫困线以下。在短短的五十多年中，鄂伦春社会从原始的游猎经济一下进入到社会主义市场经济，这肯定会遇到极大的困难和挑战，生活环境的改变使他们极不适应，再加上“禁猎”这一动摇了他们的“根”的举措，使许多人对前途感到迷茫和困惑。

定居后的猎民村，开始向多民族杂居趋势发展，原有的社会结构开始发生变化，形成了以村屯为基础的社区，社会关系也因此发生了变化，原来以血缘、地缘以及河流来划分部落的形式和氏族亲属关系结构正在面临这种多民族杂居的影响。现在阿里河自治旗的猎民村的村民与其他民族通婚的情况十分普遍，当地人将这种形式的通婚称为“姑爷户”和“团结户”，[①] 这种婚姻情况也是事出有因的。由于国家和当地政府对鄂伦春族实施的扶持政策，其他民族一旦与其通婚便会享受一些福利待遇。但这种通婚也推动了以农业为主要的经济类型逐渐取代鄂伦春族传统的狩猎经济活动。我们之所以在此谈论鄂伦春族的婚姻习俗的改变，是因为这种呈主导趋势的事实是，鄂伦春族与其他民族的通婚，对带动鄂伦春族走向多种经营、更快地适应农业生产，起到了明显的作用。同时，也使其他民族的人们得到各个方面的生活保障和切实的利益。应该说，作为利益的共同体，一旦结成就会对婚姻双方产生互利互惠，同时也会逐渐消弭不同文化所带来的不适的问题。通过我们在当地猎民村的访谈和观察可以看到，与其他民族通婚的现象已十分普遍，他们这种文化借鉴、磨合、生存的相互支持中的婚姻已为人们所接受，彼此之间的利益互惠也反映出了代表两种文化的个体之间的融合水平，文化之间的吸收、整合已经达到了相当高的程度。一切社会都会有矛盾出现，城镇与乡村也是一样，只是产生矛盾的焦点和程度不同罢了。社会矛盾不可怕，可怕的是没有缓和与化解的社会妥协机制。文化转型后的博弈实际上也是一个文化解构和再建构的过程，这个过程通常情况下需要给予一定的时间和空

---

① 姑爷户是指其他民族入赘到鄂伦春族的男子；团结户是指嫁给鄂伦春族的其他民族女子。

间，不可能在很短的时间和有限的空间内就能达成一个完善的社会结构模式。文化建构关注的是传统文化历经演变、变化和发展以及对当前各种环境的适应。在当前时期与既有环境之间的接触，通过互相吸收、适应、整合，从而获得传统文化持续进化的可能。“鄂伦春族传统文化的新时期构建取决于两方面的因素：一是政府政策的引导、保护和开发，现代社会对传统文化价值的尊重和吸收；二是文化内部变迁形态和适应水平。从鄂伦春族自身状况看，存在进入主流社会的障碍，也蕴涵并表达出成长、复兴的征兆。”①

从人类学意义上来看，文化是一个共享和协调的意义系统，这一系统是由人们通过阐释经验和产生行为而习得并付诸实践的知识所获得的。所以这些习得的过程，无论其形式如何，都必须发生在一个意义系统中。因为我们是从别人那里学习知识的，学习是一种积极的社会进程，人们总是在不停地学习。而鄂伦春族在原有文化发生巨大转型后，也将面临怎么去学习和适应一种新型文化所带来的观念上的转变。在人类学关于文化研究中有两个概念比较便于解释鄂伦春族面临文化转型所带来的困惑，一个是“濡化”，一个是“涵化”。这两个概念是由美国人类学家赫斯科维茨（M. Herskowits, 1895—1963）提出的，他认为：“从个体角度来看，濡化是人的学习和教育；从群体角度来看，濡化是不同族群、不同社会赖以存在和延续的方式和手段，同时也是族群认同的过程标志之一。”② 人们通过代代相传的语言、服饰、饮食习惯、人格、信仰、共同祖先和社会经历认同于某一族群。其概念的核心是人及人的文化习得和传承机制。他同时认为：“文化是人创造的，文化又是一个种族或民族区别于其他种族或民族的最基本的标志。”③人类具有两种传承功能，“一种是生物性传承功能，即人类的生存与繁衍；另一种是人类与动物不同而独有的，即文化的习得与传承，也就是文化濡化，其本质意义仍是人的学习与教育。而涵化则是指由两个或两个以上不同文化体系间持续接触、影响而造成的一方或者双方发生大规模文化变异。”④另外，卢克·拉斯特在《人类学的邀请》一书中对文化涵化有可能出现的几种情况做了较为详细的解释：“一是接受，即通过接触、选择、采借，接受了某些文化成分。其中被迫接受的叫作‘逆涵化’，主动自愿接受的叫作‘顺涵化’；二是适应，即把接受过来的各种文化成分同自己传统文化体系

① 何群：《环境与小民族生存——鄂伦春族文化的变迁》，社会科学文献出版社2006年版，第500页。

②③④ 转引卢克．拉斯特著，王媛、徐默译：《人类学的邀请》，北京大学出版社2008年版，第74页。

的部分或全部协调起来的过程。由于协调的方向不同，其结果或是接受他文化的影响，逐渐失去本文化的特点而成为他文化的一部分，或是在两种文化的接触交往中，发生双向的调适，产生与各自原来文化特征均不相同的新特征，从而形成一个新的单一文化；三是抗拒，即在涵化过程中，由于政治上处于支配地位的文化压力太大，变迁发生过猛，致使许多人不易接受，从而导致排斥、拒绝、抵制或反抗现象。简单来说，文化濡化是发生在同一文化内部的纵向传播过程，而文化涵化则是发生在异文化之间横向的传播过程。”①

以上采用篇幅较大的术语化的文字说明，是在探讨一种文化在遇到另外一种或多种文化时，必然会发生一场激烈的博弈和冲突，而博弈和冲突的结果必然是一种妥协或者适应。我们不希望看到最后那种所谓的“抗拒”现象的出现，而是应该采取相应稳妥的政策和方法，利用干预措施来帮助那些人口较少民族尽快摆脱贫穷，并能迅速提高他们的生活质量，以便尽快适应这种新型的生活方式，这才是我们最终实施干预的目的。我们会说，两种文化没有先进与落后之分，而应该说哪种文化更能适应或是符合当前社会发展的趋势，是一种文明的标志。鄂伦春族在实施全民定居和禁猎的过程也是这种文化冲突和适应的博弈过程。我们在前文中曾提及鄂伦春族与其他民族的通婚，并由此涉及一种原始生计方式在外来文化经济类型的强有力的冲击下，该民族是否能够迅速适应的问题。建构一个新的经济类型，单单是外在这种通婚还不能消解深藏在鄂伦春族人民内心对狩猎生计方式的眷恋和心理依赖。实际上，在现有阶段我们恰恰看到的是鄂伦春族在这种原有文化处于解构而新的文化并未完全建构起来的从外在到内心的一种博弈状态，这种现象也许还将会存在很长的一段时间来适应。

通常来讲，在文化系统的变化速度上，物质文化方面容易发生变化，但是传统信仰体系以及民族自尊等意识形态领域的文化特质是最不容易发生改变的。面对传统文化已经日渐消失其生长的环境和社会基础的现实，单纯从经济方式上的转变还远远不能让鄂伦春族人民产生心理上的适应。通过对一些书籍和文献资料的查阅以及实地的观察可以清楚地看到猎民在现实生活环境中对现有生存方式的消极状态。“因为历史的演进和与外界文化交流程度的不尽一致，适应能力存在一定的差异，但是共同呈现出传统狩猎文化技术以及由此引起的组织、观念等层面的文化适应问题。这主要体现在鄂伦春自

① 卢克·拉斯特著，王媛、徐默译：《人类学的邀请》，北京大学出版社2008年版，第74－75页。

治旗猎民禁猎、禁猎后普遍转向农业生产后发生的社会分化；同时，环境急剧变化引出的问题，已经超出了文化适应的范围，是适应机会问题的进一步加深，也就是说，环境没有提供给相对稳定的适应时期。”① 在对阿里河鄂伦春自治旗几个猎民村的访谈中，我们也了解到一些有关他们从事农业生产转型后出现的不适应情况。在20世纪90年代，这里的猎民村在有关政府和领导的倡导下，曾经实施过一段与五六十年代类似的农村合作社集体农场为模式的生产形式。猎民们共同生产劳作（他们确实也比较喜欢这种模式的劳动行为），在一定时期内相应改变了实行定居和禁猎后产生的消极生活状态。由于猎民有饮酒吸烟的传统，体质较差，而农场规定和限制饮酒的次数和总量的控制，一段时间之后，猎民的身体素质有所好转。但由于种种原因，这种集体农场的模式发生了改变并随之解体，猎民们又回到以前那种较为颓废的生活状态。我们在2007年和2008年先后两次来到乌鲁布铁镇和托扎敏乡，对下辖的乌鲁布铁、讷尔克气、朝阳新村、希日特奇和木奎等五个猎民村进行了深入的访谈和体质以及心理方面的测试，从获取的有关身体素质的量表中看到，当地猎民的身体素质普遍较差（与全国普通城镇居民为衡量的标准），饮酒与抽烟仍是当地人们的主要嗜好和习惯。不过，现在这几个猎民村在政府的关心和扶持下，纷纷在村里建起了大规模的桦子菇和木耳养殖基地，这两种食用菌都属于当地特产，生态环境较为适宜它们的生长，有一定的养殖便利条件和基础，我们在当地猎民家里就曾一饱口福，味道十分的鲜美。每天村民们都要从事这种养殖劳动，按工计酬，但大都是在上午到大棚上班，一到下午，就有许多猎民由于饮酒而无法从事更好的工作，政府和有关部门也是十分头疼。这种现象的产生实际上还是一种传统劳作中平均分配、平等互助的传统文化的心理在影响着猎民的观念。猎民们与其他从事农耕的民族不同，单家独户形式进行生产难以奏效，而将土地集中，以集体组织的形式来统一经营，则为大多数猎民所接受。他们的观念是对生产效益不太关注，而对这种形式比较感兴趣，在以这种模式为载体的工作形式中，让他们有了一个很好的交流平台，只要聚在一起他们便很开心。许多猎民去上班或者说学习农耕和养殖并非完全为了经济收入和日常生活需要。通过我们的观察发现，大部分的猎民在上班时都有中途回家或逃避工作，而回家和逃避生产劳动只是为了找机会出去喝酒，等喝完酒后再回来上班，可想而知这种劳作的效率是比较低的。

---

① 何群：《环境与小民族生存——鄂伦春族文化的变迁》，社会科学文献出版社2006年版，第431页。

日出而作、日落而息的这种历代人们对“勤劳”判断的标准，在以狩猎为生的鄂伦春族人来说在短时间内是难以适应的。狩猎状态下鄂伦春族人民是勇敢、勤劳的，所以这种判断勤劳与否的标准是相对的，是由于他们头脑中固有的观念和价值取向的不同造成的。禁猎后的他们由于不善农耕或是从心理上的排斥造成一种“闲散”的状态，精神的空虚往往容易使人产生许多的不良习惯。这一点可以从他们日常的生活状态中体现出来。如酗酒、抽烟、打牌，这都是无所事事之后产生的一种“颓废”的表现。猎民们认为，这种没有目的和兴趣的生产劳作，还不如什么都不干的好。在现代社会中，农业经济作为国家的主要经济类型，在不同的发展阶段会有不同的模式。比如鄂伦春族人民所较为适应的集体合作的工作形式，在我们国家五六十年代也曾风靡一时，在成立合作社和人民公社时，曾人为地把其他民族居民与鄂伦春族居民杂居起来，以便于经济类型的互相影响和民族之间的理解融合。这当然与时代的政治背景和意识形态有很大的关系。如特殊的有农业学大寨、工业学大庆等形式的出现，这都是特殊历史环境下的产物。后来，我们国家随着社会的进步、意识形态的转变和改革开放的不断深化，这些模式已不再适应现代化社会发展的需求了。而鄂伦春族在经过从原始狩猎的生计方式跃进到现实社会后，却反而较为适应这种集体农耕的生产模式，应该说这是与他们受传统文化的心理影响和从前所处的社会发展阶段有关的。

鄂伦春族先民们在游猎过程中往往采用集体合作或以家族为团体的形式进行，过去鄂伦春人没有划定的猎场，他们认为猎场是上天赐予的，属于大家共有，因而狩猎从不受地域的限制，到什么地方狩猎都可以，狩猎小组往往是猎人自愿组织起来的，鄂伦春语称这种小组为“阿嘎”，狩猎结束后下次出猎可重新组合。上山后互通有无，“有物大家使”，“有饭大家吃”，不分你我。在集体狩猎过程中，所有的活如砍柴、做饭、扒兽皮、搭帐篷、喂马等，都是大家一起动手干，但晚辈和年轻人更为勤快，打猎水平低的人也主动多做些，以弥补狩猎之不足。集体出猎有时还规定专人做零活，好让猎手们休息好集中精力多打猎物。这种模式的经济活动，在当地有关人士认为是比较适合鄂伦春族生活状态的。从选择生产模式来看，鄂伦春族猎民也许认为这种情形更容易适应一些。但这种模式的生产劳动毕竟已是昨日黄花，不能适应现实社会的发展要求了。我们在同阿里河鄂伦春自治旗下辖的几个猎民村的当地政府有关人员的谈话中了解到，猎民们从主观上并不愿意从事农业生产，尤其是现在随着可耕土地的锐减以及国家退耕还林还草、天然林保护工程的实施，猎民耕地数量的大规模增长已不可能。猎民由于刚开始进行农耕生产时的抵触情绪和以不熟悉农耕技术为理由的托词，造成了大批土地的转让和出租，致使相当多的土地被一些当地的有识之士购买过来，并开辟了自己的农场，并雇佣他人来从事农耕生产。这样一来，许多猎民由于土地转让后的无所事事，再加上吃国家政府救济金的依赖思想，使得许多猎民们养成了游手好闲的毛病，主动改变自身生活水平的观念愈发的渐行渐远，于是空虚、寂寞、焦虑的情绪日益弥漫在他们的日常生活中，酗酒、抽烟的不良嗜好也就成为生活中的一部分了。但是当地政府一直没有放弃对猎民们的生活实施干预，以便尽快摆脱这种境况的持续。在大多数猎民不适应农耕生产的境况下，政府主动引导和划拨大量资金扶持当地的养殖和畜牧产业。当地政府认为："在原始的狩猎和采集生活中，通过饲养马、鹿等动物和采集野菜、草药等植物，逐渐熟悉并掌握了牲畜养殖和中草药种植技术，猎民在这方面的发展优势和潜力很大。猎民对森林和草原有着深厚的感情，在养殖业，特别是马、鹿、牛、羊的养殖上有丰富的经验。"① 这种情况，我们在2008年第二次来到猎民村时，除了人们正常从事一些必要的农事劳作外，仍旧看到大规模的种植基地和大棚养殖已经成为当地人们主要从事的副业生产了。另外，我们还看到有些猎民仍然蓄养着马和鹿等动物，而他们养的马、鹿等都往往是散养形式的。这些介于农耕和狩猎之间的经济生产行为正在逐渐改善着人们曾经固守的观念和传统。这种博弈之后的适应也是一个循序渐进的干预过程。国家一直以来对鄂伦春族人民的生活水平十分关心，投入大量资金和人力物力去帮助他们，但在此之外还应该积极引导和实施必要的干预措施来从心理上解决鄂伦春人对现实环境的适应问题，如果操之过急反而会事倍功半，以至功败垂成。

第三节 传统狩猎文化的消逝与民族情怀

鄂伦春族曾经是整体民族以采集、狩猎为主要生存方式的人口数量较少的民族。长期在浩瀚的森林中从事狩猎活动使鄂伦春族在迁徙动荡的游猎生活中形成了独特的狩猎文化。1958年，全面定居和从事农业生产活动使鄂伦春社会发展得到很大进步，人民整体生活水平和健康状况得到很大提高。1996年，人民政府为了保护自然环境不得不颁布法令实行全面禁猎，定居和禁猎彻底改变了鄂伦春族的生活方式，同时这些举措无疑是对鄂伦春族传

① 何群：《环境与小民族生存——鄂伦春族文化的变迁》，社会科学文献出版社2006年版，第430－431页。

统文化的巨大冲击，一些长期从事狩猎活动的猎民对此产生了很大的不适应。政府的大力投入使他们在物质生活和医疗保健等方面得到了根本性的改变，但怀旧情怀也对一些人在心理上造成了影响。“通过提高鄂伦春族文化、教育和科技发展水平，改进他们的生活方式，开展多种形式的文化、体育和经济活动可以促进鄂伦春民族传统文化的保护和传承，也才能够使鄂伦春族猎民的健康与自然环境、传统文化和谐发展。”①

鄂伦春族放弃狩猎生产经历了漫长的历史过程，其间鄂伦春族实现了具有历史意义的三次大飞跃，“一是1951—1958年的7年间逐步告别‘斜仁柱’，实现定居；二是1958—1988年历30年时间由单一的狩猎经济发展为农林牧副多种经济并存；三是1996年1月以后放下猎枪，彻底告别狩猎业。所以说，即便在1996年以前，鄂伦春族的狩猎生产生活同新中国成立初期及其以前相比已经有了很大的区别。鄂伦春族传统狩猎生活事实上已经离鄂伦春族远去50余年。”②

我们今天所有的人都是生活在一个巨大文化体系之中，而这个体系也是跌宕起伏和不断变化的，它是一个有关生物和文化适应、自然选择和繁殖的统一体。“人类也在不断地进化他们的身体和行为特征，使自身得以生存和繁殖，所有活着的生物都与外界环境有着一种间接的关联，他们与物质世界的关系，都是通过自然选择来调节的。但人类与大多数生物体存在的差异是人类和环境之间还有另外一个过程加以调节，那就是文化。”③ 文化就像自然选择一样，协调着我们同周围环境的关系。当然，文化也并不总是具有适应能力，它也会产生和再生产一些使人类不良适应的实践，甚至会威胁到人类的生存而不是提升人类的生存能力。不过，一般来说，我们通常是运用文化的方式来适应和改良自己的生存环境的变迁所给人们带来的影响。在前文中我们曾就鄂伦春族原始的生计方式和经济类型与现代化之间的差异进行了较为翔实的讨论与分析。但当我们翻阅人类历史发展的进程时，我们发现原始时期的人们都是通过集体合作进行采集和狩猎作为自己生计方式的。男人通常是狩猎者，女人通常是采集者，分别扮演着不同的角色，这是社会分工的不同而形成的一种模式。这样的生计方式曾经是我们的祖先共同采用的形

---

① 方征：《生活方式的变迁对鄂伦春族猎民健康的影响》，载《体育文化导刊》2007年第11期。

② 波·少布：《再现鄂伦春族往昔生活的一部力作——评于学斌“鄂伦春游猎生活”》，载《黑龙江民族丛刊》2005年第3期。

③ 卢克·拉斯特著，王媛、徐默译：《人类学的邀请》，北京大学出版社2008年版，第126页。

式，但在今天的世界上，只有少数人仍然采用这种原始的狩猎生计方式。甚至在 1996 年没有颁布禁猎令前，许多鄂伦春族的人仍是以狩猎为生，可以说，狩猎是鄂伦春族人民的精神支柱和文化核心。他们的社会制度、家庭婚姻、宗教信仰、经济活动等许多行为都是围绕着这个核心而运作的。如果一旦将这个核心文化的结构打破，那么这个民族的整个社会结构也将面临着重组和重新建构的一种状态。

从现阶段鄂伦春族传统文化的遗留状态以及我们在鄂伦春族聚居地的实地考察来看，其原始先民所从事的以狩猎为主的生计方式已随着禁猎政策的实施正在逐步退出他们的文化核心体系。17 世纪以前，鄂伦春人尚处于父系氏族公社阶段，父系氏族公社被称为“穆昆”，在氏族内部还存在着若干个生产、消费组织“乌力楞”，它由若干代带有血缘关系的家庭成员所组成。早期的鄂伦春人为了生存，在征服自然和向大自然索取的时候付出了惨重的代价，同时对大自然的一些现象和自然法则不理解所产生的恐惧导致了他们对自然的崇拜。对图腾和祖先的崇拜，使人们都怀着一种纯朴、神圣的感情，对虎、熊这些猛兽的图腾崇拜反映出鄂伦春族先民勇敢顽强和敢于拼搏的民族心理。

在狩猎经济占主导地位的时代，大部分鄂伦春人都是优秀的猎手，鄂伦春男孩一般在五六岁即用弓箭和木枪做狩猎游戏。七八岁练骑马，十岁后练射箭和射击，十二三岁就跟长辈到猎场进行初步实践。长辈让他们猎取一些中小型的食草动物，积累狩猎经验，到了十四五岁他们便开始单独狩猎了。“‘鄂伦春妇女皆勇敢善射，客至，腰数矢上马，获雌兔作炙以晌，载儿于筐，裂布悬项上。射则转筐于背，回旋便捷，儿亦不惊’。可见，鄂伦春人从儿时起就适应狩猎环境，从小就练就了狩猎的本领，在长期的狩猎活动中，鄂伦春人不断总结经验创造了多种狩猎方法，发明了独特的狩猎工具，创造了灿烂的狩猎文化。”① 但是，我们通过对鄂伦春族先民们的这种生计方式和经济活动的认识，了解到这种行为极大地限制了鄂伦春族社会的发展和进步，这种生活方式决定了鄂伦春族逐水草而居，随野兽而迁徙。这种生活条件给鄂伦春人生活造成了困难，直到新中国建立初期鄂伦春社会仍停留在原始社会末期阶段，其贫困落后程度不仅在国内，就是在世界各民族中也是罕见的。

狩猎经济是一种传统的迁徙式的经济形式，随着社会对生态问题的日益重视，出于保护自然环境、彻底改进猎民经济生产方式等因素的考虑，1996

① 王晓芳：《鄂伦春狩猎文化研究》，载《体育文化导刊》2007 年第 3 期。

年 1 月 23 日，鄂伦春自治旗召开了全旗禁猎大会，宣布在全旗境内禁止捕猎野生动物。但是，这一举措对于世代以狩猎为生的鄂伦春族猎民来讲从心理上是难以接受的。鄂伦春族祖祖辈辈以狩猎为生，对大自然有着深厚的感情，人与自然和谐相处，环境的恶化是由外界的因素造成的，彻底改变鄂伦春人的生活方式对他们造成了巨大的心理压力。鄂伦春人热爱狩猎生活，行猎一天即使空手而归，但精神愉快，狩猎本身就是一种享受的过程。禁猎后，彻底改变了猎民的生活方式，他们不懂农业生产技术，不会经商，传统的有福同享、有难同当的道德观念受到了冲击。相当一部分人认为：狩猎是鄂伦春族的特色和精神，禁猎会丢掉传统的民族文化，放下猎枪等于背叛民族，“交老婆可以，交枪不干”。禁猎对猎民来讲，影响最深的是他们的感情和心理。但是，禁猎是政府从全局考虑才做出的决定，是势在必行的。“这一举措也使许多交出猎枪的人在心理上受到了沉重的打击，对现实生活很不适应，对种地不感兴趣，整日烦闷抑郁、无所事事，原本就有嗜酒习惯的人们天天与酒为伴。”① 许多猎民在禁猎后整日喝酒，有的患上了肾炎，有的把肝脏喝坏了。像这样的情况在猎民村并不罕见，由抑郁、焦虑等心理引起的疾病对猎民的健康造成了很大影响。

以上这种情况，在阿里河鄂伦春自治旗下辖的几个猎民村中是一个较为普遍的现象。针对这种情况课题组成员也相应做了一些简单的访谈和对其日常生活状态的观察，而且还做了心理方面的问卷调查。在访谈中我们获知了一些当地猎民的一种生活状态。在对乌鲁布铁镇下辖的乌鲁布铁、讷尔克气和朝阳（多布库尔）等三个猎民村的访谈中得知，他们在禁猎后的经济活动主要有农业、畜牧业、养殖业等三种类型，其中也穿插个别猎民出外打工的行为。虽然在禁猎后，政府采取了一定的措施来扶持和帮助他们从事农业生产，但大多数猎民对从事农业仍然存在一些不适应或是主观上的消极行为，通常是将自己的土地出租给当地的一些其他民族的人来耕种，而只是获取一些低廉的租金维持生计，反而对养殖和畜牧业较为感兴趣。由于不从事农业生产，而养殖和畜牧的时间又较为松散，于是猎民们的生活状态较为悠闲，闲暇时间较为充裕。再加上村里的文化娱乐的缺乏以及过分依赖国家对他们的低保政策，造成猎民无事可做，由此形成酗酒、抽烟的不良嗜好也就不足为怪了。然而这种嗜好的养成与他们对狩猎活动的眷恋和原始经济活动的完全断裂有着密切的关系，所谓造成心理上的不适应而引发的种种不良习

---

① 方征：《生活方式的变迁对鄂伦春族猎民健康的影响》，载《体育文化导刊》2007 年第 11 期。

惯，其实也是出于他们对以往狩猎生活的怀念。

另外，我们在对鄂伦春族猎民的体质测量过程中，发现很多猎民的身体素质相对较差，在一些监测指标中，诸如身高、体重、心率、肺活量、平衡能力、立定跳远、仰卧起坐等指标数据都与正常指标存在很大的差距。这种外在的差距在一定程度上还不是影响鄂伦春族猎民较为消极的生活状态以及养成饮酒和抽烟的不良习惯的主要原因，其本身的心理问题才是其形成这种情形的根本所在。在我们对猎民们的心理量表测试结果中发现，除了自身原有的一些疾病外，其心理的焦虑、抑郁状况明显超过正常水平。从我国传统医学角度来说，身体的不适必然会引起情态和心理的变化。喜、怒、忧、思、悲、恐、惊等情志方面的波动也会招致疾病缠身，如果没有良好的心理干预和排泄的渠道，形成抑郁和焦虑的状态在所难免。

我们在访谈的过程中发现一个十分有趣的现象，当我们问到他们对现实生活状态是否满意时，大多数的猎民都夸共产党的政策好，解决和改善了他们衣食住行的基本生存问题，生活质量得到了保障，而很少涉及自己内心的真实感受。分析他们的这种行为，也许对我们的身份和对调查的目的还抱有疑惑，尤其是在有当地政府官员陪同的情况下，得到的答案出奇的一致，我们也很谅解他们的疑虑，毕竟交流的时间过短，尚未达到对彼此的信任程度。但当我们提及他们的疾病情况时，猎民们则表现出强烈的倾诉欲望。他们十分愿意和我们交流自己这些情况，由于我们这次下去带了一些体质测量的器械，许多器械通常还是医疗所用的专业用具，例如听诊器、血压计等。甚至有的猎民的小孩儿得了一些疾病也让我们来看，其中就有一个托扎敏乡木奎村的妇女抱着她的小孩儿来让我们看小孩身上长的一个类似蚊虫叮咬的红包块。后来我们通过与当地政府的陪同人员的了解才知，这是因为当地猎民对一些外来调查他们生活情况的人员并不感兴趣，当地陪同人员只好采用这种来为猎民看病这一善意的“谎言”来配合我们对猎民体质调查的活动。但是，在对当地猎民的体质检测中，除了正常的检测一些身体指标外，同时也了解到一些他们内心的真实想法。在这些猎民村，许多猎民或多或少患有一些疾病，有些是遗传，也有些是交叉感染，还有些疾病是由不良的生活习惯和嗜好造成的。其中主要的病症有心脏病、肺结核、肝炎、肾病和腰椎间盘突出等。得这些病的原因有很多，我们在对他们的访谈中，大部分猎民都感觉到自己身体有不舒服的症状。我们在乌鲁布铁镇的三个猎民村就自身疾病情况一共走访了二十余人，身体状况都不十分理想，有的甚至还有一些精神疾病。但总结归纳起来，心脏病、肺结核、肝病和腰椎毛病占大部分。鄂伦春族有生吃狍子肝脏的习俗，他们认为狍肝可以明目和增强身体的机能，但有时由于卫生情况较差而有可能引起疾病的发生。这种情况，看似是一个简单行为，但无意中凸显了鄂伦春族人民内心对传统狩猎文化的执着与眷恋，直到现在，这种饮食习惯仍然存在于老一辈人的生活当中。

我们对采集狩猎的了解，大都来自过去几十年对当代狩猎采集者集中进行的民族志研究。自 20 世纪 50 年代以来，人类学家曾集中研究的群体之一，就是非洲南部的“亢人”①。“尽管几乎所有的亢人在 20 世纪 50 年代都是狩猎采集者，但是，今天已经没有人是专门的采集狩猎者了。不过，亢人的采集狩猎方式最为震动世界的，则是这种生活方式的健康程度了。”② 大多数学者和外行都把采集和狩猎看成是肮脏的、粗野的日日挣扎，但事实表明，由于他们的生计方式和饮食习惯，则比现代人们的饮食习惯更合理，也更健康。通过前人的研究，人们发现一个从事采集狩猎的民族的生活方式的特征：“人们生活在小型的、非定居的、移动的群体中，不断地从一个居住地迁移到另一个居住地，这些作为小型移动的群体，过着采集和狩猎生活，并不是一团乱麻无目的的移动。”③ 所以，像鄂伦春族人这种生计方式和行为，是有一定原因的。他们从不聚集成一个群体在很长一段时间内生活在同一地点，这样一来，任何疾病都不能轻易在他们中间扩散和传播开来。尽管传染性疾病可能会感染这些小的流动群体的一个或更多的人，由于存在更小的流动群体间的人口和地理距离，只要隔离出这一小部分人，疾病就不能传到其他人群中。在人类学界，通常把这种流动群体的采集狩猎者们称为“游群”。④ 游群除了经常与小型流动的采集狩猎群体相关，也描述了一个特定的社会、政治和经济组织。这种模式类型的组织，在鄂伦春社会中体现得十分明显。首先，在社会意识层面上，游群不是一群人偶然聚集在一起，而几乎都是围绕亲属关系组织起来的，游群中的每位成员都彼此之间存在着血缘和姻亲关系；其次，游群中的领导权问题非常宽松，通常情况下都是由长辈成员担当，同时，一旦有成员要求离开也不受什么限制，只要自己愿意，游群中的任何成员可以随时离开这个组织而加入到另一个游群组织中实施采集和狩猎行为，而领导者是无权干涉的，这种组织始终处于一种不断的变动中；最后，就是一个游群总体的健康程度和生存能力极度依赖一种特定的经

---

① 非洲南部的土著民族，是桑人的一个分支，又称布须曼人，身型矮小，皮肤呈黄色，是世界上最古老的狩猎采集的民族之一。

② 卢克·拉斯特著，王媛、徐默译：《人类学的邀请》，北京大学出版社 2008 年版，第 128 页。

③ 同上，第 129 页。

④ 同上，第 130 页。

济交换类型模式，其通过一种互惠系统而发生作用，使得组织中的任何一个成员都能获得一定的食物。可以说，互惠是一个交换系统，它根植在以采集狩猎为生的游群生存方式的核心。没有了这些商品和服务的交换，游群的社会体系和政治体系都会崩溃，而采集狩猎者们通常都是把互惠当成他们的生存手段来依赖的。一旦这种社会制度体系消失，随之而来的则是其文化核心和内心世界大厦的坍塌。

由上所述我们可以清晰地看到，在鄂伦春族的社会里，人们的感情纠结于由于采集狩猎生计方式的改变，而引起的一系列对现实生活的不适应。他们自古以来所从事的生活劳动和文化情结也随着现代化的发展而迷失在文化变迁的泥沼中。可以说，鄂伦春族社会文化始终处于一种被动的变迁过程，传统文化的消逝撼动了同时也打破了他们原有的核心文化，失去了自己民族文化的归属感。我们应该看到，有些时候，人们采用狩猎和采集的生计方式，在某些适合的环境下，会比与之竞争的畜牧和种植方式更为有效。所以，不能只是简单地通过外人的感受而武断地得出其生计方式以至文化落后的结论。

应该说，文化的迷失对鄂伦春族人民的精神世界产生了巨大的冲击，我们在与他们的交流和访谈中时时刻刻都能感受到他们对往日生活的留恋，他们常常陷入对以前那种自由自在、无忧无虑的狩猎生活的回忆中，这些发自肺腑的感言也常常令我们无语和唏嘘。我们在乌鲁布铁镇下辖的朝阳猎民新村遇到了一位 76 岁的鄂伦春老人葛林杰（她是该村最年长的一位），在同她的聊天中，可以看到她对往昔生活的熟稔。老人身体健康，没有饮酒嗜好，只是烟抽得比较厉害。老人现在是一个人生活，由于年龄偏大，已经不从事农活了（其实也不善于农活生产技术），但还保持着鄂伦春族原有的生活习惯。老人年轻的时候，经常跟随自己的老伴去打猎，短的几天，长的有一个月左右。她还能熟练掌握制作狍子皮衣服的技巧，并拿出一件其精心收藏多年的制作精良的狍皮袄展示给我们看，上面还点缀着十分漂亮的图案文饰。由于制作年代久远，狍皮的毛色早已褪尽，但摸起来的手感十分细腻柔滑，可见熟皮子的技术之高超。当我们问起为什么现在不再制作时，老人十分感慨地说：现在不让打猎了，狍皮的来源没有了，而且由于人们已不从事狩猎了，不用再到冰天雪地的山林中去搜寻猎物，狍皮的隔寒防潮的功能已被现代轻便的服装所取代了。在我们和老人聊天的过程中，她并没有放下手中的活计，一边聊天一边着手生火。她说直到现在还不适应用煤或天然气来做饭和取暖，平时都是用木柴来作为取火的燃料。鄂伦春族的用火一直是用木头作为燃料，这是由于其长期在采集狩猎过程中养成的习惯。除此之外，鄂伦春族一直信奉萨满教，属于图腾崇拜的民族，他们信仰的山神叫“白纳恰”（音译），每当他们打猎归来，都要首先把获取的猎物煮熟后投入到火里，祭祀给他们带来福音的火神，这被看成是鄂伦春族人民生命传承的纽带。现在的鄂伦春族人由于定居后远离了山林，生活环境发生了改变，一些宗教信仰、习惯和风俗也在渐渐地远离了他们。而这些文化的消失正是由于原有的生计方式的改变引起的。

在鄂伦春族的生活里，其社会分工也是十分明确的，男人通常是作为狩猎的主要角色出现的，而女人们则作为采集工作的主要角色。在上文中通过对葛林杰老人的访谈，我们了解到一些妇女所从事的工作，而作为鄂伦春族主要的生计方式——狩猎，则是男人们的专有权利。为了了解现在有关鄂伦春族人的狩猎情况，我们于2008年7月17日早上，来到托扎敏乡的希日特奇村，走访了当地著名的老猎人，被称为“莫日根”[①] 的59岁的托新老人家里。托新相对鄂伦春族来说是一个接触和了解外界社会信息较多的老人，他曾在海拉尔当过五年兵，是一名共产党员。他从小就过着狩猎生活，问起有关打猎的事情来，不善言谈的他却滔滔不绝地给我们谈起他在狩猎过程中的许多趣事来。首先他拿出一本出版于2001年第8期的《民族画报》让我们看，指着封面上的鄂伦春族猎手人物的形象自豪地说这就是他本人。封面上的猎手，身穿用狍子皮做的皮袄，肩挎一杆猎枪，显得十分的飒爽英姿。另外，他还谈及在阿里河民族博物馆广场上的鄂伦春族猎手的雕塑形象就是以他为原形雕刻出来的。他还给我们展示了他保存的猎枪和用狍子和猂的皮子和筋自制的马鞍等打猎用具。自从国家颁布禁猎令后，老人已不再打猎了，有时偶尔耐不住技痒，也会在附近山林中打一些小动物，但绝对不会违反政策打国家保护的动物和飞禽。现在他主要从事畜牧和养殖业，喂养了30多匹猎马和13只猎狗，同时还种植一些当地特产桦子菇等，他亲手给我们烹制的桦子菇味道十分的鲜美。在经过简单的寒暄过后，我们逐渐把话题引入到狩猎的事情上来，当我们问他都打过什么猎物时，老人粗糙的脸上一时间焕发出熠熠的神采来。他说山林中几乎所有的猎物他都打过，有狗熊、狍子、野猪、猂和一些飞禽等。老人兴致勃勃地给我们谈起了有关打狗熊、狍子和野猪的趣事来。之所以拿这三种动物来举例，是因为，打狗熊是最危险的，打狍子是较为简单和容易的，而打野猪则是最有乐趣的。

狗熊在普通人的想象中是一种比较凶猛和蠢笨的猛兽，其实不然，狗熊十分的聪明，它具有敏锐的嗅觉和很高的警惕性，同时相对来说它的“智

---

① “莫日根”：鄂伦春语，是好猎手的意思。

商”也较其他动物要高（这个常识我们早已知晓）。狗熊的动作十分的敏捷和迅速，这和它的外表相比大相径庭。对猎人来说，跟踪狗熊是一件十分危险的事情，当狗熊感觉到有人在跟踪它时，它往往会想方设法摆脱，其行走路线不是直线，而是绕着圈子迂回地行走，并有可能绕回来在半路上等着猎人，并出其不意地袭击来犯的猎人而使其一击致命。所以猎人要保持高度的警惕性来防范狗熊的突然袭击，曾经有不少优秀猎手命丧其爪下的事件发生。打狍子对猎手来说是一件不用耗费多少智力就能取得丰硕成果的事情。虽然狍子十分的机敏，动作也十分的迅捷，但猎手们自有一套对付它的技巧和方法。人们通常都叫它为“傻狍子”，所谓的傻狍子就是说，当狍子一旦意识到有危险来临时，会迅速地逃离险境，但有经验的猎手并不会去追击它，而是悄悄地埋伏在原地，通常情况下，狍子还会再次回到原来的地方去觅食，这时猎手就可以将其猎杀。还有就是在夜间打狍子时，一旦发现狍子，就用灯光照射它，这时的狍子就会一动不动站在原地，猎手们可以从容不迫地瞄准射击。对于托新老人来说，打野猪是最有乐趣的事情了。在我们印象中，猎手们出行往往是身背猎枪全副武装，但老人说打野猪则不用拿猎枪，只要多带猎狗和锋利的尖刀就可以了，托新老人极有兴趣地给我们谈起了他打野猪的故事来。首先，打野猪要分季节，在一般情况下，元旦前后的近半个月内是野猪的发情期，野猪十分的凶猛，不适合猎杀，另外，在野猪的不同年龄采取的猎杀方法也不相同。三岁以前的野猪，只要带上足够的猎狗就可以了，而三岁以上的公野猪就十分具有威胁性了，此时的猎狗已不能轻易靠近它了。在不久之前的一次打野猪时，就曾经牺牲了一只猎狗，这只猎狗被野猪细长坚硬的獠牙挑破了肚子，另一只猎狗也被獠牙划伤了睾丸。之所以说打野猪是一件比较有趣的事，是因为猎手们采用的方法十分独特。前边曾提及打野猪时不用猎枪而只要带上猎狗就可以了，这是因为，当遇到较为幼小的野猪时，猎狗们会一拥而上，分别在野猪的前后左右狂吠不止（这都是猎手们事先训练过的），造成野猪的顾此失彼，而不知向哪只猎狗发起攻击。此时，野猪身后的猎狗就会突然发起攻击，目标是野猪的生殖器。而野猪为了保护自己，只得拼命地来回窜动，一旦停止，就会遭到猎狗的攻击。当野猪疲惫时，就只能是趴在原地不动，而这时其他的猎狗就会一拥而上，在不得已的情况下，野猪只好奋起而疲于应付，只要有一丝可乘之机，它身后的猎狗就会毫不犹豫地一口咬住野猪的生殖器死死不放。直到此时，猎人们才可以乘机上前，拔出尖刀，准确地捅进野猪的心脏。

我们极有兴致地听完老人有关狩猎的趣事后，可以看出他仍然意犹未尽，由此也能感觉到老人对往日狩猎生活的向往和怀恋。鄂伦春族人民热爱大自然、热爱传统的狩猎文化。在狩猎的年代，鄂伦春族就有怀孕的母兽不打、正在交配的野兽不打等习俗，除非必要，绝不过多猎杀野生动物，鄂伦春人多少世纪以来从未因用火而引起火灾。狩猎虽然是索取式的经济模式，但是宽仁的大自然满足了鄂伦春族有限的需求，人与大自然和谐相处。随着社会的发展，外界人口的大量涌入，对动植物资源过度地开采，自然环境遭到严重破坏，禁猎是政府为了保护自然环境而不得已采取的政策。在这种社会环境下，只有通过提高鄂伦春族文化、教育和科技发展水平，改变他们的生活方式，以多种形式的文化和经济活动促进传统文化的可持续发展，才能够进一步提高鄂伦春族猎民的身体健康水平，达到人与自然环境、传统文化的和谐发展。

随着社会的发展和猎民村人口结构的不断变化，可以看到："猎民人数正在不断地减少，人们也正在逐渐适应禁猎后的生活，禁猎对猎民心理的影响也越来越小，特别是年轻一代，他们没有经历过狩猎的年代，禁猎对他们的心理健康的影响已经很小了。"① 鄂伦春族在长期的狩猎过程中形成了自己独特的狩猎文化，这是鄂伦春族宝贵的文化遗产，禁猎无疑对这一文化财富产生了巨大的冲击。如何提高鄂伦春族社会的发展水平，促进人的健康、生态文明与传统文化的和谐发展是摆在人们面前的现实问题。

第四节　田野访谈记录与随笔

在前三节中，所述内容主要是就文化转型后的一些理论探讨和案例说明，但是关于狩猎方面的知识，只是通过对托新老人的采访而得来，并未深入探讨。于是，我们课题组一行人为了更为全面地了解鄂伦春族人民关于狩猎的生活状态，并且做一个跨区域的比较，在2011年的夏天，将近一个多月的时间，驱车8000公里，来到黑龙江黑河市下辖的新生、新鄂、新兴以及呼玛的白银纳、十八站和内蒙古呼伦贝尔市下辖的乌鲁布铁、讷尔克气、多布库尔等鄂伦春族聚居区做了较为深入的田野调查，入户寻找一些当地的老猎人进行访谈（应该说鄂伦春族的老人，都是猎人或者曾经打过猎，很多有趣的打猎故事都已深深刻印在他们的脑海里并转化为一种集体记忆而成为他们津津乐道的历史），收获颇丰，以下就是我们采访的猎人们的故事。

---

① 方征：《生活方式的变迁对鄂伦春族猎民健康的影响》，载《体育文化导刊》2007年第11期。

访谈案例1[①]：（访谈时间：2011年7月18日；访谈地点：黑河市新鄂乡；被采访人莫金泉，1952年生人，腿有残疾，自小打猎，现在还留有打猎时的用具，例如手套、帽子、狍皮袄和用熟好的狍皮做得靴子等）由于黑龙江和内蒙古地区冬季持续时间较长，一些动物的痕迹容易发现便于跟踪，故而打猎也多在冬季进行，这是因为这时的猎物如狍子等的皮毛比较厚，尤其是肚子的皮毛更是柔软，是上等的皮衣制作原料。莫金泉说，打猎是他们的一种生活方式和生计来源，而外人（汉人）主要是消遣娱乐。由于外人的介入，使得打猎的方式发生了很多改变。比如鄂伦春族的打猎方式主要是扛枪打猎，而外人则不然。他总结了现代汉人们的几种打猎方式：一等下药，二等下套，三等下炸子，四等捉脚（下卡子），五等才是用枪打猎。据当地人介绍，现在国家这种禁猎方式只是将鄂伦春人给限制住了，因为这种方式只是单纯地将猎枪收归上来，其他方式的打猎，例如下药、下套、下炸子、下卡子等却未得到很好的制止。而上述这些打猎方式，鄂伦春人认为是下三烂的行为，根本不屑一顾。但是单纯地收枪却真正地限制了鄂伦春人，而不能限制真正偷猎的人。这些人往往都是其他民族的人或汉人，他们通过大规模地采用下三烂的打猎方式，才使得山林里的各种动物大量减少。当地猎民都说，国家并不真正了解当地的实际情况，只是一味地收缴猎民的枪支。猎民打猎是他们的一种生活方式，是真正的可持续发展，他们秉承着一些狩猎的基本原则。例如不打繁殖期和怀胎的动物，从来不竭泽而渔，始终留有余地，以便来年获取。而其他偷猎的人，则不管什么季节、什么动物，只要看到就要打，恨不得一网打尽才好，他们将偷猎当成一种游戏方式，无任何道德底线可言。

打野猪通常是打公猪。公猪一般在入九后开始入群，以便交配。在入九前，往往是单独活动。公猪长有獠牙，母猪嚼牙，一般小猪都跟着母猪。野猪牙就像剪刀一样，并且经常磨牙，故而像剪刀一样锋利。鄂伦春人在打野猪时，当猎狗圈住野猪后，猎人必须迅速开枪或用刀子捅，否则一下打不死，野猪就会用獠牙挑开猎狗的肚子，就像用刀裁的一样。另外，他还介绍了一些打猎时的经验：顺风向找猎物。一般情况下，反刍类动物，例如犴子、狍子、鹿等。这些动物在吃食时往往要顶着风向，一旦闻到有生人的气息，就会迅速离开。即使是当它们吃饱在反刍时，也是要顶着风向的。不像野猪，野猪一般都是直来直去，只要按照脚印找即可。在追野猪时，通常是骑着马追赶，在按图索骥过程中，拿一根棍子来豁捋野猪的脚印，就知道野

---

① 在访谈中插入了一些作者的感想。

猪大概经过的时间，这主要是看脚印的软硬程度。如果比较硬，就是野猪过去较长时间了，如果比较软，就是刚刚走过去的，可以迅速追赶。而追赶反刍类动物时，则需要持续地、不停歇的跟踪。据莫金泉讲，其主要目的是因为反刍类动物吃饱后通常都要有一定的时间来反刍吃下去的食物，而这时的猎物都要停下来进行反刍，此时恰恰是捕获猎物的最好时机。但正在反刍的猎物也通常趴卧在上风头，这样可以从风中嗅到危险是否临近，始终保持着警觉性。① 动物的这种警觉特性往往也会影响到鄂伦春人的行为习惯。作者插入：例如与我们同行的鄂伦春族研究生乌日特就曾说过，一些有经验的鄂伦春族猎手都有一个习惯，就是在喝水时，他们所谓的喝水，是指喝小河沟的水时，往往是单手撩水喝，这是为了保持警觉性，一般是一边喝水，一边侧过头来观察周边的情形，以防止猛兽或是敌人的突然袭击。当地猎民们这种警觉的心理和行为逐渐转化为一种生活方式和文化现象而遗留下来，并融入人们的身体中，由个体记忆，转化成为集体记忆下的一种习惯。

所以，一个小小的日常行为，往往隐含和折射出一个民族的风俗习性。“我们必须记住，一个社会不是被迫才使自己的文化适应变迁的环境的。首先，即使面对已变化环境，人们也可能宁愿保持自己的习俗。”② 在外人看来一件不经意的当地人的行为，也许附含着很深的蕴意，而当地人的一些禁忌也并非故弄玄虚，是有其特殊功能存在的。而我们如何理解这种行为，就需要认真弄清其本质意义，否则就有可能曲解当地文化。提到“功能”时，杜赞奇在其《文化、权力与国家——1900—1942 年的华北农村》一书的后记中关于“社会史研究方法浅议”的讨论中，曾就“功能主义”提出了自己独到的见解：“目前，在一些人看来，‘功能主义’一词已经过时，但在我看来，该词有两个方面的含义，其一来自于‘结构—功能主义’的用法，它根源于生物学术语中生物系统的自我平衡。尽管后来不少人力图转用和扩大该词的含义，但此意义上的‘功能主义’一词始终难以与社会中冲突域变迁调和起来。其第二个含义接近我们日常生活中普遍的用法，它指一种社

---

① 这是鄂伦春族人的经验，而黄永明发表在《南方周末》2012 年 8 月 2 日第 23 版的一篇文章《跑步与人类进化》中提到：“诺克斯等人指出了一件有趣的事情。四腿动物是要靠喘气散热的。人类就不同了。散热的效率要比那些四腿动物高得多，不仅可以通过喘气，还可以通过排汗，最多时一小时可以排出 3 升的汗水。长跑三个小时的人可以失掉 10% 的体重还不出现问题。正是由于这种差异，原始人类可以通过长跑追赶猎物，直至猎物中暑，进而将其捕获。”以上是对人们长时间追赶猎物和狩猎方式的一种解释，这跟鄂伦春人的解释有些出入和差异，但后者的解释更为科学客观一些。

② C. 恩伯、M. 恩伯著，杜杉杉译：《文化的变异——现代文化人类学通论》，辽宁人民出版社 1988 年版，第 46 页。

会活动可以产生效果，使已存的社会关系得到再生，但并无自然的或人为的法律来规定某种活动产生某种效果。”[①] 另外，他还引用克劳德·列维—斯特劳斯曾说过的话：“笼统地讲社会功能无可厚非，但狂妄地谈论社会功能的细节则荒谬绝伦。”[②]

访谈案例2：（访谈时间：2011年7月23日，周六上午；访谈地点：黑龙江塔河县白银纳乡，报道人：采访了当地鄂伦春族文化传承人郭宝林先生，当时65岁，他主要是制作桦树皮船，同时也相当精通打猎，曾经是当地有名的好猎手，他给我们讲述了几个他打猎时的故事，一个是讲述他一天打四只熊的经历，一个是讲述他遇到的一个被熊袭击致死的人的场景及分析，还有一个是他打野猪的经验总结，故事既惊险，又具有一定的传奇性，让我们颇为感兴趣。我们在访谈过程中发现一个有趣的现象，凡是鄂伦春族人在讲述打猎的故事时都自然流露出一种心驰神往的表情，这也是他们最为感兴趣的话题。郭宝林老人与前文中提起的托新、莫金泉等都是如此，他们的这种情志自然也就更加令我们对他们的生活史抱有一种期待。）

郭宝林老人曾经与他的大舅哥一起打过四只熊，当时的情景是，一天早上，他们去打猎，远远地看到一只大公熊，大概离他们有100多米远，这个时候也往往是最紧张和最刺激的时候。当时他就站起身来大吼一声，其目的是因为熊可能已经嗅到了生人的气味。而一旦熊嗅到人的气味，就会暂时停顿下来并站起身向四周张望，在熊怔怔地张望的一瞬间，就是猎人射击的最佳时机，要是好猎手的话就会一枪致命，如果未打中就可能招致熊的凶猛攻击而受伤甚或是招来杀身之祸。但郭宝林老人也给我们透露了一个大熊未死的经验，那就是一旦不能一枪致命，就要迅速顺势向一边翻滚，避免遭到熊的连续攻击。在当时，是没有过多时间考虑的，而是一种来自经验的本能。后来，他一枪就将大公熊打躺在地，然后迅速接近公熊，他知道，一定会有母熊带着小熊在附近。果不其然，在离公熊不远的山梁下，一只母熊正驱赶着两只小熊仔拼命地奔逃。他和大舅哥就迅速追赶，并将其一并打死，这次打猎收获颇丰。最令我们听得入迷的是郭宝林老人给我们叙述的一个猎人被熊杀死的场景再现，这完全是凭借多年的打猎经验所总结出来的。因为当时他并没有看到猎人被杀的场景，但根据多年经验还原了当时的残酷情形。具体情况为，一个猎人可能发现了熊，但一击未死，遭到了熊的反扑并致命丧当场。当时情形可能是这个猎人打熊时未能一击毙命，遭到熊的反扑，他先

①② 杜赞奇著，王福明译：《文化、权力与国家——1900—1942年的华北农村》，江苏人民出版社2004年版，第189页。

是后退，然后便想迅速跑开，但是未能选择好逃跑的路径，被熊抄了后路(熊懂得迂回，并在半路上实施突然袭击)。郭宝林老人接着叙述道“当时可能是熊用厚实的熊掌将猎人拍倒，然后一屁股蹲坐在猎人的胸腹上，并反复搓揉。这个时候，猎人并未完全失去抵抗能力，就左右挣扎。他挣扎一下，熊便用巴掌拍击猎人一下（这时熊的巴掌会露出尖利的熊爪)，越是抵抗，拍击就越厉害，并直至昏迷或死亡”。后来郭宝林发现这个猎人的尸体时，猎人的胸腹已经溃烂了，在其肚子上还留有40多个熊爪的印子。最后郭宝林老人给我们总结道：“一旦被熊发现并打倒后，千万不能挣扎抵抗，这样只会招致熊更猛烈的反扑，最好是装死，或者是如果未能一击使熊毙命，根据我的经验，应该迅速转移熊的注意力。比如摘下自己的帽子捂住熊的头，熊就会抓咬帽子，在熊尚未反应过来时，再用猎枪射杀熊，或是让猎狗扑咬熊，趁此间隙以便迅速逃离现场，这样也许还能保全性命”。

通过前文几个章节对田野案例的讨论和分析，我们发现在民族文化的背景和巨大场域空间中，许多素材都与民族文化基因有着密切的关联性。若要让人们了解到这种关联性，一般情况下，往往是由人类学或民族学家们通过民族志的描述来实现的，而民族志的写作有时候会顾此失彼，或是忽略一些关键的细节，这就容易出现这样或那样的问题。正如乔治·E. 马尔库斯和米开尔·M. J. 费彻尔所著的《作为文化批评的人类学：一个人文学科的实验时代》书中所提醒的：“世界各地的大多数地方文化，都是文化的剥削、抵抗和兼容史的产物。因而，目前实验时代的潜在任务，就是修正民族志描述的传统惯例，避免以自在的、同质的以及相当大程度上反历史的文化单位为背景来构造变迁的图景，强调将文化情境看作是不断流动的状态。文化的流动性表现在：文化处于既外在于又内在于地方场合的广阔影响过程之中，保持着一种永恒的，具有历史敏感性的抵制和兼容状态。”①

我们知道，人文学科不像自然科学，比如历史、文学、艺术等是不能通过公式计算而获得精确的数据统计和结论分析，对人物和事件的叙述，对动机和起因的推理，对结果和影响的分析，都是需要由研究者做出主观的评价和判断。故而，“田野工作的现时性色彩就可以被忠实地表述出来。从某种意义上讲，真实地报道了现时状况的民族志，等于为未来的历史写作提供了历史文献或第一手材料。因此，我们遇到的挑战，不是废除共时性民族志的

① 乔治·E. 马尔库斯、米开尔·M. J. 费彻尔著，王铭铭、蓝达居译：《作为文化批评的人类学：一个人文学科的实验时代》，生活·读书·新知三联书店1998年版，第115页。

架构，而是充分地发掘民族志架构范围内的历史意义。"[①] 当前，研究少数民族传统体育应该意识到，在研究过程中，不能单看或只去研究项目本身的文化历史传统和渊源，还应该将其放置到整个社区（或村落）中，通过更为广大的场域空间来发现这个项目于这个社区或族群、部落之间存续着哪些隐含的关系和脉络，还有历时性与共时性的关系问题。它的历时性可以通过查阅历史文献资料以及大小传统进行比对和梳理，并借助这个文化脉络来归纳总结；而它的共时性则需要研究者通过扎实的田野工作，利用实地访谈、参与观察以及当地人的历史心性来分析文化变迁所带来的变异问题，这些都是研究者需要重点关注和考虑的问题所在，正如斯皮尔伯对列维—斯特劳斯的分析那样："他（列维—斯特劳斯）并没有把人类本性和文化变迁这两个概念对立起来，而是力求将前者置于后者的背景之中，把它当作一种抽象统一的结构，来统摄具体可见的变异现象。"[②]

"文化一般具有适应性，而且大多数情况下是整合的，这两点都意味着文化是不断变迁的。文化适应是文化环境变化做出反应的一种文化变迁。如果我们承认文化倾向于整合，那么要是文化的某个方面响应环境的变化而发生了变迁，文化的其他方面也可能发生相应的变迁。"[③]

关于文化变迁的说法："文化变迁必然涉及文化的接触与影响、文化接触的类型和数量。文化变迁理论认为文化变迁包括如下几个方面的内容：文化变迁是指文化构成要素各方面发生变化的过程，文化变迁是文化发展的必然结果；文化变迁实现的途径是涵化。其中，涵化实现的前提是文化的接触，文化接触必须要有两种或以上的文化发生接触，可以是直接接触，也可以是间接接触；从涵化的结果来看，有顺涵化和逆涵化两种。濡化是文化代际间的传承，不涉及变迁。"[④]

故而，许多我们现在看到的所谓"传统"的东西也许是添加了文化精英的主观意识形态在里头，然而有一点需要文化精英注意，那就是民俗文化的形成、发展与生存，往往不会为我们的主观意志所左右，也不是靠政府部门的行政手段来干预和推动，更不是靠哲学理论来指挥，"而主要是靠民间

---

① 乔治·E. 马尔库斯、米开尔·M. J. 费彻尔著，王铭铭、蓝达居译：《作为文化批评的人类学：一个人文学科的实验时代》，生活·读书·新知三联书店 1998 年版，第 137 – 138 页。

② 转引王铭铭：《走在乡土上——历史人类学札记》，中国人民大学出版社 2003 年版，第 245 页。

③ C. 恩伯、M. 恩伯著，杜杉杉译：《文化的变异——现代文化人类学通论》，辽宁人民出版社 1988 年版，第 48 页。

④ 牟钟鉴主编：《民族宗教学导论》，宗教文化出版社 2009 年版，第 360 页。

传统生活的习惯力量来维系和延续，世代相传，形成一种相对固定的日常生活模式。民俗文化的传承，主要不是依赖学校教育，而是民众在共同参与活动中自我教育自我学习，老年的有经验的人自然成为年轻的生活阅历少的人的老师，年轻人承接父辈的传统，并有责任教会他们的孩子。”①

参考文献

1. 何群：《环境与小民族生存——鄂伦春族文化的变迁》，社会科学文献出版社，2006年版。

2. 关凯：《现代化与少数民族的文化变迁》载《中央民族大学学报》，2002年第11期。

3. 万侯霞、安家寰：《一个跨时代发展的民族——写在鄂伦春族定居50周年》，载《世纪桥》，2003年第6期。

4. 大卫·费特曼著，龚建华译：《民族志：步步深入》，重庆大学出版社，2007年版。

5. 王俊敏：《从游居到定居、再到城镇化——鄂伦春族发展问题的生态—经济人类学研究》，载《黑龙江民族丛刊》，2002年第4期。

6. 詹姆斯.C. 斯科特著，王晓义译：《国家的视角——那些试图改善人类状况的项目是如何失败的》，社会科学出版社，1998年版。

7. 严墨：《他者文化与民族自我意识》，载《中国民族报》，2007年1月19日，第10版。

8. 卢克. 拉斯特著，王媛、徐默译：《人类学的邀请》，北京大学出版社，2008年版。

9. 方征：《生活方式的变迁对鄂伦春族猎民健康的影响》，载《体育文化导刊》，2007年第11期。

10. 波·少布：《再现鄂伦春族往昔生活的一部力作——评于学斌“鄂伦春游猎生活”》，载《黑龙江民族丛刊》，2005年第3期。

11. 王晓芳：《鄂伦春狩猎文化研究》，载《体育文化导刊》，2007年第3期。

12. C. 恩伯、M. 恩伯著，杜杉杉译：《文化的变异——现代文化人类学通论》，辽宁人民出版社，1988年版。

13. 杜赞奇著，王福明译：《文化、权力与国家——1900—1942年的华北农村》，江苏人民出版社，2004年版。

14. 乔治·E. 马尔库斯、米开尔·M. J. 费彻尔著，王铭铭、蓝达居译：《作为文化批评的人类学：一个人文学科的实验时代》，生活·读书·新知三联书店，1998年版。

15. 王铭铭：《走在乡土上——历史人类学札记》，中国人民大学出版社，2003年版。

16. 牟钟鉴：《民族宗教学导论》，宗教文化出版社，2009年版。

17. 牟钟鉴：《宗教·文艺·民俗》，中国社会科学出版社，2005年版。

① 牟钟鉴：《宗教·文艺·民俗》，中国社会科学出版社2005年版，第100页。

附录二　白银纳鄂伦春传统狩猎文化的重建

第一节　白银纳鄂伦春民族乡概况

大兴安岭深处有一个地方叫作“白银纳”，鄂伦春语是“美丽富饶的地方”。现在是一个鄂伦春族民族乡所在地。白银纳原为鄂伦春人一狩猎点，1953 年鄂伦春搜山防火一队定居于此，后发展成屯。1978 年将白银纳一队改名白银纳大队，1984 年改称白银纳村民委员会。1953 年定居时，白银纳的鄂伦春人，由原属正蓝旗二佐、分布在绥勒河流域外河、内河的 2 个乌力楞以及原属正蓝旗三佐、分布在盘古河和西尔根气的 2 个乌力楞共 35 户组成。“1953 年，党和人民政府选择依山傍水、资源丰富、土质肥沃、交通方便的白银纳、新立屯、十八站、下渔亮子建起四个鄂族新村。至此，一个生在山里，风餐露宿，靠吃兽肉，穿售皮，以打猎为生的原始末期民族，开始走出山林集中定居。1985 年成立了白银纳鄂伦春民族乡，实行民族区域自治，鄂伦春人当家做了主人。”① 目前，白银纳全村人口 283 人，其中鄂伦春族 188 人，汉族人口为 78 人，其他为达斡尔族、满族、朝鲜族等。在历史发展进程中，白银纳鄂伦春人也曾遭受过疾病、生活方式不适应等。近年来，依靠文化产业的发展，白银纳鄂伦春族社会得到了很快的发展，呈现出一派欣欣向荣的景象。

第二节　传统文化的整合

近年来，政府加大了对鄂伦春社会经济发展的扶持，特别是对文化事业

---

① 白银纳鄂伦春族乡人民政府：《白银纳鄂伦春族乡志》，2002 年，第 17 页。

发展进行了大力支持，白银纳鄂伦春族在关金芳、关金红、关金芬等文化精英的带领下，通过对传统文化的重建，使白银纳鄂伦春族社会发生了巨大的变化。他们成立了白银纳民间艺术团、恢复了桦皮文化产品的商业化发展、建立了鄂伦春族文化风情园、申报了一批非物质文化遗产项目，这些措施的实施，极大地鼓舞了鄂伦春族群众的民族精神，带动了各项事业的快速发展，使白银纳无人酗酒、无人偷盗、无人赌博，呈现出蓬勃发展的势头，传统文化的重建和产业化发展为鄂伦春族整体的振兴显示出巨大的潜力。

一、组建民间艺术团

（一）民间艺术团概况

2006 年 7 月，在呼玛县委和县政府的扶持下，由白银纳鄂伦春族群众为班底组建的“白银纳乡鄂伦春族民间艺术团”成立。相关资料显示：“艺术团以形象化地诠释鄂伦春民族文化和精神风貌为己任，把鄂伦春族世居文化通过现代舞台艺术进行整合，创作了包含民族礼仪、宗教、歌舞、服饰演变、生产变革等类别的独具特色的系列文艺节目，并组织巡回演出，宣传和表现鄂伦春族民族文化。”① 艺术团成立 7 年来，走过了坎坷曲折的道路，正如艺术团团长关金芳所讲：“我们艺术团演员都是鄂伦春族农民，建团初期我们进行了大规模的排练，但是后来人员流动大、资金不足、设备落后，有演出任务时临时召集演员，演出大部分是没有报酬的义务性演出，但是为了宣传鄂伦春、振兴鄂伦春，我们还是一路坚持下来，并将坚持下去。”

艺术团演员由白银纳鄂伦春族农民、乡政府干部及在外就读学生组成，其中年龄最大的 77 岁，最小的只有 2 岁。演员均为兼职演出，平时散落在田间地头、异地他乡，很难组成一个固定的团队进行排练和演出，接到演出任务后，往往由乡长通过电话一个一个“往回拽”，临时拼凑一支队伍参加演出。随着当地经济的快速发展，鄂伦春族群众积极投身于紧张繁忙的农业生产和经济生活中，对于频繁的大部分是无偿的演出自然会产生一些抵触心理。虽然当地群众对演出的意义和影响具有深刻的认识，但是演员队伍的稳定性仍然受到了很大的威胁，“从建团初期演出至今，演员没有得到一分钱的报酬，有的演员家庭十分困难，最终造成演员流失，没有离开的演员也表示不愿再参加演出，现在搞演出都是多方做思想工作硬拉来的，所以这绝不

---

① 呼玛县文体局：《关于呼玛县白银纳鄂伦春民间艺术团现状及生存与发展问题的研究报告》，2008 年 11 月 2 日。

是长久之计，必须抓紧解决。"① 现在，艺术团的演出待遇有了一定的提高，在外地演出可以每人每天补助100元，在附近演出每人每天可以补助60元，包括交通食宿等费用由邀请单位和白银纳乡政府共同负担。尽管如此，这对于许多村民来说仍然是"得不偿失"的，因此艺术团常常出现人员匮乏状况，乡干部也往往处于一个"出力不讨好"的角色。

经费是艺术团生存的根本问题，"从建团以来，县政府在财政困难的情况下想方设法多方筹措资金30多万元用于扶持艺术团的发展和支付演出费用，但也只是杯水车薪。"② 艺术团没有任何其他经费来源，从目前来看，艺术团拥有的设备仅有歌舞服装50套，服饰表演服30套，便携式录音机1台，与乡政府共用电视机和VCD 1台，其他装备设施一无所有。艺术团目前没有节目主持人、化妆师、灯光音响师、美工人员等，虽然叫艺术团，但不能独立承担演出工作。建团初期，聘请了一些专家对节目进行了创作和排练，包括作词作曲、编导、编舞、音乐制作等，以后的演出主要是由关金芳凭着对民族的热爱和对故乡的一片深情，对演出节目进行组织和排演。我们在调查中发现，艺术团现有的演出服装许多已经破旧和损坏，急需修补和重置，但是经费不足使得这些基本的保障也满足不了。

艺术团成立后，以传统的原生态文化为背景，打造了《节日的篝火》、《萨满神韵》、《大山的回声》、《从远古走来》等大型舞蹈以及各种民歌演唱等演出节目。据2009年的相关文件显示："艺术团成立以来，已在北京、省、地、县演出20多场，受到了中央领导及各界观众的高度评价，获得了很多奖项，并在省电视台播出。"③ 据2008年白银纳乡的总结材料显示："艺术团2006年参加了省电视台举办的'咱村也有文艺人'节目之后，引起了社会各界的普遍认同和广泛关注。2007年9月22日北京中关村国际动漫城新闻发布会即项目启动仪式上，白银纳乡的民间艺术团应邀登台展演，精美的民族服饰、多彩的民间舞蹈赢得了在场的所有领导、嘉宾、观众的高度赞扬，引起了东方时空、凤凰卫视等40余家媒体的重视。2008年11月12日到哈尔滨参加'四季春潮'文艺会演，与参加会演的十多支专业表演

---

① 呼玛县文体局：《关于呼玛县白银纳鄂伦春民间艺术团现状及生存与发展问题的研究报告》，2008年11月2日。

② 呼玛县文体局：《关于呼玛县白银纳鄂伦春民间艺术团发展情况的报告》，2008年7月5日。

③ 白银纳乡政府文件：《挖掘保护鄂伦春非物质文化遗产促进我乡文化产业的发展》，2009年10月10日。

队同台演出，获得特等奖。”[①] 我们调研组在15天的调研活动中，经历了艺术团两次大规模的舞台演出和两场篝火晚会的表演，亲身参与并目睹了艺术团的演出所受到的热烈欢迎和产生的轰动效应。

艺术团的建团宗旨是“弘扬鄂伦春族传统文化，宣传白银纳乡在民族传统文化抢救和挖掘工作方面所获得的成绩，展示鄂伦春族传统文化的独特魅力，最终形成鄂伦春族文化产业化，促进民族乡各项事业的发展。”[②] 除了支持艺术团的建设之外，白银纳乡还支持“鄂伦春族民俗风情园”的建设，树立桦皮船、桦皮画、桦皮盒、鹿哨、萨满服、萨满鼓、剪纸、原生态民歌、皮制工艺品等文化传承人，促进旅游和文化产业化的开发和建设。正是由于高度重视传统文化的建设和发展，才使得当地物质和精神文明快速发展，使得鄂乡无人偷窃、无人酗酒、无人斗殴，呈现出热情淳朴、团结和睦、吃苦耐劳、积极向上的精神风貌。然而我们在调查中发现，艺术团演出所表现出来的社会效应与其面临的窘境显然不成比例，一方面是广受社会的认同与关注，另一方面是艺术团生存所面临的演员流失和财政方面的压力。艺术团已经成为白银纳鄂伦春族的文化象征，艺术团面临的问题也许是鄂伦春族在新形势下面临的问题，如何解决好这一问题可能会具有更深层的意义。

（二）歌舞表演的文化内涵

2010年7月15日至17日，我们跟随艺术团从白银纳驱车130公里至呼玛县参加慰问上海老知青的文艺会演，调研组傅莹、刘岩同学参加了《从远古走来》节目的彩排及演出。我们对整个过程进行了拍照和录像，并根据图片同团长关金芳以及艺术团多位演员进行了访谈。

第一幕是由青年男女演员表演的舞蹈《节日的篝火》。舞蹈在欢快的乐曲和歌声的伴奏下再现了昔日人们围绕篝火欢歌跳舞，模仿狩猎活动的生动场面。舞蹈从猎人们在山冈上寻找猎物开始，描述了人们捕射猎物、在森林中穿梭追踪猎物以及庆祝捕获猎物和围绕篝火欢呼雀跃的景象。演员双手举起模仿烈火熊熊燃烧的动作贯穿整个舞蹈，述说了鄂伦春族对火的崇拜和敬畏。

第二幕是由艺术团副团长白银纳乡干部孟佳演唱的《依恋火红》。反映了鄂伦春族对火的崇拜和敬畏，以及戈力泽等青年演员表演的《节日的篝

---

①② 白银纳鄂伦春族乡政府：《白银纳乡鄂伦春族民间艺术团近两年活动情况调研文章》，2008年12月18日。

火》，反映了人们对美好生活的祈盼与向往。

第三幕是由艺术团团长、大兴安岭地区红十字会主席关金芳带领男女青年演员演出的大型舞蹈《大山的回声》（图1）。舞蹈从跪拜山神“白那恰”开始，端起酒碗敬天、敬地、敬万物，反映了鄂伦春族万物有灵的传统信仰以及崇敬神灵、崇尚自然、热爱万物的天、地、人和谐统一的生存理念，表现了鄂伦春族对未来美好生活的无比憧憬和美好愿望。接着在雄壮的歌声伴奏下，舞蹈又用肢体语言描述了人们在丛林中穿梭跋涉、动物在森林中奔跑、人们在大自然中顽强生存的生动画面，表现了鄂伦春族昔日艰苦奋斗、热爱生活、追求自由和不屈不挠的优秀品质。最后，演员在领舞的带领下，围成一个圆圈快速地旋转，表现出鄂伦春族对传统生活的无比眷恋和对未来生活的坚定信念。

图1　关金芳领舞的《大山的回声》　　方征　摄

第四幕是由葛志斌领演的舞蹈《萨满神韵》（图2）。萨满教笃信万物有灵，相信灵魂不灭。“游猎于大兴安岭区域的鄂伦春人，虔诚地信仰萨满教，延续传承的时间较长，直到下山定居后的20世纪五六十年代，仍保留着萨满治病、祭祀活动。”① 演员身穿独具特色的萨满服，手持萨满鼓，在神秘的萨满神乐的伴奏下，生动地再现了萨满请神、求神、入神、治病、敬神等仪式的过程。领舞双手持鼓鼓面朝前，预示着萨满神灵普照大地，保佑

① 贺兆坤：《森林骄子鄂伦春》，哈尔滨地图出版社2009年版，第62页。

万物和谐、人丁兴旺和祈福避祸的美好愿望。

图2　葛志斌领舞的《萨满神韵》　　　方征　摄

第五幕是由全体演员参加的服装展示表演《从远古走来》（图3）。服饰展共包括17个阶段，演员穿着不同时代的服装，同时表演了当时人们的生产生活方式，形象地再现了鄂伦春族的历史和文化的发展历程。演出在鄂伦春族歌手魏美英的《兴安岭我的家》的歌声伴奏下，表演了鄂伦春族穿兽皮，用石头、木棒打击野兽的原始生活；随着社会的发展，鄂伦春人学会了使用鱼叉进行渔猎，学会了采集、食用野菜和用火；鄂伦春族过渡到使用桦树皮的发展阶段，人们穿戴桦树皮服饰、用桦皮船捕猎、学会制作桦皮生活用品等；在长期的渔猎生活中，鄂伦春族人掌握了熟皮技术，并用兽皮制作各种服饰，开始使用弓箭、滑雪板等狩猎工具；随着外来文化的涌入，鄂伦春族开始使用枪支狩猎，穿着布制衣服，用兽皮制作各种工艺品；表演还展示了萨满仪式，萨满教信奉的各种神灵等。在表演中，展出了萨满服、熊皮服饰、雪兔皮制围巾、白狐狸皮制围腰、老艺人制作的刺绣皮包、桦皮画等一批珍贵的文物和工艺品。演出还进行了口弦琴、篝火舞、摔跤、拉棍、颈力拔河等表演，体现了他们丰富多彩的文化生活。调研组的傅莹同学和刘岩同学分别身着女神装和桦树皮制服装参加了表演。

图 3　傅莹等参加表演的《从远古走来》　　方征　摄

二、桦树皮产品的开发

大兴安岭北部的原始森林地带有着大片的桦树林，以至于在中国北方许多的渔猎民族的发展历程中，都曾有着桦树皮制品的踪影，如鄂温克、赫哲族、鄂伦春族等。在鄂伦春族还没有定居前，一直在山林中过着迁徙的狩猎、采集生活，而桦树皮制品以其轻便、防潮、耐磕碰、抗腐蚀、防冻、防雨等种种优势成为鄂伦春人的生活必需品，有桦皮桶、罐、碗、盆、盒、笸箩、箱子等，还有作为水上交通工具的桦皮船，夏季用来包围“斜仁柱”的“铁克沙”等都是用桦树皮制作的，更久远的鄂伦春族祖先还曾穿桦皮衣，就像《龙沙纪略·物产》中记载：“鄂伦春地宜桦，冠履器具庐帐舟渡，皆以桦皮为之”。① 但至于鄂伦春族是从什么时候开始使用桦树皮制品已无从考证。在这些桦树皮制品上，还刻有美丽的花纹和图案，有些还涂有鲜艳的色彩，使器物看上去更加精致美观，这些都体现出了鄂伦春族儿女的艺术才华及独特的审美情趣。

---

① 吴雅芝：《最后的传说——鄂伦春族文化研究》，中央民族大学出版社 2006 年版，第 221 页。

我们于2010年7月走进白银纳鄂伦春乡进行实地调查、入户访谈并参观了呼玛县白银纳乡鄂伦春民族手工艺品加工厂及学习、观看了桦树皮工艺品的制作过程，真切地感受到了鄂伦春族桦皮文化的气息。

（一）采集桦树皮

剥取桦树皮是制作桦树皮制品的必要条件。每年的农历五、六月份是剥取桦树皮的最佳时间，因为此时的桦树皮水分最大，比较鲜滑，整张树皮容易完整剥取。一到这个时节，就会有很多剥树皮者前往茂盛的桦树林，选择树干笔直，少有疤结的桦树，按照所需进行桦树皮采集。我们跟随戈立泽深入林区经历了剥桦树皮的整个过程。首先用刀在选择好的树干上按所需宽度上下各划一圈，然后在中间再竖划一刀，桦树皮就会翘起边缘，用手轻轻一扯，整张树皮就剥下来了。为防止剥取下来的桦树皮折损，将它们按照自然弯曲方向卷起固定带回。如此程序，剥取足够的桦树皮原料。

鄂伦春人选择用桦树皮制作生活用具，除了桦树资源比较丰富及它本身具有韧性、耐磕碰、防潮、不易变形等特点，最重要的是桦树不会因被剥去了树皮而死去，因为其韧皮部以内的形成层还保留在木质部外面的树干上，它在一定时间内就会长出新的桦树皮，不影响水分及养分的供给，过些年又可以剥取了。尽管如此，因其本来的结构被破坏，其生长及适应能力就会变弱，比如一阵大风过后，倒下的全是被剥了皮的桦树，所以一定要合理进行桦树皮的采集。

（二）桦树皮的处理

对于剥下来的桦树皮，要进行细致的处理。首先，用利器刮去粗糙的表皮及里面土黄色的内皮层；其次，因剥下的桦树皮处于卷曲状态，不易裁剪及使用，需将桦树皮展平放于平坦之处用重物压些时日，使树皮平整挺直；最后，在桦皮使用前还要将桦树皮浸泡于水中，以保证桦树皮的柔韧性而便于塑型，但对于制作比较大型的桦树皮制品，如“铁克沙”、桦皮船等，还需要用锅蒸煮或火烤，经过这样的处理，是为了使桦树皮更加柔韧、柔软、不易破损。

（三）制作工具

制作桦树皮制品除必需的桦树皮原料外，还需其他辅助工具，包括雕刻器、木槌或木棒、樟松条、剪刀、刻刀、铁锥、纹样图、胶水、尺子、圆规等（图4）。

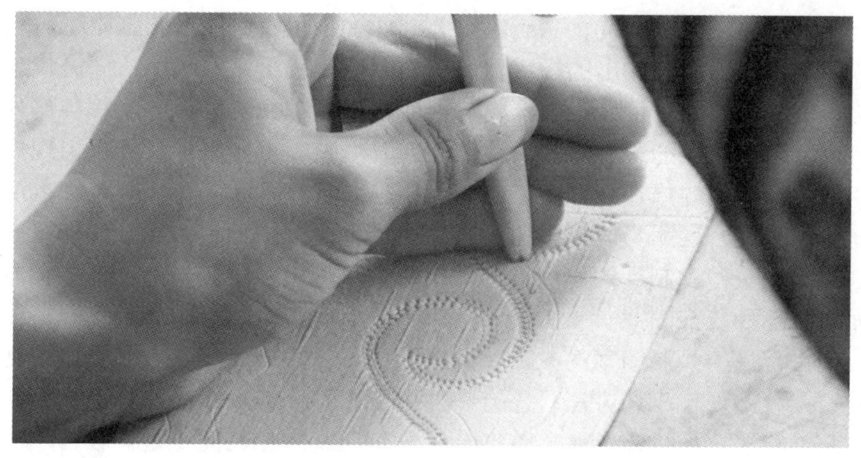

图4　制作桦皮盒工艺　　傅莹　摄

工具中的雕刻器，在鄂伦春语中称为“托克托恩”，是描样工具，它是由犴、鹿、袍子或野猪的小腿骨削制而成的，长约12—15cm，宽约2—4cm，呈扁平状，一头有尖，尖有双齿、三齿、四齿不同的雕刻器，其中双齿的较为常见。双齿的雕刻器可雕花纹，而多齿则是用于雕刻花边，随着社会的发展，现也出现了铁制的刻刀。樟松条是以备较大桦树皮制品的内部支架所用，如装粮食的桦皮斗、桦皮罐等，作为盒身的桦树皮会显得不够挺拔，此时便要在两层桦皮之间插入樟松条，以使器物更加稳固和挺拔。当然樟松条也要事前浸泡于水中，这样便于使用时其比较柔软，容易折出所需形状且不宜折断，待樟松条干透后又不易变形，在整个器物中起到了定型及稳固作用。传统的小型桦皮制品，在接连处均使用针和马尾，或狍、鹿、犴筋捻成的动物筋线进行缝制，大型桦树皮制品则用松树油进行粘连，而随着时间的推移，工艺手法的进步，动物筋线逐渐由胶水代替，松树油由沥青所代替。在白银纳鄂伦春民族手工艺品加工厂中，笔者还见到了材质分割机、激光雕刻压花数控机、压花镂空机等大型现代化设备，可见传统桦树皮制作工具正逐渐由现代化产品所代替。

（四）制作步骤

第一步是剪裁、粘贴桦树皮。对于桦树皮的剪裁，取决于所制作的器物大小、形状及结构。常见的桦皮手工艺制品的造型有圆柱形、长方形、椭圆形、梯形、半圆形等规则形状，其中以圆柱形器皿最多。由于桦树皮已被去掉了其里层及外层，使得剩余树皮较薄，所以再裁减树皮前须将两片桦树皮黏合（将树皮白色表皮向内进行粘贴），黏合后的树皮看起来比较厚实且里外颜色统一，这样制作出的桦皮盒、桦皮罐等比较结实、耐用，同时也起到了美观的效果。最后依照所做器物分别剪裁出盒盖、盒身、盒底等各部分。

第二步是图案的绘制。从文化遗存的发掘整理记录来看，均未出现桦树皮制品装饰图案的描述，即使是仿制品，除对合直线和缝合针眼外，也没有其他装饰图案，说明当时的桦树皮制品更注重其使用价值。而现代桦树皮工艺制品除注重桦皮制品的使用价值外，还会注重器物的美学价值，会在器物表面绘制各种装饰图案。

现在常见的绘制图案的方法有刻压、烙烫、绘画及工艺技巧性比较高的镶嵌、镂刻等现代工艺方法，还有一种用于小型桦树皮制品的几何锯齿状咬合的装饰方法，如修饰烟盒、首饰盒等。刻压纹法在民间还是比较常用的装饰手法，首先将要绘制的纹样图用铅笔等工具拓印于已裁剪好的桦树皮上，之后再用骨质雕刻器（一般选用双齿的“托克托恩”进行压刻）配合木槌的敲打，沿着画好的纹样进行印刻，形成双道凹进的花纹。此种纹饰显得朴素单纯，而待器物逐渐陈旧，乳黄色的桦皮逐渐变成古铜色的时候，此种纹饰会更加明显清晰，使器物看起来更有内容和味道。烙烫纹传统的制作方法是将选好的纹样先画在裁剪好的桦树皮上，之后用烧红的铁丝依照纹样烫出细纹。而笔者在参观呼玛县白银纳乡鄂伦春民族手工艺品加工厂时看到了由现代化设备——激光雕刻压花数控机对桦树皮制品进行激光压花。激光雕刻出的花纹可在电脑中随意选择（电脑中的图库可自行设计、增加和删减），有现代的时尚图案、鄂伦春民族风情图案、卡通图案、抽象图案、各式文字等，可见随着时代的进步，传统桦树皮文化已经与现代艺术相融合。绘画是在20世纪50年代定居以后才开始的一种装饰方法，是拿毛笔直接画于桦树皮制品上，如若需要颜色，便在器物上直接施色。镶嵌是将所需纹样用桦树皮剪出，之后将纹样贴于或嵌于桦树皮器物之上，形成凸形图案，有浮雕感。镂刻是在已裁剪好的桦树皮上绘出所需图案线稿，之后用刻刀剔刻出图案，此种图案呈凹形，如再施加色彩，会觉得此制品更加有层次感（图5）。

图5　绘制桦皮工艺品的现代工艺　　傅莹　摄

鄂伦春族的图案均源自大自然。日月星辰、花草树木、飞禽走兽、山河湖泊、云彩波浪等都是他们艺术创作的素材。鄂伦春族传统图案的表现形式言简意赅、美观大方，很多纹饰都是经过对相应实物进行简化、提炼、变形等手法处理，形成独具特色极具象征意义的鄂伦春族纹饰。依照传统纹饰的存在属性划分，可将纹饰分为具象和抽象两类纹饰。具体划分的话，具象纹饰则包括动物纹饰（鹿形纹、马形纹等）、植物纹饰（花朵纹、幼芽纹、花瓣纹、树形纹等、花草纹等）、人纹等，其中以植物纹饰比较常见。抽象纹则主要包括几何纹，几何纹样有连弧纹、三角纹、折线纹、螺旋纹、回纹、鱼鳞形纹、波浪纹、“卍”字纹和云纹（云卷纹、云朵纹）等。如果按照纹饰的形式划分，可大致分为团式花纹（有圆形、方形、椭圆形、菱形等）、独立花样、波形花纹和角偶花样几大类。在众多的纹饰中，不乏象征型的纹饰，如鹿形纹（鄂伦春族以为擎着鹿角可以登上天庭）、云雷纹（一般做圆的中心，象征吉祥如意）、奎热格音纹（是一种连续回转纹，一般绘刻在器物的外围边沿，象征女子结婚后要终身追随丈夫，夫妻白头偕老）等。但纹饰中还是以装饰、美观为目的的纹饰居多，如在桦皮器物的盖子或边缘处，多雕以团式花纹或泉纹、波浪纹等几何纹；在桦皮器物的盒身部位，多雕有环带纹、套热格音纹等纹饰。当图案绘制完毕后，会根据需要对图案进行着色。鄂伦春族喜欢用的颜色有红色、黄色、黑色等，这些颜色的选择与自然象征性有关，红色是太阳的色彩，象征喜庆；黄色象征大地，是生命的化身；黑色则象征坚贞的爱情。但对于大多数桦皮器物来讲，图案的绘制是建立在桦树皮的本色基础上而并不着色，这样的器物看起来会显得更加纯正，且有一种纯朴自然之感。

图案绘制完成后，把之前剪好的桦皮制品各部分经过缝合或胶水粘连，即可成品。各种传统的桦皮制品，都承载着厚重的文化信息。如今，随着桦树皮工艺制品在国内外市场上的逐渐推广，很多桦树皮制品的样式和图案已经不同于传统样式及图案：结构更复杂，图案更现代，文化气息更浓，更符合大众的审美标准。可以看出，传统的鄂伦春族桦树皮制品工艺已经融入了现代人文艺术的气息。尽管桦树皮工艺品中融合了很多现代的艺术元素，但从中仍能看到传统文化的痕迹，仍有鄂伦春族人民的生活记忆。

三、兴建民俗展览馆和民族风情园

（一）民俗展览馆

白银纳鄂伦春族乡民俗展览馆是在原乡文化站的基础上改建而成的。据展览馆的介绍：“1995 年，由省民委和县政府进行翻新扩建。2006 年为迎庆呼玛县解放建政60周年，弘扬鄂伦春族民族文化、历史底蕴、风土人情，白银纳鄂伦春族乡政府再次进行改扩建。"[①] 展馆总面积600平方米，陈列展品218件，图片127幅。展厅分为勤劳勇敢、英才辈出、渔猎生产、搏击自然、风俗礼仪、古朴淳朴、民族文体、特色浓郁、历史跨越、沧桑巨变、鄂乡新颜、持续发展等部分。详实地反映了鄂伦春族的经济生产、生活方式、风俗礼仪、文化娱乐、宗教信仰、社会主义建设历程等方面的情况。馆内还收藏了大量的文物，其中有百年历史的萨满服、弓箭、神器、撮罗子、动物标本等，生动再现了鄂伦春族远古的历史和悠久的文化。

（二）民族风情园

2008年，在黑龙江省民族事务委员会和呼玛县政府的大力支持下，白银纳建起了鄂伦春族风情园，风情园由民间文化传承人孟淑卿老人负责，并用实物和图片的形式向人们展示了鄂伦春族头饰、服饰、饮食、住所、交通工具、仓库（奥伦）、狩猎方式、丧葬习俗等文化内容。我们在调研中，老人向我们介绍了风情园的情况，并为我们演示了熟皮子、制作服饰的工艺过程。在调研过程中，我们还参与了风情园为游客表演的民俗节目，其中有婚嫁形式、口弦琴、民歌、舞蹈等内容。

四、桦皮画工艺

桦皮画是鄂伦春族重要的文化内容，关桃芳是白银纳著名的桦皮画文化代表人。她凭着自身对艺术的执着追求以及对鄂伦春民族的热爱，潜心钻研，巧妙构思，创作了多幅反映鄂伦春民族原始渔猎生活形态的独特组合图画作品，有桦皮镶嵌画、烙画、木刻画、剪刻画等多种表现形式。她搜集各种年份的桦树皮，并综合利用鄂伦春族传统的桦皮制品及兽皮工艺进行制作，将桦皮画绘制得自然、生动。她绘制的内容常以猎民打猎、妇女操持家务中的一些真实场景及生活习俗为题材，全面地展示了鄂伦春民族的风情习俗及特有的文化，像《马背摇篮》、《晒鱼干》、《呼玛河边》等作品，记录了一个个在现代鄂伦春族生活中已经看不到的生活场景。桦皮画概括来讲就是将收集来的桦树皮作为原料，经过一系列的构思创作及精细裁剪、镶嵌、镂刻、雕刻、烙烫、粘制、绘画等手法，运用对比、变换等表现形式制作而成。

① 引自白银纳鄂伦春族民俗展览馆介绍。

（一）桦树皮的收集与处理

桦树皮的收集是作画的首要条件，制作者要收集不同年份的桦树皮，因为传统桦皮画中的图案空间与层次的区分，都是靠不同颜色的桦树皮来区分（时间越久的桦树皮颜色会越深），颜色丰富会使画面看上去更饱满。在制作画作之前，要将收集的桦树皮进行杀菌、蒸煮、漂白、剥皮等加工程序，之后将桦树皮压平整，以便加工制作时方便、省力。

（二）绘制画稿

图稿的绘制是创作桦皮画过程中比较关键的一步，因为它本身就是一种创作。创作者要根据自己所要表达的内容，来确定图案的构图、表现手法等。待全部确定好后，根据所要运用的手法，将图案画于处理过的桦树皮上。

（三）桦皮画的制作

待画稿完成后，根据作品表现形式来进一步加工。如桦皮烙刻画是使用烙铁沿着已画好图稿线条烙烫（一旦桦皮预热就会变黑，烙刻画的颜色就比较单一），形成单色条的简约图画；桦皮剪贴画是将设计好的图稿画于桦树皮之上，之后用剪刀或刻刀沿着画稿将图案剪刻出来，最后将剪刻好的图案粘贴在桦树皮底板上；桦皮镶嵌画的制作过程相对复杂些，同样要根据画稿内容，利用桦树皮的自然纹理和天然色泽将桦树皮剪刻成不同的形状，之后根据画稿把剪刻好的图案依照画面层次，分层、分色进行粘贴或镶嵌。如今，更有多种表现手法，如对传统桦皮画进行大胆创新，把国画、油画等绘画技巧杂糅进去，创作出神奇的效果，一幅幅古朴而精美的桦树皮画就展现于世人面前。

在文化精英的带领下，白银纳申报了一批国家级和省部级非物质文化遗产项目，如关扣妮的萨满文化、关金芳的鄂伦春族服饰、戈立泽的狩猎工具，等等。通过传统文化的重建，逐渐形成了一条产业链，带动了社会和经济的发展。

第三节 文化重建与产业化发展

一、文化重建的意义

白银纳鄂伦春族有着丰富的传统文化资源，尽管许多内容已经远离人们的生活，但他们对传统的生活始终保持着深厚的感情，并依然保存着文化传统的精华。据资料显示："在省（黑龙江）确定的96项非物质文化遗产内容中，白银纳鄂伦春民族乡存在20类95项，涵盖大到宇宙、自然界，小到社会民间传承的各种文化表现形式。如：78岁的鄂族民间艺人关扣妮，已经申报国家级萨满教传承人。白银纳鄂伦春族乡共有民间艺人86人，其中，会说鄂伦春语60人，精通鄂伦春语10人；熟知狩猎文化26人，当中猎民13人，会唱古老传说歌谣10人，这里会唱萨满神调4人；会制作桦皮画8人，鄂族服饰设计6人、制作18人，民间著名歌手3人，收集创作1人，原生态民歌传承人1人。"① 近年来，白银纳鄂伦春人通过各种形式、利用各种渠道打造和宣传自己的传统文化，特别是民间艺术团，多次到北京、上海、香港、哈尔滨、黑河、漠河等地演出，受到了社会各界的广泛欢迎。通过各种形式的宣传，白银纳鄂伦春人逐渐被外界所了解，同时也得到了社会的认同和尊重，他们以白银纳鄂伦春族的身份而自豪，以作为鄂伦春族的后代而骄傲。正是这种文化的重建，振兴了鄂伦春族的民族精神，激发了他们的民族自豪感，带动了工业、农业、商业、文化等多种产业的快速发展，群众经济收入和生活水平得到迅速提高。如今的白银纳无人酗酒、无人偷盗、无人赌博，社会风气良好，消除了与外界的隔阂，完全适应了现代社会发展的环境，可以说通过传统文化的重建，不仅将宝贵的传统文化进行了有效的弘扬、保护和传承，同时也带动了白银纳社会文化的全面发展。世世代代游猎于大小兴安岭的鄂伦春族在长期的生活实践中创造了灿烂的传统文化，万物有灵、天人合一的生存理念形成了他们宽广博大的精神情怀。虽然随着文化的变迁这些昔日的文化远离了人们的生活，但是厚重的文化背景赋予了鄂伦春族无穷的生命力。文化的重建源于传统的狩猎生活，特别是艺术团的演出，将老萨满关扣妮等人物的表演搬上了舞台，同时展示了大量的传世文物、祭祀仪式、工艺、服饰、歌舞、狩猎及娱乐等活动，再现了昔日的文化生活。观众通过观看演出，领略到鄂伦春族传统文化无穷的魅力，这也使得艺术团的演出受到观众热烈的欢迎。鄂伦春族是中国"最后一个狩猎民族"，其历史悠久、底蕴厚重的狩猎文化为世人所敬仰，正是这种厚重的文化基础为艺术团的演出提供了雄厚的文化积淀，使得艺术团的演出得到了价值体现。传统文化的重建尽管是一种新的文化形式，但是却将众多的传统的民族文化元素进行了融合，并以一种表演的形式进行了展示。值得注意的是，文化重建的形成来源于鄂伦春族内部的文化自觉性，其内部的文化认同和社会场域中的价值体现，增进了"象征资本"的价值转换，加强了鄂伦

① 呼玛县人民政府：《加快挖掘非物质文化遗产促进文化产业快速发展》，2007年7月24日。

春族的民族认同，促进了民族自豪感，提升了鄂伦春族在社会场域中的地位。

尽管鄂伦春族传统狩猎文化正在呈“碎片化”，一系列的不适应也带来了很多的问题，但是这种高度特殊的社会文化现象却具有典型性和稀有性，其悠久的历史和独特的魅力使人口数量不足万人的鄂伦春族成为大兴安岭的名片吸引了社会广泛的关注。据相关资料显示，鄂伦春族有狩猎、萨满、饮食、服饰、歌舞、桦皮、文学、美术、体育9种文化形式，这些文化形式是鄂伦春族经过历史的积淀而形成的一种具体化的表现方式，尽管这些具有符号特征的文化形式已经失去了它在传统社会中担负的社会功能，而是经过与主流文化的整合以一种新兴的形式得到了再现，但是它以一种承载着一个民族精神的文化资本而展现在世人面前，并在新的社会环境中焕发出不可替代的光彩。具有文化自觉意识的鄂伦春族文化精英在文化变迁与整合过程中逐步觉醒，他们不仅得到了鄂伦春族社会内部的认可，从而成为鄂伦春族文化的代言人，得到了主流社会的承认，在社会大环境中具有了话语权，也就是说鄂伦春族长期积淀的文化资本通过文化转换使文化精英获得了很高的社会资本。在政府的大力支持下，文化精英利用自身的社会资本将文化资本进一步进行资本转换，以经济资本的形式使文化资本得到了价值体现。通过资本的转换，经过重构的鄂伦春族传统文化得到了进一步的巩固，唤醒了鄂伦春族的民族认同感和自豪感，提高了他们的经济生活水平，促进了整个社会的和谐与共赢。在这种文化转换的过程中，主流社会的意识起到了主导作用，例如，过去被认为是糟粕的、迷信的萨满教，今天成为展现历史文化遗存的“国宝”；过去认为是“落后的”生产方式，今天成为文化的宝贵财富。鄂伦春族文化资本、社会资本和经济资本的转换也正是在这种大环境中才能得以实现，主流社会也正是期望通过文化的建设达到社会各方的和谐与共赢。资本的转换和价值的体现必须受社会大环境的制约，在适时的大背景环境下，鄂伦春族社会的繁荣、经济的振兴、民族的兴旺才能得以实现。

二、文化精英在文化重建中的作用

（一）文化精英的价值

纵观鄂伦春族文化发展与变迁的历程，始终处于一种被动的、被迫的、受制于人的无奈过程，特别是近几十年来，往往被贴上“落后”、“愚昧”、“野蛮”、“被改造”的标签。伍兹将指导变迁定义为：“是个人或群体主动地和有目的地介入另一个民族的技术、社会和思想的习俗。”[①] 他指出了指导变迁中经常存在的问题：“与接受者的‘反应’有关的，也有三个因素被认为是至关重要的：（1）他们是否对创新一开始就感到需要；（2）他们是否看到采纳创新带来的利益；（3）他们的传统领导者是否参与和执行该规划。如果所有或多数这些因素是肯定的，创新就有机会为人们所接受。”[②] 政府在指导鄂伦春族文化变迁的过程中，往往按照主流社会的发展模式去考虑问题，而忽略了自然环境、社会环境的改变对文化变迁的影响，违背了鄂伦春族自身的文化发展规律，也就形成了出钱出力不讨好，好心办坏事的情况。我们从相关材料中看到，20 世纪 50 年代初期，在政府的大力支持下，白银纳鄂伦春族下山定居，“通过反复深入的宣传，消除了他们的疑虑，认识到了分散流动的生活对于鄂伦春人是不利的，真正认识到只有实现定居，才可以使鄂伦春人的生活得到根本的改善，使鄂伦春人口兴旺，经济文化得到发展，逐步改变历史上遗留下来的落后状态。”[③] 由此可以看出，在主流社会看来，定居是鄂伦春族生存和发展的唯一出路，然而文化变迁是一个逐步适应的过程，急于求成会造成一系列问题的出现。

进入 21 世纪以后，白银纳涌现出一批来自鄂伦春族内部的文化精英，关金芳即是他们中的典型的代表。关金芳出生于 1956 年 3 月，其祖辈多位是鄂伦春族有名的萨满，现在与她一起生活的姑姑关扣妮是鄂伦春族唯一健在的老萨满。关金芳继承和发扬了老一辈的文化传统，集歌、舞、乐、服饰、剪纸、绘画等文化技艺于一身，获得多项省级非物质文化传承人称号，成为白银纳鄂伦春族传统文化的代表。她历任教师、工会主席、县长助理、副县长和地区红十字会常务副会长，是鄂伦春族传统文化振兴和重建的倡导者和实施者，在白银纳鄂伦春族社会中具有很高的威望。在关金芳的带领下，白银纳组建了民间艺术团、展览馆和民族风情园，将民间传统文化进行了深入的挖掘和整理，采用请进来和走出去的方法不断加强交流和学习，充分调动大家的积极性，组织和参加各种文化活动，为白银纳传统文化的振兴做出了巨大贡献。关金芳将传统文化与现代信息充分的结合，利用舞台、旅游场所、电视媒体等广泛宣传，2010 年 7 月就曾经利用 7 家电视台对鄂伦春族的文化进行广泛的宣传。也正是在关金芳的带领下，白银纳涌现出一大批传统文化的继承者和宣传者，同时也给他们带来了尊严和财富，逐步实现

---

① 克莱德 · M. 伍兹著，何瑞福译：《文化变迁》，河北人民出版社 1989 年版，第 65 页。

② 同上，第 70 页。

③ 关小云：《大兴安岭鄂伦春》，哈尔滨出版社 2003 年版，第 42 页。

鄂伦春族民族的兴旺和振兴。

白银纳传统文化的重建其动力主要来自于民族内部，文化精英通过文化的自觉意识将传统文化与现代社会很好地进行了结合，从而带来了各方共赢的效果。文化是一个历时性发展的过程，关金芳就是利用自己在鄂伦春族内部的威望和在主流社会中具有的社会地位，结合现代手段对鄂伦春族传统文化进行了合理的整合与重建，从而使之适应了内部和外部环境的需要，为实现白银纳社会的全面振兴做出了重要贡献。

（二）文化精英及文化资本的转换

鄂伦春族悠久的历史为文化的重建赋予了厚重的底蕴。布迪厄将文化资本存在的形式分为 3 种：“1. 具体的状态，以精神和身体的持久‘性情’的形式；2. 客观的状态，以文化商品的形式，这些商品是理论留下的痕迹或理论的具体显现，或是对这些理论、问题的批判；3. 体质的状态，以一种客观化的形式，这种形式赋予文化资本一种完全是原始性的财产，而文化资本正是受到这笔财产的庇护。”① 鄂伦春族悠久的文化和历史传统使重建的文化展演具有了很强的文化寓意，珍贵的动物服饰、神秘的萨满教、原生态的歌舞表演、篝火旁的古伦木沓表演、轻巧的桦皮船、威武的狩猎英雄生动地再现了昔日鄂伦春族的生活。在文化重建和展演中，文化精英经过精心的打造，将它们通过村民演员的表演搬上了舞台，使这些被人遗忘的文化资源转化成为一种文化资本，通过资本运作和转化，创造出很高的社会价值和经济价值。

文化的重建和展演是通过关扣妮、葛志斌、关桃芳、魏美英等文化传承人表现出来的。他们作为鄂伦春族的后代成为传统文化的继承者，同时也被成为展示传统文化的符号，成为鄂伦春族传统文化的载体和象征。他们的技艺在展演和演出中得到体现，受到社会的认可，具备了很高的社会价值，并转化成社会资本。白银纳鄂伦春族正是将传统的文化以一种客观的形式进行展演和舞台化打造，也正是这种厚重的历史积淀赋予了文化展演以极强的感染力，使观众和游客受到文化震撼。而关金芳是白银纳鄂伦春族传统文化重建的主要策划者、执行者和组织者，受到白银纳鄂伦春族群众的爱戴和拥护。2010 年 7 月，我们在跟随艺术团演出后的晚宴上，就感受到几十名群众高声呼喊“关金芳”的动人场面。而在政府阶层，关金芳在当地社会中

---

① 皮埃尔·布迪厄著，包亚明译：《文化资本与社会炼金术——布迪厄访谈录》，上海人民出版社 1997 年版，第 192 页。

身居要职，具有很强的话语权和执行权。而正是关金芳通过自身的努力将传统的文化资源向文化资本进行了转化，赋予了沉寂多年的文化资源以活力，通过现代形式进行文化重组，在保持精神内核和象征符号不变的前提下，以现代形式复活。

社会资本是实际的或潜在的资源的集合体，那些资源是同对某些持久性的网络的占有密不可分的，这一网络是大家共同熟悉的、得到公认的，而且是一种体制化关系的网络。这一网络是同某个团体的会员制相联系的，它从集体性拥有的资本的角度为每个会员提供支持，提供为他们赢得声望的“凭证”，而对于声望可以有各种各样的理解。经济资本可以直接获得商品或服务，而文化资本和社会资本必须通过关系的转化才能获得体现。个人或团体可以利用赋予的文化资本或社会资本实现价值的转换，可以利用自身的地位获得团体的认可而成为团体的代言人，从而获得更大的社会资本，同时利用这种社会资本对文化资本进行投资和打造，实现经济资本的转换。在文化资本的转化中，文化精英通过各个场之间相互的关联和作用，将重建的文化展演打造成知名度极高的“象征符号”。通过场内文化资本、社会资本和经济资本的价值转化，一方面通过演出获得了经济效益，另一方面使本族民众对自己的传统文化进行了再认识，进一步发现和爱护自己的文化，也使自己更加具有了感情上的依托。人们对传统文化的宝贵性和重要性有了进一步的认识，从而增强对本民族文化的自信心和自豪感，提高保护本民族文化的自觉性，实现保护、发展各方面的共赢。

三、文化重建与产业化发展

（一）文化产业化的发展

白银纳鄂伦春族蕴含着丰富的民俗文化，如萨满文化、狩猎文化、桦树皮文化、服饰文化、原生态歌舞文化、饮食文化、民间文学、民间美术、民间体育等。2007 年，白银纳根据自身的情况制定了《鄂伦春族文化创意产业发展方案》，拟从文化旅游业、影视业、演出业、出版业、艺术品经营业、动漫和网络游戏业等几个方面进行发展。在白银纳文化精英的带领下，他们已经打造了一批精品节目，并以旅游为主要突破口创造了一定的经济效益。2007 年以村委会主任孟猛为中心成立了“呼玛县白银纳鄂伦春民族工艺加工厂”，以生产桦树皮工艺品为主，形成了产业化产销链。还成立了“麒兴蓉达公司”，探索出公司 + 基地 + 农户的文化产业发展模式，利用大兴安岭的自然资源，生产出保健酒、食用菌、茶叶、野生果品饮料、木耳、山珍加工等多种产品，通过商业化运作与旅游业相结合，取得了一定的经济效益。然而，白银纳地处大兴安岭腹地，存在交通不便，游客较少，冬季十分寒冷，旅游期短，接待条件有限，实现规模性的产业化开发资金不足等不利条件，其产业化发展并不是一件容易的事。虽然白银纳将土特产进行了加工，并与文化产业进行了结合，但是由于销售渠道不畅通、缺乏经营管理经验、对市场了解不够等原因使文化产业的发展并不顺利，没有达到预期的建设目标。

（二）文化产业化发展的思考

“文化产业创意是从市场和产业的角度，针对文化生产和文化服务的思维创新和观念创新活动，它是文化产业的先导，也是发展文化产业的动力。文化产业创意包括文化项目的开发、文化活动的构想、文化产品的设计，也包括文化内容和文化服务的创新，以及文化生产活动和生产经营方式的创新。”① 随着人们观念的改变和追求大自然生活的不断升温，白银纳地区越来越显示出其文化产业发展的前景。利用文化展演打造漠河旅游精品线路、打造桦皮船呼玛河漂流、体验鄂伦春族狩猎生活等也显示出产业化发展的前景。同时，在进一步整合自身文化资源和产品资源的基础上，加强管理和经营人才的引进，将文化展演与特色产品的销售相结合，打造产业品牌，争取招商引资，努力通过各种渠道打开市场，白银纳文化产业的发展一定会有一幅崭新的图景。

斯图尔德认为：文化与其生态环境是不可分离的，它们之间相互影响、相互作用、互为因果。在相似的生态环境下会产生相似的文化形态及其发展线索，而相异的生态环境则造成了与之相适应的文化形态及其发展线索的差别。由于世界上多种生态环境，由此形成了多种文化形态及其进化道路。斯图尔德根据多线进化的理论提出文化生态学的理论：“文化生态学是就一个社会适应其环境的过程进行研究。它的主要问题是要确定这些适应是否引起内部的社会变迁或进化变革。但是，它还结合变革的其他过程来分析这些适应。这一方法要求对社会和社会机构之间以及它们与自然环境之间的互动进行考察。”② 文化生态学非常强调文化与环境之间的相互作用和相互关系。文化的适应不仅包括人在利用技术开发能源与自然生境之间相适应，而且也更加关注对外来文化的适应与吸纳，从而达到文化的制衡性发展。同时，文

---

① 严三九、王虎：《文化产业创意与策划》，复旦大学出版社2009年版，第6页。

② 斯图尔德著，潘艳等译：《文化生态学》，南方文物出版社2007年版，第107页。

化的适应是由于人在其中发挥着作用，是人的经验诱导了文化变迁。文化的重组与更新是在与其互动的异文化的作用下诱导出来的，文化重构不是一蹴而就的大改组，它是由文化调适而实现的过程，必须经过一段时间的无序反馈，引起众多成员的关注，从而触及该种文化的结构本身。文化重构是文化接触、文化调适、文化适应而达到稳定的过程，是一个对外来文化进行加工改造，甚至创造的加工而真正被吸收下来稳定地进入该种文化体系的过程。文化重构是一种有目的性的文化结构改组工程，是有选择地对外来文化进行吸收、利用和基因重组，从而达到文化整体与外部生境形成相互依存的适应状态，以利于民族的适应性发展。鄂伦春族文化重建和产业化发展之路还需经过一个曲折和漫长的道路，在内部与外部环境相适应的条件下，求得价值的最大体现是促使其持续发展的可行之路。

参考文献

1. 白银纳鄂伦春族乡人民政府：《白银纳鄂伦春族乡志》，2002 年编。

2. 呼玛县文体局：《关于呼玛县白银纳鄂伦春民间艺术团现状及生存与发展问题的研究报告》，2008 年 11 月 2 日。

3. 白银纳乡政府文件：《挖掘保护鄂伦春非物质文化遗产促进我乡文化产业的发展》，2009 年 10 月 10 日。

4. 白银纳鄂伦春族乡政府：《白银纳乡鄂伦春族民间艺术团近两年活动情况调研文章》，2008 年 12 月 18 日。

5. 贺兆坤：《森林骄子鄂伦春》，哈尔滨地图出版社，2009 年版。

6. 吴雅芝：《最后的传说——鄂伦春族文化研究》，中央民族大学出版社，2006 年版。

7. 呼玛县人民政府：《加快挖掘非物质文化遗产促进文化产业快速发展》，2007 年 7 月 24 日。

8. 克莱德·M. 伍兹著，何瑞福译：《文化变迁》，河北人民出版社，1989 年版。

9. 关小云：《大兴安岭鄂伦春》，哈尔滨出版社，2003 年版。

10. 皮埃尔·布迪厄著，包亚明译：《文化资本与社会炼金术——布迪厄访谈录》，上海人民出版社，1997 年版。

11. 严三九、王虎：《文化产业创意与策划》，复旦大学出版社，2009 年版。

后 记

历时八年的研究终于到了该告一段落的时候了。回想起这几年走过的路，我从最初的鄂伦春族体质健康的研究逐步跨入到对鄂伦春整体文化的研究，也从一个旁观者逐步过渡到一个参与者，已然感觉自己已经是一个鄂伦春人了。这些年经历了太多的事，有成功的喜悦，也有受挫折的失落；有享受兴安岭风光的陶醉，也有心力交瘁的劳顿；有相聚时的欢欣，也有生离死别的心痛。与其说是对鄂伦春族文化变迁的研究，倒不如说是对我自身的一种历练。回头看来，我猛然发现自己已经改变了许多，就把它当作特纳笔下的一个仪式过程吧。

值得欣慰的是这几年的努力还算没有白费，尽管也做了一点事情，但最大的幸福莫过于得到了鄂伦春族朋友们的认可。在我们的研究过程中，很荣幸地得到了吴雅芝、刘翠兰、刘晓春、张林刚等在中央民族大学工作的鄂伦春族老师的帮助，每当我遇到困难和挫折时，他们都会以无私的情怀伸出友爱的双手，我也会将这种真挚的友谊深深地埋藏在内心深处。在研究过程中，我们得到了鄂伦春自治旗人民政府、黑河市民宗局的大力帮助，也得到了新生、新鄂、新兴、白银纳、十八站、乌鲁布铁、大杨树、托河、诺敏、南木等乡镇人民政府、卫生院和派出所的积极配合，在这些单位的大力支持与配合下，我们的数据测试、数据统计和调查工作才能得以顺利进行，在此表示由衷的感谢！在深入田野的过程中，我们得到了当地鄂伦春族领导和朋友们的帮助，如赛林、何胜宝、阿芳、何雪光、阿亮、何朝辉、白色柱、阿丽燕、关红英、关智英、白娟、孟中、吴曲文、阿东、阿庆庆、陈新宇、杜林辉、莫少华、周玉江、莫迎新、韩有峰、孟淑贤、吴学英、覃立强、关金芳、关金红、关金芬、关桃芳、关扣妮、孟全、孟猛、关小云、郭宝林、葛晓华、莫小玉、莫文辉、莫宝凤、莫桂珍、莫桂芝、吴玉兰、莫鸿苇，等等，难忘与他们相处的朝朝暮暮，难忘他们真挚的友谊和淳朴的情怀，也正是通过他们的帮助才使我们的研究得以深入进行，在此也表示由衷的感谢！

课题的研究过程也是一个学习的过程，感谢我的导师王庆仁教授，是他将我领进民族学的大门，指导我完成学业，并对课题的研究进行了指导。感谢中央民族大学宋敏教授、青觉教授，在他们的关怀和鼓励下，我才得以逐步登上了科学研究的平台，也坚定了自己的信念，坚持完成了研究任务。感谢中央民族大学教育学院的滕星教授，第一次随同他进入田野的情景历历在目，在他的言传身教和不断鼓励下我才得以在学术研究方面逐步提高。感谢我的老师丁宏教授、张海洋教授、杨筑慧教授、祁惠君教授、王建民教授、潘蛟教授、李丽教授等，在他们的课堂上，我努力汲取营养，不断取得进步，为深入的研究打下了坚实的基础。感谢华南师范大学胡小明教授一直关注着我的研究，并在病榻上还为本书写序。感谢南开大学贾晓波教授，为我们的心理研究提出了方案。感谢北京体育大学任海教授，课题的研究得到了他的指导与帮助。最后，我还要感谢中央民族大学，在这里工作的 27 个年头中，使我不自觉地进入到民族文化研究的领域中，包容的学术氛围和独特的学科优势使我逐步拓展了研究视野，能够运用综合学科的优势去探讨问题，并吸引我一步步向着更高的目标迈进。

课题的研究是课题组共同努力的成果，先后有 21 位师生参加了田野调查，积累了近 40 万字的调查材料，搜集了大量的图片和影视资料，制作了一部影视片，撰写了 5 部研究报告，发表了 9 篇科研论文，可以说课题的成果是课题组师生共同的劳动结晶。著作的前言由方征执笔；绪论由方征执笔，王延、海日负责文献的整理工作；第一章第一、三、四节由方征执笔，第二节由王延执笔；第二、三章由方征执笔；第四章第一、第二节由韦晓康完成初稿，第三节由崔兰英完成初稿，方征进行了修改，第四节由方征执笔；第五章由马强执笔，方征进行了整理；第六章第一、第二节由马强执笔，第三、第四节由崔兰英执笔，方征进行了修改；第七章由方征执笔，葛岩琦、王延、陈晶晶、王江鹤参与了数据的统计工作；第八章、后记由方征执笔；附录一由张延庆执笔；附录二由方征执笔。方征对全书进行了统稿，王延、陈晶晶、闫智惠参加了校稿工作。

最后，谨以此书来告慰英年早逝的鄂伦春族桦皮船制作工艺传承人郭洪强、狩猎文化传承人葛志斌。他们的离去不仅使我失去了很好的调查对象，更是中断了我们亲密无间的兄弟情义，每每想起，心如刀绞！愿他们在天堂不再受疾病和意外的烦扰，他们的灵魂能够得到永久的安宁！愿我的鄂伦春族兄弟姐妹能够健康！平安！愿勇敢的鄂伦春族繁荣！昌盛！

方　征

2013 年 12 月 9 日